V&R

Claudia Schulz / Eberhard Hauschildt /
Eike Kohler

Milieus praktisch II

Konkretionen für helfendes Handeln in Kirche und Diakonie

Vandenhoeck & Ruprecht

Bibliografische Information Der Deutschen Nationalbibliothek

Die Deutsche Nationalbibliothek verzeichnet diese Publikation in der Deutschen Nationalbibliografie; detaillierte bibliografische Daten sind im Internet über http://dnb.d-nb.de abrufbar.

ISBN 978-3-525-60010-8

Umschlagabbildung: Versammlung, http://www.pixelio.de

www.v-r.de

Druck und Bindung: ⊕ Hubert & Co., Göttingen

Gedruckt auf alterungsbeständigem Papier.

Inhalt

Vorwort

In einem Zug sitzt eine Frau von vielleicht 28 Jahren, liest die Stellenanzeigen der ZEIT und trinkt ein Bio-Wellnessgetränk. Daneben ein dicker Herr im besten Alter mit Lederjacke, Bierflasche, blättert im Sportteil eines lokalen Anzeigenblatts. Kennen Sie eine solche Situation? Eine Reihe weiter sitzt ein älterer Mann, dem man seine geistige Behinderung erst anmerkt, als die Schaffnerin kommt und beim Blick auf seine Fahrkarte bemerkt, diese Fahrkarte sei in diesem Zug nicht gültig, er müsse jetzt nachzahlen. Der Mann ist überfordert, meint, er habe kein Geld bei sich, er würde aber doch jedes Wochenende mit dem Zug fahren. Oder sagen wir, es handle sich um einen Migranten, der ebenso nicht genug Geld für eine Fahrkarte bei sich hat und außerdem der deutschen Sprache kaum mächtig ist.

Wie wäre die Reaktion der jungen Frau, des Mannes in der Lederjacke? Würden sie helfen, eingreifen, vermitteln? Und mit welchen Motiven würden sie es tun oder lassen? Was denken Sie wohl darüber, wer hier für eine Hilfestellung zuständig ist und was die beiden das Problem anderer Menschen angeht? Wie schon im ersten Band „Milieus praktisch“ beschrieben, ahnen wir, dass die Reaktionen in einer solchen Situation vom sozialen Kontext der beteiligten Menschen, von ihrer Sicht auf die Welt und ihrer Haltung zu Fragen des Zusammenlebens bestimmt sind – nicht nur von ihrem Charakter und ihrer individuellen Situation. Wir ahnen, dass sich ebenso dort, wo Problemlagen nun speziell im Rahmen von Kirche und Diakonie sichtbar werden, die Nähe der Beteiligten zu ihrem jeweiligen Milieu deutlich auswirkt. Und wir möchten in diesem Buch solche Zusammenhänge beleuchten und nutzbar machen für alle, die sich im Bereich des kirchlichen helfenden Handelns engagieren.

Und wie schon im ersten Band meinen wir auch diesmal nicht, es seien durch die Milieubrille alle Probleme von Kirche oder Diakonie zu lösen, weder in der konkreten Arbeit noch in der

Theorie. Wir möchten diese Perspektive auf unterschiedliche Arbeitsbereiche nutzen – und zwar dort, wo sie gewinnbringend eingenommen werden kann. Wir berichten von Anwendungen dieser Perspektive, die sich bereits als nützlich erwiesen haben und die möglicherweise auch für andere nützlich sind.

Das Buch erfüllt seinen Zweck, wenn es Sie als die Praktikerinnen und Praktiker anregt für Ihr Handeln, wenn es Sie, als die, die sich auf eine Tätigkeit im Bereich von Kirche und Diakonie vorbereiten, die zukünftige Praxis genauer, realistischer und reflektierter in den Blick nehmen lässt. Die freundliche und vielfältige Aufnahme des ersten Bandes, der jetzt in die dritte Auflage geht, hat uns in unserer Auffassung bestärkt, dass die Milieuperspektive für die Praxis wichtig ist und eine für die Praxis geschriebene Reflexion ihre Leserinnen und Leser findet.

Auch diesmal danken wir denjenigen, die das Entstehen dieses Buchs ermöglicht und unterstützt haben. Dies sind zuerst viele tausend Leserinnen und Leser des ersten Bandes, die mit uns das Interesse an der Milieuperspektive teilen und mit uns in Rückmeldungen und Disputen so manchen inhaltlichen Weg gegangen sind. Besonders danken wir den sechs Menschen, die sich mit einem eigenen Beitrag für den zweiten Band des Buches eingesetzt haben und damit ein großes Themenspektrum im Bereich der sozialen Fragen und Arbeitsbereiche im Raum der Kirche überhaupt erst ermöglichten: Linda Weicker, Rüdiger Maschwitz, Ilse Wehrmann, Reinhold Ostermann, Ellen Eidt und Beate Sträter. Schließlich danken wir Dr. Klaus Kohl und Elke Schulz, die das Manuskript des Buchs in der Endphase überarbeitet haben, sowie dem Verlag Vandenhoeck & Ruprecht, der diese thematische Ausweitung der Milieuperspektive auf den wichtigen Bereich des sozialen Engagements der Kirche sofort begrüßt und gefördert hat.

Ludwigsburg und Bonn, im Juni 2010

Claudia Schulz, Eberhard Hauschildt und Eike Kohler

A. Einleitung

Milieuperspektive auf das helfende Handeln der Kirche

Claudia Schulz/Eberhard Hauschildt/Eike Kohler

Ein vierzehnjähriges Mädchen besucht seit über einem Jahr den offenen Jugendtreff einer Kirchengemeinde und vertraut sich der Diakonin an: Sie ist schwanger und weiß nicht, was sie jetzt machen soll. Sie hat noch keinen Schulabschluss, ihren Freund kennt sie erst wenige Wochen und traut sich nicht, mit jemandem darüber zu sprechen. Intuitiv fragen wir nach: Wie lebt das Mädchen? Welche Schule besucht es? Wie ist es um Familie, Freundinnen und Freunde bestellt? Klar ist: So eine Situation wäre für jedes junge Mädchen eine große Herausforderung. Und dennoch gibt es Unterschiede, die gemeinhin „soziale Unterschiede" genannt werden.

Solche Unterschiede im Kontext von helfendem Handeln der Kirche schauen wir uns hier genauer an – aus der Milieuperspektive. Wir ahnen, wie für verschiedene Mädchen eine solche Geschichte ganz verschieden weitergehen kann, je nachdem, wie das soziale Umfeld beschaffen ist, ob ein Mädchen Eltern, Großeltern und andere vertraute Menschen an der Seite hat, die es gewohnt sind, Herausforderungen anzunehmen und zu meistern, und die dem Mädchen die Sicherheit geben, dass sich ein Weg finden lässt.

Darüber, was ein Milieu ist, mit welcher Milieutheorie wir arbeiten und was sonst noch in Milieus praktisch Bd. I enthalten ist, gibt eine Skizze im letzten Abschnitt dieser Einleitung Auskunft. Dessen Lektüre empfehlen wir denjenigen, die den ersten Band nicht kennen, jetzt vor dem Weiterlesen. Eine Übersicht der dort beschriebenen sechs Milieus findet sich auch auf der letzten Seite des vorliegenden Buches erneut abgedruckt.

1. Soziale Probleme und diakonische Hilfe: Ein Blick durch die Milieubrille

Zurück zu Celina: Nehmen wir an, das Mädchen, das sich der Diakonin anvertraut hat, heißt Celina. Ihr Vater hat die Familie vor vielen Jahren verlassen, zu ihm hat Celina keinen Kontakt mehr. Die Mutter trinkt und hat Celina vor zwei Wochen aus der Wohnung geworfen, weil sie sich zu oft mit ihrem neuen Freund Mike, der 21 Jahre alt ist, „herumgetrieben" hat. Die Mutter hat noch zwei jüngere Brüder zu versorgen und schimpft immer wieder, es sei das Letzte, dass Celina ihr immerzu „Ärger mache". Celina wohnt zur Zeit in einer stationären Einrichtung der Jugendhilfe in einem anderen Stadtteil. Mike wurde vor einigen Tagen beim Dealen erwischt und sitzt jetzt in Untersuchungshaft in der JVA. Der offene Jugendtreff ist für Celina der einzige Ort, an dem sie Freundinnen treffen und sich mit vertrauten Menschen austauschen kann.

Eine solche Situation bedeutet für die Diakonin zahlreiche Ansprüche an ihr Einfühlungsvermögen und ihr fachliches Können. Sie muss ihren Auftrag und ihre Möglichkeiten genau abschätzen können. Die soziale Situation Celinas spielt eine große Rolle: Welche persönlichen oder sozio-ökonomischen Ressourcen hat sie, und welche Unterstützung braucht sie genau? Die familiäre Situation Celinas gehört dabei zu den harten Fakten, die sich ganz einfach sammeln und bewerten lassen. Darüber hinaus gibt es aber auch „weiche Faktoren" von Hilfebedürftigkeit und Hilfeleistung. Sie lassen sich aus der Milieuperspektive – im Kontrast zwischen Menschen unterschiedlicher Haltungen – leicht erschließen.

Dazu nehmen wir nun umgekehrt an, das Mädchen heißt Charlotte und lebt mit gut ausgebildeten und ins Erwerbsleben integrierten Eltern ohne ein Anzeichen sozialer Benachteiligung in einer stabilen familiären Situation. Charlotte hat viele Freundinnen, ist Nachwuchs-Teamerin im Konfirmandenunterricht und spielt in der Theatergruppe des Gymnasiums mit. Johannes, ihren Freund, hat sie dort kennen gelernt. Er steht kurz vor dem Abitur. Charlottes Eltern sind von der Schwangerschaft ihrer Tochter nicht begeistert, aber sie setzen sich in der tiefen Überzeugung, diese Situation gut bewältigen zu können, damit auseinander. Sie finden es wichtig, dass Charlotte einen Schulabschluss macht, informieren sich über Hilfen und Handlungsmöglichkeiten und sind zu Gesprächen mit allen Beteiligten bereit.

Wie gut Jugendliche und ihre Eltern mit Herausforderungen umgehen können, hängt zu einem großen Teil von den zur Verfügung stehenden Ressourcen ab, beispielsweise von ihrer Bildung, ihrer Integration ins berufliche und gesellschaftliche Leben und ihren finanziellen Möglichkeiten. Ausschlaggebend ist aber darüber hinaus die Haltung, mit der Menschen auf Probleme reagieren, wie sie die eigenen Handlungsmöglichkeiten und Spielräume einschätzen und mehr oder weniger zuversichtlich in die Zukunft schauen (können). Solche Haltungen sind stark geprägt durch den Lebensstil bzw. (nimmt man die soziale Lage hinzu) das Milieu, zu dem sich die betreffenden Menschen zählen lassen.

Hier fällt ins Gewicht, welche Bilder von Partnerschaft, Elternschaft, persönlichen Verpflichtungen, Hilfebedarf und professioneller Hilfe bei den Beteiligten vorherrschen. Die Schwangerschaft eines Teenagers kann als übergroße Belastung gesehen werden, die dem Mädchen und der ganzen Familie wichtige Möglichkeiten raubt, – oder eben als eine Herausforderung für das Familiensystem, die grundsätzlich bewältigt werden kann. Häufig gibt es einen engen Zusammenhang zwischen der Haltung in einer konkreten Frage und dem komplexen Wertesystem der Beteiligten, ihrem Bildungsstand, ihrer finanziellen Situation, ihrer Integration ins Erwerbsleben oder ihrer Einbindung in nachbarschaftliche Kontexte.

So sind die Unterschiede zwischen Menschen, hier zwischen Celina und Charlotte und ihren Familien, als Milieuunterschiede erkennbar und ihre Berücksichtigung für die diakonische Arbeit hilfreich. Außerdem ist jeder Einzelfall sozialräumlich einzuordnen: Welche Milieus bestimmen die Wohnumgebung, die schulische Umgebung? Welche Angebote und Möglichkeiten gibt es? Welche Schwerpunkte diakonischer Arbeit braucht es darum insgesamt? Allerdings: Auch wenn sich in der Zugehörigkeit der Beteiligten zu bestimmten Milieus viele Ressourcen, Handlungsspielräume und häufig auch Einstellungen absehen lassen, so ist doch das persönliche Vermögen, mit dem betroffenen Mädchen liebevoll umzugehen und eine auch in ihrem Sinn „gute“ Lösung zu suchen, häufig davon unabhängig. Die Milieubrille eröffnet den Blick für Rahmenbedingungen und Abhängigkeiten, bleibt jedoch – wie jedes derartige Hilfsmittel – blind für den Einzelfall.

Es lässt sich darin lernen: Die Verschränkung von persönlichen (auch: emotionalen) Kapazitäten einerseits und sozialen Bedingungen des Handelns andererseits macht den besonderen Reiz und die besondere Herausforderung einer sozialen Arbeit im Kontext der Kirche aus. Zentral ist es darum, mit Blick auf eine diakonische Arbeit immer beides zu leisten: den sensiblen Umgang mit dem Einzelfall und einen scharfen Blick darüber hinaus, auf die Milieus, in denen sich Grundmuster von Problematik und möglicher Hilfeleistung abspielen. In diesem Buch beschreiben wir anhand der Milieutheorie, was sich also einerseits für den Einzelfall aus der Einsicht in soziale Bezüge und ihre Prägekraft lernen lässt. Zugleich kommt die Milieuperspektive – andererseits – vor allem dort zu ihrem vollen Nutzen, wo die Perspektive über den Einzelfall hinausreicht, wo sie Folgen hat für Konzepte und Strukturen diakonischer Arbeit in Gemeinden, überregionalen Angeboten oder Einrichtungen.

2. Diakonische Kirche für Menschen in allen Milieus: Die Intention dieses Buchs

In diesem Buch wollen wir zeigen, wie und mit welchen Ergebnissen die Milieuperspektive im weiten Feld des diakonischen Handelns zur Anwendung kommen kann. Anhand unterschiedlicher Dimensionen, in denen sich Milieus verstehen lassen (siehe 3.), fragen wir nach, wie sich soziale Bedingungen, Einstellungen und Gewohnheiten auswirken und wie das soziale Handeln der Kirche dies berücksichtigen und nutzen kann.

Die Milieuperspektive ist aber auch – oder gerade – auf die grundsätzlichen Fragen hinter den konkreten Herausforderungen anwendbar: Für wen ist die Kirche mit ihrem diakonischen Handeln da? Wie kann sie angesichts einer konkreten Herausforderung die Unterschiede zwischen den Menschen berücksichtigen – ihre so verschiedenen Einstellungen, Erwartungen und Träume? Im Beispiel gesprochen: Warum sollte die Gemeinde eigentlich einen offenen Jugendtreff anbieten? Das Geld ist schließlich knapp, die Sparrunden schaffen Konkurrenz zwischen Arbeitsbereichen und werfen Fragen nach Sinn und Effizienz einzelner Angebote auf. Wie ist überhaupt in der Diskussion um Prioritäten eine gemeindediakonische Arbeit zu begründen?

Celina und ihre Familie haben kaum Bezug zur Kirche. Sie haben keinen Kontakt mit den Menschen, die das Leben der Ortsgemeinde ausmachen – und vielleicht ist ihnen das auch recht so. Wie viel Geld soll eine Gemeinde für die soziale Arbeit mit benachteiligten Jugendlichen ausgeben, die doch auch anderswo Hilfe finden könnten? Welche Aufgabe hat die Diakonin genau in diesem offenen Jugendtreff? Was leistet sie, was nicht auch andere schaffen können, genauer: Was ist das Ziel diakonischer Arbeit am Ort?

Beim Lesen dieser Geschichte mag man staunen, dass sich hier eine Gemeinde überhaupt noch einen offenen Jugendtreff und die Personalstelle für eine Gemeindediakonin leistet. Wir ahnen umgekehrt: Für Celina, die sich ausgerechnet in dieser schwierigen Situation auch noch in einer neuen Umgebung zurechtfinden muss, ist die Diakonin die einzige Person, der sie sich anvertrauen kann. Wo die Kirche sich gegenüber manchen Milieus so schwer tut, überhaupt Kontakte zu knüpfen und zu bewahren, hat sie in einem solchen Jugendtreff die besten Chancen. Wo kirchliche Jugendgruppen üblicherweise immer mit einer Überzahl von Kindern aus sozial nicht benachteiligten Familien mit häufig eher höherer Bildung zu rechnen haben und sich Gemeinden fragen, warum der Kontakt zu den anderen so schwer fällt, darf man der Gemeinde Celinas in der hier erzählten Geschichte gratulieren.

Hierin verbirgt sich die programmatische Aussage: Wo Kirche diakonisch handelt, hat sie Glück gehabt. Sie bewahrt und erschließt sich nicht nur viele Wege der Verkündigung, sie wirkt auch in die Breite. Sie erreicht Zugänge zu Lebenswelten, die ihr sonst öfter mal verschlossen bleiben. Sie löst damit ein Problem, über das sich bundesweit unzählige kirchliche Gremien den Kopf zerbrechen. Dies bedeutet aber auch: Das diakonische Handeln der Kirche braucht Visionen und Ziele, die der Vielfalt der Milieus angemessen sind und diese Vielfalt im professionellen Sinn nutzen.

3. Milieudimensionen in der diakonischen Arbeit: Zugang zum Thema

Woher können wir wissen, aus welchem Milieu Celina und ihre Mutter stammen? Wie lassen sich ohne Fragebogen ausreichend tragfähige Informationen zusammentragen – über Vorurteile und Klischees hinaus? Alkoholismus gibt es quer durch alle Milieus. Celinas Mutter könnte durchaus Ärztin sein und Erbin eines erfolgreichen Familienunternehmens. Wir möchten hier niemanden dazu ermutigen, im Einzelfall aus einer Analyse von Risikofaktoren auf Milieuzugehörigkeiten zu schließen. Uns geht es auch nicht um das Zuordnen einzelner Personen zu einem bestimmten Milieutyp.

Blicken wir nun aufs Feld – auf den Hilfebedarf einer einzelnen Person wie Celina. Die Diakonin sollte noch mehr über Celina, ihre Familie, ihr soziales Umfeld und ihre Ressourcen wissen, um angemessen handeln zu können. Celinas Mutter ist 34 Jahre alt und lebt mit sehr wenigen sozialen Kontakten mit ihren Kindern in einer kleinen Wohnung. Sie hat nach dem Hauptschulabschluss eine Ausbildung begonnen, sie jedoch wieder abgebrochen, als sie mit ihrem Freund zusammenziehen wollte, der in einer anderen Stadt wohnte. Sie jobbte in den folgenden Jahren und heiratete ihren Freund, als sie ein Kind erwartete. Sie war nie in einem Verein, war abgesehen von einem Schulausflug mit 15 Jahren nie in einer Theateraufführung, treibt keinen Sport und hat seit der Trennung von ihrem Mann kaum noch Freunde. Sie kommt mit Kindergeld, dem Unterhalt vom Ex-Mann und den Einkünften aus einem Teilzeitjob gerade so zurecht, fühlt sich vom Leben überfordert und glaubt nicht daran, dass sich ihre Situation in absehbarer Zeit wieder bessert.

Die Gemeindediakonin kann Celinas Mutter am ehesten mit dem Milieutyp der Zurückgezogenen verstehen. Damit begreift sie die Scheu der Mutter, in die (kirchliche) Öffentlichkeit zu treten, an einer Selbsthilfegruppe teilzunehmen oder sich wegen Celinas Zukunft an eine Beratungsstelle zu wenden. Und auch in zahlreichen weiteren Facetten versteht sie die Situation dieser Familie und kann mit den dort vorhandenen Ängsten, Wünschen oder Vorlieben arbeiten. Hier erweisen sich nun die einzelnen

Dimensionen als hilfreich, in denen sich vor dem Hintergrund der Milieuanalyse konkrete Haltungen, stilistische und kommunikative Vorlieben oder Orientierungen an Werten und Normen erfassen lassen. Dies wollen wir hier als Arbeitsgrundlage für dieses Buch noch einmal kurz skizzieren:

Im ersten Band von „Milieus praktisch“ haben wir, parallel zur Arbeit mit Milieutypen, in Kapitel 2.3 die Dimensionen des Lebens ausführlich vorgestellt, in denen sich Milieus verorten lassen: Ob jemand stark an Traditionen orientiert ist oder eher nicht, ob jemand Bildung schätzt, sich gern mit einem Thema auseinandersetzt und komplexe Erlebnisse liebt oder eher nicht, ob sich jemand gern in Gesellschaft anderer aufhält oder eher nicht – dies alles lässt recht gute Schlüsse darauf zu, wie diese Person soziale Probleme einschätzt und was sie von einem Helfer erwartet. Ob jemand sich im eigenen Handeln vor allem an den Gegebenheiten des Lebens orientiert und an dem, was Autoritäten von einem erwarten und die gesellschaftliche Norm vorschreibt, oder ob jemand umgekehrt die eigene Person in den Vordergrund rückt und die eigenen Ansichten und Bedürfnisse zur Richtschnur des eigenen Handelns macht, all dies bestimmt ganz wesentlich die Handlungsspielräume der Menschen – und insgesamt die Zugehörigkeit zu einem bestimmten Milieutyp.

Übersicht: Dimensionen der Verschiedenheit

Ältere	⟷	Jüngere
Vorliebe für städtische Umgebung	⟷	Vorliebe für ländliche Umgebung
Orientierung an Autoritäten	⟷	Orientierung am Individuum
Vorliebe für geordnete Erlebnisse	⟷	Vorliebe für spontane Erlebnisse
geringe soziale Distanz: gesellig	⟷	hohe soziale Distanz: nicht gesellig
Vorliebe für einfache Erlebnisse	⟷	Vorliebe für komplexe Erlebnisse
starke Kirchenverbundenheit	⟷	schwache Kirchenverbundenheit

Zu vielen Bereichen des kirchlichen und gesellschaftlichen Lebens hatten wir im ersten Band von „Milieus praktisch“ den reichen Bestand an Daten nutzen können, wie er in der Vierten EKD-Erhebung zur Kirchenmitgliedschaft und anderen Milieustudien zur Verfügung steht. Dort wurden die errechneten Milieutypen mit Fragen aus der kirchlichen – meist ortsgemeindlichen – Praxis in Zusammenhang gebracht, so dass wir aufgrund von Milieutypen Aussagen über Erwartungen, Vorlieben und Denkweisen der Befragten machen konnten.

Mit diesem zweiten Band wurde die Aufgabe komplexer. Wir wissen nun zwar, dass ein Großteil der Kirchenmitglieder – fast unabhängig vom Milieu – es für sehr wichtig hält, dass die Kirche Menschen in sozialen Problemlagen beisteht. Wir wissen auch, mit welcher Motivation und unter welchen Bedingungen Kirchenmitglieder selbst bereit sind, anderen zu helfen. Wir wissen jedoch aus diesen „harten Daten“ wenig über das diakonische Handeln für Einzelpersonen in verschiedenen Problemlagen. Zwar gibt es aus einigen speziellen Studien über Milieus in bestimmten Zielgruppen (etwa bei alten Menschen oder Menschen mit Migrationserfahrung) neu gewonnene Milieutypologien, die zeigen, wie sich – speziell rund um ein Themenfeld – Milieus noch einmal neu konstruieren lassen. Wir haben jedoch kaum verlässliche Informationen über die konkreten Haltungen von Betroffenen und Helfenden zu einer sozialen Problemlage oder einem bestimmten hilfreichen Vorgehen. Wir denken aber, dass wie in der Geschichte Celinas auch in vielen weiteren Fällen die Kenntnis über Milieus für diakonische Arbeit sehr hilfreich sein kann.

4. Expertise und Konkretion: Aufbau und Gestaltung dieses Buchs

Wir haben darum für dieses Buch das Wissen genutzt, das es unter den professionell Helfenden längst gibt. Als eine andere Art der Datenbasis haben Expertinnen und Experten aus den verschiedenen Bereichen diakonischer Arbeit dieses Erfahrungswissen für uns zugänglich gemacht: In Fallbeispielen und anhand von typischen Diskursen können sie Haltungen oder Problemsichten in den Kontext der Milieudimensionen stellen. Das auf diese Weise vertiefte Verständnis von der Logik, der „Innenansicht“ des Denkens verschiedener Menschen innerhalb einzelner Dimensionen hilft nun zu einem besseren Verständnis ihres Arbeitsbereichs.

Die Expertinnen und Experten sind Menschen, die über praktische Erfahrung und theoretische Einsicht in den jeweiligen Themenbereichen verfügen. Sie beschreiben anhand der verschiedenen Dimensionen des Lebens, manchmal auch anhand von Milieutypen, wie eine Problemsicht mit einer Traditionsorientierung oder mit Kommunikationsgewohnheiten zusammenhängt. Daraus ergeben sich nützliche Antworten auf zentrale Fragen: Wie gehen Menschen aus einem Milieu mit Schwierigkeiten um? Was erwarten sie von Professionellen, und wie kann kirchliche Arbeit hier gelingen? Und was ist aus fachlicher Perspektive zu beachten? Diese Beschreibungen nutzen Beispiele aus der Praxis, an denen typische Phänomene sichtbar und aus der Milieuperspektive erschlossen werden. Von der reinen Problemstellung (wie im Beispiel von Celinas Schwangerschaft) führen die Einzelbeiträge damit jetzt in die konkrete Handlung und den Kontakt mit den Betroffenen hinein – und verdeutlichen, was die Milieuperspektive leisten kann.

Für wenige Bereiche ließen sich darüber hinaus Daten aus Forschungsarbeiten, etwa aus der EKD-Erhebung oder vertieften Studien auf der Basis der Sinus-Milieus, verwenden. Wo es Diskurse über soziales Handeln in einer möglichen Zuordnung zu Milieutypen bereits gibt, haben wir sie für dieses Buch genutzt. Unsere Hoffnung ist es, dass mit dieser Vorgehensweise ein Zugang zu Themenfeldern des sozialen Handelns der Kirche aus der Milieuperspektive entsteht und darin zugleich eine Reihe von Vorbildern für die eigene Analyse zur Verfügung steht. Im Gegensatz zum ersten Band haben wir mit diesem Modell die Form des gemeinsam verantworteten Textes verlassen. Im Rahmen dieses einleitenden und eines von theologischer Reflexion geprägten, abschließenden Textes präsentieren wir die Expertise der Fachleute, die uns ihre Milieuperspektive auf ihr Themenfeld zur Verfügung gestellt haben. Mit einem in der Regel einheitlichen Aufbau der Texte haben wir versucht, den Zugang zur Gesamtheit der Themen zu erleichtern.

5. Themenfelder, Problemstellungen, Herausforderungen: Fragestellungen dieses Buchs

Aus den vielfältigen Themen des diakonischen Handelns hatten wir natürlich eine *exemplarische Auswahl* zu treffen. Es gibt Artikel zu Gruppen von Menschen, die sich von anderen durch bestimmte Merkmale unterscheiden und deshalb einen besonderen Hilfebedarf erwarten lassen. So findet sich ein Artikel über Menschen in Armut, denen eben finanzielle Ressourcen in besonders geringem Maße zur Verfügung stehen, und ein anderer über Migrantinnen und Migranten, die durch die Migration von der Notwendigkeit betroffen sind, eine neue Sprache zu erlernen bzw. sich als Minderheit in eine andere Gesellschaft einzuleben. Man hätte stattdessen auch die Hilfe für so genannte Behinderte oder für chronisch Kranke oder für von einer Sucht Betroffene in den Blick nehmen können. Und die Liste ließe sich mühelos erweitern.

Bewusst wollten wir uns aber nicht darauf beschränken, verschiedene Gruppen zu thematisieren, die die Mehrheit als anders und „problematisch“ empfindet und die so zum Objekt der Diakonie werden. Hilfe zu erfahren betrifft alle in der Gesellschaft. Das zeigt sich schon daran, dass zu den Zielgruppen der Diakonie auch die Gruppen von Menschen gehören, die sich aktuell in derselben Lebensphase befinden – z.B. in der Kindheit, der Jugend oder dem Alter. Damit wollen wir der Einsicht entsprechen: Diakonie und Kirche richten sich an alle, und darum sollte ihre Arbeit die Vielfalt der Menschen und damit auch die jeweiligen Bedürfnissen berücksichtigen. Und: Kirche und Diakonie spiegeln in ihrem Handeln ebenfalls diese Vielfalt. Es ist gerade dies ihre Aufgabe, eine gleichberechtigte Teilhabe in der Kirche und der Gesellschaft zu befördern. Der Anspruch auf Gemeinde und Gemeinschaft ist für alle da, gleich ob alt oder jung, arm oder begütert, krank oder gesund, einheimisch oder zugewandert, anstrengend oder pflegeleicht. Die Milieutheorie legt nun einen bestimmten Mechanismus sozialer Ausgrenzung offen. Wer sich mit den Barrieren in Kirche und Gesellschaft nicht abfinden will und helfen will zu ihrer Reduzierung, sollte darum die versteckten Wirkweisen von Abgrenzung und Ausgrenzung verstehen.

Das diakonische Handeln ist nicht ein Handeln an anderen, an den Menschen in unterschiedlichen Milieus, sondern mit anderen, und das heißt für uns: ein Handeln, das *die jeweilige milieubedingte Perspektive auf beiden Seiten* mitbeachtet. Die, denen geholfen wird, und die, die helfen, treten in ein wechselseitiges Handeln aneinander ein. So wird in den Artikeln die Milieuperspektive immer auch auf die Helfenden mit bezogen.

Diese integrale Sicht des diakonischen Handelns bestimmte auch unsere Auswahl der Themenfelder hinsichtlich der Unterscheidung von *Gemeindediakonie* und *Diakonie in sozialen Spezialeinrichtungen*. Viele der Artikel behandeln Praxisbeispiele sowohl aus der sozialen Arbeit in der Gemeinde wie aus der Arbeit in den diakonischen Organisationen. Das Helfen von Individuen im Alltag, von Ehrenamtlichen und von Hauptamtlichen ist nebeneinander und in seiner Wechselwirkung zu betrachten. Wie unterschiedlich die Möglichkeiten schon auf der Gemeindeebene sind, führen wir an einer Stelle exemplarisch vor: Zum Thema der Diakonie mit Kindern reflektieren wir in einem Artikel über die pädagogische Bildungsinstitution des gemeindlichen Kindergartens und in einem weiteren über die liturgisch-pädagogische Praxis des Kindergottesdienstes. Eine besondere Fragestellung ergibt sich für die diakonischen Großorganisationen und die kirchliche Verbandsdiakonie, so dass gefragt werden kann, wie denn ihr Gesamtprogramm sich zu der Vielfalt der Milieuansprüche verhält.

Am zuletzt erwähnten Artikel zeigt sich bereits: Die Themenfelder ergeben sich nicht nur aus dem Blick auf bestimmte Zielgruppen der Diakonie. Dementsprechend werden im Buch auch mehrere *grundsätzliche Problemstellungen und weitergehende Herausforderungen* erörtert. Professionelles Helfen – so macht eingangs ein erster Artikel deutlich – hat sich ein Bild zu machen davon, wie die, denen geholfen wird, jeweils das Helfen sehen – und ebenso die, die helfen, im Ehrenamt oder hauptberuflich. Statt eine Gruppe mit der einen oder anderen gesundheitlichen Sondersituation mit Hilfebedarf herauszugreifen, geht ein weiterer Artikel des Buches der Frage nach, wie sich das gesamte Feld von Krankheit und Gesundheit als Aufgabe in der Kirche aus der Milieuperspektive darstellt. Ein anderer Beitrag beschäftigt sich damit, wie denn der Umgang mit Konflikten überhaupt mit Bezug auf Milieuunterschiede beleuchtet werden kann. Ein weiterer nimmt sich die praktisch-theologische Theoriebildung des Handlungstyps Seelsorge vor und kontrastiert Theorie und helfende Praxis. Sodann fasst ein Beitrag des Buchs das diakonische Handeln unter die Frage, mit welchen christlichen Motiven es bei den Milieus verknüpft ist.

An den Beiträgen lässt sich auch studieren: Mit der Milieuperspektive kann, nicht zuletzt bedingt durch den jeweiligen Gegenstand, *methodisch unterschiedlich* umgegangen werden. In manchen Artikeln erweist es sich als durchführbar und fruchtbar, ganz ähnlich wie im ersten Band, am Leitfaden der sechs Milieus auch bestimmte Aspekte des helfenden Handelns zu erschließen. Besonders deutlich und durchgehend zeigt das der Artikel über Gesundheit und Krankheit. In einigen Beiträgen wird die Milieutypologie radikal auf ihre Bausteine der Dimensionen dekonstruiert, um die Phänomene mit gelegentlichen Verweisen auf die Milieus angemessen beschreiben zu können. In anderen werden Phänomene zunächst beschrieben und erst in einem zweiten Gang auf die Milieuperspektive bezogen. Viele Beiträge mischen auch diese Verfahren. Diese Variationsbreite in der Nutzung der Milieutheorie ist uns ganz recht. Es geht gerade nicht darum, irgendein Schema wie das von sechs Milieus als Raster über alle Wirklichkeit zu legen. Wir wollen in diesem Band vielmehr vorführen, wie sich das Instrument flexibel einsetzen lässt. Dann ist der Ertrag für die Praxis deutlich höher.

„Milieus praktisch" haben wir auch diesen zweiten Band genannt. Wir wollen hier zeigen, wie denn nun Praktikerinnen und Praktiker auf ihrem Gebiet mit der Milieuperspektive umgehen. Und uns geht es um das *Anregungspotenzial* für die, die nicht Bücher schreiben, sondern sich in der Praxis des helfenden Handelns engagieren und deshalb auch immer wieder mal ein Buch dafür lesen. Die Analysen sollen Vorbild sein für eigene genaue Wahrnehmung – sei es dass diese Analysen eher im Ton deskriptiver Versachlichung, kritischen Engagements oder aufbauender Ermutigung daherkommen. Die Beobachtungen regen an zum

Vergleich mit den Verhältnissen in der eigenen Arbeit. Die Impulse sind daraufhin zu prüfen, ob sie übernommen werden können oder ob sich aus der eignen Milieuanalyse andere Impulse ergeben.

Abschließend seien sämtliche weiteren Beiträge des Buches in der Reihenfolge, in der sie abgedruckt sind, kurz charakterisiert.

6. Analysen, Beobachtungen, Impulse: Die Beiträge dieses Buches

Claudia Schulz schärft in ihrem Artikel *„Jedes Milieu hat sein Problem. Perspektiven auf Hilfsbedürftigkeit, christliches helfendes Handeln und das Helfen als Beruf"* den Blick noch weiter über das bereits in dieser Einleitung Angedeutete hinaus für die eigenen Beobachtungen in der Praxis unter den drei grundlegenden Hinsichten: 1. Hilfsbedürftigkeit von Menschen als milieukontextuell wahrzunehmen, so aber 2. ebenso das Handeln derjenigen, die helfen wollen, und schließlich 3. auch besonders dasjenige Handeln, das die Hilfe als berufliche Tätigkeit durchführt.

Eike Kohler entwickelt in seinem Artikel *„Zwischen Krebs und Schönheits-OP. Perspektiven auf Gesundheit und Krankheit als Herausforderung an die Kirche"* auf der Basis der Analyse von Zeitschriften, wie in den verschiedenen Milieus Krankheit und Gesundheit thematisiert werden. Erstaunlicherweise hat die Kirche sich, abgesehen von medizinisch-diakonischer Pflege und seelsorgerlicher Beratung, weitgehend von der Thematisierung von Gesundheits- und Krankheitsfragen verabschiedet. Aus der Analyse werden Ideen für neue Anknüpfungspunkte entwickelt.

Der Artikel von *Linda Weicker, „Jenseits von Friede und Eintracht. Konflikte mit Gewinn bearbeiten"* setzt bei einer Beschreibung von Konfliktarten und -komponenten ein. Dann untersucht die Autorin das Konfliktverhalten in den Milieus anhand der Analyse einer Diskussion im Kirchenvorstand. Mithilfe der Milieuperspektive entwickelt sie einen ungewöhnlichen Vorschlag für konfliktauflösende Gespräche: Beteiligte an Konflikten und Konflikt-Unbeteiligte aus dem gleichen Milieu können für solche Gespräche in einer ganzen Reihe von Varianten einander zugeordnet werden. So lassen sich zeitgleich zur sonstigen Konfliktbearbeitung auch milieubedingte konfliktverstärkende Prozesse ebenfalls auflösen.

Unter dem Titel *„Nutella, Müsli und Laudato si. Kirche mit Kindern zwischen Milieuvorlieben der Eltern und der Mitarbeitenden"* zeigt *Rüdiger Maschwitz*, wie viele Menschen je aus anderen Milieuzusammenhängen an einem Kindergottesdienst beteiligt sein können. Für die Diskussion um Schwächen und Stärken der unterschiedlichen Veranstaltungsformate des Kindergottesdienstes – etwa am Samstag, monatlich, als Kinderbibelwoche – ergeben sich aus der Milieuperspektive noch einmal andere schlagende Argumente. Die milieuverknüpfenden Potenziale neuerer Formen der gottesdienstlichen Arbeit mit Kindern werden abschließend vor Augen geführt.

Ilse Wehrmann behandelt in ihrem Artikel *„Offen für Lena, Marcella und Ergül. Wie kirchliche Kindertagesstätten mit einem bedarfsgerechten Angebot die verschiedenen Milieus erreichen können"* das in der staatlichen Sozialpolitik fest verankerte diakonisch-pädagogische Angebot der Kirchen für Vorschulkinder. Wie wirken sich die neueren Entwicklungen, den Kindergarten zu einem Sozialzentrum auszubauen und sich mit dem Kindergarten auf den Markt durch Qualität zu profilieren, auf die verschiedenen Milieus aus? Fragen der Erreichbarkeit, ausgedehnte Betreuungszeiten, ein Konzept auch für religiöse und interreligiöse Bildung und der Umgang mit der Individualität der Kinder betreffen die Milieus je unterschiedlich. Und gerade im Bewusstsein dessen plädiert die Autorin entschieden für einen sozialintegrativen evangelischen Kindergarten für alle Milieus.

Reinhold Ostermann porträtiert in seinem Artikel, *„Alle jung und doch verschieden. Jugendliche und Angebote der Jugendarbeit"* sieben Jugendliche. Er zeigt Verbindungen zu den Dimensionen der Milieus auf und beschreibt, wie jeweils eine für diese Jugendlichen passende Jugendarbeit aussieht. Die zusätzliche jugendtypische Dimension von Abgrenzung zur Welt der Erwachsenen einerseits und Annäherung an sie andererseits ist besonders zu beachten. Abschließend werden Voraussetzungen für gelingende Jugendarbeit formuliert.

Die Arbeit mit alten Menschen ist in den letzten Jahren immer mehr in den Focus der Aufmerksamkeit gerückt. Dabei wurde vor allem die Spannweite zwischen den fitten „Jungen Alten“ und den hochbetagten, pflegebedürftigen Alten herausgestellt. *Ellen Eidt* zeigt in ihrem Artikel *„Begegnungen zwischen Reisefieber und Abstellgleis. Eine Milieubrille für die Altenarbeit“* im Detail auf, wie die Milieuperspektive quer dazu liegende Unterschiede sichtbar macht bei den Alten und ebenso bei denen, die ehrenamtlich oder professionell helfen. Ihre abschließenden „Orientierungen für eine milieusensible Altenarbeit“ binden die Fragestellung in die aktuellen sozialwissenschaftlichen Erkenntnisse ein und lesen die Breite biblischer Altersbilder neu, bevor dann in acht Punkten Grundlinien für die zukünftige Arbeit benannt werden. Diese enthalten u.a. neue Einsichten zur Debatte über missionarische Gelegenheiten und diakonisches Profil.

Der Begriff Migrant/Migrantin suggeriert viele Gemeinsamkeiten zwischen den Menschen, die damit gemeint sind. Sie werden damit letztlich auf ihr Ausländer-Sein oder -Gewesen-Sein als gemeinsames Merkmal festgelegt. In ihrem Artikel *„Fremde Heimat – Heimat in der Fremde? Menschen mit Migrationshintergrund in Kirchengemeinden“* verknüpft *Beate Sträter* die Vielfalt unterschiedlicher Lebenssituationen von Migrantinnen und Migranten und Konstellationen des Kontakts mit ihnen bei Kirche und Diakonie mit den aus den Milieus bekannten Verhaltenstypen. Es treten so jeweils ganz unterschiedliche Stärken bei einer Reihe von Gruppen von Menschen mit Migrationshintergrund hervor.

Ein ganz zentrales Thema diakonischer Arbeit ist Armut. *Claudia Schulz* betont in ihrem Artikel *„Was soll ich reden mit dem armen Lazarus. Der Umgang mit Armut und der Traum von der Inklusion inmitten der Milieus“*: Armut ist kein Milieumerkmal und es gibt keine armen Milieus. Aber es sind die jeweils typischen milieubezogenen Muster, die die Problematik von Armut bei den davon Betroffenen zusätzlich verstärken und den Zugang zu Auswegen erschweren. Bei den Helfenden wirken sich die Milieugesichtspunkte in ganz unterschiedliche Vorstellungen darüber aus, wie und für wen das Helfen erfolgen sollte. Darum hat es diakonische Arbeit typischerweise auch damit zu tun, dass für den Umgang mit Armut die Ansichten von Helfenden und denen, denen geholfen wird, nicht zusammenpassen und es darum auch zu Konflikten über die Art des Helfens kommt.

In der Theorie des seelsorgerlichen helfenden Gesprächs werden bislang weitgehend die Unterschiede der Milieus angesichts der Erwartung einer Hilfe durch ausführliches deutendes Reden ausgeblendet. Mit diesem Befund setzt *Eberhard Hauschildt* in seinem Artikel über *„Interkulturelle Seelsorge unter Einheimischen"* ein. Dabei erweisen sich die Seelsorgeideale als milieudurchtränkt, und den Gesprächspartnern stehen je nach Bildung, Modernität und Geselligkeit je unterschiedliche Ressourcen zur Verfügung. Seelsorge zwischen den Milieus hat Merkmale, die bislang nur für die interkulturelle Seelsorge beachtet wurden. Die Leistung auch der Seelsorge im Alltag und durch Ehrenamtliche kann mit der Milieuperspektive präziser gesehen werden.

Aus der Verschiedenheit der Milieus wird für diejenigen, die alle erreichen wollen und mit allen arbeiten wollen, geradezu ein Milieudilemma. *Claudia Schulz* beschreibt in ihrem Artikel *„Zwischen den Stühlen aller Milieus. Diakonische Werke und Träger im Dickicht der Ansprüche und Erwartungen"* eindrücklich dieses Problem und wie es sich niederschlägt in dem Sachverhalt, dass dazu von Verantwortlichen der großen diakonischen Träger und Werke keine pointierte und zugleich öffentlich Stellungnahme zu erhalten war. Es geht um Ziele und Programme (z.B. Ambulantisierung), um Kommunikation zwischen Professionellen und Betroffenen und unter den Gruppen der Mitarbeitenden. Es geht um Konkurrenz bei Aufmerksamkeit, Ressourcen, Macht. Spezialisierung wie die in Bezug auf Milieulogiken ist einerseits notwendig; andererseits ist dann aber auch damit zu rechnen, dass solche Arbeit typische Konflikte produziert, die ebenfalls mitzubearbeiten sind. Wie? – Dazu wäre dann wieder nach vorne zum Artikel von Linda Weicker zurückzublättern.

Was bedeutet die Milieuperspektive für ein theologisches Verständnis von Diakonie? *Eberhard Hauschildt* stellt in seinem Artikel *„Milieus in der Theologie des helfenden Handelns. Hilfekulturen und diakonische Spiritualität"* zunächst dar, wie christliches Helfen es schon immer mit kulturellen Konzepten zu tun hat und sich neben anderen gesellschaftliche Kulturen des Helfens vorfindet. Dabei zeigen biblische Motive des Helfens in ihrer Breite eine Nähe zu jeweils anderen Milieuatmosphären. Es werden von da aus abschließend drei Typen diakonischer Spiritualität rekonstruiert und in ihren Vorzügen und Risiken beschrieben. Auch für die Verwirklichung des Wunsches nach Profil der Diakonie durch Spiritualität kann die Milieuperspektive der Praxis dienen.

7. Rückblick: Die Milieutheorie und die sechs Milieus in „Milieus praktisch“ Bd. I

Dieser Abschnitt ist als kurze Zusammenfassung für die Menschen gedacht, die den ersten Band noch nicht gelesen haben.

Der Begriff „Milieu“ steht für ein soziologisches Konzept. Er benennt eine Differenzierung in soziale Großgruppen innerhalb der Gesellschaft, wie sie für die Gegenwart prägend ist. Es hat sich ja längst die Strukturierung in durch Geburt bestimmte Stände aufgelöst und auch die Zugehörigkeit zu Klassen und Schichten, wie Arbeiter und Bürger, bedingt durch Arbeits- und Besitzverhältnisse, ist in den Hintergrund getreten. Stattdessen erscheinen Abgrenzungen und Zugehörigkeiten bei den Milieus primär als eine Sache der Wahl und des Geschmacks.

Es gibt verschiedene aus den Daten von Befragungen erarbeitete wissenschaftliche Typologien von Milieus und Lebensstilen. Wir haben uns aus einer Reihe von im Band I dargestellten Gründen für die Verwendung der in der Vierten Kirchenmitgliedschaftsuntersuchung der EKD entwickelten Typologie entschieden, Ergebnisse anderer Untersuchungen mit berücksichtigt und in diesem Zusammenhang den Milieus noch einmal neue Namen gegeben.

In Band I zeigen wir, worin die Leistungen der Milieuperspektive bestehen: um blinde Flecken der Wahrnehmung aufzudecken, Kontakt mit Menschen in ihren Milieubesonderheiten aufzunehmen und zu pflegen und um auch die verhängnisvolle Scheinalternative von entweder ortsgemeindliche oder nicht-parochialer kirchlicher Arbeit zu überwinden. Es wird deutlich, wie sich die Milieuunterscheide im Detail vieler kirchlicher Arbeitsformen ausdrücken: beim Gottesdienst etwa, bei den Mitarbeitenden und den Ehrenamtlichen, in der Werbung für Veranstaltungen und um Spenden, bei Bildungsveranstaltungen und kulturellen Aktivitäten, in der Citykirchenarbeit. Aber die Milieuperspektive bietet auch ein Instrument für die Planung kirchlicher Arbeit und sie stellt eine theologische Herausforderung dar: Inwiefern gilt denn, dass in Anlehnung an Gal 3,28 in Christus alle menschlichen sozialen Unterschiede, auch die der Milieus, aufgehoben sind? Zu all dem lässt sich in jenem Band mehr erfahren.

Als Ergänzung zur Tabelle über die Milieus am Ende dieses Buchs seien hier stilisierte knappe Porträts von Individuen aus den sechs Milieus vor Augen gestellt, mit einer auch für das jeweilige Milieu relativ typischen Haltung zur Kirche:

Hans-Joachim Hamann aus dem Milieu der Hochkulturellen

Herr Hamann ist 65 Jahre alt, Studienrat. Befragt nach einem spirituellen Höhepunkt der letzten Zeit nennt er die Johannespassion. Das war kontemplativ und eine kulturelle Meisterleistung. Er liebt die repräsentative Stadtkirche, aber auch in der Gemeinde vor Ort ist er da – bereit Verantwortung zu übernehmen, zu leiten und sich für soziale Zwecke einzusetzen. Womit man ihn lieber verschone, sind Tombola und Schunkeln, aber auch eine alles kritisierende und gegen alles protestierende Haltung.

Berta Brehm aus dem Milieu der Bodenständigen

Frau Brehm ist 63 Jahre alt. Sie war Schneiderin. Gerne erinnert sie sich an die Hochzeit der Enkeltochter – das kleine familiäre Glück unter Gottes Segen. Wenigstens in der Kirche ist die Welt noch in Ordnung. Gestört hatte sie allerdings, dass der Pfarrer auch länger über die Scheidungsrate geredet hatte und dass es ein Videoverbot gab. Der Pfarrer meinte, Worte und das Erlebte ins Tagebuch zu schreiben, seien doch viel wichtiger als kitschige Äußerlichkeiten.

Michael Markowski aus dem Milieu der Mobilen

Herr Markowski ist 30 Jahre alt und Automechaniker. Befragt nach einem spirituellen Spitzenerlebnis, nennt er nach längerem Überlegen das Bungeejumping, das er vor kurzem zum ersten Mal mitgemacht hat. Kirche ist demgegenüber langweilig, so verkopft, dass man nicht mitkommt, und musikalisch schlecht gemacht. Einmal bekam er Techno in einer „Nacht in der Kirche“ mit. Das war schon was anderes. Er hat keinen Bedarf nach bravem Stillsitzen und regelmäßigen Gruppentreffen. Die Kirche ist was für andere, für Alte und kleine Kinder. So was muss es ja auch geben, aber er braucht sie nicht und ist übrigens auch vor einiger Zeit ausgetreten.

Katja Klein-Karibati aus dem Milieu der Kritischen

Frau Klein-Karibati, 45 Jahre, hat erst spät ein Kind bekommen, ist alleinerziehend und von Beruf Übersetzerin. Sie ist zum letzten Kirchentag gefahren – über eine Gruppe im Elternbeirat der evangelischen Grundschule. Dort hat sie eine Gruppe zur Aufarbeitung von sexuellem Missbrauch getroffen, die sie sehr beeindruckt hat.

Sie wird jetzt aussteigen aus dem Elternbeirat – das Kind kommt sowieso auf die weiterführende Schule – und stattdessen bei diesem neuen Netzwerk von Gruppen gegen sexuellen Missbrauch mitmachen. Vielleicht ist sie ja beim nächsten Kirchentag mit dieser Gruppe dann wieder dabei. Die steife Institution Kirche stört sie – die Hierarchie, die vielen vorgegebenen Formen und Gedanken. Sie will sich selbst einsetzen, und sich selbst suchen, darauf kommt es an, egal ob in oder außerhalb der Kirche.

Gerd Giesecke aus dem Milieu der Geselligen

Herr Giesecke ist 40 Jahre alt und von Beruf Computertechniker. Er wohnt mit seiner Familie (drei kleine Kinder, Ehefrau halbtags berufstätig) in einem Haus im Grünen in der Vorstadt. In besonderer Erinnerung als einen angenehmen Kontakt mit der Kirche hat er das Kindergartenfest: Nette Leute, die etwas tun für das Gemeinwesen vor Ort; auch er sollte mit anpacken und tat das gerne. Selbst der Gottesdienst mit den Kindern zu Beginn hat ihm gefallen – während er sonst ja so seine Probleme hat mit Orgel und alten Liedern, und mit solchen Dingen wie Schöpfungsgeschichte und Jungfrauengeburt. Die Kirche müsste halt insgesamt deutlich moderner werden.

Renate Zimmer aus dem Milieu der Zurückgezogenen

Frau Zimmer ist 55 Jahre alt und Verkäuferin. Nach der Scheidung lebt sie sehr zurückgezogen, hat Kontakt nur zu ihrer Tochter und ganz wenigen Nachbarn. Sie sieht meistens nach der Arbeit fern. Gefragt nach einem Höhepunkt an Spiritualität, fällt ihr spontan Lady Di's Beerdigung ein. Da hat sie geweint. Das war ein richtig heiliger Moment. Bei der Kirchengemeinde, da wird man dann immer gleich angesprochen, da soll man hier mitmachen und dort mitmachen. Nein, sie will und sie braucht nicht das Gewimmel. Die bei der Kirche sind auch nicht besser als die anderen. Sie ist da lieber für sich.

Literatur

Claudia Schulz/Eberhard Hauschildt/Eike Kohler, Milieus praktisch. Analyse- und Planungshilfen für Kirche und Gemeinde, Göttingen, ^{2}2009.

B. Problemstellungen aus Milieuperspektive wahrnehmen

Jedes Milieu hat sein Problem

Perspektiven auf Hilfsbedürftigkeit, christliches helfendes Handeln und das Helfen als Beruf

Claudia Schulz

In eine Notlage können selbstverständlich alle kommen. Allerdings gibt es die so genannten Risikofaktoren: Sie erhöhen die Wahrscheinlichkeit, in eine Notlage zu geraten, vor allem aber erschweren sie oft die Lösung des Problems und lassen die betroffene Person häufiger zu einem „Fall für" professionell Helfende werden. Wer sozial gut eingebunden ist, wer über eine gute Ausbildung verfügt, wer sich selbst über Rechte oder Hilfen informieren kann, wer ein gewisses finanzielles Risiko tragen kann, wird viel leichter Schwierigkeiten aus eigener Kraft überwinden können.

Menschen aus verschiedenen Milieus verfügen über unterschiedlich viele Ressourcen, mit denen sich Probleme bewältigen lassen. Milieuunterschiede sind nicht identisch mit den Unterschieden zwischen Arm und Reich. Aber mit der Ausprägung zahlreicher Milieudimensionen lassen sich relative Nähen zu bestimmten Risikofaktoren beschreiben: Wenn etwa die *Hochkulturellen* und *Kritischen* über vergleichsweise höherwertige Schulabschlüsse, gehobene berufliche Positionen und oft ein vergleichsweise hohes Einkommen verfügen, ist plausibel, warum sie eher selten in schwere Problemlagen geraten und in vielen Fällen – gewiss nicht immer – Probleme leichter bewältigen als etwa die *Bodenständigen* oder *Zurückgezogenen* mit ihren vergleichsweise geringen Ressourcen.

In diesem Text soll an einem Fallbeispiel aus der Beratungsarbeit einer diakonischen Einrichtung deutlich werden, wie unterschiedliche Dimensionen der Lebensführung sich auswirken: zuerst auf die Ebenen einer beispielhaften sozialen Problematik selbst, dann auf die Perspektiven von Betroffenen und ihrer Umgebung auf das Problem und schließlich auf die Spielräume und

Chancen für die Helfenden. Im Verlauf bekommt das Fallbeispiel manchmal ein etwas anderes Gesicht – und entfernt sich darin von dem, was sich in der Beratungseinrichtung wirklich zugetragen hat.

Eine Fallgeschichte

Frau U., 41 Jahre alt, kommt zu einem Termin in die Sozialberatung im Diakonischen Werk der nahen Kreisstadt. Sie kann die Miete für die Wohnung, in der sie mit ihren drei Kindern lebt, nicht mehr bezahlen. Frau U. hatte sich vor über einem Jahr wegen häuslicher Gewalt von ihrem Mann getrennt. Sie suchte bereits vor der Trennung Hilfe bei der Beratungsstelle. Sie stellte einen Antrag auf Arbeitslosengeld II, der wurde jedoch erst spät und dann fehlerhaft bearbeitet. Die ARGE wollte die Kosten für den Auszug nicht übernehmen. Frau U. zog, weil die Situation in der Familie für sie unerträglich wurde, dennoch aus und lebt seither mit Schulden. Die ARGE hat inzwischen einige der Kosten übernommen und ein Mietkautionsdarlehen bewilligt, dessen Tilgungsraten Frau U. jedoch nicht bezahlen kann. Es laufen derzeit Widerspruchsverfahren gegen verschiedene Bescheide. Ihre finanzielle Situation ist zur Zeit so angespannt, dass Frau U. die Kündigung der Wohnung und damit die Obdachlosigkeit droht.

Was mag Frau U. über sich und ihre Situation denken? Ist es ihr wohl sehr unangenehm, sich einem Sozialarbeiter anzuvertrauen? Hofft sie, dass die Nachbarn von ihren Sorgen nichts erfahren mögen? Sieht sie sich als Mit-Verantwortliche für ihre Problematik? Oder sieht sie sich als eines von vielen tausend Opfern häuslicher Gewalt in diesem Land, deren gutes Recht es wäre, dass die Gesellschaft sie in ihrer so belastenden Situation besser unterstützt? Welches Bild hat sie von sich selbst und ihrem zukünftigen Leben? Glaubt sie daran, dass in ein paar Jahren alles wieder besser sein wird? Hat sie Vorbilder und eine soziale Umgebung, die sie in einem hoffnungsvollen Handeln bestärken?

Von der anderen Seite betrachtet: Was denken Sie über diese Geschichte? Viele Menschen können sich gar nicht vorstellen, wie man in eine solche Situation überhaupt kommen kann. Sie sagen: „Ich würde an Stelle von Frau U. doch sofort ausziehen, wenn er mich das erste Mal schlägt." Oder Sie gehen davon aus, dass nach der aktuellen gesetzlichen Situation Frau U. einfach und kostengünstig dafür sorgen könnte, dass ihr Mann auszieht. Die meisten Menschen haben aus ihrer eigenen Erfahrung heraus recht klare Vorstellungen davon, was in einer solchen Situation wichtig ist, wie sich Lösungen finden ließen oder was für Frau U. jetzt die wichtigsten Schritte sind.

Für ein professionelles Hilfehandeln ist es wichtig, nicht nur die eigene Perspektive auf eine soziale Notlage gut zu kennen, sondern auch die Perspektiven zu verstehen, die sich für die Betroffenen nahe legen. Deren durch Erfahrungen und die Umgebung geprägte Sicht auf das Leben, deren Glaube an Erfolg und deren Vertrauen in eine bestimmte Art von Zukunft prägen ganz entscheidend, was an Hilfe möglich ist und was nötig ist.

1. Dimensionen der Hilfsbedürftigkeit

Anhand von vier Dimensionen soll jetzt in der Geschichte von Frau U. sichtbar werden, wie unterschiedliche Milieus Perspektiven auf eine Notlage entwickeln, was sie über Probleme und die von ihnen Betroffenen denken und was das für die Problematik selbst bedeuten kann. Diese vier Dimensionen bilden nur einen Teil der Dimensionen ab, in denen sich Menschen in ihrer Sicht auf das Leben und in ihrer konkreten Lebensgestaltung voneinander unterscheiden. Weitere werden im Abschnitt 3 in der Einleitung zu diesem Band vorgestellt. An dieser Stelle soll nun exemplarisch deutlich werden, wie die Analyse einer konkreten Dimension Aspekte von Problematik und Hilfe sichtbar macht.

1.1 Komplexe Erlebnisse, Bildung und Diskurs

Eine erste Dimension erschließt den Zugang zu komplexen Sachverhalten und Erlebnissen oder – als Gegenstück dazu – einfachen Sachverhalten und Erlebnissen. Häufig ist das Interesse an Komplexität mit dem Bildungsstand oder den intellektuellen Fähigkeiten gekoppelt, immer aber mit einem Interesse an Fachfragen und Diskursen und einer Vorliebe fürs Hinterfragen und Weiterdenken. Während viele Herausforderungen des Lebens nicht wählbar sind und natürlich alle Menschen ihr Handeln reflektieren müssen, haben manche ein besonderes Interesse daran. Sie empfinden Vergnügen und Befriedigung, „machen sich gern Gedanken“, auch um Themen, die nichts mit ihrer konkreten Lebenssituation zu tun haben.

In der Kirche wirkt sich diese Dimension häufig dort aus, wo es um (komplexe) inhaltliche oder konzeptionelle Fragen geht, wie hier am Beispiel der Musik: Die einen hören einfach gern Musik, die anderen denken gern über sie nach und erweitern gern ihr Wissen über diesen Musikstil, den geschichtlichen Hintergrund und die kulturgeschichtliche Einordnung. Wer eher geringere Vorlieben für so eine Komplexität hat, fühlt sich davon leicht abgestoßen: Warum muss ich über Musik nachdenken und reden? Warum muss ich etwas wissen, um genießen zu können? Wofür braucht es also einen Vortragsabend? Kann ich die Musik nicht einfach hören und schön finden? Eine Kompromisslinie findet sich oft in Fragen, in denen das häufig zweckfreie Nachdenken über komplexe Sachverhalte das Nachdenken über Nützliches trifft: wie ein Instrument funktioniert, was man mit einer Musik machen kann, oder wie die Akustik eines Raums gestaltet sein muss, damit es sich gut anhört.

Menschen, die eine Vorliebe für komplexe Sachverhalte haben, neigen in allen Lebensbereichen dazu, etwas zu hinterfragen und sich Informationen zu beschaffen. Solche Menschen treten oft mit einem gewissen Selbstbewusstsein auf, denn sie erleben sich als diejenigen, die eine Sache potenziell verstehen und dann auch steuern können. Sie denken beim Kauf von Kaffee (jedenfalls ab und zu) darüber nach, dass sie Teil eines Produktions- und Konsumgefüges sind und dieses durch ihren Kauf beeinflussen. Darum sind sie in der Regel offen für Debatten über Bio-Produkte, Nachhaltigkeit und Fairness. Der Zusammenhang eines Pakets fair gehandelten Kaffees mit dem eigenen Leben ist nur in dieser Komplexität zu begreifen – während für Menschen, für die eine solche Komplexität unangenehm oder unattraktiv ist, ein erhöhter Preis für etwas, das sich nicht direkt auf das eigene Leben auswirkt, wenig nachvollziehbar scheint.

Zum Blick auf soziale Probleme innerhalb dieser Dimension ist es jetzt nur ein kleiner Schritt: Wer vom Ehemann verprügelt wird, kann dies – jedenfalls außerhalb des akuten Moments – in einer hohen Komplexität wahrnehmen und die Beschäftigung mit der Fülle von Details in der Bewältigung des Problems durchaus für hilfreich halten: in Zusammenhang mit psychischen Belastungen, als Teil der ehelichen Kommunikation und als Bestandteil eines komplexen Dilemmas, in dem Bedürfnisse und Möglichkeiten vieler Beteiligter auf dem Spiel stehen und in dem das persönliche Glück, die körperliche und seelische Unversehrtheit und finanzielle Spielräume eine Bedeutung erhalten. Dankbar ist aber auch eine komplexitätsreduzierte, elementare Sicht auf ein Problem: Es ist nicht in Ordnung, körperliche oder seelische Gewalt auszuüben. Und es ist ein Ende der Gewalt anzustreben, was heißt, in der Folge eine Reihe von ganz praktischen Problemen lösen zu müssen.

Keine der Perspektiven ist richtig oder falsch, mehr oder weniger hilfreich. Und die meisten Betroffenen werden im Verlauf ihrer Geschichte Phasen mit mehr oder weniger komplexer Wahrnehmung des Problems durchlaufen. Aber zumeist lässt sich mit der Geschichte eines Menschen, seinem sozialen Kontext, mit seinen Vorlieben und Sichtweisen eine Einordnung mindestens innerhalb einer Dimension, manchmal auch in Bezug auf die Zugehörigkeit zu einem Milieu vornehmen. Als Beispiel sei die Geschichte von Frau U. als Geschichte einer Frau erzählt, die dem Milieu der *Kritischen* angehört:

Eine Fallgeschichte aus dem Milieu der Kritischen

Kerstin U. ist Industriedesignerin. Seit ihrem Studium, auch nach der Geburt der drei Kinder (heute 14, elf und neun Jahre alt), war sie erwerbstätig – bis vor drei Jahren. Sie litt schon länger unter den Schwierigkeiten in ihrer Ehe. Ihr Mann Peter, 46 Jahre alt und als Lektor in einem Schulbuchverlag beschäftigt, wurde, seit er vor zehn Jahren die Leitung der Fachgruppe übernommen hat, immer häufiger aggressiv und unter Alkoholeinfluss auch immer stärker gewalttätig gegenüber seiner Frau. Kerstin U. erkrankte und ist seit einem Aufenthalt in einer psychiatrischen Klinik in psychotherapeutischer Behandlung. Ihre Arbeitsstelle hat sie aufgegeben.

Sie setzt sich seit Jahren mit ihren Eheproblemen auseinander, spricht mit engen Freundinnen darüber und hat sich über die Möglichkeiten einer Paartherapie informiert. Peter U. lehnte jedoch eine solche Therapie immer ab mit der Begründung, er könne seine Probleme selbst lösen und müsse eben einfach einige Konflikte in der Umstrukturierung des Verlags durchstehen, dann sei alles wieder in Ordnung.

Als eine ehemalige Kollegin Kerstin U. vom Beratungsangebot im Diakonischen Werk erzählt, nutzt sie die Gespräche dort, um sich über ihre Rechte und die Möglichkeiten zur finanziellen Unterstützung zu informieren. Die Gespräche findet sie hilfreich, um sich nach dem Auszug in der veränderten Situation zurechtzufinden.

Das Milieu der *Kritischen* hat seinen Namen aus der starken Neigung der betreffenden Menschen bekommen, über ihr Leben nachzudenken und mit einer überdurchschnittlichen Komplexität zu Positionen und Entscheidungen zu finden. Dies äußert sich häufig in Freizeitinteressen, die komplexe Erlebnisse ermöglichen, wie etwa Besuche von Theater, Ausstellungen, anspruchsvollen Konzerten, Gesprächsabenden, Diskussionen oder Bildungsveranstaltungen. Und in diesen Kontext gehören oft politische Interessen, das Engagement für Schwache und Benachteiligte oder die Auseinandersetzung mit der eigenen Persönlichkeit.

Für Kerstin U. war die Auseinandersetzung mit ihrer Situation keine zusätzliche Belastung, sondern etwas sehr Hilfreiches. Der Gang zum Diakonischen Werk war für sie nicht angenehm, aber sie erlebte sich dabei als aktiv und selbständig. Informationen und Gespräche haben ihr geholfen, sich selbstbewusst als diejenige zu verstehen, die eine Entscheidung treffen und mit den Folgen umgehen muss. Kerstin U. hat sich auch schon vor ihrer Trennung mit den Erfahrungen anderer Frauen beschäftigt. Die waren ganz anders als ihre eigenen – aber sie haben den Spielraum erweitert, den Kerstin U. für sich selbst gesehen hat.

Viele *Kritische* sind vergleichsweise gut gebildet und haben in der Folge häufig ein überdurchschnittliches Einkommen. Am Beispiel von Kerstin U. lässt sich lernen, wie dies keine Selbstverständlichkeit, sondern lediglich einen potenziellen Spielraum darstellt: Ist Frau U. vielleicht in einiger Zeit wieder in der Lage, eine Arbeit aufzunehmen, hat sie vergleichsweise gute Chancen, damit auch ein angemessenes Einkommen zu erzielen.

Variiert man die Dimension der Vorliebe für komplexe oder einfache Erlebnisse, so lässt sich die Geschichte von Frau U. auch vergleichsweise ganz anders erzählen:

Eine Fallgeschichte aus dem Milieu der Geselligen

Gabi U. ist Erzieherin und lebte bis zu ihrem Auszug in einem Reihenhaus am Stadtrand. Seit der Geburt ihres ersten Kindes war sie nur noch aushilfsweise erwerbstätig. Ihr Mann arbeitet bei einem Automobilzulieferer, der in den letzten Jahren durch den Preisdruck am Markt immer stärker in Schwierigkeiten kam. Den beruflichen Stress hat er immer häufiger zu Hause „abgebaut“. Früher war die Familie gut integriert, zum Beispiel im Sportverein. Herr U. betreute eine Jugendmannschaft, die Familie war überall mit dabei. Aber seit er in eine entfernte Produktionsstätte der Firma versetzt worden war, hatte Herr U. dafür keine Zeit mehr. Er hatte am Wochenende manchmal schon etwas getrunken und wollte den Tag lieber gemütlich zu Hause verbringen. Gabi U. mochte dann auch nicht allein mit den Kindern zu den Vereinsfesten gehen.

Über die Probleme in ihrer Ehe sprach Gabi U. selten. Sie mochte niemandem erzählen, dass ihr Mann sie manchmal schlug. Erst recht traute sie sich nicht, von ihren eigenen psychischen Problemen zu erzählen. Was hätte das auch genützt? Was hätte sie von den guten Ratschlägen der anderen gehabt? Aber sie genoss es, manchmal in der Nachbarschaft einfach dabei zu sein, wenn ein Geburtstag oder ein Jubiläum gefeiert wurde. Der Gang in die Beratungsstelle kostete Gabi U. viel Überwindung. Es war beruhigend, dass die Sozialarbeiterin eine solche Geschichte wohl schon öfters gehört hatte. Aber ihre Fragen überfordern sie manchmal: Gabi U. weiß über die finanziellen Möglichkeiten der Familie nicht so genau Bescheid. Um Papiere und Unterlagen hatte sich immer ihr Mann gekümmert. Ihr wäre manchmal lieber, es gäbe einen Leitfaden für Frauen in ihrer Situation oder eine Liste von nützlichen Tipps.

Jetzt hilft es ihr, dass die Sozialarbeiterin sie in all diesen praktischen Fragen unterstützt. Das Schlimmste an ihrer Situation ist für Gabi U. die neue Wohnumgebung. Einerseits ist sie froh, dass die Freundinnen und Nachbarn nicht genau mitbekommen haben, was passiert ist, andererseits kennt sie nun im neuen Stadtteil niemanden mehr und fühlt sich sehr einsam. In der Beratungsstelle gibt es ein Angebot, an einer Gruppe für Frauen in einer Trennung teil zu nehmen. Gabi U. möchte nicht noch mehr Gespräche. Sie überlegt aber, auf eine Mutter-Kind-Freizeit der Kirchengemeinde mitzufahren.

Das Milieu der *Geselligen* hat seinen Namen aus der großen Vorliebe der betreffenden Menschen für gemeinschaftliches Miteinander erhalten. Das gemeinsame Leben und Tun, die Gestaltung des sozialen Nahraums in Vereinen, Gruppen und nachbarschaftlichen Verbindungen spielt hier eine große Rolle. Das Miteinander hat gewissermaßen für sich selbst einen hohen Wert, unabhängig von Themen, über die gesprochen oder Tätigkeiten, die vollbracht werden. Ob die Nachbarschaft den Ausbau des Spielplatzes fördert oder einfach nur eine Kultur der gemeinsamen Freizeitgestaltung pflegt, ist weniger wichtig.

Gesellige haben für die Gesellschaft oft eine große integrative Kraft: Sie finden mit vielen Menschen eine gemeinsame Basis – eben dann, wenn man zusammen etwas tut. Man braucht nicht derselben Meinung zu sein, und man diskutiert auch nicht unbedingt über Dinge, die nicht notwendig sind. Zu den typischen Freizeitvorlieben dieses Milieus gehören darum auch Tätigkeiten, die weniger Komplexität mit sich bringen: Sport, Gartenarbeiten, Handarbeit und Heimwerkertätigkeiten oder eben Besuche bei Freunden und in der Nachbarschaft.

Aus der Perspektive der *Geselligen*, wie bei Gabi U., ist in einer sozialen Notlage die Komplexität häufig ausschließlich belastend: Die Notlage macht das Leben kompliziert, eine Lösung sollte das Leben wieder einfacher und überschaubarer machen. Wo der Besuch einer Beratungsstelle bedeutet, eine komplizierte Notlage, wie etwa die typische Dilemmasituation bei häuslicher Gewalt, zunächst durch Informationen und Bedenken möglicher Konsequenzen noch komplexer zu machen, ist die Hürde hoch.

Wo Beratung zunächst bedeuten muss, ein Problem überhaupt auszusprechen und konzentriert in den Blick zu nehmen, ist Komplexität nicht zu umgehen. Darum sind die *Geselligen* für Beratung besonders dort zu gewinnen, wo sie eine Erleichterung des Lebens verspricht. Sie sehen häufig darin vor allem den konkreten Nutzen: Eine Schwangerschaftsberatung verschafft „den Schein“, eine Drogenberatung hilft, das „Richtige“ zu tun, und eine Rechtsberatung weist auf die am meisten erfolgsversprechende Vorgehensweise. So kann eine Sozialberatung ebenso Vorgänge vereinfachen, Anträge ausfüllen helfen, Entlastung verschaffen oder Tipps geben, wie man mit einem Problem am besten umgeht.

1.2 Geselligkeit, Gemeinschaft und soziale Einbindung

Eine starke Einbindung in soziale Netze und vor allem eine starke Orientierung an Gemeinschaft und geselligem Miteinander im familiären, freundschaftlichen und nachbarschaftlichen Bereich stabilisiert Menschen in problematischen Situationen offensichtlich sehr. Gabi U. hilft es, mitten in einer Krise dennoch bei einer Geburtstagsfeier dabei zu sein und die Normalität zu genießen, die dies bedeutet. Hier spürt sie ihre Ressourcen, den Alltag zu bewältigen, besonders gut.

Ebenso offensichtlich ist aber auch, wie die Gemeinschaft eine ambivalente Seite hat: Sie ist an sich ein so hohes Gut, dass *Gesellige* in einer Krisensituation sie manchmal auf keinen Fall riskieren wollen. So kann die Bindung an das gemeinschaftliche Miteinander eine Problemsituation festigen und eine konstruktive Bewältigung verhindern. Wenn Gabi U. bei einer Feier im Garten der Nachbarn sitzt, denkt sie: Vielleicht wird ja einfach alles doch wieder besser, wenn ich mir ein bisschen Mühe gebe. Ihr Rückhalt in der gemeinsamen Gestaltung des Lebens verlangt von ihr, dass sie sich hieran beteiligt, dass sie ebenfalls einmal ein Fest ausrichtet – und die Gemeinschaft mit allzu komplexen und anspruchsvollen Gesprächsthemen verschont, wie ein gewalttätiger Übergriff des Ehemanns es ist.

Für Gabi U. bedeutet der Auszug aus der gemeinsamen Wohnung auch den Verzicht auf ihren sozialen Kontext. Umso wichtiger wird es sein, dass die Beratung das Bedürfnis nach sozialer Einbindung berücksichtigt – und zwar nicht als eine Einbindung in ein „Problem-Netzwerk“, wie es etwa eine Selbsthilfegruppe oder Gesprächsgruppe für Betroffene bieten würde. Frau U. wünscht sich vielmehr eine Einbindung in das geteilte alltägliche Leben im noch wenig vertrauten Stadtteil, sie sucht Kontakt zu anderen Frauen und Möglichkeiten, gemeinsam die Freizeit zu gestalten.

Die *Geselligen* sehen in ihren sozialen Bezügen auch ihre wichtigste Chance auf eine Lösung praktischer Probleme: Ein Nachbar kennt sich aus mit der Wasserpumpe, mit deren Installation man selbst gerade Mühe hat. Ein Engpass in der Kinderbetreuung lässt sich in der Nachbarschaft leicht lösen. Wo Schwierigkeiten aber so geartet sind, dass „man nicht so gern darüber spricht“, wo es um psychische Probleme oder Partnerschaftskonflikte geht oder gar einen prügelnden Ehemann, sind die *Geselligen* oft hilflos: Sie haben wenig Vorstellung davon, wie sie eine Lösung angehen sollten, wenn nicht im Kontext der sozialen Gemeinschaft. Wo die versagt – oder man davor zurückschreckt, die Umgebung dafür heranzuziehen – steht der große Schritt in professionelle Hilfesysteme bevor.

Auch Kerstin U., der *Kritischen*, haben in den vergangenen Jahren ihre sozialen Kontakte geholfen, sich in ihrer Situation zurechtzufinden und Entscheidungen zu treffen. Ihre Kontakte sind jedoch selektiver und weniger auf das Wohn- oder Arbeitsumfeld bezogen. *Kritische* pflegen in der Regel etwas weniger Freundschaften als die *Geselligen*, sie haben aber vor allem andere Ansprüche an sie: Im Vordergrund steht nicht das gemeinsame Tun, der geteilte Alltag und die gemeinsam verbrachte Zeit, sondern die gemeinsame Überzeugung oder die gemeinsame Auseinandersetzung mit Themen.

So finden sich die vertrauten Personen der *Kritischen* häufig außerhalb des Wohnumfelds. Kerstin U. fiel es nicht leicht, mit Freundinnen über ihre Situation zu sprechen. Die Erfahrungen anderer nützten ihr wenig, aber sie fand es hilfreich, ein Gegenüber für ihre Gedanken und Sorgen zu finden. Dies ist der wichtigste Unterschied zwischen den *Geselligen* und den *Kritischen*: Den *Kritischen* bedeutet die Möglichkeit, sich ab und zu mit jemandem austauschen und die eigenen Gefühle und Entscheidungen durchsprechen zu können, mehr als praktische Hilfe und ein

Miteinander im Alltag. So hat Kerstin U. eine Zeit lang an einer Gruppe für Frauen in Trennungssituationen teilgenommen und leidet viel weniger als Gabi U. unter dem Umzug in einen anderen Stadtteil.

Der Unterschied in der Dimension der Vorliebe für Gemeinschaft und geselliges Miteinander ist zwischen *Kritischen* und *Geselligen* bereits recht groß. Eine noch deutlich geringere Vorliebe, ja geradezu eine Abneigung gegen die starke soziale Einbindung der *Geselligen* findet sich im Milieu der *Zurückgezogenen*. Dies wird deutlich, wenn wir die Geschichte von Frau U. als eine Geschichte im Milieu der *Zurückgezogenen* lesen:

Eine Fallgeschichte aus dem Milieu der Zurückgezogenen

Rita U. ist bereits mit 17 Jahren von zuhause ausgezogen, weil ihre Mutter alkoholabhängig war und Ritas damaligen Freund nicht mochte. Sie brach ihre Ausbildung ab und zog mit ihrem Freund in eine andere Stadt. Sie jobbte später in einem Pflegezentrum und trennte sich nach einigen Jahren von ihrem Freund, als der immer öfter Drogen konsumierte und, wenn er am Wochenende mit Freunden unterwegs gewesen war, gewalttätig wurde. Sie lernte bald darauf Herrn U. kennen, der als Monteur arbeitete und zwei Jahre später in die Stadt versetzt wurde, in der Rita U. heute wohnt. Sie heiratete und war einige Jahre nicht erwerbstätig, als die Kinder geboren wurden.

Rita U. kennt in dem Stadtteil, in dem sie wohnt, kaum jemanden, obwohl sie dort nun schon seit über zehn Jahren wohnt. Mit anderen Eltern im Kindergarten und in der Schule weiß sie nichts zu reden, natürlich bespricht sie dort die wichtigen Dinge, aber sich darüber hinaus mit anderen zu treffen, das ergab sich selten.

Seit es mit ihrem Mann immer öfter Probleme gab, war sie auch froh, dass die Kinder selten jemanden mit nach Hause brachten. Wenn er in der Wohnung herumschrie und sie oft auch schlug, war sie froh, wenn sie am nächsten Morgen allein war. Den Tipp, sich an die Beratungsstelle zu wenden, bekam sie von ihrem Hausarzt, an den sie sich gewandt hatte, weil sie oft so traurig war und ihre Hausarbeit an manchen Tagen nicht mehr bewältigen konnte. Er hatte ihr Medikamente gegeben und ihr geraten, etwas mehr für sich zu tun.

Es fiel Rita U. schwer, die Entscheidung für den Umzug in eine eigene Wohnung zu treffen. Sie dachte lange, sie müsse ihre familiäre Situation eben aushalten, bis die Kinder für sich selbst sorgen können. Erst als ihr Mann manchmal auch die älteste Tochter anging, wenn er getrunken hatte, schaffte sie es, eine Wohnung für sich und die Kinder zu suchen.

Wenn sich manchmal die Antragsformulare und Bescheide auf dem Küchentisch stapeln, wünscht sie sich, dass die Sozialarbeiterin von der Diakonie diese Dinge für sie regelt. Sie glaubt nicht daran, in absehbarer Zeit wieder arbeiten, selbst für die Kinder sorgen und ihre Schulden begleichen zu können.

Im gesellschaftlichen Leben findet das Milieu der Zurückgezogenen üblicherweise kaum Beachtung. Die *Zurückgezogenen* sind, wie auch Rita U., meist unauffällige Zeitgenossen. Sie zeigen zunächst – meist noch etwas stärker als die *Geselligen* – eine Abneigung gegenüber allzu komplexen Sachverhalten und einer persönlichen Auseinandersetzungen mit anspruchsvollen Themen. Die ist hier – und jetzt: ganz anders als bei den *Geselligen* – verbunden mit einer Abneigung gegen eine allzu starke soziale Einbindung. Die eigene Wohnumgebung, die Menschen, mit denen man zusammenlebt, und die Kontakte, die sich zwangsläufig ergeben, sind den *Zurückgezogenen* genug. Sie haben häufig eine traditionelle Sicht auf die Rollen von Mann und Frau und ihre Aufgaben in Familie und Arbeitswelt. Wichtig ist, was das Leben, so wie es sein soll, stabilisiert. Überraschungen, Veränderungen und Herausforderungen sind für die *Zurückgezogenen* so wenig attraktiv wie für kaum ein anderes Milieu.

Der Rückzug in die kleine Welt und die eigenen vier Wände ist für die *Zurückgezogenen* oft etwas ganz Angenehmes und zum Lebensgefühl Passendes: Viele von ihnen fühlen sich überfordert von zu vielen Möglichkeiten und Angeboten, von Diskussionen über gesellschaftlich relevante Themen, davon, sich eine Meinung bilden zu müssen über Dinge, von denen sie nicht genug verstehen. Dazu passt die typische Gestaltung der Freizeit, die ohne wesentliche Vorlieben verbracht wird: Weder Sport noch Sozialkontakte, weder künstlerische noch musische Beschäftigungen, weder soziales Engagement noch die Lektüre von Büchern oder die Beschäftigung mit der eigenen Persönlichkeit trifft auf die Begeisterung der *Zurückgezogenen*. Sie sind einfach gern zu Hause, haben wenig Bedarf an Austausch mit anderen und beziehen ihre Erlebnisse häufig eher aus den Medien als aus der eigenen Erfahrung.

Die *Zurückgezogenen* haben es häufig schwerer als *Gesellige* und *Kritische*, eine Krisensituation zu bewältigen, weil sie weder auf die soziale Umgebung als Ressource noch auf ihre Fähigkeit, ein Problem in einer gedanklichen Auseinandersetzung anzugehen, zurückgreifen können oder mögen. Sie scheuen die Herausforderung von Veränderungen, fürchten sich vor Entscheidungen gegen traditionelle Lebensweisen und ziehen wenig Nutzen aus dem Austausch mit anderen Betroffenen. Ihr Optimismus in Bezug auf ein „Leben nach der Krise" ist noch schwächer ausgeprägt als in anderen Milieus.

Sie dulden viel und haben eine oft wenig selbstbewusste Haltung im Umgang mit professionell Helfenden: Entweder erwarten die *Zurückgezogenen* alles von ihnen und fordern, dass die Professionellen ihre Angelegenheiten umfassend regeln, während sie sich selbst aus der Verantwortung nehmen. Oder sie zweifeln an deren Fähigkeiten, verspotten die „immer nur redende" Sozialarbeiterin, während sie sich selbst um eine Lösung kümmern müssen. Was eine stark traditionelle Sicht auf das Leben und speziell auf die persönliche Hilfsbedürftigkeit bedeutet, soll der nun folgende Abschnitt zeigen.

1.3 Traditionsbindung und biographische Schließung

Eine starke Traditionsbindung in Einstellungen und Handlungsweise findet sich häufig – nicht immer – im Zusammenhang mit einem höheren Lebensalter der Menschen. Sie ergibt sich manchmal organisch aus einer so genannten biographischen Schließung: Mit höherem Alter werden die Möglichkeiten, das Leben zu verändern, als weniger zahlreich eingeschätzt als in der Jugend. Die Offenheit gegenüber Veränderungen wird geringer, die Wertschätzung gegenüber dem, was bereits da ist, wird größer. Eine Traditionsbindung macht sich bemerkbar etwa in einem traditionellen Familienverständnis oder einer Orientierung an gesellschaftlichen Normen, beispielsweise in Bezug auf Partnerschaft, Geschlechterrollen und die Möglichkeiten, die Individuen zur eigenen Ausgestaltung des Lebens bleibt oder bleiben sollte. Die Orientierung an Traditionen ist jedoch nicht immer eine Frage des Alters. In vielen Fällen orientieren sich Menschen an der Tradition, weil sie weniger Anlass sehen oder es für wenig attraktiv halten, eine eigene, vom bisher Bekannten abweichende Position zu Fragen der Lebensführung zu entwickeln und umzusetzen. Dies soll unter 1.4 ausführlicher dargestellt werden. Wie sich eine traditionsorientierte Lebensdeutung ausprägt, sei hier nun am Beispiel der Schwiegermutter der Gabi U. erzählt:

Eine Fallgeschichte aus dem Milieu der Bodenständigen

Berta U. kennt ihre Schwiegertochter Gabi bereits seit deren Kindheit, denn Gabi stammt aus dem gleichen Ort wie ihr Sohn. Sie war aber erst mit ihm befreundet, als er nach seiner Ausbildung und den Jahren bei der Bundeswehr wieder zurückkam und eine feste Stelle antrat. Berta U. und ihr Mann waren froh, dass die beiden heirateten und eine Wohnung fanden, bevor das erste Kind zur Welt kam. Nur dass Gabi immer noch unbedingt etliche Wochenstunden im Kindergarten arbeiten wollte, konnten die beiden nicht verstehen, aber sie respektierten die Entscheidung von Sohn und Schwiegertochter.

Seit Gabi ihre Berufstätigkeit aufgegeben hatte und sich auch aus dem Sportverein zurückzog, ahnte Berta U., dass es in der Ehe der beiden Probleme gab. Ihr Sohn hatte ja seit seiner Versetzung weniger Zeit für die Familie, und seine Frau konnte das leicht ausgleichen. Aber offensichtlich gefiel es ihr nicht, das Ihre für die Familie zu tun. Die Kinder waren immer unausgeglichener, Gabi schaffte es ja nicht einmal mehr, das gemeinsame Mittagessen am Sonntag mit den Schwiegereltern aufrecht zu halten.

Berta U. sieht, wie ihr Sohn beruflich unter Druck ist, und sie begreift nicht, warum Gabi mit den Kindern ausgezogen ist. Probleme in der Partnerschaft gibt es natürlich immer, aber die löst man, indem sich beide wieder mehr Mühe geben. Man gibt nicht auf, wenn es mal schwierig ist. Gabi U. hat es nicht gewagt, ihrer Schwiegermutter von den gewalttätigen Übergriffen ihres Mannes zu erzählen. Sie wusste, dass ihr Mann als Kind auch geschlagen wurde, und ihre Schwiegermutter fand, das gehöre schon mal dazu. Gabi U. fürchtete sich davor, wieder nur an ihre Pflichten als Ehefrau erinnert zu werden. Nach ihrem Auszug hat sie den Kontakt zur Schwiegermutter abgebrochen.

Die *Bodenständigen* leben häufig – noch öfter als die *Geselligen* – mit einer starken Bindung an ihren Wohnort. Sie kennen sich aus im Ort oder im Stadtteil, sind in das gesellschaftliche Leben meist stark eingebunden und gehen davon aus, dass anderen an so einer Einbindung ebenso viel liegt. Biographische Veränderungen akzeptieren sie bei Jüngeren, fürchten sie aber, wenn es um das eigene Leben geht. Ein Leben, das in gleichmäßigen Bahnen verläuft, ist für sie erstrebenswert. Bescheidenheit, Mäßigkeit und Zurückhaltung gegenüber den Attraktionen der großen weiten Welt gehören zum Bild dieses Lebens dazu.

Für *Bodenständige* gehört es zur Pflicht jedes Menschen, etwas für andere, für das Gemeinwohl zu tun. Dabei haben sie zunächst die eigene Familie vor Augen: Hier ist man selbstverständlich eng miteinander verbunden und hilft sich aus, wo es eben geht. Von hier aus ist dann das ganze Dorf Ziel der prinzipiell auf Gegenseitigkeit ausgelegten Hilfe, angefangen bei den eigenen Bezugspunkten – im Verein, in der Nachbarschaft oder in der Kirchengemeinde. Die *Bodenständigen* sind meist weniger gut ausgebildet und im Beruf auf Positionen zu finden, in denen man eher ein mittleres oder auch geringeres Einkommen erzielt. Bodenständige Frauen sind überdurchschnittlich oft nicht erwerbstätig, viele sind bereits jenseits der Erwerbsaltersgrenze. Die finanziellen Möglichkeiten der *Bodenständigen* sind entsprechend unterdurchschnittlich. Umso wichtiger ist für sie der Zusammenhalt im sozialen Gefüge, die Hilfsbereitschaft und gegenseitige Unterstützung.

Wo jemand in eine Krisensituation gerät, greifen für *Bodenständige* häufig die Deutungsmuster eines traditionell geprägten Lebens: Jemand hat den Weg des Gewohnten und Bewährten verlassen, hat nicht ausreichend auf das Nötige geachtet, sich nicht angemessen beschränkt. So sieht Berta U. zwar die Sorgen von Sohn und Schwiegertochter; dass die aber nicht durch mehr Disziplin, durch Beständigkeit und Bescheidenheit zu überwinden sein sollen, leuchtet ihr nicht unmittelbar ein. Das Leben ist in Unordnung geraten; jetzt sind neue Ordnungen gefragt, die im Denken der *Bodenständigen* oft zugleich die alten Ordnungen sind.

Eine soziale Hilfsbedürftigkeit ist in den Augen der *Bodenständigen* häufig zugleich ein sozialer Abstieg: Jemand schafft es nicht, das Leben zu bewältigen, das kostet Ansehen in der Gemeinschaft, auch wenn natürlich bekannt ist, dass auch andere mit Problemen zu kämpfen haben, Schicksalsschläge jeden treffen können und so manche Ehe wieder geschieden wird. Vor allem *Bodenständige* sind es, die sich nicht vorstellen können, jemals eine finanzielle Hilfeleistung, etwa Wohngeld oder eine ergänzende Grundsicherung, von staatlichen Stellen zu beantragen, auch wenn sie von einer sehr kleinen Rente leben müssen. Sie haben schließlich ein ganzes Leben lang gearbeitet. Wie könnten sie dann jetzt der Allgemeinheit auf der Tasche liegen?

Wo Notlagen mit Tabus verbunden sind – wie mit Gewalt in der Partnerschaft oder psychischen Schwierigkeiten –, tun sich die *Bodenständigen* schwer. Hier greifen die Selbstverständlichkeiten nicht, die das Leben stabil machen und den Rahmen für das soziale Engagement abgeben. Die Notwendigkeit, schwere und eingreifende Entscheidungen zu treffen, die das Bestehende grundlegend in Frage stellen, sorgt für Verunsicherung – ebenso wie die Notwendigkeit, professionelle Hilfe in Anspruch zu nehmen. Dies ist noch verhältnismäßig einfach, wo es um gesundheitliche Probleme geht. Hier greift eine traditionelle Sicht der Dinge, nach der medizinisches Fachpersonal Menschen wieder gesund machen kann.

Beratung und erst recht Psychotherapie und Selbsthilfe sind ungewohnte Hilfsangebote und erfordern eine vorsichtige Annäherung. Erschwerend für die Hilfe ist die bescheidene Sicht der *Bodenständigen* auf die eigenen Spielräume und Möglichkeiten: Viel anspruchsvoller als die fachliche Beratung ist hier der sensible Umgang der Helfenden mit dem traditionellen Denkmuster der Hilfesuchenden, in dem viele Lösungswege gar nicht gedacht und darum auch nicht beschritten werden können, weil sie nicht vorstellbare Veränderungen bedeuten oder eine so hohe Aufmerksamkeit fürs eigene Wohlergehen – eventuell auf Kosten von Partner und Kindern – nicht erlaubt scheint.

1.4 Orientierung an Autoritäten und die eigene Persönlichkeit

Eine weitere Dimension, auf der sich Menschen voneinander unterscheiden, lässt sich ausgehend von der Dimension einer Traditionsbindung verstehen. Wer traditionsverbunden ist und bewährte Lebens- und Sozialformen schätzt, hat sehr oft auch eine starke Orientierung an Autoritäten, an den Gegebenheiten der Welt, an dem, was Normen vorgeben und andere Menschen im sozialen Umfeld erwarten. Dem gegenüber werden eigene Impulse, die eigene Meinung oder Sehnsüchte zurückgestellt. Die eigene Persönlichkeit ist dann dem, was als gegeben angesehen wird, untergeordnet.

Diese Haltung ist aber nicht immer mit einer Traditionsbindung deckungsgleich. Viele traditionsorientierte Menschen verfügen etwa über eine höhere Bildung, sind es gewohnt, sich mit Themen auseinander zu setzen, eine eigene Haltung zu entwickeln und die eigene Position auch gegenüber anderen Menschen zu verdeutlichen. Hier bekommt dann die eigene Person einen größeren Stellenwert. Sie spielt eine wichtige Rolle in der Gestaltung des eigenen Lebens, in wichtigen Entscheidungen kann sie in Konflikt geraten mit Vorgaben durch Autoritäten oder schlichte Gegebenheiten. Wie diese Dimension sich auf die Weltsicht und die Lebensgestaltung auswirkt, wird deutlich im Vergleich des traditionsgebundenen Milieus der *Bodenständigen* mit dem ebenso traditionsgebundenen Milieu der *Hochkulturellen*. Sie sind als Eltern von Kerstin U. vorgestellt:

Eine Fallgeschichte aus dem Milieu der Hochkulturellen

Herbert M. und seine Frau waren stolz, dass ihre Tochter ein Studium abgeschlossen hatte und in ihrem Beruf erfolgreich war. Sie selbst konnten nach dem Krieg nur einen Volksschulabschluss machen und mussten sich viele wichtige Dinge mühsam später erarbeiten. Mit den Einkünften aus ihrer kleinen Firma konnten sie zumindest ihren beiden Kindern ein Studium ermöglichen. Als Kerstin dann Peter U. heiratete, waren ihre Eltern skeptisch, ob ihre Tochter ihre beruflichen Ziele auch in der Beziehung mit Peter U. erreichen konnte. Natürlich gingen die Eltern davon aus, dass Kinder das Leben ihrer Tochter stark einschränken würden, aber sie wünschten sich dennoch weiterhin viel Selbständigkeit für sie. So engagierten sie sich in den ersten Jahren sehr stark und betreuten die Enkel, um Kerstin mehr Spielraum zu verschaffen.

Aber seit Kerstin vor einigen Jahren immer stärkere psychische Probleme bekam, waren sie zwar weiterhin für die Enkel da, wurden aber zurückhaltender, was ihren Kontakt zur Familie anbetraf: Natürlich war es wichtig, dass Kerstin in einer schwierigen Situation zu ihrem Mann hält, aber es musste doch Wege geben, dass beide das Leben zu ihrer Zufriedenheit gestalten und keiner von beiden ausschließlich zurücksteckt. Das hatten Herr und Frau M. doch auch immer gemacht, auch in den schwierigen Zeiten mit der Firma und den kleinen Kindern.

Über die Gewalt in der Beziehung haben die beiden mit ihrer Tochter fast nicht gesprochen. Herr M. hatte nach einer unangenehmen Situation auf dem Geburtstag von Herbert M. einmal versucht, mit seinem Schwiegersohn zu sprechen und ihn wegen seines Alkoholkonsums zu einem Arztbesuch zu ermutigen. Aber Peter U. mochte nicht darüber sprechen und versprach, sich vor allem bei Familienfeiern etwas zurück zu halten.

Herbert M. und seine Frau finden, dass sie ihrer Tochter mit Ratschlägen wenig helfen. Sie muss schließlich selbst ihren Weg finden. Dies kann sie mit professioneller Hilfe in einer Beratungsstelle sehr viel besser als im Gespräch mit ihnen. Sie bedauern, dass sie ihre Tochter finanziell kaum unterstützen können, machen ihr aber immer wieder Mut, diese schwierige Zeit mit möglichst viel Fürsorge für sich selbst durchzustehen.

Das Milieu der *Hochkulturellen* hat seinen Namen durch seine Vorliebe für hochkulturelle Freizeitbeschäftigungen erhalten, durch seine starken bildungs- und kulturbezogenen Interessen. Sie sind durch ihre vergleichsweise gute Ausbildung häufig – aber nicht immer – mit ökonomischen Ressourcen eher gut ausgestattet. Sie sind vergleichsweise selbstbewusst und messen trotz ihrer Traditionsbindung der eigenen Person, ihren Fähigkeiten und ihrer Urteilskraft einen hohen Stellenwert zu. Sie kennen ihre Rechte und Pflichten in der Gesellschaft und sind häufig bereit, sich für das Gemeinwohl einzusetzen. Ob die Zielgruppen ihres Engagements zu ihrem unmittelbaren Umfeld gehören, zur Familie oder der eigenen Bekanntschaft, ist ihnen weniger wichtig. Viele *Hochkulturellen* tragen mit ihrem Engagement zahlreiche Parteien, Bürgervereine und Kirchengemeinden. Sie denken gern nach, diskutieren Themen, die sie interessieren, und halten den Zusammenhalt der Menschen untereinander für wesentlich – in der Gesellschaft ebenso wie in der eigenen Familie.

Diese Interessen teilen in hohem Umfang auch die *Kritischen.* Deren Wertschätzung für die eigene Persönlichkeit – im Kontrast zur Wertschätzung für Autoritäten und die Gegebenheiten des Lebens und gesellschaftliche Normen ist in vielen Fällen sogar noch höher als bei den *Hochkulturellen.* Das mag am geringeren Durchschnittsalter in diesem Milieu liegen. In vielen Fällen wirken die *Kritischen* wie die „Kinder der *Hochkulturellen*" (wie die *Geselligen* als „Kinder der *Bodenständigen*" erscheinen mögen), sie teilen oft deren Interessen und sind entsprechend ihres meist niedrigeren Lebensalters aber oft ebenso an einer erlebnisintensiven Freizeitgestaltung mit Kinobesuch und Reisen interessiert. Sozialgeschichtlich ist ein Modell jedoch nicht haltbar, in dem die einen Milieus auch tatsächlich die „Eltern" oder „Kinder" der anderen sind. Hier lassen sich nur Nähen und Distanzen auch zwischen Generationen feststellen, die vor allem dort spürbar werden, wo konkrete Probleme zu verstehen und zu bewältigen sind.

Wichtiger sind Verwandtschaften der Milieus auf der Linie der hier vorgestellten Dimensionen: Die *Hochkulturellen* und die *Kritischen* verbindet das Interesse an komplexen Sachverhalten und die relativ hohe Wertschätzung für die eigene Persönlichkeit. Es unterscheidet sie aber die Bindung an die Tradition. *Bodenständige* und *Gesellige* dagegen verbindet eine auffallend hohe Wertschätzung für Gemeinschaft in Form von Geselligkeit und gemeinsamer Lebensgestaltung im praktischen Bereich und in der Regel auch die Abneigung gegen allzu komplexe Sachverhalte. *Gesellige* sind dagegen nicht nur deutlich weniger traditionsverbunden als die *Bodenständigen*, sie geben auch der eigenen Person einen deutlich höheren Stellenwert als den gegebenen Umständen und den Autoritäten, die relevante Normen und Werte ihres Lebens stärken.

Diese Dimension des Stellenwerts der eigenen Person ist in einer Krisensituation besonders hilfreich für das Verständnis unterschiedlicher Perspektiven auf ein Problem und eine professionelle Hilfe: Für erwachsene Opfer von häuslicher Gewalt bedeutet ihre Situation fast immer ein Dilemma auf dieser Dimension, in der die Orientierung am Gegebenen das eine Extrem darstellt, die Orientierung an der eigenen Persönlichkeit das andere. Konkret geht es dann meist um die Spannung zwischen der Liebe zu einem Partner oder einer Partnerin und der momentanen Lebensform auf der einen Seite und der eigenen körperlichen und seelischen Unversehrtheit und den damit verbundenen Spielräumen und Gestaltungsmöglichkeiten auf der anderen.

Die Entscheidung, der Gewalt auszuweichen und dafür den aktuellen Lebenskontext zu verlassen, verlangt von den Betroffenen eine Parteinahme für die eigene Persönlichkeit mit allen Konsequenzen, die das dann mit sich bringt. Wer sich damit schwer tut, wer in der Vergangenheit die Vorgaben von Autoritäten, zum Beispiel der Familie oder des Ehepartners, stark beachtet hat, für den ist ein solcher Schritt eine fast übermenschliche Leistung, die viele nur erbringen können, weil es nicht nur um das eigene Wohl, sondern auch um das der Kinder geht. Eine Beratung muss berücksichtigen, welche Kraft Betroffene dafür brauchen – und dass neben der Bewältigung ganz praktischer Probleme noch ein Umdenken in der Bewertung der eigenen Person nötig ist. Die Erfahrungen vieler Frauenhäuser, dass oft enorm viele Anläufe nötig sind, bis eine Frau ihre problematische Situation nachhaltig verbessern kann, verdeutlicht, was es heißt, an eigenen Einstellungen und Glaubenssätzen zu arbeiten.

Hier kommen dann im schlimmsten Fall diejenigen Ausprägungen auf den verschiedenen Dimensionen zusammen, die eine Bewältigung von Notlagen erschweren: Wo eine geringe Bildung und damit verbunden oft eine Distanz gegenüber der Auseinandersetzung mit komplexen Sachverhalten auf eine starke Orientierung an Autoritäten und Gegebenheiten trifft und die Ressourcen einer sozialen Gemeinschaft nicht zur Bewältigung genutzt werden können, wirken sich soziale Belastungen stärker aus. Ein helfendes Handeln muss dann all diese Dispositionen als grundlegende Herausforderung für die Arbeit mit berücksichtigen und den Betroffenen auf vielen Ebenen Hilfestellung geben.

In dieser Darstellung von Perspektiven auf Problemlagen ist das Milieu der *Mobilen* ausgeklammert. Dieses Milieu ist, vermutlich wegen des niedrigen Durchschnittsalters in diesem Milieu und des großen Anteils von jungen Menschen, die noch mitten in ihrer Ausbildung und beruflichen Positionierungen stecken, in vielen der genannten Dimensionen nicht leicht einzuordnen. *Mobile* sind skeptisch gegenüber Autoritäten, sie wollen ihr Leben selbst und in Einklang mit eigenen Vorstellungen gestalten. In ihrer Haltung gegenüber komplexen Sachverhalten, in ihrer Bindung an Traditionen und in ihren Formen der Vergemeinschaftung sind sie jedoch entweder stark uneinheitlich oder ihre Positionen sind so komplex, dass es vertiefter Studien bedürfte, um hier Unterschiede beschreiben zu können.

Im Folgenden werden nun die Logiken von Milieus und den darin wirksamen Dimensionen der Lebensführung in umgekehrter Sicht aufgeschlüsselt: aus der Perspektive von Helfenden im Bereich von Kirche und Diakonie, anhand ihrer Motive und der Rollen, in denen helfendes Handeln hier geschieht.

2. Chancen der Hilfeleistung – Helfen als Beruf

Wie können sich Menschen im Bereich von Kirche und Diakonie für andere engagieren? Wie sehen sie sich selbst dabei und was halten sie an der Hilfe für wesentlich? Und in welchen Rollen und Funktionen kann diese Hilfe unterschiedlichen Menschen nützen? Diese Fragen haben eine schier unendliche Reichweite – an dieser Stelle will ich versuchen, aus der Perspektive der Milieuanalyse einige Lerneffekte zu benennen.

Die Dimensionen der Lebensführung, in denen Menschen aus verschiedenen Milieus eigene und fremde soziale Notlagen betrachten, bestimmen entsprechend die Perspektiven auf Hilfebedarf und mögliche Hilfeleistung. Dies gilt zum einen für die Selbstbilder, mit denen man sich selbst im Kontext der komplexen Lebenszusammenhänge sieht und das eigene Engagement als hilfreich für andere einschätzt, und ebenso für die Vorstellungen von möglichen Rollen, in denen Hilfeleistung angeboten werden kann.

2.1 Selbstbilder der Helfenden: Die eigene Person und die Komplexität

Zwei der beschriebenen Dimensionen wirken sich besonders stark auf die Bilder der eigenen Hilfeleistung aus: die Vorliebe oder Abneigung gegenüber komplexen Erlebnissen sowie die Vorliebe für Gemeinschaft und Geselligkeit. Aus der Perspektive von Menschen, die sich im Kontext der Kirche ohne Bezahlung für andere engagieren, wird deutlich, wie die eigene Sicht aufs Leben auch die Sicht auf das Hilfehandeln prägt. Die Zitate stammen aus Gruppendiskussionen, die im Rahmen der vierten EKD-Erhebung über Kirchenmitgliedschaft geführt wurden. Auf der Basis der Clusteranalyse, mit der Friederike Benthaus-Apel die sechs Typen erstellt hat, wurden Gruppen innerhalb und außerhalb kirchlicher Kontexte gesucht und unter anderem zu ihren Ansichten über relevante Lebensbereiche und die Rolle der Kirche befragt.

In einer Attac-Gruppe treffen sich im Südwesten Deutschlands Menschen zwischen 36 und 65 Jahren, von denen der überwiegende Teil deutlich kirchenverbunden oder sogar kirchlich engagiert ist. Im Vergleich ist diese Gruppe, deren Mitglieder man wohl zu den *Kritischen* oder teilweise vielleicht auch zu den *Hochkulturellen* zählen kann, ausgesprochen stark auf die eigene Persönlichkeit konzentriert. Dem gegenüber stehen Autoritäten verschiedener Art: der Staat, die Macht von Wirtschaftsunternehmen oder gesellschaftliche Normen und Zwänge. Im ersten Teil der Diskussion sprechen die Anwesenden über die Eingangsfrage der Interviewerin: „Was ist Ihnen wichtig im Leben?" Hierbei werden – ungefragt – Perspektiven auf helfendes Handeln diskutiert:

Kirchennahe Mitglieder einer Attac-Gruppe über das Wichtigste im Leben

Emile: *Glücklich zu sein ist wichtig, aber zum Glücklichsein gehört auch ein gewisser Sozialaspekt, ohne soziales Engagement geht es auch nicht. Also Reichtum interessiert mich wenig. Aber um ein sozial gesundes Sozialumfeld zu haben, muss man sich einfach engagieren.*

Yvonne: *Ja stimmt, ich selbst will mit mir erst mal im Einklang leben. Das ist kein Zustand, sondern das ist was, was immer wiederkommt und wo man immer wieder dran arbeitet. Was ich lernen möchte in meinem Leben, ist, eben mit diesen Veränderungen mich lernen auseinander zu setzen. (...) Also das ist das Wichtigste für mich.*

Dieter: *Also ich glaube das ist ein natürliches Bedürfnis, dass man versucht, glücklich zu sein. (...) Auf jeden Fall hab ich mal die zehn Gesetze, wie man glücklich ist, gelesen. So was ganz Banales, so Readers-Digest-Niveau. Und da stand drin, das Wichtigste im Leben, dass man erst mal was für sich tut. Und nur wenn ich selbst stark bin, kann ich meiner Familie helfen. Das heißt also, wenn ich für Zeit für mich brauche, dann muss ich mir die nehmen, damit ich auch weiterhin stark bleibe für die Familie. (...)*

Yvonne: *Ich hab so Situationen erlebt, wenn einer sagt, ich brauch Hilfe, und der sagt dann, nein, jetzt brauch ich im Moment für mich die Zeit. (...) Es gab früher die Tendenz, immer nur für den andern was zu machen. Dann gab's so die Tendenz, immer mehr zu gucken auf den Einzelnen. Der soll jetzt für sich gucken, damit er glücklich ist. Und das ist wieder so'n Extrem.*

Dieter: *Also für mich, Entschuldigung, dass ich da direkt drauf antworte, für mich war es ein notwendiges Korrektiv. Weil ich komme aus einer pfälzischen Großfamilie, da ist ja jeder für alle da und so. (EKD: Attac)*

Aus dieser Perspektive erscheint die eigene Persönlichkeit und das eigene Glück als Bedingung des Engagements für andere. Ebenso – bei der hohen Wertschätzung für die eigene Person – ist eigenes Glück in dieser Logik ohne das Glück anderer nicht zu erreichen. Beides, die eigene Person und das Engagement für andere, bilden die beiden Pole eines Spannungsfelds, in dem allein das Leben gelingen kann.

Hier wird zugleich plausibel, warum die Motivation, anderen zu helfen, in Milieus mit einer hohen Wertschätzung für die eigene Persönlichkeit – verbunden mit einer Vorliebe für die Auseinandersetzung mit komplexen Zusammenhängen – so groß ist wie sonst nirgends. *Kritische* und *Hochkulturelle* weisen das stärkste soziale Engagement aller Milieutypen auf. Das Motiv, anderen zu helfen, mischt sich dabei mit den Motiven, dabei etwas für sich selbst zu tun und Spaß zu haben. Das Helfen ist hier als ganzheitlich, stimmig mit der gesamten Lebensführung und für jeden Lebensstil plausibel erlebt. Es gehört zum Leben dazu.

In diesem Verständnis kann aber nicht geholfen werden, ohne zugleich das Ganze zu betrachten, die Zusammenhänge, in denen Notlagen entstehen, oder die Verhältnisse, die Benachteiligungen begünstigen. So kann das eigene Helfen nicht ohne das sozialpolitische Gefüge gedacht werden. Helfen kann konkret und elementar sein, aber es ist nicht vorstellbar ohne eine Ausstrahlung auf die Gesellschaft und eine Kritik der Umstände. Aus einer solchen Sicht heißt es dann: Wenn Kirche Menschen hilft, dann vor allem in dieser reflexiven Funktion. Dies ist dann – ganz abgesehen von Inhalten des christlichen Glaubens – ein wichtiger Grund für die eigene Kirchenmitgliedschaft:

Kirchennahe Mitglieder einer Attac-Gruppe über die Funktion der Kirche

Dieter: *Wenn ich gefragt werde, warum [ich in der Kirche bin], dann beschränke ich mich auf das Argument: Es gibt schlechtere Vereine. Weil das Transzendente brauch' ich dazu gar nicht. Das heißt also, ich glaube, dass das Wirken 'ne positive Ausstrahlung hat auf die Gesellschaft, und das reicht mir eigentlich.*

Emile: *Du glaubst also, die Kirche sollte ein schlechtes Gewissen der Gesellschaft sein, das auf bestimmte Probleme hinweist?*

Dieter: *Also immer wenn ein gesellschaftliches Problem da war, hat die evangelische Kirche in Tutzing die Leute zusammengeholt aus allen Bereichen und hat so 'n globales Thema behandelt. Das hätte ich gern mehr gesehen. (...) Und das ist ein relativ gutes Umfeld, wo man viele verschiedene Leute an einen Tisch kriegt, die praktisch dann zu einem Ergebnis kommen und 'n Impuls geben für die Gesellschaft. (EKD: Attac)*

Während in den Augen der Mitglieder dieser Attac-Gruppe jeder Mensch anderen etwas Gutes tun kann, hat Kirche eine Besonderheit: Sie hilft nicht nur, sondern ist zugleich das „schlechte Gewissen der Gesellschaft". Sie reflektiert, kritisiert und appelliert. Damit ist dann die gesamte Gesellschaft – nicht mehr nur der hilfsbedürftige Mensch – Ziel der guten Tat. Es geht damit im Kern nicht um die konkrete Hilfe für eine Frau, die Opfer von häuslicher Gewalt geworden ist. Es geht vielmehr um eine Reflexion des Problems von Gewalt in der Gesellschaft allgemein, um ein Nachdenken über gesellschaftliche Kontexte, über Partnerschaftsmodelle und Geschlechterrollen, in denen etwa das Leid so vieler Menschen als Tabu gilt und ein Ausbruch aus den bedrückenden Umständen einen so hohen Preis hat. An diesem Kriterium eines guten, weil wirklich umfassenden Helfens muss sich kirchliches, diakonisches Handeln messen lassen. Allerdings bewertet die hier befragte Gruppe die Leistungen der evangelischen wie der katholischen Kirche in diesem Punkt als unzulänglich, wie der weitere Gesprächsverlauf zeigt. In das Gespräch schalten sich jetzt immer mehr Mitglieder der Gruppe ein:

Kirchennahe Mitglieder einer Attac-Gruppe kritisieren die helfende Kirche

Ruth: *[das Engagement] für die Schwachen, das ist okay. Aber die eigentlichen Ursachen, also diese Analyse wird von den Kirchen nicht geleistet. Und dann kommen natürlich die Kirchen auch in Konflikt mit den Richtungen, die diese gesellschaftspolitische Analyse liefern. Da sind sie dann plötzlich nicht mehr auf der Linie, gehen sie doch andere Bündnisse ein.*

Frank: *Das Mutter-Theresa-Syndrom. Weil der wohltätige Aspekt natürlich ganz im Vordergrund steht. Konkrete Hilfe, während aber die Ursachen im positiven Fall noch ignoriert, im schlimmsten Fall noch geschaffen werden.*

Ruth: *Bis heute ist es ganz klar, wenn es um die gesellschaftspolitische Analyse geht, da sind die Kirchen nicht mit von der Partie. Das ist einfach so. Die arbeiten auch gut, aber arbeiten auf beiden Seiten des Widerspruchs. Die erzeugen Probleme und versuchen sie zu lösen.*

Lutz:	*Da hat die katholische Kirche im Lauf ihrer zweitausendjährigen Tradition eine Perfektion entwickelt, mit dem Jäger zu jagen und mit dem Wild zu flüchten. (EKD: Attac)*

Aus dieser Perspektive ist das größte Problem der Kirche ihre starke Verwobenheit mit der Gesellschaft, ihre übergroße Nähe zu so mancher Ursache von Benachteiligung und Ausgrenzung. Dies ließe sich im gesamtgesellschaftlichen Kontext nachvollziehen, zum Beispiel in der Rolle der Kirche in sozialpolitischen Debatten, aber ebenso im Blick auf eine Kirchengemeinde, die oft diakonisch engagiert ist und zugleich in ihrem Inneren sozial exklusiv wirkt. Dass damit so manches kirchliche Helfen seinen eigentlichen Zweck verfehlt hat, wird auf diesen Dimensionen zur zentralen Kritik. Wollte man diese argumentative Linie weiterverfolgen, lassen sich zahlreiche Verbindungen benennen, die eine kirchliche Hilfe als komplette Parteinahme für Benachteiligte erschweren – und darum für sozial Engagierte mit hohem Bedarf an sozialpolitischer Reflexion immer ein aktuelles Thema oder auch dauerhafter Kritikpunkt bleiben werden: die tiefe materielle Einbindung diakonischer Arbeit in die Logik sozialstaatlicher Hilfeleistung, die Marktförmigkeit vieler diakonischer Arbeitsbereiche oder die Entscheidungswege und Kommunikationsformen eines Wohlfahrtsverbands.

Deutlich ist, wie vergleichsweise leicht es in diesem, an Reflexion komplexer Zusammenhänge orientierten Hilfemuster fällt, den Betroffenen die Freiheit zuzugestehen, selbst über geeignete Lösungswege zu entscheiden. Helfende dieses Musters sehen sich häufig weniger als Gebende in einem Abhängigkeitssystem, sondern eher als Partnerinnen und Partner der Betroffenen, die schließlich selbst die entscheidenden Schritte gehen und wichtige Entscheidungen treffen müssen. Eben in dieser Stärke liegt umgekehrt eine relative Gefahr: Nicht alle Betroffenen haben ihrerseits ein solches partnerschaftliches Konzept. Viele sind überfordert von ihrer Situation, sind es nicht gewöhnt, ihre Zukunft eigenständig zu planen, Entscheidungen zu treffen und Konsequenzen zu verantworten. Sie wünschen sich keine Partner, sondern echte Helfer, die sie ein Stück tragen, statt sie – im Bild gesprochen – bei der Wahl neuer Schuhe zu beraten. Sie mögen nicht gern über ihre Situation nachdenken und schon gar nicht ihre Persönlichkeit verändern, sondern sie wünschen sich Lösungen, die nicht immer die eigenen sein müssen.

2.2 Selbstbilder der Helfenden: Gemeinschaft und Geselligkeit

Eine weitere starke Motivation zu helfen findet sich dort, wo sie in der Dimension der Vorliebe für Gemeinschaft verortet wird: Helfen macht Spaß, wo es gemeinsam mit anderen geschieht, in einer Gruppe von Menschen mit gemeinsamen Zielen. Das Helfen geschieht in dieser Logik auch häufig in bescheidenem Rahmen, mit einem starken lokalen Bezug oder sogar auf die eigene Gemeinschaft bezogen. Als Beispiel für eine solche, vom Interesse am gemeinsam gestalteten Leben bestimmte Perspektive wurde im Rahmen der EKD-Erhebung eine Gruppe der so genannten Frauenhilfe im Kontext einer Kirchengemeinde ebenfalls in einer Gruppendiskussion befragt. Seit über dreißig Jahren trifft sich hier eine Gruppe von Frauen über 60 Jahren, die überwiegend dem Milieu der *Bodenständigen* zugerechnet werden können. Sie halfen ursprünglich nur Frauen aus dem Ort bei Krankheit oder in anderen Belastungssituationen, begleiten heute aber auch die Seniorenarbeit der Gemeinde, besuchen Gemeindeglieder nach einem Umzug in ein Pflegeheim oder sammeln Spenden für Projekte in der Region zur Unterstützung von wohnungslosen Jugendlichen oder Menschen mit Behinderung. Eine Frau, die schon seit vielen Jahren Mitglied dieser Gruppe ist, fasst in einigen Beispielen die Arbeitsweise und die Erfolge der Gruppe zusammen:

Ein Mitglied der Frauenhilfe über gelungene Hilfeleistung

Charlotte: Wie zum Beispiel unser Mittagstisch, den wir schon über zehn Jahre machen. Und das ist echt Hilfe. Was für Menschen wir da haben. Denk nur mal an Herrn Mertens, der zu uns gebracht werden musste und jetzt fröhlich schon um elf Uhr da sitzt und Spaß hat, Freundschaften. Mit mir wollte er Karneval, ich sollte ihm ja den ersten Tanz (lacht) frei halten und solche Sachen, da freut man sich drüber. Und wenn Sie sehen, was die Leute, die sich nie kannten, dass die sich duzen, dass sie sich jetzt in der Altenstube treffen und Karten spielen oder Mensch-ärger-dich-nicht, da haben wir auch viel beigetragen zu. Oder Frau Dörrie, wollte ja absolut nicht. Aber ich hab's geschafft. Die kann jetzt jedes Mal. Und ich finde, dass das immer wieder so 'n kleiner Anschub ist, den man gibt.

Jetzt war ich bei dem Geburtstag bei Frau Klenk, es war wunderbar. Ich bin aufgenommen worden, das gibt's nicht. Jeder hat gesagt, das wird sowieso nicht viel. Ich kam gar nicht mehr raus. Und die hat mich in Arm genommen und gedrückt, also ich war platt. Die haben einen noch nie ins Haus gelassen, und dann ließen sie einen nicht wieder raus. Da hat man das Gefühl, ich hab's richtig gemacht. (EKD: Frauenhilfe)

Den befragten Frauen ist nicht nur die Gemeinschaft unter den Helfenden wichtig. Vielmehr ist die Hilfe auch ganz stark auf die soziale Einbindung der Menschen bezogen, denen die Hilfe zukommt. Gut und hilfreich ist es aus dieser Perspektive, wenn die Betroffenen ihre Zurückhaltung gegenüber dem Kontakt mit fremden Menschen überwinden, wenn sie Menschen kennen lernen, Freundschaften schließen und Zeit mit anderen verbringen statt alleine zu Hause zu sein. Gut ist entsprechend dieser Deutung der Genuss im Leben, wie er sich beispielhaft in Formen wie Karneval, Tanz und Spiel äußert. Gut ist ebenso, wenn Grenzen des Rückzugs überschritten werden, wenn fremde Wohnungen betreten, familiäre Feiern auch durch andere Menschen besucht und Distanzen durch Körperkontakt überwunden werden.

Eine solche Hilfe nützt denjenigen Menschen, denen tatsächlich mit einem Mehr an sozialer Einbindung geholfen ist, und die gemeinsame Aktivitäten wertschätzen können. Umgekehrt gilt aber auch: Eine solche Hilfe setzt ein entsprechendes Interesse an Kontakt und Kommunikation voraus – oder sie verlangt von den Betroffenen, sich den Vorstellungen der Helfenden anzupassen, wenn sie in den Genuss ihrer Zuwendung und Hilfestellung kommen wollen.

Im Rückblick auf die Geschichten der Frau U. im ersten Teil dieses Textes, die die Erfahrung von häuslicher Gewalt in einer belastenden Situation beschreiben, wird klar, was dies bedeuten kann: Viele Menschen in einer solchen Situation können mit dem Angebot von Kontakt und Gemeinschaft wenig anfangen. Weder möchten sie, dass ihr Problem bekannt wird, noch erwarten sie sich eine Verbesserung ihrer Situation durch eine gemeinsam gestaltete Freizeit oder durch das Kennenlernen bisher unbekannter Menschen. Wenn Hilfe die Bereitschaft zu einem Mehr an Kommunikation – noch dazu mit Fremden – voraussetzt, wird dies für viele Betroffene zu einer zusätzlichen Belastung oder zu einem Anspruch, der ihre (milieuspezifischen) Interessen zu wenig berücksichtigt.

Mit Blick auf die in diesem geselligen Muster Helfenden ergibt sich außerdem ein weiteres Problem: Von einem derart an Gemeinschaft orientierten, von Ehrenamtlichen und vielerorts auch von Hauptamtlichen betriebenen Hilfesystem, etwa in einer Kirchengemeinde, werden oft überhaupt (nur) solche Hilfebedürftige wahrgenommen, die sich in der Logik der gemeinschaftlichen Lebensgestaltung vor Ort in einer Notlage befinden. Dazu zählen dann typischerweise alte Menschen, die nicht mehr an den Angeboten der Gemeinde für Senioren teilnehmen können, oder Menschen, die durch eine akute Notlage an der Teilhabe an der Gemeinschaft gehindert worden sind, dort aber bereits bekannt sind. Eine an Gemeinschaft und auf Geselligkeit ausgerichtete Hilfe gilt dann nur den bereits Integrierten oder potenziell zum Sozialsystem gehörenden Menschen.

Ein solches Hilfemuster kann im Alltag einer Kirchengemeinde das verstärken, was sowieso im Gesamtzusammenhang von Benachteiligung und Ausgrenzung das größte Problem darstellt: die häufig geringe Wahrnehmung vieler Probleme wie etwa Armut, Gewalt oder psychischer Belastungen. Wer von einer solchen Notlage betroffen ist, ist – oder macht sich – für die Gemeinschaft typischerweise unsichtbar, spricht nicht gern über das Problem und ist froh, wenn nicht allzu viele Menschen davon erfahren.

2.3 Selbstbilder der Helfenden und der Anspruch auf Professionalität

In den Beispielen und Zitaten sind nun schon zahlreiche Hilfemotive, Hilfelogiken und Helferrollen sichtbar geworden. Aus der Perspektive des professionellen Hilfehandelns sei noch einmal auf einige zentrale Übereinstimmungen und Bruchstellen von milieuspezifischer Sicht und den professionellen Zugängen zu helfendem Handeln der Kirche verwiesen.

Eine Hilfe, die wie oben dargestellt nachbarschaftlich und auf eine Gemeinschaft hin gedacht ist, hat naturgemäß eine relative Distanz zur professionellen Hilfe. Hierfür braucht man, so die Wahrnehmung der meisten hier ehrenamtlichen Engagierten, keine Ausbildung. Es reicht, über Lebenserfahrung, einen guten Blick und „ein Herz" zu verfügen. Wo Beratungsstellen offene Angebote haben, wo die Hilfe unspezifisch ist oder ein Gespräch erst einmal eine klärende Funktion hat, bevor speziellere Hilfearten ausgewählt werden können, müssen sich die dort Aktiven regelmäßig in Frage stellen lassen.

Dieses Denken hat in vielen Kirchengemeinden dazu geführt, dass die explizit gemeindediakonische Arbeit stark reduziert oder gänzlich eingespart wird. Das reflektierte Wahrnehmen der Lebenssituation von Menschen im Sozialraum Gemeinde und die niedrigschwellige Hilfe für Hilfsbedürftige, die (noch) keine Beratungsstelle aufsuchen würden, wird dann als Aufgabe aller angesehen. Vor dem Hintergrund der vorigen Abschnitte ist jedoch deutlich: Solche Einschätzungen werden meist aus der Perspektive von Menschen mit einer starken Orientierung an der Gemeinschaft abgegeben – und gehen in der Regel auf Kosten von Menschen, die wenig soziale Einbindung haben (wollen) und nicht über das Selbstbewusstsein und nicht über eine ausreichend hohe Wertschätzung gegenüber ihrer eigenen Person verfügen, um sich aktiv um Hilfe zu bemühen.

Im Kontext des von Gemeinschaftsdenken geprägten Hilfemusters wird gut ausgebildeten Sozialarbeitern und Diakoninnen manchmal eher wenig Wertschätzung für einen Studienabschluss oder den Besuch von Weiterbildungen entgegengebracht. Im volkstümlichen Sprachgebrauch findet sich der entsprechende, zum Klischee gewordene Spott über Sozialarbeiter, die ihre Arbeitszeit mit Reden und Kaffeetrinken verbringen, oder über Diakoninnen, die sich lediglich für das bezahlen lassen, was sie auch privat am liebsten tun: mit anderen zusammen sein und dadurch hilfreich handeln. Zur Argumentation hilft es hier oft, wenn für eine bezahlte soziale Arbeit leichter überprüfbare Fähigkeiten erforderlich sind, etwa Kenntnisse im Sozialrecht oder Erfahrungen mit Hilfesystemen, Antragsverfahren oder Netzwerken.

Aus der Perspektive von Menschen, die eine Vorliebe für komplexe Zusammenhänge und Reflexion sowie eine Wertschätzung für die eigene Persönlichkeit aufweisen, ist die Fähigkeit professionell Helfender zur Analyse sozialer Gegebenheiten – und damit die Notwendigkeit einer professionellen sozialen Arbeit – eher anerkannt. Hier findet sich dann die umgekehrte Kritik, soziale Arbeit orientiere sich zu stark an formalisierten Abläufen und den Vorgaben der beauftragenden Institutionen. Hier könnte man mit Blick auf die verschiedenen Milieus sagen: Professionell Helfende sind Spezialistinnen und Spezialisten für die angemessene Sozialform der Hilfe, für den milieuspezifisch „richtigen" Ton und eine verständliche Sprache, für die angemessene (professionell wirkende und doch nicht stark distanzierende) Kleidung und für einen professionellen Habitus, der im Umgang mit Menschen verschiedener Milieus jeweils ein eigenes Gesicht bekommt.

Und während dann das Angebot der Sozialberatung im Diakonischen Werk große Zustimmung der einen Menschen findet, weil es eindeutig professionell – verstanden als kenntnisreich, fundiert und durch erfahrene Kräfte geleitet – durchgeführt wird, wird es von anderen kritisiert für eine zu geringe Professionalität – jetzt verstanden als fachliche Unabhängigkeit von institutionellen Vorgaben um einer wirklich angemessenen und individuellen Beratungsarbeit willen. So finden sich Fachleute im Bereich sozialer Arbeit – und erst recht im Bereich kirchlicher sozialer Arbeit – in einer ausgesprochen schwierigen Stellung sowohl zwischen Beruf und Mitmenschlichkeit als auch zwischen institutioneller Beauftragung und professioneller Freiheit wieder.

Weiterführende Literatur

Claudia Schulz, Ehrenamt und Lebensstil. Neue Daten zur Mitarbeit und Beteiligung in Kirche und Diakonie, in: PTh 95 (2006), 369–379.

Zwischen Krebs und Schönheits-OP

Gesundheit und Krankheit im Kontext der Kirche

Eike Kohler

1. Ortsbestimmung

Wo sind Gesundheit und Krankheit im Kontext von Kirche präsent? Als erstes wird einem die Seelsorge einfallen, also das persönliche Gespräch. Hier werden Krankheit und Gesundheit selbstverständlich auch zum Thema, weil sie zu dem gehören, was Menschen bewegt. Diese Selbstverständlichkeit kommt auch in der Präsenz der Kirchen in Krankenhäusern durch Andachtsräume und haupt-, neben- sowie ehrenamtliche Seelsorgerinnen und Seelsorger zum Ausdruck und verleiht ihr durch die institutionalisierte Form Dauer und Verlässlichkeit. In den letzten Jahren wurde diese institutionalisierte Präsenz von Seelsorge im Bereich von Gesundheit und Krankheit noch vertieft durch das neue Tätigkeitsprofil der Notfallseelsorge und deren mediale Sichtbarkeit bei Großeinsätzen.

Zugleich entspricht dieser selbstverständliche Bezug einer gesamtgesellschaftlichen Logik, die Krankheit als Funktionsstörung begreift und die davon Betroffenen als Menschen sieht, die unser Mitleid und unseren Trost verdient haben – also dem, was nach allgemeiner Überzeugung zu den kirchlichen Kernaufgaben gehört.

Noch vor dem Trost, vor dem Umgang mit den psychischen Konsequenzen medizinischer Funktionsstörungen steht aber natürlich der Versuch, diese Störungen möglichst rasch zu beheben. Dass die Kirche in diesem eindeutig der Medizin zugeschriebenen Handlungsfeld durch die Einrichtungen der Diakonie ebenfalls präsent ist mit eigenen Krankenhäusern, Sozialstationen und Beratungsstellen, mit Hospizen, Pflegeheimen und Ausbildungseinrichtungen, ist in der Öffentlichkeit heute oft nicht mehr sofort bewusst, weil die Verbindungen zwischen Kirche und Diakonie nicht mehr so offensichtlich sind wie noch in der ersten Hälfte des 20. Jahrhunderts.

Deutlich schwieriger gestaltet sich die Suche nach Bezügen zum Thema Gesundheit und Krankheit in den Kirchengemeinden jenseits des Seelsorgegesprächs. Das überrascht zunächst, denn in der deutschen Gesellschaft ist das Thema über alle Altersgruppen und Schichten hinweg enorm präsent, wie sich bei einem Blick auf die Medienlandschaft klar feststellen lässt: Kaum eine General-Interest-Zeitschrift, in der nicht regelmäßig Themen aus dem Gesundheitsbereich aufgegriffen würden, kaum eine Tages- oder Wochenzeitung, die nicht kontinuierlich Meldungen dazu bringt, kaum ein Fernsehsender ohne gesundheitsbezogene Magazine und Reportagen. Und natürlich enthalten die Veröffentlichungen in der Regel auch Werbung für gesundheitsbezogene Produkte.

Auch im Alltag jenseits der Mediennutzung wird man fast zwangsläufig immer wieder mit dem Thema konfrontiert: Praxen von Ärzten und anderen Heilberufen, Apotheken und Läden mit Gesundheitsartikeln sowie Wellness- und Fitnessanbieter sind im Straßenbild deutscher Städte und auch auf dem Land flächendeckend anzutreffen. Blättert man dagegen durch Gemeindebriefe und kirchliche Veranstaltungsankündigungen, so sucht man meist vergeblich danach. Lediglich im persönlichen Gespräch, bei Hausbesuchen, vor allem anlässlich von hohen Geburtstagen, spielt das Thema regelmäßig eine Rolle.

„Wir müssen etwas für unsere Jugend tun!“ Oder für die Senioren. Oder ein Angebot für die jungen Familien, für die Menschen in der Lebensmitte. Solche Forderungen im Blick auf eine beliebige Kirchengemeinde leuchten jedem ein. Auch für eine Arbeit mit den Obdachlosen, den sozial Schwachen, den Ausländern wird der Kirche weitgehend Auftrag und Kompetenz zugestanden. – „Wir müssen etwas für unsere Kranken tun!“ ist dagegen eine Forderung, die zunächst Irritationen hervorruft. In manchen Gemeinden sind noch (getreu der Mahnung in Mt 25,36) Besuche des Pfarrers bei vor allem älteren Gemeindegliedern üblich, die ins Krankenhaus eingeliefert wurden, aber in vielen Fällen ist dies durch die weite Entfernung der Krankenhäuser von den Gemeindepfarrerinnen und -pfarrern nicht mehr leistbar und wird an die Krankenhausseelsorge delegiert. Und über solche Besuche hinaus scheint Kirche in unserer Gesellschaft für die Frage von Gesundheit und Krankheit nicht mehr zuständig.

Mit dem medizinischen Fortschritt seit der Aufklärung ist das Thema Gesundheit und Krankheit zunehmend aus der Kirche ausgewandert in einen eigenen Bereich, das Gesundheitswesen. War es in der frühen Neuzeit noch üblich, dass in Krankheitsfällen der Pfarrer gerufen wurde, so führte der Erkenntnisfortschritt der naturwissenschaftlich basierten Medizin dahin, dass die Aufmerksamkeit mehr auf die leiblichen Vorgänge und Behandlungsmöglichkeiten gerichtet wurde, was von Seiten der Kirche als Vernachlässigung der Sorge um die Gottesbeziehung kritisiert wurde. Durch diese Gegenüberstellung von Leibsorge und Seelsorge verlor die Kirche im 19. und 20. Jahrhundert deutlich an Relevanz für diesen zentralen Bereich des menschlichen Lebens. Heilung wurde nicht mehr von Gott erwartet und erbeten, sondern von den technischen Möglichkeiten einer stetig neue Grenzen überschreitenden, technisch-naturwissenschaftlich ausgerichteten Medizin. Der Zusammenhang von religiös definiertem Heil und medizinisch definierter Heilung wurde problematisch und ist es bis heute geblieben. Auch das zunehmende Unbehagen an der Unmenschlichkeit der „Apparatemedizin", das zu einem Ansehensgewinn „alternativer" Verfahren beigetragen hat, verstärkte die Unsicherheit eher noch – die Grenzen zwischen vertrauenswürdiger Medizin und einer häufig religiös oder in Gestalt einer esoterischen Ersatzreligion daherkommenden Scharlatanerie bereiten neue Sorgen. Das Fehlen einer breiten Behandlung des Themenfelds Gesundheit und Krankheit in den Kirchengemeinden könnte nicht zuletzt eine Folge der Schwierigkeit sein, in diesem unübersichtlichen Feld wissenschaftlich verantwortliche und biblisch fundierte theologische Positionen zu finden, die auch als Basis für Entscheidungen im Alltag taugen.

Es gibt allerdings durchaus Möglichkeiten. Manche Gemeinden haben das Thema aufgenommen, in ganz unterschiedlichen Formen. Drei exemplarische Angebote aus dem evangelischen Bereich seien hier genannt. Zum Beispiel die Antoniterkirche in Köln, die unter der Leitung einer Pfarrerin und eines Pfarrers, die beide in der Krankenhausseelsorge tätig sind, regelmäßig Heilungsgottesdienste anbietet. Unter Berufung auf Jak 5,14f sind alle Teilnehmenden eingeladen, zu einem bestimmten Zeitpunkt im Gottesdienst einzeln nach vorne an den Altar zu treten, wo ihnen in Verbindung mit einem Gebet die Hände aufgelegt und anschließend Stirn und Hände mit Öl gesalbt werden. Oder die Trinitatiskirche in Bonn mit ihrer Diakoniestiftung „Rat und Tat“. Mit einer hauptberuflichen Mitarbeiterin, einem Zivildienstleistenden und einer Reihe von ehrenamtlichen Kräften bietet sie Unterstützung durch Beratungsangebote, Besuche und Hilfsdienste für allein lebende ältere Menschen und organisiert regelmäßig Vorträge und Gesprächsrunden zu Gesundheitsthemen mit Experten. Oder die reformierte Gemeinde Unterägeri im Kanton Zug in der Schweiz mit der fünfmal jährlich stattfindenden Veranstaltung „Soul on Sunday“, die nach Auskunft des zuständigen Pfarrers „seelische Wellness“ vermitteln soll, mit Jazzmusik, persönlichen Statements von Verantwortlichen zu einem festgelegten Thema und Diskussion darüber, einem Gebet zum Abschluss und danach Prosecco und Lachshäppchen. Dies sind nur wenige Beispiele für die Aufnahme des Themas Gesundheit und Krankheit; ähnliche oder auch ganz andere gibt es in etlichen weiteren Gemeinden.

Solche Angebote werden oft kontrovers diskutiert. Teilweise werden sie wegen evangelikaler und/oder fundamentalistischer Tendenzen kritisiert, teilweise erfahren sie umgekehrt Kritik von eher evangelikal eingestellten Christinnen und Christen wegen ihrer Anpassung an den Zeitgeist und der mangelnden Fokussierung auf die Botschaft des Glaubens. In vielen Fällen sind dafür neben theologischen Gründen auch Werthaltungen und Lebensstile maßgeblich, die durch individuelle Biographien und unterschiedliche Sozialisationen ausgeprägt wurden. Die Bedürfnisse der Menschen im Blick auf Gesundheit und Krankheit sind so unterschiedlich wie ihre Lebenssituationen – aber fast alle haben einen Bezug zum Thema, und es ist ihnen wichtig genug, um ihre Interessen und Abneigungen deutlich zum Ausdruck zu bringen.

Dabei sind die Reaktionen auf solche Angebote – wie überhaupt die Einstellung und das Verhalten zum Thema Gesundheit und Krankheit dort, wo Menschen unmittelbar persönlich betroffen sind oder unter großer psychischer Belastung stehen – im Wesentlichen abhängig von den seit der frühen Kindheit ausgebildeten psychischen Bewältigungsmustern und den zur Verfügung stehenden Ressourcen.

Sind Menschen weniger stark emotional betroffen, dann zeigt sich dagegen, dass neben materiellen Ressourcen und individuell vorhandenem Wissen auch die grundsätzlichen Werthaltungen und die mit ihnen verbundenen unterschiedlichen Lebensstile deutlichen Einfluss auf den Umgang mit den Themen Gesundheit und Krankheit haben. Eine Differenzierung nach Milieus verspricht also eine bessere Wahrnehmung von typischen Meinungen und Verhaltensweisen auch in diesem Themenfeld. Jedes Milieu bringt durch seinen besonderen Lebensstil auch im Umgang mit Gesundheit und Krankheit besondere Vorstellungen und Fragen mit, an die die Kirche anknüpfen und die sie aufgreifen kann.

2. Milieuspezifischer Umgang mit dem Thema Gesundheit / Krankheit

Im Folgenden sollen deshalb die Beobachtungen zu den einzelnen Milieus in ihrem Verhältnis zum Thema Krankheit und Gesundheit anhand von Zeitschriften und Zeitungen präsentiert werden, deren Zielgruppe besonders im jeweiligen Milieu zu verorten ist. Zu jedem Milieu wird der sich aus dem jeweiligen Lebensstil ergebende Kontext beschrieben, Beispiele zum Umgang mit dem Thema in Zeitschriften und Zeitungen benannt und Anknüpfungspunkte aus theologischer bzw. kirchlicher Sicht zur Arbeit in diesem Milieu skizziert.

Dabei ist zu beachten: Keine Zeitschrift oder Zeitung wird nur in einem Milieu gelesen, und keine Zeitschrift oder Zeitung erreicht ein Milieu vollständig. Die Zielgruppen von Zeitschriften sind in der Regel deutlich enger gefasst als Milieus, aber sie können auch weit über ein Milieu hinausreichen. Die für die folgende Darstellung verwendeten Zeitschriften wurden allerdings danach ausgewählt, dass sie aufgrund der Verteilung der Leserschaft die Haltung eines oder maximal zweier Milieus besonders treffend zum Ausdruck bringen. Basis für die Auswahl war die vom Burda-Verlag in der „Typologie der Wünsche“ regelmäßig aktualisierte Erhebung zur Reichweite von Zeitschriften in den verschiedenen Milieus in der Bundesrepublik Deutschland, zuletzt aktualisiert 2010.

2.1 Die Bodenständigen: Bewahrung der Würde im unüberschaubaren System

Entsprechend dem fortgeschrittenen Alter (ab Ende 50 aufwärts) sind die Angehörigen dieses Milieus häufig selbst von kleineren oder größeren gesundheitlichen Beeinträchtigungen betroffen. Und da sie zu den „kleinen Leuten“ gehören, in deren Leben sich in der Regel nach dem Übergang in den Ruhestand wenig Aufregendes ereignet, bilden die Erfahrungen mit der eigenen Krankheit und dem für sie in der Regel nicht überschaubaren Gesundheitssystem oft den wichtigsten Teil ihres gegenwärtigen Lebens; dementsprechend neigen sie auch dazu, ihre Krankheitsgeschichte immer wieder in epischer Breite zu erzählen. Nicht übersteigertes Geltungsbedürfnis ist allerdings der Grund dafür, sondern die besondere Angewiesenheit dieses Milieus auf Verarbeitung der Erfahrungen und Vergewisserung über die bereits getroffenen oder noch zu treffenden Entscheidungen im Gespräch mit Gleichen: Die „Experten“ sind mit ihren Empfehlungen oft zu weit weg von der Lebenswirklichkeit dieses Milieus, und ihre Aussagen bleiben für die Bodenständigen teilweise schwer verständlich, ohne dass sie sich trauen würden, ihr Nichtverstehen durch Nachfragen zu offenbaren.

Abgesehen von organisierten Wanderungen mit den regionalen Wandervereinigungen (z.B. Naturfreunde, Albverein) treiben die Bodenständigen (anders als z.B. die Hochkulturellen, s.u.) nur selten Sport. Zugleich ernähren sie sich eher mit traditioneller Hausmannskost, also mit viel Fleisch und wenig frischem Gemüse. All diese Faktoren begünstigen eine überdurchschnittliche Verbreitung bestimmter chronischer Zivilisationskrankheiten wie Diabetes, Übergewicht, Durchblutungsstörungen und Herz-Kreislauf-Erkrankungen. Als Kassenpatienten finden sich die Bodenständigen dabei schnell mit den Problemen des überlasteten Gesundheitssystems konfrontiert: lange Wartezeiten, wenig Zeit für individuelle Fragen und Beratung bei den behandelnden Ärzten, anonyme Klinikkomplexe mit unübersichtlichen Abläufen sowie

Untersuchungen und Diagnosen, die sie in ihrer Bedeutung und ihren Auswirkungen nicht richtig verstehen.

Der gefühlten Unübersichtlichkeit und tendenziellen Bedrohlichkeit des Gesundheitssystems entspricht das Interesse an Erfahrungen Anderer und an Tipps und guten Ratschlägen auch bei der Lektüre von Zeitschriften. Die in diesem Milieu gerne gelesene Gratis-Zeitung „Apotheken Umschau“ bietet hier viel Stoff, ist aber mit ihren relativ breiten Hintergrundinformationen stärker milieuübergreifend angelegt. Die Interessen und Bedürfnisse der Bodenständigen spiegeln sich noch besser in einigen Wochenzeitschriften mit einem Mix aus Nachrichten über die Stars aus dem Fernsehen und die Mitglieder der Königshäuser Europas, Tipps zu Küche und Haushalt sowie Gesundheit und nicht zuletzt Reportagen über die besonderen Schicksale einfacher Menschen wie sie selbst.

Die „Neue Post“ (28.10.2009) bietet ihnen dafür beispielsweise neben vielen kleinen Tipps in der Rubrik „Gesund leben“ eine Doppelseite „Gut sehen bis ins hohe Alter“ (45f), auf der vier altersbedingte Augenprobleme in ihrer Wirkung auf das Auge in einfacher Sprache so beschrieben werden, dass man sie an sich selbst erkennen kann („Das passiert im Auge“) und dann auch mögliche Therapien vorgestellt werden („Das hilft dagegen“). Der Duktus des Texts soll zur Wahrnehmung dieser Möglichkeiten ermutigen: „Viele Menschen finden sich damit ab: Im Alter werden die Augen nun mal schlechter. Das muss aber nicht sein, denn die moderne Medizin hat für fast jedes Augenproblem eine Lösung.“ Die Autorin, Privatdozentin und stellvertretende Direktorin einer Augenklinik, wird mit Foto vorgestellt, ebenso der Dermatologe, der im Kasten „Sprechstunde beim ...“ Fragen zu Neurodermitis beantwortet. Neben diesen Experten kommen aber auch die Leserinnen und Leser selbst zu Wort; im Kasten „Geheilte helfen Kranken“ werden jedes Mal Leserantworten auf eine vorher veröffentlichte Leseranfrage geschildert und daneben neue Anfragen abgedruckt.

Dem Interesse an den Erfahrungen anderer entsprechen auch die Reportagen mit großen Bildern über ganz gewöhnliche Menschen mit besonderen Schicksalen, zum Beispiel über eine Frau, die nach einem Schlaganfall mehrere Tage hilflos in der Wohnung lag und nur durch einen Korb Äpfel in greifbarer Nähe vor dem Verdursten gerettet wurde (52), oder eine reich bebilderte „Medizin-Reportage“, in der das Schicksal eines 48-Jährigen geschildert wird, dem zunächst ein Kunstherz und dann ein Spenderherz eingepflanzt wurde: „Das Können der Ärzte rettete mir zwei Mal das Leben“ (40f). Darunter ein Kasten mit drei allgemeineren Fragen an einen Privatdozenten zur Herztransplantation und dessen Antworten, wieder mit Bild des Experten. Ganz vorn im gleichen Heft noch eine Reportage über den Besuch von Königin Silvia von Schweden in Köln bei der Einweihung eines Heims für Demenzkranke nach dem von ihrer schwedischen Stiftung entwickelten Modell. Überschrift: „Das Demenz-Schicksal ihrer Mutter lässt sie nicht mehr los“ (14f).

Wie sieht die frohe Botschaft des christlichen Glaubens aus, die Bodenständige als Befreiung erfahren können? In der häufig als Ausgeliefertsein an ein anonymes System empfundenen Situation (die z.B. in der Geschichte über Altersdemenz einen symbolischen Ausdruck findet) sollte Kirche vor allem die *Würde* der kranken Menschen stärken. Dafür sind viele unterschiedliche Ansätze denkbar, die sich in drei Perspektiven konzentrieren: In der Bildungsperspektive wären speziell auf die Bodenständigen zugeschnittene Beratungsangebote hilfreich, individuell oder zum Beispiel in Form eines Experten-Interviews, in dem ein „Anwalt des Publikums“ die Fragen der Bodenständigen aufnimmt und auf einfache Antworten drängt. In seelsorglicher Perspektive kommt die Wertschätzung schon darin zum Ausdruck, die langatmige Krankengeschichte nicht abkürzen zu wollen, sondern ihr Raum zu gewähren als Zeichen der Würde, die dieses Leben vor Gott hat. In diakonischer Perspektive wären dagegen neben den bereits genannten individuellen Beratungsangeboten auch Begleitdienste für Arzt- und Krankenhausbesuche denkbar, um eine hinreichend ausführliche und verständliche Information zu erreichen. Oder es wären Angebote zu entwickeln, die leichte sportliche Betätigung mit anderen Tätigkeiten verbinden, für die Bodenständige aufgrund ihrer Werte traditionell zu gewinnen sind – die katholischen Wallfahrten oder Kreuzwege sind ein gutes Beispiel dafür, aber auch zum Beispiel die Begleitung noch älterer Menschen bei Spaziergängen oder Besorgungen. Aber auch demonstrative Aufmerksamkeit und Wertschätzung, wie sie z.B. Königin Silvia bei ihrem Besuch im Heim für Demenzkranke zum Ausdruck gebracht hat, ist hilfreich.

2.2 Die Hochkulturellen: Leistungsfähigkeit und Rechtfertigungsbotschaft

Altersmäßig und in den traditionellen Wertmaßstäben unterscheiden sich die Hochkulturellen nicht stark von den Bodenständigen – aber der Unterschied bei Bildung und Einkommen führt doch zu einem völlig anderen Umgang mit dem Thema. Gesundheit ist aufgrund des hohen Bildungsgrads als ein großer, vielfältig mit unserer Lebenswelt verflochtener Komplex bewusst: als breiter Wirtschaftssektor mit einer Vielzahl von Angeboten, als Faktor für den Erfolg von Unternehmen oder ganzen Volkswirtschaften durch die Gesundheit bzw. Krankheit von Erwerbstätigen, als private Größe im Blick auf die eigene Gesundheit oder Krankheit und die von Freunden und Bekannten, als Bewusstsein um die Notwendigkeit vorbeugender Maßnahmen zum Erhalt der körperlichen Leistungsfähigkeit – im Sinne der Nutzung von Wellness- und Fitnessangeboten und teilweise auch von Angeboten der Schönheitsmedizin.

Auch wenn sie nicht repräsentativ für die Haltung zum Thema Gesundheit ist, stellt die Nutzung der Schönheitsmedizin doch ein besonderes Merkmal für Angehörige dieses Milieus dar – hier trifft sich der Wunsch, bis ins hohe Alter gut auszusehen, mit den finanziellen Möglichkeiten, diesen Wunsch durch (mehr oder weniger sanfte) medizinische Eingriffe in die Realität umzusetzen.

Zeitschriften wie „MADAME" berichten im redaktionellen Teil eher positiv über solche Eingriffe – zuletzt mit einem vierseitigen Artikel im Internetauftritt madame.de im Themenbereich Beauty/Anti Aging zur Frage „So finden Sie den richtigen Arzt" (Juni 2010). Natürlich gibt es daneben auch eine Fülle von Artikeln und Anzeigen zu weniger riskanten Möglichkeiten, Schönheit und Jugendlichkeit möglichst lange zu bewahren, von neuen Produkten auf der Basis adulter Stammzellen („Die Zukunft der Schönheit", MADAME 2010 Nr. 1, 97ff.) bis zu Spezialmitteln gegen Haarausfall, die „auf Ultraschallgeschwindigkeit beschleunigt und durch mikroskopisch kleine Düsen auf die Hautoberfläche geschossen" werden (MADAME 2010 Nr. 6, 90). Die Anzeigen dort und auch in der in diesem Milieu (für manche vielleicht überraschend!) gern gelesenen „BUNTE" werben immer wieder entsprechend den gerade aktuellen Trends für eine Vielzahl von Produkten aus dem Bereich von Schönheit und Anti-Aging. Entscheidend für die tatsächliche Umsetzung ist dann letztlich die individuelle Gewichtung innerhalb der gemeinsamen Wertehierarchie: Gibt der Wunsch, dem Ideal kraftvoll-jugendlicher Frische und Leistungsfähigkeit zu genügen, den Ausschlag, oder überwiegt die Angst vor den Risiken?

Blickt man dagegen auf grundsätzlichere Einstellungen, so dominieren bei der Beschäftigung mit dem Thema funktionale Aspekte: Gesundheit ist notwendig, um ein Leben in der Gesellschaft der Verantwortungs- und Leistungsträger führen zu können. Sowohl die „Bunte" (22.10.2009) wie auch FOCUS (12.10.2009, im Rahmen der Titelgeschichte „Trainieren Sie Ihren Zukunfts-IQ) berichteten beispielsweise über eine Studie zur Fähigkeit des menschlichen Gehirns, sich selbst im Alter noch neue Informationen anzueignen; der „FOCUS" bringt immer wieder ausführliche Berichte über einzelne Felder der Medizin mit Listen der deutschen Top-Spezialisten im jeweiligen Feld (z.B. FOCUS 24/2010, 66ff. zu Rückenleiden).

Nun wird der „Fokus" nicht nur in diesem Milieu gerne gelesen, sondern auch im jüngeren Milieu der Kritischen, aber grundsätzlich unterstreicht dies die Zukunfts- und Vorsorgeorientierung des Milieus: Fitness und/oder Wellness spielen für einen guten Teil der Milieuangehörigen – vor allem für die Jüngeren, also die Generation 50+ und die „jungen Alten" – im Leben eine wichtige Rolle. Nicht nur als Voraussetzung zur Teilnahme am gesellschaftlichen Leben, sondern auch als dessen Teil: Man trifft sich auf dem Tennisplatz mit Geschäftspartnern, nutzt mit Freunden die häusliche Sauna und verabredet sich mit Kollegen zum gemeinsamen Skiurlaub oder verbringt einige Wochen im Jahr in den Bergen, am Meer oder an anderen Ferienorten mit

Entspannung und Anwendungen. Erhöhte Krankheitsrisiken ergeben sich vor allem aus (aktuellem oder schon länger zurückliegendem) beruflichem Stress in Verbindung mit wenig Schlaf und teilweise übermäßigem Genuss von Alkohol und Nikotin.

Anders als im Milieu der Bodenständigen redet man unter den Hochkulturellen nicht viel über die eigene Gesundheit, höchstens über die Fitness- und Wellnessangebote, die man nutzt, oder darüber, dass der Professor, der einen behandelt, nach den letzten Focus-Listen der beste Experte in seinem Fachgebiet ist. Die Wertschätzung für professionelle Arbeit kommt auch darin zum Ausdruck, dass das Gespräch über körperliche Beschwerden meist nur mit einem Arzt gesucht wird. Um gar nicht erst Gerüchte etwa über eine nachlassende Leistungsfähigkeit aufkommen zu lassen, die einem beruflich oder gesellschaftlich schaden könnten, bewahrt man über solche Dinge sonst weitgehend Stillschweigen und vertraut auf die Fähigkeiten der modernen Medizin, die gesundheitlichen Probleme möglichst rasch wieder in Ordnung zu bringen.

In dieser Sorge, die eigene Leistungsfähigkeit zu verlieren, findet Kirche einen Anknüpfungspunkt für die Rechtfertigungsbotschaft. Die Suche nach Wellness und Entspannung aufnehmend, bieten bereits seit Jahren etliche kirchliche Einrichtungen in unterschiedlicher Form Einkehrtage für Führungskräfte an, die Elemente von Wellness mit spirituellen Impulsen verbinden. Ziel sollte dabei nicht eine Eingliederung spiritueller Angebote in den Markt der Techniken zur Leistungssteigerung sein. Vielmehr wäre unter dem Leitbegriff der spirituellen Wellness die weit verbreitete Bestimmung eines Menschen nach seiner Leistungsbereitschaft zu ergänzen durch eine neu zu weckende Aufmerksamkeit für andere lebenswichtige Werte neben der individuellen Leistung. Dabei sind neben Einkehrtagen auch viele andere Formen denkbar, wie zum Beispiel ein Mittagsgebet in Citykirchen, das auf die besondere Lebenssituation dieser Zielgruppe zugeschnitten ist und eine Zeit zum Innehalten und Zur-Ruhe-Kommen bietet. Auch im Bereich von Sponsoring und Stiftungen sind Hochkulturelle ansprechbar – für Bitten um Unterstützung von sozialen Projekten ebenso wie für ehrenamtliche Mitarbeit in Planung, Beratung oder Leitung von Projekten.

2.3 Die Kritischen: Solidarität, Perfektion und die Annahme des Unvollkommenen

Auch im Milieu der Kritischen ist Gesundheit wie bei den Hochkulturellen aufgrund des eher hohen Bildungsgrads und des Interesses an Zusammenhängen als komplexes Thema präsent, das in vielfältiger Weise mit anderen Lebensbereichen vernetzt ist und mit dem man sich differenziert auseinandersetzt. Die modernere Grundhaltung dieses Milieus zeigt sich darin, dass im Unterschied zum Milieu der Hochkulturellen die Beschäftigung mit dem Thema in der Regel stärker durch kritische Auseinandersetzung mit gesellschaftlichen Selbstverständlichkeiten und die Nutzung alternativer Möglichkeiten geprägt ist, von der Qualität der Nahrung angefangen über das Interesse an alternativer Medizin bis hin zur Beschäftigung mit den Folgen des heimischen Konsumverhaltens für die Gesundheit von Menschen in anderen Teilen der Welt. Dabei werden vor allem die Möglichkeiten moderner Technologie kritisch auf ihre Auswirkungen befragt und nach Wegen gesucht, deren Annehmlichkeiten auf eine Weise zu genießen, die größere Schäden an der Umwelt ebenso vermeidet wie Schäden an der eigenen Gesundheit und der anderer Menschen.

Zur Verdeutlichung, wie die Kritischen an das Themenfeld Gesundheit herangehen, sei exemplarisch eine willkürlich gewählte Ausgabe der Wochenzeitung DIE ZEIT vom 15. Oktober 2009 herangezogen. DIE ZEIT ist wie kein anderes Printmedium gerade in diesem Milieu beheimatet und hat in ihm mit weitem Abstand den größten Leseranteil.

Schon bei einer ersten oberflächlichen Durchsicht fällt vor allem die Vielfalt der Aspekte auf, unter denen das Thema erscheint: So äußert im Politikteil zunächst ein Artikel die Hoffnung, dass eine potenzielle CDU-Anwärterin auf das Amt der Gesundheitsministerin in Übereinstimmung mit dem führenden Gesundheitsexperten auf Seiten der zukünftigen Opposition angesichts der durch die Alterung der Bevölkerung bedingten Kostensteigerung die Vorsorge zum Schwerpunkt der Gesundheitspolitik machen könnte. Auf den Meinungsseiten findet sich dann ein ausführliches Plädoyer eines englischen Philosophen zur völligen Legalisierung von Rauschgift.

Aufgrund der geringeren gesundheitlichen Risiken durch Qualitätskontrollen und der höheren Sicherheit der Konsumenten durch die wegfallenden Beziehungen zu kriminellen Netzwerken würde trotz voraussichtlich höherer Konsumentenzahl ein deutlicher Nutzen für die Gesellschaft entstehen würde. Das mehrseitige „Dossier" ist einer Reportage über Doping und insbesondere über das aktuelle Dopingverfahren gegen eine deutsche Eisschnellläuferin gewidmet.

Auch im Bereich „Wissen" geht es um Doping im weiteren Sinn, nämlich das Problem des „Gehirndoping", neudeutsch „Neuroenhancement", zu dem einige deutsche Forscher sich jüngst in einem Memorandum für ein neues Nachdenken über die sozialen Folgen einer Leistungsorientierung aussprachen, die deren Einsatz notwendig mache. Der Leserbriefteil enthält zwei Zuschriften von Psychoanalytikern zu einem Artikel der Ausgabe vom 1. Oktober darüber, wie sich Patienten vor Scharlatanen unter Psychotherapeuten schützen können.

Und in „ZEIT Chancen", dem mehrseitigen Teil zu Bildung und Beruf am Beginn der Stellenanzeigen, wird zunächst die Möglichkeit einer Promotion in theoretischer Medizin beschrieben. Vor allem interdisziplinär angelegte Forscherbiographien profitieren davon, die ihr Wissen aus anderen naturwissenschaftlichen oder geisteswissenschaftlichen Fächern in ein Projekt mit Nutzen für die Medizin einbringen. Danach folgt eine Reportage über eine kleinwüchsige Mitarbeiterin der Christoffel Blindenmission, die weltweit für die Rechte behinderter Menschen kämpft.

Besonders aussagekräftig im Blick auf die Haltung der Kritischen gegenüber dem Thema Gesundheit ist das Fazit des Autors im bereits erwähnten Artikel zum Gehirndoping: „So entsteht aus dem Memorandum letztlich ein gesellschaftskritisches Papier, das dafür plädiert, die Fähigkeiten unseres Geistes künftig ebenso sinnvoll wie gerecht zu nutzen. Es ist daher auch lesenswert, wenn man den Nutzen des Hirndopings in Zukunft für ebenso fragwürdig hält wie die Wirkung der gegenwärtigen Mittel; und es lohnt sich selbst dann, wenn man gelernt hat, seine geistige Leistung mit nichts anderem als Petersilie zu steigern." Es folgt der Hinweis „Diskutieren Sie mit. Das Memorandum auf ZEIT ONLINE", gefolgt von einem Link auf die Internetadresse (DIE ZEIT Nr. 43 vom 15.10.2009, 38). Die kritische

Haltung zum technologischen Fortschritt, die Offenheit für die Diskussion und das Interesse an Gerechtigkeit und Rationalität, die hier sichtbar werden, sind prägend für die Art, in der sich die Kritischen mit der Welt beschäftigen.

Die Themen, die in dieser zufällig gewählten Ausgabe in den Bereich von Gesundheit und Krankheit fallen, werden (im Unterschied zu anderen Milieus) hauptsächlich als gesellschaftliche Probleme dargestellt und besprochen. Wie die Kritischen mit der Möglichkeit eigener gesundheitlicher Gefährdung umgehen, lässt sich besser aus einem Dossier zum Thema Depression einige Wochen später (DIE ZEIT Nr. 48 vom 19.11.2009, 17ff) erheben. Anlass dazu war der Suizid des Torwarts der deutschen Nationalmannschaft im Fußball. Deshalb enthält das Dossier auch eine Reportage über den Umgang des Profifußballs mit diesem tragischen Fall.

Unter der Überschrift „Die versteckte Krankheit“ stellt das Dossier in seinem Aufmacher, der schon auf der Titelseite von „DIE ZEIT“ erscheint, zunächst anhand einer Reihe von Schicksalen auch bekannter Menschen die weite Verbreitung dieser Krankheit quer durch unterschiedlichste Bevölkerungsgruppen dar. Depressionen würden aufgrund der sozialen Stigmatisierung häufig vor der Umwelt verborgen; gesellschaftliche Akzeptanz sei allenfalls unter dem Begriff „Burn-Out-Syndrom“ zu erlangen. Dann werden Depressionen als organische Erkrankung bestimmt, die das zentrale Nervensystem angreifen und die Kommunikation im Gehirn stören, und unter Verweis auf Forschungsergebnisse am Max-Planck-Institut für Psychiatrie und aus Israel genetische Faktoren und frühkindliche Stresserlebnisse als Auslöser für physiologische Prozesse im Hirn beschrieben, die später aufgrund aktueller Überforderungserfahrungen zum Ausbruch der Erkrankung führen können. Ein Aspekt, der im Artikel betont wird, ist die Notwendigkeit professioneller medizinischer Hilfe möglichst schon im Frühstadium. Zugleich wird darauf hingewiesen, dass bei schwereren Depressionen eine Psychotherapie allein nicht ausreicht, sondern medikamentöse Unterstützung der Therapie unabdingbar ist.

Am Fall einer erfolgreichen Artdirektorin wird in einem weiteren Beitrag der Verlauf der Krankheit mit den Auswirkungen auf Beruf und Alltagsleben sowie die Therapie in der Klinik und das Leben danach beschrieben. Eine begleitende Grafik zeigt den wachsenden Anteil der Frühverrentungen, die durch psychische Störungen bedingt sind, eine weitere Grafik die Berufe, die am häufigsten von psychischen Erkrankungen betroffen sind. Ein Beitrag informiert über die Situation von Angehörigen und deren unüberwindbare Hilflosigkeit gegenüber der Krankheit; zuletzt werden unter der Überschrift „Helfen muss der Facharzt" eine Reihe von Kontaktmöglichkeiten benannt.

Insgesamt zeigt das Dossier die Art der Kommunikation, die sich betroffene Kritische generell in einer Situation der eigenen Erkrankung wünschen: ausführliche und ungeschönte *Information* über Auswirkungen und Verlauf der Erkrankung, unterschiedliche Möglichkeiten der Therapie sowie konkrete Informationen über mögliche erste Schritte im Blick auf Unterstützung und Hilfe – verbunden mit der *Freiheit*, dann selbst eine Entscheidung zu treffen.

Für die Kirche ergibt sich ein Anknüpfungspunkt zur Lebenswelt der Kritischen zunächst im Eintreten für eine gerechtere und solidarische Gesellschaft auch im Blick auf das Gesundheitswesen, die auch die Menschen an den Rändern und diejenigen außerhalb der eigenen Landesgrenzen nicht aus dem Blick verliert, sondern darauf zielt, sie zur gleichberechtigten Teilnahme am gesellschaftlichen Leben zu befähigen. Die Kritischen sind hier leicht für die Entwicklung von und die Mitarbeit an konkreten Projekten zu gewinnen, vor allem dann, wenn diese Projekte nicht den Charakter von bloßen mildtätigen Versorgungsleistungen haben – die Kritischen wollen nicht Ersatz für eigentlich notwendige staatliche Leistungen sein, sondern bevorzugen meist Projekte, die auf Emanzipation der Betroffenen und strukturelle Veränderungen in der Gesellschaft zur Verbesserung der Lebenssituation Benachteiligter ausgerichtet sind. Im Gesundheitswesen engagieren sie sich daher, sofern sie nicht hauptberuflich in medizinischen Berufen tätig sind, eher im Beratungs- und Bildungsbereich als in praktischen Hilfeleistungen.

Im Blick auf die eigene Betroffenheit der Kritischen von gesundheitlichen Problemen stellt sich für die Kirche ähnlich wie bei den Hochkulturellen die Aufgabe, das Evangelium von der Rechtfertigung allein aus Glauben in Impulse zu einem angemessenen Umgang mit Perfektionsstreben zu übersetzen. Sind doch in diesem Milieu Leistungsanforderungen nicht nur von außen gesetzt, sondern auch durch das eigene Selbstbild eines leistungsfähigen und leistungsbereiten Mitglieds der Gesellschaft zu einem großen Maße intrinsisch verankert. Dabei ist besonders zu berücksichtigen, dass in diesem Milieu das Ideal der Leistungsfähigkeit nicht nur auf körperliche, sondern auch auf psychische Aspekte ausgedehnt wird. Das führt dazu, dass Psychotherapien in diesem Milieu deutlich stärker akzeptiert sind als in den anderen, aber zugleich die eigene Psyche auch in besonderem Maße einem Vervollkommnungsstreben ausgesetzt ist. Das erzeugt zusätzlichen Druck – insbesondere bei denjenigen Milieuangehörigen, die in ihrer beruflichen Tätigkeit in hohem Maße auf Kreativität und/oder künstlerische Betätigung angewiesen sind. Die christliche Botschaft von der Rechtfertigung könnte für dieses Milieu auch bedeuten, sich im Vertrauen auf Gott angesichts der Unvollkommenheit aller im Gesundheitswesen Tätigen auch auf suboptimale Heilungsbedingungen einzulassen.

2.4 Die Geselligen: Gesundheitsvorsorge und Schutzräume für Verunsicherung

Unter den Geselligen ist das Thema Gesundheit vor allem unter dem Aspekt des eigenen Verhaltens im Blick auf ein gesundes Leben präsent, außerdem unter den in diesem Milieu besonders stark vertretenen Müttern und Vätern von kleinen und schulpflichtigen Kindern in Form von Gesundheitsuntersuchungen, Impffragen und den üblichen Kinderkrankheiten. Zum gesunden Leben zählt dabei vor allem die Frage der gesunden Ernährung und – als Verbindung zwischen dem Ideal gesunden Lebens und dem Ideal des guten Aussehens – die Möglichkeit, über die Ernährung das Körpergewicht zu reduzieren. Diesem Interessensschwerpunkt auf Familie und Haushalt entspricht es, dass viele Zeitschriften, die in diesem Milieu überdurchschnittlich häufig gelesen werden, Frauenzeitschriften sind (Lisa, Laura, meine Familie & ich) oder sich an Familien richten (Eltern, Eltern family).

Welche Gesundheitsbeschwerden dabei im Vordergrund stehen, zeigen die Anzeigen für Gesundheitsprodukte in diesen Zeitschriften: wärmende Fußcreme, diverse Hautcremes, Duschbäder und Nahrungsergänzungsmittel gegen unreine Haut, Kuren gegen schütteres Haar, etliche Mittel mit natürlichen, pflanzlichen oder homöopathischen Wirkstoffen für Erkältung und Heiserkeit, Hustenmittel, Medikamente gegen Bauchkrämpfe und Blähungen, Aufbaumittel bei stressbedingter Erschöpfung, asiatischer Balsam gegen Schmerz, ein Mittel für vitale Gelenke, ein pflanzliches Beruhigungsmittel, ein Mittel gegen Muskelkrämpfe.

Im redaktionellen Teil der Zeitschriften finden sich Gesundheitsthemen entweder in eigenen Bereichen „Gesundheit“ bzw. „Ernährung und Diät“ (Laura 46/2009, 28–33 und 48–53) oder zum Beispiel im Bereich „Besser Leben – Ihr Ratgeber fürs Familien-Management“ (meine Familie & ich 11/2009, 69–86). „Laura“ enthält dann beispielsweise einen Bericht über die neuen Möglichkeiten zur Behandlung von Brustkrebs und der Bekämpfung von Nebenwirkungen, es werden typische Textbausteine der Beipackzettel von Arzneimitteln erklärt und Tipps gegen Halsweh, Husten und Heiserkeit gegeben, immer im Dreischritt „Was passiert da?“ – „Hilfe aus der Apotheke“ – „Das würde Oma raten“, in denen jeweils in einigen Sätzen kurz die Ursache bzw. ein pharmazeutisches Mittel und ein Hausmittel beschrieben werden. Die Artikel vermitteln das nötige Wissen, um autonom informierte Entscheidungen bei der Bekämpfung von Krankheiten treffen zu können. In „meine Familie & ich“ geht es in ähnlichem Stil etwa darum, „Gesundheit [zu] tanken in der Mittagspause“ durch eine an die Tätigkeit angepasste Ernährung, um Möglichkeiten der Entspannung bei Bildschirmtätigkeiten; es werden Ratschläge gegeben für die „kleinen Notfälle“ wie Schluckauf, Nasenbluten, verschluckte Gegenständen, niedriger Blutdruck oder Verstauchungen – Themen, die sich teils auf die eigene Person, teils auf den Umgang mit Kindern richten. Außerdem werden zehn Auslöser für Kopfschmerzen genannt und es wird darauf hingewiesen, dass früher Schlaf das Risiko für Herzkrankheiten verringert.

Die Beispiele zeigen, dass Gesundheit für die Geselligen vor allem in Gestalt der Gefährdung des im Allgemeinen guten Gesundheitszustands der eigenen Person und der Familie und damit unter dem Aspekt möglicher *alltagspraktischer Vorsorge* ein Thema ist. Gesellschaftliche und sozialpolitische Aspekte sind dagegen weniger im Bewusstsein, außer es geht um politische Entscheidungen, die direkte Auswirkungen auf die persönliche Gesundheitsversorgung haben. Die Erhaltung der noch weitgehend als gegeben wahrgenommenen Gesundheit und die möglichst gute Bewältigung der üblichen, nicht als wirklich bedrohlich erlebten Gesundheitsstörungen wie z.B. Erkältungskrankheiten oder stressbedingten Erkrankungen ist es, was die Geselligen im Blick auf das Thema Gesundheit beschäftigt. Dies entspricht dem allgemeinen Interesse dieses Milieus, den durch Ausbildung und Arbeit erworbenen gesellschaftlichen Status zu halten oder noch zu verbessern.

Als Patienten sind die Geselligen meist an möglichst geringen Eingriffen und natürlichen Therapiemöglichkeiten interessiert. Die Zusammenhänge und Hintergründe von Erkrankungen interessieren sie ebenfalls, aber nur in begrenztem Maße und mit dem Ziel, die Therapiemöglichkeiten nachvollziehen und abschätzen zu können, auf welche Weise und bis wann die Gesundheit wieder hergestellt werden kann.

Zur Mitarbeit im Feld der Gesundheit sind Gesellige vor allem zu gewinnen, wenn sie dabei gemeinsam mit anderen ganz praktisch zur Verbesserung der Lebensqualität von Menschen aus der lokalen Gemeinschaft beitragen können, zum Beispiel durch die Bereitstellung eines gesunden Mittagessens für Schulkinder mit Nachmittagsunterricht oder für die Einrichtung des Kindergartens mit „gesunden" Baustoffen.

Für die religiösen Aspekte von Krankheit und Gesundheit sind sie vor allem dort ansprechbar, wo im näheren Umfeld die Gefährdung der Gesundheit durch ernsthafte Erkrankungen von Menschen der gleichen Generation oder gar von Kindern und Jugendlichen erfahren wird. Da es sich meist um Menschen mittleren Alters handelt, die sich gerade als „mitten im Leben stehend" erleben, erschüttern solche Erfahrungen, bei denen die alltagspragmatische Vorsorge nicht mehr greift, schnell die bisherige Selbstverständlichkeit der eigenen Lebensperspektive und bewirken eine latente Verunsicherung, die untergründig weiterwirkt, während das Alltagsleben zunächst oft scheinbar unverändert weiterläuft. Für Menschen, die davon betroffen sind, niederschwellig zugängliche Orte und Gelegenheiten zu schaffen, an denen die Trauer und Verunsicherung ausgedrückt und bearbeitet werden kann, ist eine der zentralen Aufgaben der Kirche für dieses Milieu.

2.5 Die Mobilen: Körperästhetik und die Frage nach dem Selbstwert

Aufgrund des noch einmal deutlich jüngeren Durchschnittsalters kommt das Thema Gesundheit im Milieu der Mobilen weniger im Zusammenhang mit Krankheit als unter der Perspektive von *Fitness und Körperästhetik* zum Tragen. Dabei zeigen sich in der Generation von Auswahl-Sendungen wie „Germany's next Topmodel" und „Deutschland sucht den Superstar" aber auch deutlich unterschiedliche Interessen und Vorlieben, die nicht zuletzt dem unterschiedlichen Bildungsgrad und den Unterschieden in der Lebenssituation von Schülern und Studierenden einerseits und Berufseinsteigern andererseits geschuldet sind.

Beobachten lässt sich dies zum Beispiel an der Differenz der Magazine „fit FOR FUN" und „Men's Health":

> Beide enthalten diverse Anleitungen zum Workout und zur gesunden Ernährung, in beiden spielt körperliche Attraktivität und ein wohlgeformter Körper eine große Rolle, aber die Vorschläge von fit FOR FUN setzen ein deutlich höheres Einkommen und ein größeres Interesse an ausgefallenen Unternehmungen voraus als Men's Health, zum Beispiel (Heft 11/09) eine Reportage über Sportmöglichkeiten an der Sunshine Coast in Australien oder eine geführte Klettertour durch die Watzmann-Ostwand. Zudem finden sich in fit FOR FUN entsprechend der anderen Situation Berufstätiger auch Beiträge zu konkreten Gesundheitsproblemen, beispielsweise ein beigeheftetes Booklet zum Thema Rückenschmerzen mit Erläuterungen zu den Ursachen, Tipps für Entspannungsübungen, für vorbeugende Sportübungen, für medizinische Hilfe bei akuten Schmer-

zen und für einen ganzheitlichen Umgang mit dem Problem – ergänzt durch eine Reportage im Heft, wie ein Fußball-Nationalspieler seine Rückenschmerzen überwunden hat. Weitere Themen sind Bewegungstechniken wie z.B. Pilates, Tests von Laufschuhen und Fleischsnacks, Berichte von Laufseminaren und interaktiven Video-Sportspielen an neuartigen Trainingsgeräten, ein Interview mit dem persönlichen Trainer des Schauspielers Hugh Jackman, Ernährungs- und Anwendungstipps zur Stärkung des Immunsystems und eine Reportage über die leistungssteigernde Wirkung von Nahrungsmitteln: „Unglaublich aber wahr: Wer clever isst, kann seine Leistung stärker steigern als mit dem Dopingmittel Epo – für mehr Ausdauer, Muskeln, Konzentration, besseren Sex.“ (fit FOR FUN 11/09, 86) Auch das Thema Sex ist mit mehreren Seiten in jedem Heft präsent – in fit FOR FUN vor allem im Blick auf sexuelle Leistungsfähigkeit, z.B. mit einer Reportage zum neuen „Viagra für Frauen“; in „Men's Health“ überwiegt dagegen die Frage: Wie bin ich für Frauen attraktiv? Dazu gehört dann neben den obligatorischen Tipps für die Formung des erwünschten „Sixpacks“ („Endlich Sexy Muskeln. Getestet: Dieser Aufbauplan wirkt Wunder, selbst bei Spargeltarzan“, Men's Health 11/09, Titelseite) auch der Kurs in Soft Skills für die Leserschaft zum besseren Verstehen der weiblichen Sicht auf alle sex-bezogenen Dinge („Das große Lexikon Frau“, vier Teile in Heft 09/09 bis 12/09). Während fit FOR FUN auf natürliche Leistungssteigerung setzt, informiert Men's Health seine Leser auch ausführlich über „21 legale Präparate für Muskelaufbau, Ausdauer, Immunabwehr und mehr“ – mit einem Bild, das die 21 unterschiedlichen Pillensorten in Form eines muskelbepackten Arms darstellt (11/09, 106ff). Eine Reportage über Fitness-Training im Gefängnis macht deutlich, dass Fitness hier mehr ist als nur der Aufbau von Muskeln für die nächste Gewalttat: „Schon 1-mal die Woche Sport zu treiben verbessert die Stimmung, die Gesundheitsvorsorge und die Chancen, das Ziel des Vollzugs zu erreichen, nämlich Gefangene wieder in die Gesellschaft zu integrieren“ (11/09, 116).

Auch wo im Milieu der Mobilen eine deutliche Abneigung gegen Workouts und eine gewisse Gleichgültigkeit gegenüber dem eigenen Körper besteht, kann Fitness noch eine Rolle spielen – zum Beispiel als Fitness der Rollenfiguren in Computerspielen:

In den meisten Kampfspielen haben die Spielfiguren eine Art Gesundheitsfaktor, der im Kampf leidet und durch bestimmte Handlungen wieder aufgebessert werden kann. Auch in Spielen, die nicht auf körperliche Kämpfe setzen wie das Rollenspiel „Die Sims 2“ sollte der Gesundheitsfaktor nicht vernachlässigt werden – sonst kann es passieren, dass die lebensecht animierte Spielfigur sich plötzlich auf den Fußboden übergibt, wie die Zeitschrift „bravo screenfun“ in ihrem Test des Spiels berichtet. Kirchliche Verkündigung könnte in dieser Gruppe viel zum Thema Identität und Selbstwert sagen, sofern sie ihre Botschaft nicht auf die Geringschätzung körperlicher Leistung aufbaut, sondern bereit ist, im Rahmen schöpfungstheologischer Erwägungen den Willen und die Möglichkeiten der Mobilen zu körperlichen Höchstleistungen angemessen zu würdigen.

Die hochqualifizierten, bereits Berufstätigen unter den Mobilen lassen sich dabei weitgehend analog zu den Kritischen oder Geselligen erreichen, weil sie ansprechbar sind in den Dimensionen Bildung und Vergemeinschaftung. Besonders interessant ist allerdings die Gruppe mit mittlerer oder niedriger Bildung und geringem Einkommen in diesem Milieu. Für kirchliche Einrichtungen bietet das Interesse an Attraktivität und Fitness, vor allem der männlichen Jugendlichen und jungen Erwachsenen, eine der wenigen Chancen, mit dieser Gruppe, also Menschen wie den Lesern von Men’s Health, in Kontakt zu kommen, zum Beispiel durch offene Jugendarbeit mit Kickern oder Tischtennisplatten, sportorientierte Freizeiten oder ähnliche Angebote an den Haupt- und Berufsschulen sowie in Gefängnissen.

2.6 Die Zurückgezogenen: Körperkraft als Kapital und Krankheit als Existenzbedrohung

Im Milieu der Zurückgezogenen wird Gesundheit dagegen vor allem als Abwesenheit von Krankheit verstanden. Da dieses Milieu aufgrund der geringen Ressourcen primär damit beschäftigt ist, mit den jeweils gerade akuten Problemen fertig zu werden, ist Vorsorge selten ein Thema, und Gesundheit tritt erst dann stärker ins Blickfeld, wenn sie durch Krankheit beeinträchtigt ist. Vorsorge scheint im Vergleich nicht so wichtig, und den Gang zum Arzt schiebt man als unangenehmes Ereignis auch gerne mal auf.

Sofern sie überhaupt eine Rolle spielt, ist Fitness – anders als im Milieu der Mobilen – in ihrem Wert meist auf den Aspekt der sexuellen Attraktivität beschränkt. Da die materiellen Verhältnisse, vor allem aufgrund des niedrigen Bildungsgrades, meist eingeschränkt sind, stellt die Möglichkeit zum Konsum und zum Genuss einen hohen Wert dar, der sich vor allem bei den jüngeren Milieuangehörigen nicht nur auf materielle Gegenstände richtet, sondern auch auf Erlebnisse, vor allem solche, die ein Gefühl von Größe und Stärke vermitteln. Dabei spielen immer wieder auch Genussmittel wie Alkohol und andere Drogen eine Rolle, was wiederum zu gesundheitlichen Beeinträchtigungen führt. Da die berufliche Tätigkeit meist in körperlicher Tätigkeit besteht, wirken sich zugleich Beeinträchtigungen durch längere oder gar chronische Krankheiten schnell existenzbedrohend aus. Insofern hat das Gesundheitswesen für die Zurückgezogenen häufig die Funktion, möglichst schnell die körperliche Leistungsfähigkeit wieder herzustellen, um den Verlust des Arbeitsplatzes zu vermeiden. Dass Krankheit auf diese Weise mit existenzieller Bedrohlichkeit assoziiert ist, führt zugleich dazu, dass erst wirklich ernsthafte Symptome als Krankheit identifiziert werden und zum Aufsuchen eines Arztes führen – kleinere Beschwerden werden dagegen häufig vernachlässigt oder sogar verleugnet, solange sie die Arbeitsfähigkeit nicht weiter beeinträchtigen.

Es passt zum Milieu, dass es sich bei den beiden Zeitschriften, die nach der von Burda herausgegebenen Medienstatistik „Typologie der Wünsche 2010“ besonders milieuspezifisch ausgeprägt sind, um Fernsehzeitschriften handelt – der Rückzug ins Private in diesem Milieu verbindet sich mit intensivem Fernsehkonsum; Zeitschriften spielen dagegen insgesamt eine geringere Rolle als in den meisten anderen Milieus. Beide Fernsehzeitschriften enthalten allerdings trotz des günstigen Preises von 79 Cent neben dem Programmteil auch einen Ratgeberteil, der immer auch Gesundheitsthemen behandelt und diese bereits auf der Titelseite ankündigt.

Die Themen der Gesundheitsseiten spiegeln deutlich das jüngere Durchschnittsalter, es geht weniger um Altersbeschwerden als um Beeinträchtigungen der körperlichen Leistungsfähigkeit durch Allergien (TV klar vom 18.3.2010, S. 8; TV neu vom 18.3.2010, S. 9) oder Erkältungskrankheiten (TV klar vom 11.3.2010, S. 8; TV neu vom 18.3.2010, S.4) und um neue Möglichkeiten zur Überwindung der damit verbundenen Beeinträchtigungen, auch durch alternative Medizin wie Aromatherapie (TV neu vom 18.3.2010 S. 8f). Dabei werden die Zusammenhänge einfach erklärt und konkrete Ratschläge gegeben oder Beispiele für die Überwindung von Krankheiten durch andere dargestellt: Auch die Lebensgeschichten der Rubrik „Menschen wie wir" drehen sich immer wieder um Gesundheitsprobleme wie Bulimie (TV klar vom 11.3.2010, S. 14) oder Kleinwüchsigkeit (TV klar vom 18.3.2010, S. 15). Sogar das Thema Schlankheit und Diät kommt vor (TV neu vom 11.3.2010, Titel: Die 10 besten Schlank-Drinks), allerdings in sehr reduziertem Maß – im Textteil lautet die Überschrift dann „Die 10 besten Drinks zum Entgiften", und das Thema „Abnehmen" ist zwar im Untertitel und zu Beginn des Textteils noch präsent, prägt aber nicht den gesamten Artikel.

Die gesundheitsbezogenen Anzeigen preisen Mittel gegen Rheuma, Grippe, Magenverstimmung, Übergewicht, Blähungen, häufigen Harndrang, Atemlosigkeit/Erschöpfung – dass die Anzeigen so gut wie immer das Problem in den Vordergrund stellen, für das sie Abhilfe versprechen, steht in Einklang mit der in diesem Milieu vorherrschenden Vorstellung von Gesundheit als *Abwesenheit von Krankheit*.

Aufgrund der in diesem Milieu fast durchgängigen Abneigung gegen Angebote zur Beteiligung an Gruppen und Geselligkeit fällt es schwer, hier detaillierte Empfehlungen für kirchliches Handeln auszusprechen. Am ehesten bestehen Kontaktmöglichkeiten noch aus Anlass von kirchlichen Feiern im Lebenslauf (Taufe, Konfirmation, Trauung, Bestattung) sowie im Rahmen von Seelsorgegesprächen z.B. im Krankenhaus oder am Rande von diakonischen Dienstleistungen.

Die Botschaft des Evangeliums zum Thema in dieses Milieu hinein könnte hier darin bestehen, der Freude über vorhandene körperliche und finanzielle Möglichkeiten Raum zu geben und zugleich den Begriff Gesundheit inhaltlich zu erweitern um den Aspekt der spirituellen Gesundheit. Letztere hat viel mit Selbstachtung und zugleich mit der realistischen Annahme der eigenen Situation zu tun. Konkret kann dies bedeuten, die Würde des Einzelnen unabhängig von seinen Konsummöglichkeiten und körperlicher Leistungsfähigkeit und Schönheit zum Ausdruck zu bringen und in diesem Zusammenhang realistische Perspektiven für ein Leben mit vorhandenen Beeinträchtigungen und eventuell auch für deren sukzessive Überwindung zu entwickeln.

3. Zusammenfassung

Gesundheit und Krankheit sind Themen, die quer durch die gesamte Bevölkerung von großem Interesse sind, aber doch je nach eigenem Lebensstil und Wertvorstellungen in sehr unterschiedlicher Weise aufgenommen werden und in der öffentlichen Kommunikation präsent sind. Dem entsprechend sehen auch die Anknüpfungsmöglichkeiten der Kirche für jedes Milieu trotz mancher Gemeinsamkeiten doch anders aus – von der Unterstützung der Bodenständigen im Kampf um die Würde in einem undurchsichtigen System über das Hinterfragen des Leistungsbegriffs im Milieu der Hochkulturellen, die Ermutigung zum Vertrauen auf Gott angesichts der offensichtlichen Unzulänglichkeiten im Milieu der Kritischen, die Unterstützung der Geselligen bei der Annahme der eigenen Grenzen und Endlichkeit, den Dialog über den Wert menschlicher Fitness und Leistungsfähigkeit mit den Mobilen bis hin zur solidarischen Suche nach realistischen Lebensmöglichkeiten für die Zurückgezogenen. Alle unterschiedlichen Anknüpfungsbemühungen basieren auf einem Verständnis menschlichen Lebens als Geschenk Gottes, das in seinen Möglichkeiten wie seinen Begrenzungen gesehen und angenommen werden sollte.

Weiterführende Literatur

Carsten Wippermann, Lebensstile und Milieus: Einflüsse auf die Gesundheit, in: Volker Schumpelick/Bernhard Vogel (Hg.), Volkskrankheiten. Gesundheitliche Herausforderungen in der Wohlstandsgesellschaft, Freiburg/Basel/Wien 2009, 143–156.

Burda-Verlag (Hg.), Typologie der Wünsche 2010, http://www.tdwi.de (zur milieuspezifischen Reichweite von Zeitschriften).

Manfred Niesel, Zeitschriften: Fortschreitende Differenzierung von Medienrepertoires? Folien zum Vortrag auf dem Symposium „Medienrepertoires sozialer Milieus im medialen Wandel", veranstaltet vom Hans-Bredow-Institut für Medienforschung an der Universität Hamburg, 12.9.2008, http://www.hans-bredow-institut.de/webfm_send/225.

Jenseits von Friede und Eintracht

Konflikte mit Gewinn bearbeiten

Linda Weicker

1. Wo uns Konflikte begegnen, was sie uns mitteilen und wie wir sie besser verstehen

Konflikten begegnen wir, wo immer Menschen miteinander zu tun haben. Sie entstehen, wenn das Tun oder Unterlassen einer Person zur Beeinträchtigung einer anderen führt – in deren Wahrnehmen und Empfinden, ihrem Denken oder Wollen, also hinsichtlich der dadurch beschränkten Möglichkeiten des eigenen Handelns.

Positiv beschrieben treten Konflikte gerade dort auf, wo Menschen tatsächlich in Beziehung zueinander treten, ihre Welt gestalten, Dinge in Bewegung sind oder gebracht werden sollen. Das betrifft die Kirche oder gemeindliches Miteinander ebenso wie andere soziale Institutionen und Gemeinschaften. So sind Auseinandersetzungen auch Zeichen dafür, dass jemand seine Interessen und persönlichen Anliegen vertritt in der Hoffnung auf individuelle und gemeinsame „Gewinne" und dass er bereit ist, dafür Energie, Zeit und Engagement einzusetzen.

Wenn ich im Folgenden von „Gewinnen" rede, meine ich vieles damit und ganz Unterschiedliches: den Zuwachs an Information und Bildung, Nähe und Gemeinschaftsgefühl, Toleranz, Sicherheit und Stabilität, Vielfalt und Anregung, Wohlbefinden und Harmonie, Lebenslust, Vertrauen in die Zukunft und unser Aufgehoben-Sein, uns zuwachsende Kräfte – all das, was unser Leben und Miteinander reicher macht.

In diesem Kapitel widmen wir uns exemplarisch drei Problemen aus dem kirchlichen Raum und untersuchen, welche Konfliktkonstellationen und -themen die einzelnen Milieus besonders bewegen und wie es mit Hilfe der Milieuperspektive gelingen kann, in diesen Situationen etwas ‚Richtiges' und Konstruktives zu tun. Nicht immer muss die Suche nach einer Lösung oder einem Kompromiss das einzige Ziel sein, das zu verfolgen sich lohnt. Auch das Erkennen von Konfliktauslösern, Mechanismen, eingespielten Routinen und eigenen Anteilen an der Situation kann sich als Schlüssel für Veränderungen erweisen.

1.1 Worin sich Konflikte unterscheiden

Da sich Konflikte hinsichtlich ihrer Themen und Ursachen unterscheiden, ist es sinnvoll, die verschiedenen *Konfliktarten* genauer wahrzunehmen, um nicht irgendetwas (gut Gemeintes) zu ihrer Bearbeitung zu tun, sondern Angemessenes und Hilfreiches. *Struktur-* und *Beziehungskonflikte* machen – diese These sei gewagt – den Großteil der Konflikte aus, die uns im Rahmen gemeindlicher Arbeit begegnen. Oft haben sie – auf beiden oder allen Seiten – mit persönlich erlebtem Mangel an Würdigung und Respekt zu tun und mit den in der Kirche etablierten strukturellen Bedingungen, Entscheidungsstrukturen und Machtverhältnissen.

Die Bereitschaft vieler, sich zu engagieren und ihre Fähigkeiten und Zeit einzubringen, lebt vom wertschätzenden Umgang miteinander und den Möglichkeiten zu Mitsprache und geteilter Verantwortung. Sie ist gekoppelt an die Erwartung, mit dem Einsatz eigene Vorstellungen und Interessen verwirklichen zu können. Die Milieuperspektive lehrt uns jedoch, dass gerade auch die voneinander abweichenden *Interessen* der Milieus in Gemeinden zu Streit, Unzufriedenheit und zum Rückzug Einzelner (oder ganzer Gruppen) führen können.

Auch hinsichtlich der vertretenen Werte und daraus erwachsender möglicher *Wertekonflikte* zeigt die Untersuchung im ersten Band die Unterschiede der sechs Milieus. Am Pfarrer stört die einen das eine, die anderen ganz anderes. Das hängt mit differierenden Bedürfnissen und Erfahrungen, Vorlieben und Erwartungen, Lebensthemen und -stilen zusammen.

Seltener als man meint geht es um reine *Sach(verhalts)konflikte*. Deren Ursachen, Unterschiede im Informationsstand oder der Interpretation und Bewertung von Informationen, lassen sich – vergleichsweise – leicht beheben. Wo jedoch die gebotene rechtzeitige, sachgerechte, umfassende Information anderer – im vielleicht unbewussten Ringen um Macht oder Entscheidungsgewalt – ausbleibt, geht es tatsächlich viel mehr um die Beziehungen zwischen denen, die miteinander Dinge zu regeln haben, und um zu Grunde liegende strukturelle (teils hierarchische) Verhältnisse.

Die verschiedenen Konfliktarten verlangen uns Genauigkeit ab: In Interessenkonflikten können die zunächst konkurrierenden Anliegen miteinander verhandelt oder ausgeglichen werden. Bei Werten gilt das so nicht. Über Werte zu streiten, bringt nicht viel – diese Erfahrung hat wohl fast jeder von uns schon gemacht. Selten sind wir bereit, das aufzugeben, was uns wichtig ist. Schließlich haben wir „gute Gründe" dafür. Dass sich andere, Andersdenkende, damit ähnlich schwer tun, sollte uns also nicht wundern. In Wertekonflikten müssen wir die Frage anders stellen. Sie heißt dort: Was bedeuten diese unterschiedlichen Werte *praktisch* für unser Miteinander (oder Nebeneinander)? Wie können Lösungen (am besten im Plural!) aussehen, die das eine und das andere ermöglichen/zulassen? Was lässt sich tun, damit die Geltung des einen die Akzeptanz des anderen nicht behindert?

Das Indiz für Beziehungsstörungen ist naheliegend: Wieder und wieder, fast unabhängig von den behandelten Themen, stehen sich die (zwei) gleichen Personen gegenüber. Den Konfliktbeteiligten und ihren Sichtweisen und Gefühlen sollte dann das Augenmerk mehr gelten als den Konfliktinhalten.

Kommt ein bestimmtes Thema immer wieder auf den Tisch, erweist sich der praktizierte Umgang damit oder die bisherige Lösung als unausgereift. Hier müssen die Hintergründe (Interessen, Werte, Einwände, Widerstände etc.) intensiv erhellt werden, um an den richtigen Stellen nachzubessern oder etwas Neues, Tragfähiges zu entwickeln.

Für das tiefere Verständnis eskalierender Situationen ist die Analyse der *Konfliktkomponenten* hilfreich. Damit sind verschiedene Elemente/Aspekte/Bestandteile des ‚Systems' gemeint, in dem sich Konflikte ereignen, die Einfluss haben auf deren Form und Ausprägung, die Abläufe und Ereignisse, ihre Aussicht auf Lösung.

Die ersten drei Komponenten betreffen die Personen(-gruppen), die sich in ihrer Stellung zum Thema unterscheiden. So stehen sich in Bezug auf einen (ganz konkreten!) Streitgegenstand immer – mindestens – zwei Menschen oder Parteien gegenüber: Pro (1) und Contra (2). Diese sind die eigentlichen Beteiligten.

Vergessen wird zu oft, dass es in der Regel auch noch die – hier – Unbeteiligten, Neutralen gibt, die in dieser konkreten Auseinandersetzung Nicht-Engagierten (3). Wie diese zur Unterstützung eines konstruktiven Prozesses beitragen können, wollen wir im letzten Teil detaillierter betrachten. Über diese drei Personengruppen hinaus lassen sich sechs weitere Komponenten beschreiben:

- das Thema/Problem/der Streitgegenstand/die zu treffende Entscheidung (4)
- die Kommunikation darüber (5)
- die Strukturen im System (6)
- Möglichkeiten, mit dem Problem umzugehen – praktizierte und denkbare (7)
- Ressourcen und Potenziale in diesem System (8)
- mögliche individuelle, wechselseitige und gemeinsame „Gewinne" der Beteiligten (und Unbeteiligten!) (9)

1.2 Wie sich Menschen aus unterschiedlichen Milieus in Konflikten verhalten

Ließ sich aus der Fülle gesammelter Daten im Vorfeld des ersten Bandes eine Beschreibung und Unterscheidung von sechs Milieutypen ableiten, soll hier im Folgenden deren Konfliktverhalten beleuchtet werden. Anhand der oben genannten Komponenten geht es um Fragen wie: In welche Art/en von Konflikten geraten die Vertreter der verschiedenen Milieus? Was stört sie, woran reiben sie sich? Wie tragen sie ihre Konflikte aus? Mit welchen Gefühlen agieren sie? Wo eröffnen sich Möglichkeiten, mit ihnen (wieder) ins Gespräch oder zu Lösungen zu kommen? Was erleben sie als eher hilfreich, was verstellt die Wege zu konstruktiven Prozessen mit ihnen?

1. Die *Hochkulturellen*: Auf Grund ihrer sprachlichen und intellektuellen Möglichkeiten agieren die Hochkulturellen in den meisten Kontexten mit dem Selbstbewusstsein ebenbürtiger Partner. Das entspricht ihrer Lebenserfahrung ebenso wie ihren Erwartungen. Sie sind „gestandene Leute", in der Lage, ihre anspruchsvollen Interessen auszudrücken, und verfügen über vielfältige und

differenzierte Ideen, sie umzusetzen. Dafür sind sie bereit sich zu engagieren. In den verschiedenen Gremien der Gemeinde arbeiten Hochkulturelle verschiedener Professionen mit, die auch ihre beruflichen Kompetenzen gern zur Verfügung stellen (würden).

Rein strukturell stoßen sie jedoch als „Laien" in der Kirche (im schlechtesten Fall) auf die Tatsache, dass ihre „Macht" und Möglichkeiten, Dinge mitzuentscheiden, begrenzt sind oder werden. Das löst bei denen, die beruflich viel mitgestalten konnten, Unbehagen und Unzufriedenheit aus. Ihre Durchsetzungsbereitschaft und Energie war im Berufsalltag von Vorteil und Erfolg gekrönt und wird damit auch in Ehrenamt und Freizeit als aussichtsreich weiterhin praktiziert.

Hochkulturelle, die sich im Beruf selbst oft genug hohen Erwartungen an ihre Professionalität gegenübersehen, tragen diese auch an Kirche und Gemeindearbeit heran. Ihre Verbundenheit mit Religion und Kirche mündet in eine intensive Teilhabe an dem, was diesbezüglich in ihrem Umfeld geschieht. Dabei lässt sie ihr Wille, Verantwortung zu übernehmen, häufiger in Konflikte geraten und stellt sich zuweilen auch als Herausforderung für andere dar. Bedauerlich, wenn Pfarrer/innen und ehrenamtlich Engagierte einander dann die Würdigung ihrer jeweiligen Leistungen und Bemühungen um die Gemeinde schuldig bleiben – beide hätten die Wertschätzung wohl verdient!

2. Die *Bodenständigen*: Die Bodenständigen erleben ihre Enttäuschung mit der Pfarrerin nicht hinsichtlich der Erwartung ihrer Perfektion. Ihre Themen sind andere; ihnen liegen gewachsene und beständige Beziehungen am Herzen. Sie möchten das bewahren, was ihnen lieb geworden ist. Wo dort ein (neuer) Pfarrer zu rasch über das hinweggeht, was diesem Milieu vertraut und wertvoll erscheint, ziehen sich die Bodenständigen zurück, obwohl sie sich gern für ihre Traditionen und ihre Gemeinschaft engagieren würden. Ihr Respekt vor den „Oberen", auch dem Pfarrer, verhindert, dass sie Konflikte austragen. Nur selten – und dann muss die Unzufriedenheit groß sein – äußern sie ihren Unmut laut, der sich an mangelndem Respekt, (vermeintlicher) Verschwendung oder dem Aufgeben tradierter Formen und Normen entzünden kann. Auch wenn die Bodenständigen selten in offene Auseinandersetzung treten, tragen sie Anteil daran, dass

der Ärger anwächst und die Beziehungen zunehmend belastet. Denn durch ihre Zurückhaltung werden auch die Probleme nicht ausgeräumt, für die man im gemeinsamen Gespräch Optionen durchaus hätte entwickeln können.

3. Die *Mobilen*: Zwischen Gemeinde-Verantwortlichen und Mobilen kommt es kaum zu Konflikten. Das liegt an den Erwartungen und Interessenlagen der Mobilen. Die (gefühlte) eigene Unabhängigkeit hat für sie einen hohen Wert, oft entscheiden diese Menschen spontan. Ihre Bereitschaft, sich zu engagieren, ist eher kurzfristig und projektbezogen, ihr Interesse richtet sich auf Spaß und Anregung verheißende Aktivitäten. Dem, was für sie mit Unlust und Unzufriedenheit verbunden ist, entziehen sie sich gern. Was sie sich in der Kirchengemeinde nicht oder nur mit Aufwand holen können, suchen sie anderswo. Ihre vielfältigen Ideen nutzen die Mobilen für die Suche nach individuellen Alternativen, ihre Lösung muss ja nicht die der anderen sein!

Enge oder fehlende Toleranz/Akzeptanz/Freiheit in der Kirche bzw. in der Gemeinde sind Reizthemen, die heftige Emotionen bei den Mobilen auslösen können. Ihre Strategie und Antwort wird gleichwohl eher im „inneren Loslassen" und Sich-Entziehen bestehen als in einer womöglich fruchtbaren Auseinandersetzung mit den Problemen und Personen.

4. Die *Kritischen*: Wo die Kirche den Fragestellungen der Zeit und ihrer gesellschaftspolitischen Verantwortung auszuweichen scheint, melden sich die kritischen Mitglieder zu Wort. Ihre diesbezüglichen Erwartungen sind hoch, sie sind aber auch bereit, Zeit und eigene Fähigkeiten in die kirchliche Arbeit einzubringen. Da sie auch beruflich häufig Verantwortung tragen, wollen die Kritischen das Gemeindeleben mitgestalten und sehen sich als Partner (in) der Gemeindeleitung. Auch sie erleben dabei zuweilen, und dann mit Unmut, die strukturellen Grenzen ihrer Mitbestimmungs-Ambitionen.

Zu Spannungen zwischen ihnen und der Pfarrerin kommt es auch dort, wo die gut Ausgebildeten kritische Blicke darauf werfen, wie jene ihre vielfältigen Arbeiten erledigt. Je nach Spezialgebiet vermissen die selbstbewussten Kritischen die Wertschätzung der eigenen fachlichen Fähigkeiten und würden diese gern (und ihrer Ansicht nach: besser) zum Vorteil der Gemeinde einbringen. Menschen, die dem Milieu der Kritischen zuzurechnen sind, tragen ihre Auseinandersetzungen eher offen aus und setzen ihre kommunikativen Fähigkeiten dann bewusst ein. Worin sie sich häufig irren: Sie legen ihren Diskussionen und Problemdarstellungen Argumente zugrunde und sehen in ihnen Sachkonflikte. Eine Analyse könnte aber zeigen, dass den Unstimmigkeiten – mindestens: auch – schwierige persönliche Beziehungen zu Grunde liegen (das betrifft Selbst- und Fremdbilder), starke Bewertungen und Zuschreibungen sowie strukturelle Gegebenheiten.

5. Die *Geselligen*: Die Lebenssituation und -themen der Geselligen bestimmen ihre Erwartungen auch hinsichtlich der Gemeindearbeit. Hier lassen sich – im Unterschied zu den anderen Milieus, in denen andere Konfliktarten stärker präsent sind – am ehesten Interessen- oder auch Sachkonflikte mit der Kirche oder ihren Mitarbeitern finden. Sie betreffen zum Beispiel Ereignisse, in denen sie Kirche als weltfremd oder dogmatisch wahrnehmen, oder ein Angebotsspektrum der Gemeinde, in dem sie sich mit ihrer praktisch-pragmatischen Art nicht wiederfinden. Ihre Bereitschaft, sich für die Gemeinschaft zu engagieren, lässt sich im Bemühen um ein angenehmes Gemeinde-Klima nutzen. Der Wunsch nach Harmonie und Verständigung steht ihrer Konfliktfähigkeit allerdings nicht im Wege. Sie können ihre Unzufriedenheiten äußern. Zu eskalierenden Konflikten führen diese Rückmeldungen meist deshalb nicht, weil gesellige Menschen ihre Energien bei mangelnden Erfolgsaussichten aus solchen Prozessen herausziehen und lieber dort einsetzen, wo sie ihr Umfeld nach eigenen (aktuellen) Vorstellungen und mit Gewinn gestalten können.

6. Die *Zurückgezogenen*: Wie die Mobilen sind auch die Zurückgezogenen kein sehr Konflikt-relevantes Milieu. Auf Grund subjektiv erlebter Schwäche oder mangels innerer Beteiligung gehören sie nicht zu den Menschen, die ihre Unzufriedenheiten öffentlich äußern oder erwarten, dass sich jemand für eine Äußerung ihrerseits überhaupt interessieren würde. Ihr Nicht-Beteiligtsein fängt aber noch früher an: Es entspricht nicht ihrer Vorstellung, dass die Kirche für *sie* Angebote macht oder sich an sie persönlich wendet. Ohnehin fühlen sie sich selten einbezo-

gen, glauben nicht an ihre Einflussmöglichkeiten, haben wenig Interesse am geselligen Rahmen. Sie scheuen öffentliche Auftritte, schon gar offene Auseinandersetzungen.

Ja, auch sie erleben Irritationen mit der Kirche oder ihrer Gemeinde: dort, wo vertraute Formen aufgegeben werden, wo das Reden über Gott und Welt intellektuell oder unverständlich wird oder der Pfarrer Rollenerwartungen durchbricht. Doch auch hier wird ihre Antwort eher der Rückzug sein und nicht das Nachfragen, die Auseinandersetzung, der Dialog.

1.3 Wie sich verschiedene Konstellationen auf den Konfliktverlauf auswirken

Auch der Pfarrer ähnelt hinsichtlich der Ausprägung seiner Eigenschaften, Anschauungen und Werte, seines Lebensstils und seiner Interessen einem bestimmten Milieutyp. Selten(st), so vermute ich, mag jemand eine Gemeinde führen und zugleich dem Milieu der Zurückgezogenen angehören. Wer sich zur Welt (auch: Gottes) und den Menschen nicht in Beziehung sieht oder setzt, wird einen solchen Beruf kaum ergreifen. Die Merkmale und Ausrichtungen der fünf anderen Milieus stehen der Pastorentätigkeit nicht entgegen. Für alle, auch Mobile und Bodenständige, fallen mir persönlich konkrete Beispiele, Personen ein.

Auf die Milieuperspektive bezogen lassen sich Konstellationen benennen, die konfliktträchtiger sind, und andere, in denen offene Auseinandersetzungen ausbleiben. (Das heißt nicht unbedingt, dass dort alle zufrieden sind.)

Ein Pfarrer mit dem Profil der Geselligen wird sicher so mancher Erwartung seiner kritischen und hochkulturellen Mitglieder im Kirchengemeinderat nicht gerecht. Er setzt aber auf Harmonie und sucht nach Wegen und Ideen, den Wünschen nachzukommen. Als von der Kirche Beauftragter nutzt er die Autorität seines Amtes, um den von ihm – und anderen – für wichtig gehaltenen Aufgaben- und Programmbereichen Geltung zu verschaffen.
Die intellektuellen und politischen Interessen der anspruchsvollen und kritischen Mitglieder wird auch die bodenständige Pfarrerin

nicht voll befriedigen können (und wollen). Oder sie „vernachlässigt“ (in deren Augen) neben den „traditionellen“ Aufgaben, bei denen sie viel Gutes leistet, das „Management“ oder die Führung der Gemeinde, die die in dieser Sparte Professionellen von ihr erwarten. Unausgesprochen oder auch deutlich formuliert wird sie mit der Unzufriedenheit dieser Fachleute konfrontiert. Die übersehen dabei oft nicht nur die Fülle der Bereiche, in denen sich ihr Arbeitstag leicht auf 16 Stunden dehnt, sondern vergessen zu würdigen, was auch noch wichtig ist und gut läuft.

Mobile Pfarrer haben viele eigene Ideen und sind für die der anderen schnell zu begeistern. Das stört jene, für die Vertrautes Bedeutung hat und die sich Kontinuität und Stetigkeit wünschen. Seine kommunikativen Möglichkeiten und die Flexibilität des Mobilen tragen aber ebenso dazu bei, dass es nicht zu eskalierenden Streitigkeiten kommt, wie die Einstellung seiner bodenständigen Gegenüber, er habe schließlich das Amt inne und trage die Verantwortung.

Das gesellschaftspolitische Interesse und Engagement eines kritischen Pfarrers wird seine kritischen Gemeindemitglieder freuen und sich auf die Aktivitäten rund um die Kirche auswirken. Ähnliches gilt für hochtheologische Erörterungen und intellektuelle Predigten der hochkulturellen Pfarrerin. Gleichgesinnte lassen sich davon gern anregen. Die anderen begeistert das nicht in gleichem Maße. Gesellige wünschen sich die Energie ihrer Pfarrer für (ihnen) näher liegende Ziele und Veranstaltungen. Eine Rückmeldung darüber ist ihnen durchaus zuzutrauen. Einen Konflikt wird diese jedoch in der Regel nicht auslösen, denn nach einigen – abschlägigen – „guten Argumenten“ wenden sie sich den eigenen Aktivitäten zu und „lassen los“, das ist ihre Strategie. Auch die Bodenständigen können mit solchem Enthusiasmus ihrer Pfarrer nicht viel anfangen, zu wenig bleibt ihrer Ansicht nach für Altenkreis, Krankenbesuchsdienst, Predigtvorbereitung. Mit ihrem Unmut gehen sie jedoch eher „leise“ um und ahnen schon, wie ein Gespräch darüber verlaufen würde.

Was hier zur Dynamik verschiedener Konstellationen gesagt wird, ist problemlos übertragbar auf andere kirchliche/ diakonische Tätigkeitsfelder und gilt auch für Konflikte zwischen denen, die in kirchlichen Einrichtungen Leitungsverantwortung tragen, und ihren Mitarbeiter/inne/n bzw. Klient/inn/en. Generell kann man sagen, dass sich die dem gleichen Milieu Zugehörigen strukturell – wenn auch nicht immer in konkreten Fragen! – leichter verstehen und in die Denkweisen und Bewertungen, in das Vorgehen des anderen besser einfühlen können. Auch ein schärferes Wort zwischen denen, die sich in dieser Art zu reden ähneln, wiegt weniger schwer als unter Vertretern verschiedener Milieus.

Nicht immer bringt Ähnlichkeit Nähe im Sinne von Zuneigung hervor, auch Konkurrenz kann die Kehrseite der Vergleichbarkeit sein. Das führt uns auf die erste der Situationen, die wir im Folgenden beleuchten wollen.

2. Wie uns die Milieuanalyse Verstehens- und Handlungsräume eröffnet

Durch die Milieubrille blicken wir in diesem Abschnitt auf drei konkrete Konflikte bzw. Konstellationen. Auch die benannten Systemkomponenten sollen uns dabei helfen zu verstehen, was abläuft und warum (so).

2.1 Wo hinter Sachdiskussionen in der Gemeinde mehr steckt – Konkurrenz zwischen Kritischen

Viele Fragen wirft das Thema „Entscheidungen im kirchlichen Raum“ auf: Worüber wird entschieden? Wer hat wobei ein Mitspracherecht? Wer ist von den Folgen betroffen? Was geschieht, wenn sich herausstellt, dass die Lösung schlecht oder falsch war? Wie viel Demokratie brauchen Entscheidungen in oder für eine Gemeinde? Wie viele überhaupt und inwieweit wollen die mitreden, auf die sich diese Entscheidungen auswirken?

Eine Prämisse aussichtsreicher Konfliktbearbeitung ist jedoch der Bezug auf ganz Konkretes. Deshalb verlassen wir hier die Ebene möglicher Ansichten, Meinungen, Überzeugungen und wenden uns einem speziellen Beispiel zu: Der Kirchengemeinderat berät über seine finanziellen Mittel, man ist zusammengekommen, um einen Antrag des Pfarrers zu prüfen, der die Beteiligung an einem Projekt zur Unterstützung peruanischer Frauen bei der Existenzgründung zum Ziel hat. Es kommt zum Streit, zur Bildung kleiner Fraktionen, Vorwürfe werden laut und „endlich" bricht heraus, was mancher schon lange denkt:

Eine Szene aus dem Kirchengemeinderat

Horst: Wir kommen nicht mal klar mit unseren Finanzen vor Ort. Einige von den Eltern bezahlen ihre KiTa-Gebühren nicht und kommen sogar noch durch damit. Bevor wir uns nach Lateinamerika hin orientieren, sollten wir erst mal hier aufräumen. Darauf hab ich schon im April hingewiesen und jetzt ist es November!

Klaus: Ich finde solche Kleinkredite wichtig. Schließlich haben wir jahrzehntelang von der Arbeit der Indigenen dort und ihrer Ausbeutung gut gelebt. Da sollten wir uns schon engagieren!

Bernd: War das Geld nicht eigentlich für die Renovierung des Saales vorgesehen? Und das Treppenhaus? Außerdem ist auch das Gemeindeauto für den Streetworker noch nicht abbezahlt.

Kurt (Steuerberater): Ich finde, da müssen wir endlich mal ganz generell drüber reden. Unsere Finanzwirtschaft liegt doch schon ewig wirklich im Argen. Pfarrer K, was ist denn nun mit meinem Angebot, mal über die Bilanzen zu gucken? Das ist doch was für Fachleute!

(Pfarrer) Konrad: Darum geht's doch jetzt gar nicht. Wir haben eine moralische Verpflichtung, dort zu helfen. Und die Zeit drängt!

Gertrud: Aber die Jugendbegegnung der Konfirmanden darf jetzt nicht unter den Tisch fallen, die ist schon so lange geplant.

Heiner: Also: Kleinkredite – ob das so die tragbare Lösung ist? Und bei den politischen Unruhen ... Das Geld sehen wir doch nie wieder!

Kurt: Da muss ich dir Recht geben. Und dann erleben wir das Gleiche wie bei Ihrer letzten Idee: Zum Schluss ist alles weg! Nee, beim Geld haben Sie wirklich kein Händchen! Guter Wille – ja. Aber Fachkompetenz? Nun wirklich nicht!

(Fortsetzung im hitzigen Durcheinander, in dem es auch „persönlich" wird)

Zunächst und an der Oberfläche geht es um ein Sachthema, Geld. Argumente pro und contra werden formuliert. Noch sind daran Vertreter verschiedener Milieus beteiligt. Sie haben unterschiedliche Ansichten auf Grund differierender Wertvorstellungen. Als die Diskussion sich zuspitzt, verändert sich das Setting, wird ein echter Konflikt erkennbar. Mit „Setting" ist die Gesamtheit konkreter Bedingungen gemeint: in wessen (Herrschafts-) Räumen findet das Geschehen statt, wer ist anwesend und spricht, wie, mit wem; wie sind die Kräfteverhältnisse etc. Nicht mehr alle Anwesenden sind an diesem ausbrechenden Konflikt beteiligt. Klaus, Bernd und Gertrud „steigen aus", ihnen ging es „um die Sache".

Ein Graben trennt nun die Kontrahenten, (Pfarrer) Konrad und Kurt. Ihre Beziehung ist mindestens belastet. Zwischen ihnen, zwei Kritischen, herrscht Konkurrenz. Was der eine dem anderen an Entscheidungsgewalt qua Amt voraus hat, versucht dieser über die Betonung seiner fachlichen Brillanz auszugleichen. Er stellt die ökonomische Kompetenz des Pfarrers in Frage, und zwar über den einen Beispielfall hinaus. An dieser quasi-öffentlichen Herabsetzung wird ihre Rivalität deutlich. Hinsichtlich sprachlicher und argumentativer Möglichkeiten sind Kurt und Konrad einander gewachsen, ebenbürtig. Und einem Konflikt weichen beide nicht aus.

Dieser Beziehungskonflikt kann sich künftig an (wirklich!) jedem Thema abarbeiten und insofern permanent neue „Sachkonflikte" generieren. Immer wieder müssen dann Argumente, Thesen, Verallgemeinerungen gegeneinander antreten, kommt es zum Kräftemessen, wenn dessen Basis nicht bearbeitet wird. Warum? Hochkulturelle und Kritische haben immer mitgestaltet, fühlen sich kompetent und mitverantwortlich. Sie wollen als Partner behandelt werden. Ihrem Gefühl nach werden ihre Erfahrungen und Fähigkeiten zu wenig genutzt und gewürdigt. Auch die Emotionen des Pfarrers entstehen nicht von ungefähr. Als Kontrolle und Infragestellung seiner Arbeit und Qualifikation kommt ihm Kurts Hilfeangebot daher. Mit ihm erhebt sich der Ehrenamtler über ihn, und das kann ein selbstbewusster Leiter so nicht durchgehen lassen.

Wo die beiden „persönlich werden", gerät der eigentliche Gegenstand aus dem Blick. An diesem Punkt, das sollten die anderen Anwesenden begreifen, wird sich „zum Thema" nichts Förderliches mehr ereignen, keine Sach-Entscheidung getroffen werden können, die länger Bestand haben kann. Das Tempo aus der Situation zu nehmen und das Treffen zu beenden, ist – mindestens bei verfestigten Störungen – wohl das geeignetste Mittel für die anderen zur momentanen Schadensbegrenzung.

Metakommunikation, das inhaltliche Aussteigen aus dem Wechsel/Austausch von Argumenten zugunsten eines Kommentars, der nur die gegenwärtige Situation oder Befindlichkeit beleuchtet, bringt dies ins Bewusstsein aller. Beispiele dafür wären: „Ich glaube, wir haben uns gerade völlig festgefahren." oder „Ich schlage vor, wir vertagen unsere Entscheidung. So wird das jetzt vermutlich ohnehin nichts." oder auch „Also ich brauche jetzt eine Pause. Wollen wir mal ordentlich durchlüften? Oder besser: morgen weitermachen?" Der Effekt ist der der Verlangsamung und deeskalierenden Wirkung. Alle bekommen die Chance, loszulassen und sich innerlich neu zu sortieren, denn ein wirklicher Neuansatz ist nun, am gleichen Tag, kaum mehr zu erreichen.

Später könnten einzelne Anwesende dieser Auseinandersetzung in informellen Situationen (quasi „nebenher") bei beiden Beteiligten erkunden, was diese sich an Unterstützung für eine Klärung und Verständigung wünschen würden. Ein paar Tage, in denen der Ärger auf einander erst mal verrauchen kann, sind sicher hilfreich. Kreative Ideen für ein moderiertes, vermittelndes Gespräch und die ernst gemeinte Bereitschaft beider dazu sind erforderlich, um zunächst die Beziehungsstörung zu bearbeiten. Eine (am besten: externe) Person mit Erfahrung in Mediation und Konfliktvermittlung widmet sich im behutsam geführten Dialog zu dritt den sensiblen Punkten der Beteiligten. Der sollte in einem neutralen, angenehmen Ambiente und ohne Zeitdruck stattfinden. Zuhörer/innen verhindern die Öffnung und den Ausdruck verletzter Gefühle. Erst wenn Missverständnisse ausgeräumt sind und Vorbehalte wie Verletzungen ausgesprochen und losgelassen wurden, kann wieder Offenheit entstehen.

Im Verlauf dessen weitet sich der Blick wieder, das – zunächst begleitete – problem-orientierte und fokussierte Gespräch mündet später in ein weniger sachbezogenes Plaudern, das der Beziehungsfestigung dient. Dabei lässt sich womöglich Verbindendes entdecken und zum „Brückenbau" nutzen: ein gemeinsames Lieblingsthema, eine geteilte Leidenschaft, sich ähnelnde Erfahrungen. Mit der wechselseitigen Anerkennung der Leistungen kann die Sorge schwinden, dass sich hinter der Aufforderung, Haushaltsbilanz und Finanzplanung gemeinsam anzupacken, nur Kritik und Kontrolle verbergen. Ein *danach* erneut formuliertes Angebot gerät zu etwas Neuem, Entlastendem, und wird damit vielleicht annehmbar.

2.2 Wo Junge und Alte sich begegnen – Wertekonflikt mit den Mobilen

Streit und Unmut gibt es häufig in Gemeinden, wenn Gruppen Heranwachsender und Jugendlicher nach ihren Veranstaltungen die genutzten Räume anders verlassen, als sie sie vorgefunden haben: unaufgeräumt, verschmutzt oder in anderer Stühle- und Tischeanordnung als gewohnt. Hinsichtlich ihrer Ergebnisse erweisen sich die hierüber entbrennenden Diskussionen meist als fruchtlos, ärgerlich, unergiebig. Und sie beseitigen die Lust an Begegnungen miteinander gänzlich.

In diesem Konflikt begegnen sich meist bodenständige oder kritische (ehrenamtlich) Engagierte einerseits und mobile junge Leute andererseits. Sie unterscheiden sich – wie bereits dargestellt – in ihren Werten und (auch aus Altersgründen) hinsichtlich ihrer Verwurzelung und Verbundenheit mit Räumen und Angeboten der Gemeinde. Das macht den Dialog schwierig. Auch hier also handelt es sich nicht primär um einen Sachkonflikt. Gerungen wird um mehr als nur die Ordnung im Raum. Wir haben es mit einem Wertekonflikt und struktureller Ungleichheit zu tun, denn die Entscheidung darüber, ob Veranstaltungen der Jugendlichen (und Mobilen) auch künftig im Gemeindehaus stattfinden können, wird zumeist nicht von allen Beteiligten gemeinsam getroffen.

Die ablaufende Kommunikation besteht in aller Regel (wenn überhaupt) aus Unmutsäußerungen und Vorwürfen der einen und „Erklärungen", Ausreden der anderen. Beide Seiten können oder wollen die Sichtweisen ihrer Gegenüber nicht gelten lassen oder nachvollziehen. Aufgrund der Machtverteilung scheint allen klar, wie die „Lösung" aussieht: Wenn die Bedingungen und Vorstellungen der Verantwortlichen nicht umgesetzt werden, wird es künftig keine Genehmigung mehr geben, die Räume zu nutzen. „Ihr wollt uns gar nicht wirklich haben“ ist die verletzte Reaktion derer, die sich in diesem Setting als Schwache wahrnehmen und ihr „Weggehen“ als Drohmittel einsetzen. Und in der Tat haben wir die Strategie des Loslassens und Sich-neu-Orientierens als typisch für das Milieu der Mobilen schon kennen gelernt. Sie sind schnell bereit, nach Auswegen zu suchen und eigene Alternativen zu entwickeln. Genau das kränkt im Übrigen die Bodenständigen, die nie auf diese Reaktion kämen und damit das gering geschätzt sehen, was ihnen viel bedeutet. Auch hierüber sollte man sich austauschen.

Oft findet an dieser Stelle keine weitere Bemühung statt, alternative Optionen zu entwickeln – damit werden Chancen verschenkt. Die Voraussetzung dafür, einander mehr Achtung entgegenbringen zu können, ist die Bereitschaft, miteinander zu reden. Schon das bleibt oft aus. Dieses Miteinander-Reden müsste allerdings auch als etwas *qualitativ Neues* geschehen, mit Zuhören und Ausreden-Lassen, Nachfragen und So-stehen-lassen-Können. Denn die variierende Wiederholung eigener Sätze und „Argumente“ allein brächte in der Tat nicht viel Hilfreiches.

Ein womöglich geeignetes Setting ergibt sich aus Milieu-Überlegungen: Erwachsene aus dem Milieu der *Mobilen* sollten zur Unterstützung einer Klärung gewonnen werden. Sie könnten mit beiden Gruppen – getrennt und später gemischt – das Gespräch suchen. Durch ihre Ebenbürtigkeit als Erwachsene gleichen sie in der einen Richtung das Machtgefälle zwischen Jung und Alt aus und könnten die „Haken“ in der belasteten Verständigung besser verstehen oder vermitteln. In der anderen Richtung stünden sie hinsichtlich ihrer gemeinsamen Werte und Denkweisen den Jungen näher und könnten mit mehr Akzeptanz und Wohlwollen deren Offenheit befördern, über konstruktive Ideen zur Problembearbeitung nachzudenken und zu verhandeln. Vielleicht würden sich alle davon unterstützt fühlen, ernst und wichtig genommen. Um die von uns oft vermissten Bindungen der Heranwachsenden überhaupt erst aufzubauen, bräuchten sie das Gefühl der Akzeptanz und des ihnen entgegengebrachten Interesses. Danach sehnen sich allerdings auch ihre Gegenüber! Was sich darüber hinaus für das Reden miteinander empfiehlt, ist, ganz bewusst den längst eingeübten Abfolgen von These – Gegenthese – These – Gegenthese – Argument – Gegenargument – ... auszuweichen.

Eine mögliche (frühe) Lösungsvariante wäre eine bewusste Überschneidung der Gruppenzeiten um 15 oder 20 Minuten, in denen gemeinsam aufgeräumt und Kaffee getrunken werden kann, man sich über die Inhalte beider Treffen oder Vorhaben austauscht, nach den Ideen der anderen fragt oder auch ein gemeinsames Projekt in den Blick nimmt. Auch hier ließe sich variieren, ob jeweils alle Teilnehmenden der Gruppen beteiligt wären oder wechselnde oder aus beiden Kreisen nur einige. Am besten vorbereitet und von „Unbeteiligten“ (oder auch Spezialisten) moderiert, lassen sich auch Fragen, Spiele und andere die Gruppen durchmischende Aktivitäten nutzen, die diese wirklich in Kontakt miteinander bringen. Zu Tage geförderte Gemeinsamkeiten und Verbindendes könnten Brücken dazu sein.

2.3 Wie Gemeindemitglieder die Arbeit der Pfarrerin wahrnehmen

Die Erwartungen an Pfarrer/innen sind so verschieden wie die Lebenswelten der Milieus (siehe Band 1, III.3). Erstere sehen sich vor vielerlei hohe Anforderungen gestellt und unter permanenter kritischer Bewertung dessen, was sie leisten und was (bzw. wer) sie sind. Die Verantwortung für Geistliches, Seelsorgerliches, Liturgisches, Intellektuelles, Kulturelles, Soziales, Kommunikatives, Menschliches, Organisatorisches, Finanzielles zugleich zu tragen, den Einzelnen gerecht zu werden und von der Kirche beauftragt, ihr Diener zu sein oder auch „Führer“ der Gemeinde, Vorgesetzte und Mitmensch, „Manager“ und Tröster, und allen Anforderungen möglichst in gleicher Perfektion zu genügen – das wird uns schnell klar –, ist unmöglich.

Woran Gemeindemitglieder sich reiben, variiert und differiert. Ob das zu Konflikten führt und führen muss, hängt vom Klima in der Gemeinde ab, von der Konfliktfähigkeit und -bereitschaft derer, die unzufrieden sind, von der Geschicklichkeit, solche Themen – im richtigen Moment und Kontext – anzuschneiden, von Kräfteverhältnissen und der Brisanz der Auswirkungen von Fehlern oder Unterlassungen.

Hochkulturelle und Kritische formulieren ihre Vorschläge und Änderungswünsche/-forderungen öfter als andere und wohl auch deutlicher. Die Reaktionen der anderen sind häufig leiser, verhaltener. Aber viele Augen blicken auf das, was Pfarrer/innen tun. Die sind als Menschen ganz konkret und nahe und mit ihrer Funktion ein Beziehungs-Gegenüber für viele. Ihr persönlicher Stil wird ebenso bewertet wie die geleistete und die noch unerledigte Arbeit – und das aus so vielen differierenden Blickwinkeln und auf der Basis völlig unterschiedlicher Erwartungen und Maßstäbe.

In der Regel kann eine souveräne Pfarrerin mit kritischen und erwartungsvollen Rückmeldungen umgehen, zumal wenn die etwas betreffen, was sie kennt und ähnlich sieht. (Mehr Chancen also für Milieu-Gleiche!) Gegenüber dem, was sie selbst für unwesentlich, belanglos oder unzutreffend hält, wird sie sich weniger akzeptierend verhalten. Angebote zu ihrer Entlastung sind zuweilen erwünscht, nicht immer, wie wir im Beispiel oben sahen. Sollte sie sich wirklich unterstützen lassen und Verantwortung übergeben, hat das für die Bewertung ihrer Arbeit ja auch Folgen. Wer zu viel „abgibt“, gilt schnell mal als inkompetent oder faul, wird vielleicht als schwach wahrgenommen oder muss mit anderen Auswirkungen geteilter Macht leben.

Immer ist doch die Frage, wie (und in welchem Rahmen) Anmerkungen, Nachfragen, Ratschläge oder Kritik formuliert werden. Aussichtsreicher ist es meist ohne Publikum, möglichst unaggressiv. Das heißt auch: zu einem relativ frühen Zeitpunkt, bis zu dem noch nicht viel „passiert“ ist, Verletzungen oder „Sachschäden“ noch geringe Ausmaße haben. Auch Überlegungen, wer den Gesprächs- oder Handlungsbedarf übermittelt, können sich als hilfreich erweisen. Es gibt – wohl bei uns allen – Menschen, die uns mehr sagen dürfen als andere. Oder die geschickter darin sind. Die das Ganze sprachlich angemessen und so konstruktiv präsentieren, dass das Gegenüber sich nicht sofort in Abwehr oder Verteidigung retten muss. Warum sollen nahe, gute persönliche Beziehungen nicht dafür genutzt werden? Die können manchmal Milieu-Gleiche verbinden, in anderen Fällen auch zwei, die völlig verschieden sind, dies aber aneinander schätzen und anregend finden.

Wo immer es uns wirklich um das „Vorwärtskommen“ in Sachfragen geht oder um entspannte, bereichernde Beziehungen, ist es von Nutzen, genau hinzusehen, die beste aller denkbaren Interpretationen zu Grunde zu legen, hilfreiche Fragen zu entwickeln und die Ideen aller zu nutzen.

3. Wie wir Konflikte als Chance begreifen und nutzen können

Eine der entscheidenden Voraussetzungen für das Entstehen von Konflikten ist es, dass Menschen das Tun anderer zu sich in Beziehung setzen. Wie wir gesehen haben, unterscheiden sich die Milieus schon hierin wesentlich. Ob jemand die Verwirklichung seiner Anliegen und Interessen (auch) in seiner Gemeinde oder von der Kirche erwartet oder erhofft, hat bedeutenden Einfluss darauf, wie er sich zu ihr verhält. Wer eigene Energien, Zeit und Interesse in gemeindliches Leben und Miteinander einbringt, fühlt sich mehr davon berührt, wie die Kirche mit diesen und den eigenen Ressourcen umgeht und wie Entscheidungen getroffen werden.

3.1 Welche Aspekte für unseren Umgang mit Konflikten bedeutsam sind

Auch die Bemühung um Konfliktlösungen erfordert ein stärkeres und auf die Zukunft gerichtetes Interesse an gemeinschaftlichen Gewinnen und die Überzeugung, dass sich der Einsatz lohnt. Sie scheint subjektiv nur den Menschen sinnvoll, die ein echtes Anliegen an der kirchlichen Gemeinschaft und den durch sie vertretenen Werten haben. Gleichwohl differiert, wie die Milieuanalyse hier erwiesen hat, auch die Art von Menschen, Konflikte zu erleben und mit ihnen umzugehen.
Wer die Auseinandersetzung über Problematisches und Strittiges in Gang bringt, leistet einen wichtigen Beitrag. Das muss jedoch nicht immer auch für die dazu von ihm gewählte Form gelten. Auch die Geduldigen und Bedächtigen tun Bedeutendes für ein konstruktives Klima. Ihre ruhigere Art kann dem Dialog viel der erforderlichen Langsamkeit verleihen. Wie in anderen Bereichen des (Gemeinde-)Lebens sind wir gut beraten, die Fülle unter-

schiedlicher Gaben und die Fähigkeiten aller zu nutzen, auch in der Bearbeitung von Dissens und Streit.

Im Konflikt-Kontext erweist sich der Blick durch die Milieubrille als hilfreich für die bewusste Wahrnehmung differierender Lebensstile, Wertvorstellungen und Interessen der unterschiedlichen Milieus. Ein solcher Blick vertieft das Verständnis dessen, was in einer Konfliktsituation genau geschieht und warum es gerade so abläuft. Die Beteiligten erkennen leichter, wo im Konflikt ihre eigenen Anteile liegen und worin mögliche innere Hindernisse bestehen oder persönliche Widerstände bei sich selbst und anderen Konfliktbeteiligten.

Ein solcher Zugang kann es erleichtern, den Kern des Konflikts für alle Parteien zu bestimmen und zu einer gemeinsamen Beschreibung des Problems vorzudringen. Von hier aus lässt sich nach wechselseitigen und gemeinsamen Gewinnen suchen, einem entscheidenden Baustein der Lösungsentwicklung. Milieubetrachtungen spielen darüber hinaus auch eine Rolle für die Entdeckung von Ressourcen, die Suche nach geeigneten Unterstützer/ innen für einen konstruktiven Prozess, die Gestaltung eines – hier – angemessenen Settings für Konfliktgespräche und die kreative Suche nach Lösungsvarianten, die für alle Beteiligten akzeptabel sind.

Sicher ist aufgefallen, wie oft ich die „Gewinne“ in den Fokus zu rücken versuche. Die Motivation, etwas zu leisten, ist dort am stärksten, wo uns der „Lohn“ besonders reizt oder das Ergebnis einen hohen Wert für uns besitzt. Konfliktbearbeitungsprozesse sind mühsam, schwierig, mitunter unangenehm, peinlich, anstrengend. Je klarer uns ist, dass (wo und wie) wir selbst davon profitieren, welche Widerstände und Hindernisse – auf beiden Seiten – abzubauen sind und womit wir die Kooperationsbereitschaft der anderen fördern können, desto gezielter und effektiver werden wir agieren. Und dabei etwas Erfolg Versprechendes tun.

Über das hinaus, was (oft: zu) nahe liegt, hilft die Überlegung, welche Mittel zur Lösung des Problems noch zur Verfügung stehen. Wer könnte noch eingebunden, beteiligt werden? Wer hat ein besonderes Interesse am Thema? Wer steht den beteiligten Personen nahe – auch in Bezug auf das Milieu? Wer kann was? Wo liegen die Kräfte und Interessen bei den Beteiligten? Unter welchen Umständen wäre jemand – ganz konkret – bereit, etwas einzubringen? Wer oder was könnte ihn dazu bewegen?

3.2 Wie vielfältig Settings in der Konfliktbearbeitung gestaltet werden können

Die mit Hilfe der Milieuanalyse herausgearbeiteten Charakteristika und die erkennbaren Empfindlichkeiten der Konfliktbeteiligten, ihre Art miteinander zu reden und sich auseinanderzusetzen, legen die Wahl eines durchdachten Settings ebenso nahe wie das konkrete Streitthema und die vorangegangenen Ereignisse. Dem einen tut das eine gut, der anderen ganz anderes. Je genauer wir (z.B. als Unterstützer oder Vermittlerin) also darauf Bezug nehmen, was in dieser konkreten Situation einem konstruktiven Prozess förderlich sein könnte, und eine Gesprächsumgebung bewusst gestalten, desto aussichtsreicher verläuft dieser.

So empfiehlt sich unter Ebenbürtigen ein „Kräfte-Gleichgewicht", also etwa ein moderiertes Gespräch zu dritt in einem Macht-neutralen Ambiente, das den drei Anwesenden angenehm ist. Bei sehr ungleichen kommunikativen Voraussetzungen fühlt sich vermutlich einer der Anwesenden bald schwach und unterlegen. Das sollte eine Vermittlerin vorher separat erfragen und dann dadurch ausgleichen, dass sie das zahlenmäßige Verhältnis der Beteiligten verändert oder einen Raum wählt, der dem „Schwächeren" besondere Sicherheit verleiht. Sie könnte von rein verbalen Mitteln der Verständigung absehen oder sie durch andere ergänzen. Dann wären die „Kontrahenten" beispielsweise gehalten, ihre Ideen zu verbildlichen oder die eigenen Argumente in offenen Fragestellungen unterzubringen – als Aspekte, denen das Gegenüber dann gedanklich (auch schriftlich) nachgehen soll. Vorstellbar wäre auch ein Rollenspiel mit vertauschten Rollen, in dem einer die Argumente der anderen präsentieren und vertreten muss. Oder auch der Einsatz eines zusätzlichen „Dolmetschers", eines Sprach-mächtigeren Unterstützers aus der Gemeinde.

Wo sich zu viel in festgeschriebenen und „gesitteten" Formen bewegt, leidet oft die Phantasie. Die in Betracht gezogenen Problemlösungen bewegen sich dann nur im Rahmen sehr etablierter Muster. Hier könnte eine besonders informelle oder ungewöhnliche Gesprächsumgebung Hilfe schaffen, in der man nebeneinander läuft oder fährt, in die gleiche Richtung (und nicht gegeneinander!) blickt, man über vieles, nicht nur das Problematische, gleichsam beiläufig zu reden kommt und vielleicht auf manches stößt, was verbindet und sich als Brücke eignet.

Geht es um Themen, die viele bewegen, erweist sich die Methode des Open Space als hilfreich und ergiebig. Sie trägt der Beobachtung Rechnung, dass auf Konferenzen und Kongressen die folgenreichsten Gespräche an deren Rand ablaufen, beim gemeinsamen Essen, abends in der Lobby, an der Bar oder am Hotelpool. In einem formlosen und lockeren Beisammensein, in genussfreudiger Umgebung, an Stehtischchen, in Bewegung und wechselndem Gespräch hier und dort sind offenbar auch der Geist ungebundener und Herz wie Ohr offener. Es lohnt sich also – darum geht es mir –, dem Wie einer Situation oder eines Settings mehr Aufmerksamkeit zu schenken, in dem eine Begegnung stattfinden soll, die darauf abzielt, unser Wohlbefinden – sozial wie hinsichtlich der Ergebnisse – wiederzuherstellen und ein Problem zu lösen.

In diesem Sinne soll ein letztes Beispiel veranschaulichen, wie sich mit nur einer einzigen Komponente spielen lässt (und mit den anderen eben auch):

Milieu-gleiche Unbeteiligte unterstützen und gestalten einen konstruktiven Gesprächsprozess.

Varianten eines Gesprächsprozesses zwischen den Milieus (hier der Kritischen und der Bodenständigen)

Variante 1: Vierer-Gespräch, K + (k und b) + B

Beispiel: Beteiligte sind K und B, zwei Moderatorinnen k und b unterstützen den Dialog, indem K der k erzählt und die sich an B wendet und B sich über b mitteilt, die sich K zuwendet.

Variante 2: Zweier-Instruktion, dann Zweier-Gespräch zu viert, K+k, B+b → k+b

Die Streitparteien führen *Milieu-gleich* „ihre Vertreter“ intensiv in die Problemlage ein und später führen die beiden Unbeteiligten stellvertretend, doch in Anwesenheit der Beteiligten den Dialog.

Variante 3: Zweier-Gespräch zu viert, K+b, B+k → k+b

Die Streitparteien führen *Milieu-kreuzend* den Moderator des anderen Milieus intensiv in die Problemlage ein, beide „Übersetzer“

führen später zu zweit, doch in Anwesenheit der Beteiligten das Gespräch.

Variante 4: vier Konfliktgespräche K+b, B+k → k+b → K+B
Der Beteiligte K führt sein Gespräch mit dem Vermittler b, der Beteiligte B spricht mit dem Vermittler k, danach, im Vierer-Setting, reden zunächst die beiden Vermittler k und b miteinander, später führen die beiden Beteiligten K und B im Beisein der Moderatoren das Gespräch weiter.

Variante 5: K+k, B+b → K+k+b+B
Die Milieu-Gleichen k und b sind jeweils intensiv in das getrennte (!) Ausklagen, Stöhnen, Sich-Beschweren „ihrer" Konfliktbeteiligten K und B einbezogen und bringen ihr Verständnis zum Ausdruck („Würdigen" und Loslassen des Ärgers); nachdem sich die emotionale Anspannung gelegt hat, überlegt man gemeinsam, wie eine gute Konfliktbearbeitung gestaltet werden kann und was den beiderseitigen Interessen dient.

Weitere Varianten ergeben sich durch Einbeziehung der anderen Milieus in verschiedenen Settings, Runder Tisch etc.

Auch wenn das obige Vorgehen manchen „künstlich" vorkommen mag – es illustriert, dass vieles denkbar und möglich ist. Die Erfahrung zeigt, dass sich gerade eskalierte und verfestigte Konflikte mit Kreativität und methodischen Hilfen besser bearbeiten lassen. Sich Unterstützung von Fachleuten zu holen, im konkreten Konfliktfall, aber auch für Veranstaltungen, in denen es um eine lustvolle (!) gemeinsame Verbesserung des Klimas, der Kooperation und die Suche nach Ressourcen gehen kann, halte ich darüber hinaus für etwas Hoch-Sinnvolles und Ergiebiges. Diese Strategie setzen wir in vielen persönlichen Bereichen ja durchaus erfolgreich ein.

Das Bemühen um die Verständigung und guter Wille auf beiden Seiten gehören jedenfalls besonders dazu, wenn es zwischen Menschen schwierig wird. Und nicht immer muss man nur reden! Ungewöhnliche Ideen sind gefragt und je nach Konstellation und Milieubeteiligung eignen sich, wie gesagt, nur bestimmte Personen- und Orts-Settings. Kräfte- und Machtverhältnisse sind sehr bedeutsam für die Befindlichkeit der Beteiligten, an der letztlich ihre Bereitschaft mitzuarbeiten hängt.

Fragen, Zuhören und Gelten-Lassen sind die wichtigsten Operationen einer ernsthaften Anstrengung, unser Gegenüber und sein Handeln zu verstehen. Dass das möglichst beide Parteien praktizieren sollten, ist klar. Interessanterweise jedoch geschieht schon spürbar Konstruktives, wenn einer damit beginnt. Langsamkeit ist ein entscheidender Faktor. Auch dem sorgsamen Umgang mit Sprache und Formulierungen kommt Bedeutung zu. Besonders die Verletzungen müssen thematisiert und vergeben (!) worden sein, bevor Sach-Argumente und -Erwägungen überhaupt wieder gehört werden und „ankommen“!

Meistens gibt es neben dem „Entweder-Oder“ hinsichtlich der Lösung noch andere Möglichkeiten. Es erweist sich als aussichtsreich, viele Optionen zu entwickeln. Auch innovativ und verrückt dürfen die Ideen sein. Das kann gelingen, wenn Vertreter/innen verschiedener Milieus beteiligt werden. Denn durch deren je spezifische Art des Denkens und Bewertens fließen ganz unterschiedliche Zugänge zum Thema ein.

Dass uns Konflikte im Leben begleiten, muss uns nicht Angst machen. Mit ihnen entwickeln wir uns weiter, äußern unser Befinden und unsere – sich ebenfalls verändernden – Bedürfnisse und Wünsche. Damit bringen wir Prozesse in Gang, in deren Ergebnis diese Vorstellungen verwirklicht werden können. Für ein gutes und befriedigendes Miteinander in der Gemeinde, die uns trägt, sollten wir uns dem stellen. Ich meine, wir sind gut gerüstet dafür.

Milieu	Typische Haltungen im Konflikt
Die Hochkulturellen	Wertschätzung, Beteiligung, geteilte Verantwortung, Achten auf persönlichen Stil, Dogmatik
Die Bodenständigen	Hierarchische Vorstellungen: „oben“ und „unten“, Konflikte werden selten (offen) ausgetragen, (seltener) Auseinandersetzung auf der Sachebene
Die Mobilen	kaum beteiligt an Konflikten, Lösung bei Dissens: Mobile entziehen sich, lassen los, gehen weg
Die Kritischen	Würdigung, Wertschätzung Wunsch nach Mitgestaltung und geteilter Verantwortung, Orientierung an Werten, manchmal: Konflikte als Anreiz
Die Geselligen	Wunsch nach schnellen, einfachen Lösungen, Konflikte werden ungern (offen) ausgetragen, (seltener) Auseinandersetzung auf der Sachebene
Die Zurückgezogenen	kaum Konflikt-relevantes Milieu, hierarchische Vorstellungen: „oben“ und „unten“, Ansicht: Konflikte als Bedrohung

Erwartungen an andere/ an Kirche und Diakonie im Diskurs	**Was zu Konfliktstoff werden kann**
Anspruch, Niveau, Mitgestaltung, Ebenbürtigkeit, Respekt, Verstehen, Akzeptanz	Programmangebot, „falsche Themen“, zu geringer Gestaltungsspielraum
Würdigung, Wahrnehmung der Interessen und des Engagements, Befriedigung von Einzelinteressen	sich übergangen oder nicht respektiert fühlen, (unterstellter) Stolz, „Abgehoben-Sein“ des Pfarrers, übergangene Traditionen, zu wenig Gemeinschafts-Orientierung, „falsche Themen“, zu fremde Themen
Toleranz, Akzeptanz, Wahrung der eigenen Mobilität, Verzicht auf unnötige Verbindlichkeiten, Authentizität der Beteiligten, Anregungsgehalt	„Enge“ von Beziehungen und Themengestaltung, „falsche Themen“
Beteiligung und Mitsprache, Toleranz, Gestaltungsräume	zu geringer Gestaltungsspielraum, Ideale, eigene Anliegen
Förderung von praktischen Lebensbezügen und Gemeinschaft, Aktive Gestaltung des Miteinander und der Umgebung, Befriedigung von Einzelinteressen	„abgehobene“ Menschen, zu ferne Leitung, „unpraktische“ Herangehensweise, „Kirche , die nicht mit den Leuten lebt“, „falsche Themen“, zu fremde Themen
kaum eigene Erwartungen Kirche wird als Obrigkeit verstanden	„falsche Themen“, zu fremde Themen

Weiterführende Literatur

Friedrich Glasl, Selbsthilfe in Konflikten. Konzepte, Übungen, Praktische Methoden, Stuttgart [5]2007.

Christoph Besemer, Konflikte verstehen und lösen lernen. Ein Erklärungs- und Handlungsmodell zur Entwurzelung von Gewalt nach Pat Patfoort, Baden 1999.

Dagmar Kumbier, Sie sagt, er sagt. Kommunikationspsychologie für Partnerschaft, Familie und Beruf, Reinbek 2006.

C. Arbeitsbereiche milieusensibel erschließen

Nutella, Müsli und „laudato si“

Kirche mit Kindern zwischen Milieuvorlieben der Eltern und der Mitarbeitenden

Rüdiger Maschwitz

Kinder sind Teil der Kirche, auch der gottesdienstlichen Gemeinde. Das ist mehr als nur der herkömmliche Kindergottesdienst. In den letzten zwei Jahrzehnten hat sich der Kindergottesdienst endgültig von einem regelmäßigen Gottesdienst am Sonntag parallel oder nach dem Erwachsenengottesdienst zu einem bunten Teppich von Gottesdiensten mit Kindern, mancherorts sogar mit Erwachsenen gewandelt. Es gibt Gottesdienste in unterschiedlichen Zeitrhythmen (wöchentlich, monatlich, als besonderes Ereignis im Jahr, Tauferinnerungsgottesdienste) und für verschiedene Zielgruppen (Krabbelgottesdienste, Kindergarten- und Schulgottesdienste, Familiengottesdienste). Neben der klassischen rund einstündigen Form stehen ganze Vormittage. Kinderbibeltage und -wochen gehören seit Jahrzehnten zu den projektorientierten Angeboten vieler Kirchengemeinden. Neueren Datums sind die verschiedenen Formen der Familienkirche (siehe dazu am Ende des Artikels).

Mit „Kirche mit Kindern“ sind hier also die vielfältigen im weitesten Sinne gottesdienstlichen Angebote für Kinder und ihre Bezugsgruppen gemeint. Dieser Begriff umfasst dann nicht die Kindergruppen, Krabbelgruppen oder etwa die Pfadfinder und auch nicht die Arbeit der Kindertagesstätten. Es liegt allerdings nahe, dass die Beschreibungen zu diesem Arbeitsfeld auch für die anderen Angebote einer Kirchengemeinde für Kinder gelten können. Außerdem sei hier der Blick auf Kinder bis zum Alter von ca. 10 Jahren beschränkt, also in der Regel auf Kinder bis zum Ende der Grundschulzeit.

Gleich beginnt der Kindergottesdienst – ein Beispiel

Samstagmorgen. Ein besonderer. Der dritte im Monat. 9.30 Uhr. David (8 Jahre) kommt zur Kinderkirche. Es beginnt mit dem Frühstück. Nutellabrötchen. Er hat noch nicht gefrühstückt. Sein Vater ist eben zum Baumarkt, seine Mutter wischt durch die Wohnung und hört laut eine CD. Danach fahren seine Eltern einkaufen. Beide tranken eben noch eine Tasse Kaffee aus dem neuen Kaffeeautomaten mit Pads und hatten eine Stulle in der Hand. Er hätte auch eine bekommen, aber er wollte sein Kinderkirchenfrühstück. Hier guckte keiner, wie dick die Schokolade auf dem Brötchen ist.

Während er schon isst, kommt sein Freund Tom mit Diana. Beide haben schon gefrühstückt. Ohne eine Schale Müsli kamen Tom und Diana nicht aus dem Haus. Erst recht nicht, wenn es weiße Brötchen mit Schokoladenaufstrich gab. Auch nicht, wenn der Aufstrich aus dem Eine-Welt-Laden ist.

Bis 10 Uhr können die Kinder noch frühstücken, dann wird der Kinderkirchen-Guten-Morgen beginnen. Herr Reinbach, der Küster, sorgt derweil für Nachschub beim Essen; Frau Mittag, die Pfarrerin, und das Team wirbeln herum und bereiten im Saal und in der Kirche einiges vor. Diana winkt Klara, einer Teamerin. Klara ist 19 Jahre, hat leicht gefranste und gefärbte Haare und eine modische Jeans mit gezielten Löchern. Sie trägt viele bunte Tücher in den Saal. Mit Klara kommt Lara, die gerade 15 wird und seit einem halben Jahr mitarbeitet.

Tom schaut Sebastian (22 Jahre) nach, der mit seiner Gitarre und dem Verstärker in die Kirche zieht. Tom will auch so gut Gitarre spielen können – Sebastian kann einfach los spielen und es gibt Stimmung. „Laudato si“ spielt er als Reggae, da geht die Post ab. Herr Meier, der Kirchenmusiker, macht bei den Samstagen so gut wie nie mit. Aber wenn auf den Kinderkirchen-Guten-Morgen folgend am Sonntag die Kindergottesdienstkinder im Erwachsenengottesdienst beteiligt sind, ist er da und wechselt sich mit Sebastian in der Liedbegleitung ab. Die beiden beherrschen unterschiedliche Musikstile.

Birgit, die Grundschullehrerin, fehlt heute. An diesem Wochenende ist sie mit der Familie unterwegs. Aber an der inhaltlichen und pädagogischen Vorbereitung auch dieses Tages war sie intensiv beteiligt. Sie hat viele eigene Ideen und sagt auch deutlich, welche Geschichten für die Kinder nicht geeignet sind oder wie sie besser vermittelt werden können.

Bettina, eine weitere Teamerin, Mitte dreißig, kommt gerade mit ihren Kindern angerauscht. Ihre Kinder stürzen sich auf die Brötchen. Bettina umarmt stürmisch alle Teamer, besonders die ungefähr gleichaltrige Maria. Zu den beiden Frauen können die Kinder mit allem kommen, sie sind fast immer gut gelaunt. Ach, da kommt noch Frau Lehmann, die kocht immer das Mittagessen. Mit ihrer Freundin Frau Schmitt macht sie die beste Nudelsoße weit und breit. Beide stammen aus dem Mütterkreis, der eigentlich langsam Großmütterkreis heißen müsste, denn Frau Schmitt hat ihre beiden Enkel mitgebracht.

Dann läutet es: In fünf Minuten geht es in der Kirche los. Manche der 35 Kinder schnappen sich noch ein halbes Brötchen, dann beginnt Herr Reinbach auch schon mit dem Wegräumen.

Ausgehend von dieser Szene eines inzwischen recht weit verbreiteten Typs des Kindergottesdienstes am Samstagmorgen bringen die folgenden Ausführungen die Milieuperspektive ein. In welchen Milieus wachsen die Kinder auf? Welchen Milieus stehen die Mitarbeitenden nahe? Zu welchen Aufgaben kommen welche Mitarbeitende? Und des weiteren: Welche Angebotsform der Kirche mit Kindern erreicht welche Kinder, eventuell aus Familien mit Eltern welcher Milieus? Welche Zusammenhänge zwischen den Mitarbeitenden, ihren Milieus und den Angebotsformen der „Kirche mit Kindern" finden sich?

1. Milieus in der Kirche mit Kindern

Kinder selbst haben noch keine ausgeprägte Milieuzugehörigkeit entwickelt, aber sie leben in einer Umwelt derjenigen Milieuatmosphären, die für ihre Eltern typisch sind. Das wirkt sich z.B. darauf aus, mit welcherart Frühstück – oder Nicht-Frühstück – sie kommen mögen. In der Familie von Tom oder Diana ist das Frühstück – wie für die *Kritischen* typisch – durchaus mit Ernährungsbewusstsein verbunden. Mit anderen Kindern aus bürgerlichem Hause vereint sie, dass das Frühstück bewusst als Familienereignis inszeniert wird. Beides ist bei den Eltern von Tom nicht der Fall. Nicht nur die Frühstückskultur kann unterschiedlich sein. Armut wirkt sich oft auch darauf aus, was und ob überhaupt gefrühstückt wird.

Die Kinder treffen auf Frau Schmitt, die gerne in der Küche aktiv ist. Sie könnte man zu dem Milieu der *Bodenständigen* zählen. Sie bringt ihre Enkel mit. Kirchenmusiker Meier – ein klassischer Hochkultureller – könnte Kinder haben, die ebenfalls dabei sind.

Natürlich prägen die Eltern und ihre Umgebung in diesem Alter die Kinder primär, aber das außerhäusliche Umfeld, die Medien, die Nachbarschaft, die Kindertagesstätten und die Bezugspersonen in der Schule beeinflussen die Kinder ebenso. Die Erfahrungen, die sie dort machen, tragen auch dazu bei, wie sie sich einmal später in den Milieus verorten werden. Die Begegnung mit Bezugspersonen anderer Milieus, die die Kinder in der Kirche mit Kindern erleben, gehört in diesen Zusammenhang und könnte den Horizont der Kinder erweitern.

An unserem Beispiel fällt auf, dass bei der Arbeit mit Kindern durchaus Mitarbeitende aus verschiedenen Milieus aufeinander treffen können. Herr Meier, der Kirchenmusiker, bringt eine *hochkulturelle* Perspektive ein. Er fördert den Anschluss an die musikalischen und liturgischen Traditionen der Kirche und des Christentums. Und Birgit, der Grundschullehrerin, geht es um größtmögliche pädagogische Qualität. Auch der Kindergottesdienst ist für sie eine Form von Bildung. Manchmal nervt sie damit andere Mitarbeitende wie Bettina und Maria. Die engagieren sich, weil die Kirchengemeinde den Kindern ein Zuhause gibt und weil sie selbst, seit ihre Kinder in den Krabbelgruppen im Gemeindehaus waren, diesen Ort schätzen. Sie zeigen insofern Muster, die sich vielfach im Milieu der *Geselligen* finden. Da sie genug mit der Familie und Teilzeitberufstätigkeit zu tun haben, passt für sie gut, dass der Kindergottesdienst nur einmal im Monat am Samstag stattfindet. Das Vorbereitungstreffen ist ihnen wichtig, es muss neben der inhaltlichen Vorbereitung auch Zeit zum Klönen da sein. Sie haben ihre Vorstellung vom dem jeweiligen Thema, aber sie erwarten von der Pfarrerin Frau Mittag Impulse und auch Vorbereitungsmaterial. Sie sind oft überrascht, was in biblischen Texten für Lebensbezüge enthalten sind.

Maria und Bettina kümmern sich gerne um die Kleinen ab drei Jahren, während Klara und Sebastian besonders für die älteren Kids interessant sind. Sebastian hat unter den Jungen seine eigene Fangruppe. Das Gitarrespielen und der Verstärker faszinieren sie. Die Jugendlichen Sebastian, Klara und auch Lara lassen sich noch keinem Milieu fest zuordnen, aber sie stehen einigen Mustern des Milieus der *Mobilen* nahe. Wie die Mobilen wollen sie sich nicht auf zu viel Kontinuität einlassen, und darum passt ihnen der monatliche Rhythmus gut. Derzeit. Wie es nach dem Abitur mit der Mitarbeit von Klara aussieht, ist noch unklar. Vielleicht studiert sie auch in einer anderen Stadt. Nicht nur deshalb unterstützt sie Lara, die ihre Aufgabe und Position im Team noch finden soll. Wie bei den Kritischen verbindet Sebastian gebildete Kenntnis auch der kulturellen (musikalischen) Tradition mit der Vorliebe für popmusikalische Stile.

Von Frau Schmidt aus dem Milieu der Bodenständigen war schon die Rede. Sie und eine Freundin haben in der Küche und im Kochen ihre Mitwirkung entfaltet. Die Pfarrerin hatte die beiden Frauen angesprochen, und seitdem kochen sie fast immer. In ihrem Alter um die 60 Jahre finden sie, dass sie wissen, was sich gehört. Sie bewundern die Arbeit des Teams, sind aber mit der Lockerheit des Teams gegenüber den Kindern nicht immer einverstanden. Die Kinder haben schon abzuräumen und sorgsam mit dem Essen umzugehen.

Das Team dieser Gemeinde ist idealtypisch, aber auch nicht spannungsarm besetzt. Es gibt sehr wohl gemeinsame Interessen: Für und mit Kindern etwas tun, sich (nur) einmal im Monat engagieren, einen eigenen und begrenzten Beitrag unterschiedlicher Art einbringen. Es gibt aber auch unterschiedliche Sicht- und Lebensweisen, wie sie sich in Milieuverortungen niederschlagen. Je nach dem ist ein Anspruch an eine Bildungsveranstaltung, die ordentlicher pädagogischer Vorbereitung bedarf, größer oder geringer. Je nach dem haben liturgische Traditionen oder auch traditionelle Regeln der Anständigkeit Bedeutung oder nicht. Je nach dem verbinden sich eigene Motivationen – sei es der Spaßfaktor, sei es das Gebrauchtwerden – und Einsichten in altruistische Beweggründe davon, was ein Tun für andere sei, unterschiedlich miteinander.

Auffällig, interessant und wegweisend ist es, dass in diesem Team die Gaben der einzelnen Mitarbeitenden so unterschiedlich ausgeprägt sind. Teamer können jeweils ihre milieutypischen Stärken mit einbringen. Die Pfarrerin hat Mitarbeitende motiviert, die sich gut ergänzen und sehr Unterschiedliches ermöglichen. Damit geht sie auch das Risiko ein, dass es zu Konflikten über die Ausrichtung und Gestaltung der Arbeit kommt, deren Bruchlinien entlang der konträren Vertrautheiten der Milieus laufen. Um darauf vorbereitet zu sein und zu verstehen, ist die Kenntnis der Milieutypologie sehr hilfreich. Ein solches Team, das sich aus mehreren Milieus zusammensetzt, ist dann besser zu begleiten und zu leiten, wenn die unterschiedlichen Haltungen zur Musik, zur Vorbereitung, zu Inhalten und Methoden als milieubedingte Einstellungen durchsichtig werden. Es geht nicht um richtig, falsch, kompetent oder unhinterfragbare Geschmäcker, sondern um die Frage, welchen Beitrag jeder und jede für das gemeinsame Projekt am besten einbringen kann.

Die *männlichen Mitarbeitenden* sind in diesem Projekt – wie so oft in der Arbeit mit Kindern – in der Minderheit. Der Küster könnte in der Logik der Bodenständigen auf herkömmlichen Normen und Vorstellungen für den Umgang mit Kindern bestehen oder eben auch doch andere Akzente setzen. Er bringt in das Team die etwas ältere männliche Seite ein. Er ist der Hausherr, und wird auch dies aus seiner Milieuperspektive füllen. Im günstigen Falle macht seine Präsenz – gerade im Umgang mit Jungen – vieles gradliniger und leichter.

Sebastian hingegen betont die jugendliche Männlichkeit. Er begeistert und will auch bewundert werden. Seine Orientierungsrolle, sein Vorbild schaffen eine besondere Arbeitsmöglichkeit. Er kann mit allen Kindern singen und Musik machen. Auch für Jungen ist er ein Vorbild. Es fasziniert die Kinder, manche schwärmen für ihn. So kann er auch ein wichtiger Bezugspunkt für weitere jüngere männliche Mitarbeitende, die es zu gewinnen gilt, sein. Seine Flexibilität ist seine Stärke.

Wie aber sind ansonsten mehr Männer, besonders Väter, zur Mitarbeit zu bewegen? Für Männer aus dem Milieu der Hochkulturellen und der Kritischen besteht die Hürde darin, dass kognitiv Inhaltliches durch das Auffassungsvermögen der Kinder begrenzt wird, für die Geselligen, dass das Handwerkliche, Praktische in der Kinderarbeit in der Regel auf das Basteln beschränkt bleibt. Für Männer gilt besonders: Sie wollen konkret gefragt werden, und die Aufgabe muss zu ihnen passen.

Milieuorientiert muss also überlegt werden: Für welche Projekte frage ich wen an, um eine Zusage zu bekommen? Und welche Möglichkeiten muss ich bieten zum Engagment, damit es für bestimmte Mitarbeitende interessant wird? Ein Eine-Welt-Projekt im Kindergottesdienst könnte etwa den Männern in der Logik der Kritischen besonders zusagen. Größere, technisch stärker herausfordernde Projekte passen zu dem, womit sich Männer aus dem Milieu der Geselligen gerne einbringen.

2. Schwächen und Stärken verschiedener Formen des Kindergottesdiensts

Veränderungen in den Bedürfnissen und die Vorlieben der Milieus haben Auswirkungen auf den Kindergottesdienst. Wenn wir mit unseren Gottesdiensten für und mit Kindern auf dem Markt der Angebote für Kinder sind, dann werden die Menschen aus den Milieus nur die Angebote aufnehmen, die ihnen gerecht werden. Es sollte deutlich sein, dass die Eltern immer noch entscheiden und motivieren, wohin ihre Kinder gehen. Und es lohnt sich, auch für die haupt- und ehrenamtlich Mitarbeitenden und die Leitungsorgane, die Angebote unter den Aspekten der Milieus zu reflektieren.

2.1 Kindergottesdienst – parallel zum Erwachsenengottesdienst

In vielen Gemeinden findet der Kindergottesdienst – egal in welchem Rhythmus – parallel zum Erwachsenengottesdienst statt. Aus den Beratungen der Gemeinden zeigt sich: Zumeist kommen da sehr wenige Kinder; die Zeit für die Kinder ist kurz, vor allem wenn noch gemeinsam im Erwachsenengottesdienst begonnen und geschlossen wird. Die Mitarbeitenden sind schwierig zu gewinnen, wenn dies für sie ein wöchentliches Engagement vorsieht.

Nach den Erfahrungen aus meinen Beratungen funktioniert dieses Angebot nur noch in weniger als zehn Prozent der Gemeinden.

Im regelmäßigen Sonntagsgottesdienst der Erwachsenen finden sich typischerweise vorwiegend bestimmte Milieus: die Hochkulturellen und die Bodenständigen, weniger die Kritischen und Geselligen. So dominieren die durchschnittlich älteren Milieus. Die Älteren haben aber keine Kinder im Kindergottesdienstalter, die sie mitbringen könnten, und sie prägen eine stärker traditionsorientierte Atmosphäre des Gottesdienstes, die auch potentiellen Mitarbeitenden des Kindergottesdiensts aus den moderneren Milieus fremd ist. Leitungsorgane machen sich diese Zusammenhänge zu selten deutlich, wenn sie einen sonntäglichen Kindergottesdienst parallel zu dem der Erwachsenen erwarten und dies mit einem gewünschten Hereinwachsen der Kinder in den Erwachsenengottesdienst durch einen gemeinsamen Gottesdienstanfang begründen, ohne zu bedenken, wie milieubeschränkt dieser ist. Der regelmäßige Kindergottesdienst parallel zum Erwachsenengottesdienst funktioniert heute in der Regel nur dann, wenn im Gottesdienst der Erwachsenen eine genügend hohe Anzahl von Menschen aus dem Milieu der Kritischen und/oder auch der Geselligen vorhanden ist.

2.2 Kindergottesdienst – unabhängig vom Erwachsenengottesdienst

Der Kindergottesdienst, der unabhängig vom Erwachsenengottesdienst, z.B. nachher oder an einem anderen Tag, stattfindet, meidet erst einmal die obigen Schwierigkeiten.

Bei Kindergottesdiensten am Sonntag mit einer eigenen Zeit sind die milieubedingten Ausschließungseffekte nicht so stark wie bei dem zeitlich parallel verlaufenden. Es kann auch vorkommen, dass Eltern – die sonst keine Kirchgänger sind – beim Kindergottesdienst als Teilnehmende anwesend sind. Manche Eltern finden in diesen Kindergottesdiensten ihre eigene gottesdienstliche Heimat und arbeiten schließlich sogar mit. So ist er ein realistisches Angebot, mit dem nach meinen Erfahrungen gut und gerne zehn Prozent der Kinder einer Gemeinde erreicht werden können.

Allerdings gilt das obige Problem der regelmäßigen Bindung der Mitarbeitenden auch hier. Kinder bevorzugen konstante Bezugspersonen – und dies steht in Spannung zum Umfang der Zeit, die Mitarbeitende einbringen wollen. Häufig sagen Erwachsene und auch Jugendliche eine Mitarbeit nur für einen Sonntag im Monat zu. Dies hat dann Folgen: Die Vorbereitung (meist auch nur einmal im Monat) wird dann zum Absprachentreff, und es geschieht eine Grobplanung für den Monat. Daraus entsteht bei wöchentlichen Angeboten eine paradoxe Situation. Ein regelmäßiges Angebot wird von nicht regelmäßig erscheinenden Mitarbeitenden begleitet. Dies kann gut ausgehen, wenn die Mitarbeitenden sich intensiv absprechen, die Kinder alle Mitarbeitenden (für ihre Altersgruppe) gleich gut kennen und schätzen; außerdem müssen die Mitarbeitenden kompetent sein.

Es lässt sich fragen, ob das monatliche Angebot den Kindern und den Mitarbeitenden nicht gerechter wird, und dies umso mehr, wenn im wöchentlichen Kindergottesdienst die Zahl unter zehn liegt und die Mitarbeitenden den Kindern nicht genügend vertraut sind. Allerdings gibt es auch einen Nachteil: Bei einem wöchentlichen Kindergottesdienstsangebot führt ein Fehlen zu einer viel kleineren Lücke. Der wöchentliche Kindergottesdienst ermöglicht eine Teilnahme immer dann, wenn das Kind kann und will. Die Besuchshäufigkeit der Kinder kann sich der der erwachsenen regelmäßigen Gottesdienstbesucher annähern. Ist das Kind dagegen bei einem monatlichen Angebot einmal verhindert, verursacht das gleich eine mindestens zweimonatige Pause im Kindergottesdienstbesuch.

2.3 Kindergottesdienst – einmal im Monat am Samstag oder am Sonntag

Dieser Gottesdienst ist zu Anfang ausführlich beschrieben worden. In der Beschreibung und Auswertung wird beispielhaft deutlich, dass mehrere Milieus mit ihren unterschiedlichen Haltungen und Fähigkeiten gut für ein Ziel zusammenwirken können. Voraussetzung dafür ist, dass das Ergänzende der Milieus zusammenfindet und dass ein gemeinsames Ziel, nämlich das Angebot am Samstagmorgen, von allen gewollt und gestaltet wird. Es sieht in diesem Beispiel so aus, dass das Angebot am Samstag milieuübergreifende Zusammenarbeit fördert.

Konflikte bei einer Verlegung des Kindergottesdiensts auf den Samstag gibt es sicherlich da, wo Kirchgänger „Kindergottesdienst“ auf den Sonntag fixieren möchten – die Bodenständigen aus Tradition und die Hochkulturellen das Kulturgut. In nicht wenigen Gemeinden haben sich deshalb auch Kindergottesdienstangebote entwickelt, die zwar auch nur einmal im Monat, aber am Sonntag, stattfinden. So haben sich eine Vielzahl von Formen des Kindergottesdiensts am Sonntag entwickelt: Kindergottesdienst parallel zum Gottesdienst, nach dem Gottesdienst oder als zeitlich umfassenderes Angebot ähnlich dem vorgestellten Projekt. Da aber der einmal im Monat stattfindende Kindergottesdienst immer beworben werden muss, damit er in der Erinnerung bleibt und in Erinnerung kommt, steigt auch die Erwartungshaltung. Dann müssen die Angebote gehobenen Ansprüchen genügen. Ein solches Angebot besitzt damit einen gewissen Eventcharakter. Es setzt keine regelmäßige Gottesdienstteilnahme der Familie voraus und folgt einem für die durchschnittlich jüngeren Milieus gängigen Muster von Beteiligung.

Eine Gemeinde vor Ort muss bei dem Aufbau eines solchen Programms Fragen klären wie diese: Welche Bedeutung hat für die Eltern, Kinder, Mitarbeitende der Sonntag gegenüber dem Samstag? Welche Uhrzeit ist für Anfang und Ende in dieser Gemeinde machbar? Wann wird zu Mittag gegessen? Welche Mitarbeitenden fallen bei welchem Beginn aus? Ist ein Frühstück angemessen, wird es angenommen, oder dürfen Kinder gar nicht „ungefrühstückt“ kommen? Frühstückt man sonntags in der Familie und wann? Welche Mitarbeitendengruppen fallen wegen des Sonntags aus? Kann der Erwachsenengottesdienst an diesem Tag ausfallen, in einer anderen Kirche stattfinden, vorgezogen werden, im Gemeindehaus stattfinden? Bringen die Eltern die kleineren Kinder am Sonntag? Sollten Kinder abgeholt werden? Können viele Kinder gut alleine kommen?

Für die Beantwortung all dieser Fragen sind einerseits Familienkulturen (z.B. je nach zufälligen Einbindungen in die Verwandtschaft am Wochenende oder nach Zugehörigkeit zu Sportvereinen oder Beteiligung an deren Hobbies etc.) bedeutsam. Es kann aber auch hilfreich sein, sich klar zu machen, dass die Verhaltensmuster, die Erwartungen und Einstellungen vom Milieu mitgeprägt sind.

3. Milieuverknüpfende gottesdienstliche Arbeit mit Kindern

Die Arbeit mit Kindern wird in steigendem Maße zu einer Begegnung mit Familien oder sogar zur Familienbildung. Da Kinder in vielen Fällen gebracht werden müssen, sind die Eltern involviert. Sie stehen vor der Frage: Bleibe ich in der Kirche oder im Gemeindehaus und warte, oder kann ich zwischendurch etwas erledigen? Ist genug Zeit, um wieder nach Hause zu fahren oder ist das Angebot sogar für mich interessant? Geistliche Bildung und gottesdienstliches Erleben kann von der Familie auch gemeinsam erfahren werden. So sind Familienkirche und manche andere Gottesdienstformen längst ein gemeinsamer Programmpunkt im Alltag der Familien geworden. Dabei spricht die Arbeit die verschiedensten Milieus an.

Wenn Gottesdienste oder Kinderbibelwochen oder auch Kinderchöre Bildungsaspekte aufweisen, dann spricht dies besonders Eltern aus den Milieus der Hochkulturellen oder Kritischen an. Sie entscheiden sich dann häufiger, sich mehr zu involvieren, als nur die Kinder zu bringen. Konzepte wie „godly play", die Kindern Spiritualität und Bildung vermitteln wollen, oder das Konzept der „Kindertheologie" sprechen engagierte Eltern an und wecken den Wunsch nach Mitarbeit und Fortbildung. Mitarbeitende werden auf doppelte Art qualifiziert: Sie lernen für sich und andere etwas zu tun. In der Kompetenzforschung werden gerade die personale und die soziale Kompetenzerweiterung als Baustein für die berufliche Kompetenzerweiterung (wieder) entdeckt. Fortbildungen leben von einer guten Balance zwischen Vermittlung von Grundlagen, eigenen Erfahrungen und Geselligkeit, damit sie als persönlicher, sozialer und spiritueller Gewinn erlebt werden.

Gemeinschaft und Geselligkeit gelten für viele Menschen als selbstverständlich zentraler Ausdruck des christlichen Glaubens. In der Arbeit mit Kindern fordern die Kinder von den Erwachsenen verstärkt solche Mitbeteiligung ein, die längst nicht nur die Geselligen als motivierend erleben.

Aber die Arbeit mit Kindern bleibt auch für solche Eltern interessant, die sich nicht zur aktiven Teilnahme entschließen. Für nicht wenige Familien, besonders aber für Alleinerziehende, steht im Vordergrund, dass verlässliche Angebote im spirituellen Bereich mit Kindern auch ein Entlastungs- und Betreuungsprogramm darstellen. Das Angebot ist für die Familien darin hilfreich, dass es die Kinder begleitet und umsorgt in einer Weise, wie es die Eltern selbst nicht könnten. Und schließlich: Alle Milieus finden es gut, wenn die Kirche etwas für Kinder tut.

3.1 Krabbelgottesdienst

Im Krabbelgottesdienst treten neben den Kindern und den Mitarbeitenden auch die Eltern als Gottesdienstbeteiligte hervor. In deren Perspektive tun sie mit ihrer Teilnahme zunächst einmal etwas für die Kinder, erleben dabei aber auch miteinander Geselligkeit und Gemeinschaft und knüpfen Kontakte. Der Anlass, etwas für die Kinder zu tun, verbindet dabei die Eltern auch aus den unterschiedlichen Milieus stärker als sonst. Für und mit den Kindern kann man hier gemeinsam einfach Geschichten hören, Kinderlieder singen, tanzen – auch wenn die gebildeteren Eltern dies mit einem pädagogischen Ziel tun und andere einfach nur Spaß haben. Das Kind ist gewissermaßen dabei der gemeinsame Nenner. Da das Konzept solcher Gottesdienste am Kind orientiert ist, werden die Erwachsenen ihre eigenen Bedürfnisse an milieuspezifischer Ansprache im Gottesdienst zurückstellen und dabei gleichzeitig de facto von der Einfachheit profitieren.

3.2 Kinderbibeltage und Kinderbibelwochen

Dieser Veranstaltungstyp besticht für die Veranstalter durch mehrere Aspekte: 1. Es kommen mehr Kinder als sonst – das motiviert; es entsteht das Erlebnis, einen Erfolg gehabt zu haben. Das macht allen Spaß und Freude. 2. Beide Prinzipien der Arbeit mit Kindern aus der Perspektive der Mitarbeitenden, nämlich die pädagogische Planung für andere sowie der Aspekt der Gemeinschaft und Geselligkeit, werden hier noch gesteigert. 3. Der Aufwand für diesen Event ist im Vergleich zu einem einzelnen regelmäßigen Kindergottesdienst viel höher, aber eben dann doch zeitlich überschaubar. 4. So sind für ein solches Projekt vergleichsweise leicht Mitarbeitende zu gewinnen.

Für die einen Eltern steht das hier noch sichtbarere pädagogische Anliegen im Vordergrund. Für die anderen Eltern der noch größere Entlastungseffekt und die länger andauernde gute Betreuung. Die unterschiedlichen Motivationen schließen sich nicht gegenseitig aus. Es gibt auch keine Konkurrenz mit den Aktivitätsgewohnheiten der Familie, die an Wochenenden regelmäßig anderes als Kirchgang vorsehen.

Nach vielen erlebten Kinderbibeltagen blieb lange Zeit eine Frage im Raum stehen: Warum wirken sich gelungene Kinderbibeltage und Wochen nicht für die klassischen wöchentlichen Kindergottesdienste förderlich aus? Warum kommen dadurch nicht mehr Kinder und mehr Mitarbeitende zur regelmäßigen Form hinzu? Die Frage lässt sich nun aus der Milieuperspektive zu einem guten Teil beantworten. Während beim wöchentlichen Kindergottesdienst parallel zum Erwachsenengottesdienst sich verstärkende milieubedingte Ausschließungsprozesse wirken, stärken sich in der Kinderbibelwoche die unterschiedlichen Interessen der verschiedenen Milieus gegenseitig.

3.3 Kinderkasualien

Alle Gottesdienste, die als Gottesdienste an Schwellen des Lebens der Kinder gefeiert werden, sprechen Familien quer durch die Milieus an, und zwar jeweils die Familien in ihrer Gesamtheit – bis hin zu den Großeltern und Paten. Die Gottesdienste werden gelingen, wenn sie als Grundkonzept das Kind in den Mittelpunkt stellen, wenn sie das Mitmachen ermöglichen und wenn das Zuschauen als genauso wertvoll angesehen wird wie die Beteiligung.

Taufgottesdienste, auch Tauferinnerungsgottesdienste, der erste Kindergartengottesdienst, der Einschulungsgottesdienst, der

Schulentlassgottesdienst und auch Beerdigungen (nicht nur von Kindern) sind solche Gottesdienste an den Lebensschwellen. Wenn man die Gemeinde und damit die Kindergärten und Schulen ein wenig kennt, weiß man bei diesen Gottesdiensten, wer kommt, was möglich und sinnvoll ist.

In diesen Situationen verbindet der Anlass für die Feier. In Familien mit Kindern befinden sich vor allem Eltern aus den Milieus der Geselligen und Kritischen, aber auch aus anderen Milieus wie dem der Zurückgezogenen. So bietet es sich an, von hier aus die Atmosphäre des Gottesdienstes aufzubauen, nicht so sehr von den Mustern der Milieus der Bodenständigen oder der Hochkulturellen.

3.4 Familienkirche

Der Begriff Familienkirche meint ein gottesdienstliches Modell, das Eltern und Kinder gleichermaßen einlädt. Beide gelten programmatisch als „Subjekte" des Gottesdienstes und werden darum auch gleichermaßen aktiv einbezogen. Die Gottesdienste sind oft erfahrungsorientiert angelegt und zielen im gewissen Sinne auch auf personale und geistliche Bildung. Der starke Akzent auf aktivierender Beteiligung (Bibliolog, bibliodramatische Zugänge, Interaktionsübungen, Imaginationen) zeigt, dass diese Arbeitsform den Bodenständigen und den Zurückgezogenen und wohl auch den Hochkulturellen nicht so liegen wird, dafür aber den drei anderen Milieus näher steht. Am passgenauesten ist die Arbeitsform wohl für die Eltern in der Nähe zum Milieu der Kritischen, die sonst bei den Angeboten für Familien nicht so richtig zum Zuge kommen. Wird das ausreichen, um den Aufwand für eine Familienkirche zu rechtfertigen? Wird es gelingen, die Arbeitsform deutlicher für die Geselligen und für die Mobilen zu öffnen?

Die Familienkirche hat auch durch den hohen Stellenwert der populären geistlichen Musik in diesen Gottesdiensten die Chance, eine Nähe zu den Musikstilen der Kritischen, der Geselligen und der Mobilen zu schaffen. Offene Beteiligungsformen – z.B. Gebetsrituale mit Kerzen und Steinen – verbinden atmosphärisch miteinander. Durch die erfahrungsorientierten Arbeitsmethoden in der Gruppenphase, die gleichsam intensiv und niedrigschwellig sein müssen, ist eine gute Basis für den Austausch und die Annäherung gelegt. Wesentlich ist aber eine Leitung, die von einer Bewertung/Abwertung der gemachten persönlichen Erfahrungen absieht bzw. sie im Gruppengeschehen möglichst nicht zulässt. Dann kann auch die Milieuverschiedenheit als eine Bereicherung erfahren werden.

Weiterführende Literatur

Rüdiger Maschwitz/Martin Evang, Familienkirche – Konzeption und Entwürfe für die Praxis, Neukirchen 2007.

Birgit Brügge-Lauterjung u.a. (Hg.), Handbuch „Kirche mit Kindern“, Leinfelden-Echterdingen 2005.

Gerda Maschwitz/Rüdiger Maschwitz, Von Phantasiereise bis Körperarbeit – existentielle Methoden gekonnt einsetzen, München 2004.

Offen für Lena, Marcella und Ergül

Wie kirchliche Kindertagesstätten mit einem bedarfsgerechten Angebot die verschiedenen Milieus erreichen können

Ilse Wehrmann

Zwei Beispiele von Kindern und Familien in ganz unterschiedlichen Lebenssituationen, deren soziale und ökonomische Ausgangsbedingungen sich deutlicher kaum unterscheiden könnten:

Der Kindergarten aus der Sicht von Holger und Claudia

Holger (36 Jahre) und Claudia (37) leben mit ihren zwei Kindern Lena (2) und Fabian (6) in der Gartenstadt – ein durchgrüntes Viertel, in der Mehrzahl mit Einfamilienhäusern bebaut. Holger arbeitet als Ingenieur im Management eines Maschinenbauunternehmens, Claudia ist nach einjähriger Erziehungszeit wieder in ihren Beruf als Pharmazeutisch-Technische Assistentin (PTA) in einer Krankenhausapotheke eingestiegen. Mit Mühe haben sie für Lena eine gute Tagesmutter gefunden, die die Betreuung der Zweijährigen während der Zeit übernimmt, in der Claudia in der Klinik arbeitet. Zum Glück konnte sie auf flexibler Teilzeitbasis wieder ins Berufsleben einsteigen. Krippenplätze mit einem flexiblen Ganztagsangebot sind in dem bürgerlichen Stadtteil Mangelware. Fabian kann nun, nachdem er eingeschult ist, nach der Schule in den Hort seines kirchlichen Kindergartens gehen, den er bereits zuvor dreieinhalb Jahre besucht hat. Demnächst wird seine Schule zur Ganztagsschule ausgebaut, so dass die Mittags- und Nachmittagsbetreuung dann dort erfolgt. Vater Holger ist beruflich stark eingespannt und hat wenig Zeit für die Familie. Die Eltern wünschen sich eine bessere Vereinbarkeit von Beruf und Familie, damit auch Claudia nach zweimaliger Erziehungspause als PTA noch einmal durchstarten und sich weiterbilden kann.

Der Kindergarten aus der Sicht von Sandra

Sandra (24) lebt mit ihren beiden Kindern Cindy (2½) und Marcella (5) in der Trabanten-Vorstadt in einem Wohnblock. Sie hat nach der Schule eine Ausbildung zur Einzelhandelskauffrau begonnen, dann aber abgebrochen, als Marcella geboren wurde. Zum Vater des Kindes haben Tochter und Mutter keinen Kontakt mehr. Sandra lebt heute von Hartz IV. Auch die zweite Partnerschaft zum Vater von Cindy ist zerbrochen, so dass Sandra alleinerziehend ist. Cindy betreut sie zu Hause, Marcella besucht den Kindergarten der evangelischen Kirchengemeinde. Die Mutter bemüht sich zwar um Jobs, hat aber Schwierigkeiten, weil eine Betreuungsmöglichkeit für Cindy fehlt, die erst in einem halben Jahr einen Kindergartenplatz bekommen kann. Erschwerend kommt für die junge alleinerziehende Mutter hinzu, dass Marcella in ihrer Motorik und Sprachentwicklung stark entwicklungsverzögert ist und deshalb Sprachfrühförderung und Krankengymnastik bekommt. An der Sprachentwicklung der Fünfjährigen wird im Kindergarten gearbeitet, zur Krankengymnastik und Ergotherapie muss sie zweimal in der Woche nachmittags ambulant eine Praxis aufsuchen. Eigentlich wäre eine Integrationsgruppe im Kindergarten ideal, aber die gibt es nur in einem weiter entfernten Kindergarten. Oft ist die 24-jährige Mutter sehr geschafft und fühlt sich mit der Erziehung der beiden Kinder allein gelassen und überfordert.

Die bürgerliche Akademikerfamilie kämpft vor allem mit dem Vereinbarkeitsproblem, die alleinerziehende Mutter mit der drohenden Behinderung ihrer älteren Tochter und der permanent leeren Haushaltskasse. Ein paar neue Kinderschuhe zu kaufen, kann sie sich mit Hartz IV nur schwer leisten. Dann muss am Essen gespart werden.

Beide Familien haben Kontakt zu ihrer Kirchengemeinde – zumindest entfernt, denn ihre Kinder besuchen evangelische Kitas. Gerade hier kommen Kirchengemeinden mit unterschiedlichsten Menschen aus verschiedenen Milieus in Kontakt, vorausgesetzt sie haben Kinder. Kirchliche Kitas bieten vielfältige Anknüpfungspunkte, Menschen in ihrer Lebenssituation als Familie mit Kindern zu erreichen und zu unterstützen. Kitas als pädagogisches und sozialdiakonisches Handlungsfeld können im Idealfall Aushängeschilder einer Gemeinde sein. Seelsorge, Beratung, Religionspädagogik, christliche Werteerziehung, gelebte gesellschaftliche Integration – all das ist in einem kirchlichen Kindergarten möglich. Dort ist im Idealfall jedes Kind willkommen und als Geschöpf Gottes angenommen, unabhängig von seiner sozialen Herkunft, dem Bildungsstand und der wirtschaftlichen Situation seiner Eltern. Bildung, Erziehung, Förderung und Betreuung – all das leisten kirchliche Kindergärten.

Je besser die Qualität ihrer Arbeit ist, je intensiver die Gemeinde Kontakt zur Kita hält und sie in ihre Gemeindearbeit integriert, desto größer ist die Ausstrahlung der dort geleisteten Arbeit auf die Kirche insgesamt. Auch wenn es nicht die vorrangige Aufgabe einer kirchlichen Kita ist: Sie kann durch ihren einladenden, integrativen, an den Bedürfnissen von Kindern und Eltern orientierten Charakter und das dort aktiv gelebte christliche Menschenbild zu einem Missionsfeld werden – unaufdringlich, aber überzeugend. Aktiv für Kinder und Familien Flagge zu zeigen, erhöht die Glaubwürdigkeit und die gesellschaftliche Relevanz von Kirche auch bei so genannten Kirchenfernen.

Die Chancen für die Kirche insgesamt, die darin liegen, werden weithin unterschätzt und deshalb leider nur ungenügend genutzt. Und den Herausforderungen, die in dem dreifachen Reformstau in diesem Bereich der Gesellschaft bestehen, gilt es aufzugreifen:

1. Kinderarmut (16,3 Prozent aller Kinder leben in Familien mit einem sehr geringen Einkommen) ist zu begegnen.
2. Die mangelnde, gesellschaftlich unterstützte Vereinbarkeit von Erwerbsarbeit und Familie, bei der wir immer noch von einer bedarfsgerechten Versorgung für Kinder unter drei Jahren weit entfernt sind, ist zu bearbeiten.
3. Die Qualität frühkindlicher Bildungs- und Betreuungseinrichtungen ist zu steigern.

Statt sicherlich berechtigt über die politische Situation von Kindern und Familien nur auf den Kanzeln zu klagen und auf Podien unzweifelhaft richtige Forderungen aufzustellen, kann die Kirche auch etwas für die Betroffenen tun. Mit ihren Kindertageseinrichtungen hat sie ein Handlungsfeld, auf dem sie etwas aktiv tun und vorleben kann: Engagement für Kinder und Familien aus unterschiedlichen Milieus. Wie das aussehen kann, soll im Folgenden umrissen werden.

Wenn Kindergärten zu Kinder- und Familienzentren werden, stellen sich mit aller Klarheit die Fragen: Was brauchen Kinder und Eltern in meinem Stadtteil oder Dorf? Woran mangelt es? Welche Einrichtungen und Unterstützungsmöglichkeiten gibt es schon? Wie geht es Kindern und Eltern, was fehlt ihnen möglicherweise? Mit ihren Kitas befindet sich die Kirche „am Markt“, konkurriert auch mit anderen Anbietern. Insofern empfiehlt sich die „Milieubrille“ als Hilfsinstrument dabei, die Kinder und Familien bedarfsorientiert zu unterstützen – mit dem Nebeneffekt, so auch das langfristige Überleben der eigenen Einrichtung zu sichern.

Die Konstruktion der Milieus weist darauf hin, dass in einer Reihe von Dimensionen unterschiedliche Menschen nach ganz verschiedenen Logiken ihren Kindergarten wahrnehmen, Bedürfnisse haben, sich artikulieren und sich verhalten. Darunter ist für die Kitas ganz besonders der Faktor der Bildung relevant, aber auch das Beteiligungsverhalten und der Gegensatz von traditionalen und modernisierten Lebensweisen spielen eine wichtige Rolle.

Betrachten wir dabei zunächst einmal zwei Grundstrategien von Kindergärten, wie sie sich aus den Gegensätzen in den Dimensionen von Bildung und einhergehendem sozialem Status ergeben. Danach wird vertieft, wie bestimmte Erscheinungen von Kindergartenarbeit milieuverschieden wahrgenommen und gelebt werden, bevor wir abschließend die Frage nach dem milieuverknüpfenden Potential von Kindergärten stellen.

1. Der Kindergarten im „Sozialen Brennpunkt“ – auf dem Weg zu einem Zentrum sozialer Dienste

Kinderarmut hat viele Gesichter. Kindergärten in sozialen Brennpunkten mit einem hohen Anteil von Transferleistungsempfängern und Menschen mit Migrationshintergrund begegnen diesen Gesichtern und den dahinter stehenden Kinderschicksalen hautnah. Nicht nur Marcella oder Cindy, sondern auch Ergül, Karim oder Igor besuchen den Kindergarten in der Trabantenstadt, wo die Mieten so billig sind, dass kein Hartz IV-Empfänger wegen zu hoher Wohnkosten umziehen muss. Die Kirchengemeinde mit ihrer Kita bildet ein Mosaiksteinchen der sozialen Infrastruktur im Stadtteil. Sich mit anderen Trägern und Einrichtungen der Sozial- und Beratungsarbeit zu vernetzen, ist daher angesichts leerer kommunaler Kassen das A und O. Die kirchliche Kita kann nicht allein ein „Rundum-Sorglos-Paket" anbieten, das alle Bedürfnisse von Kindern und Eltern erfüllt.

Im Idealfall lässt sich die Kita zu einem Familien- und Quartierzentrum weiter entwickeln oder wird zum Mehrgenerationenhaus. Beide Konzepte zielen auf die Vernetzung von Anbietern und Angeboten. Öffentliche Fördergelder und Stiftungsmittel lassen sich auf dem Weg der Kooperation besser einwerben. Vom Programm „Soziale Stadtentwicklung" der Bundesregierung über Mittel aus Programmen wie „Wohnen in Nachbarschaften" (WiN) gibt es zahlreiche öffentliche Fördertöpfe, die auch Kirchengemeinden nutzen können, wenn sie ihre Projekte entsprechend entwickeln und gemeinsam mit Kooperationspartnern Anträge stellen. Gleiches gilt, wenn es um die Einwerbung von privaten Stiftungsmitteln geht. Kein Geldgeber finanziert in Zeiten knapper Kassen noch Modellprojekte, bei denen Träger versuchen, allein das Rad neu zu erfinden. Voraussetzung für das Gelingen einer solchen Strategie: Der Wille und die Fähigkeit, über den eigenen gemeindlichen Tellerrand zu schauen und sich für Konzepte der gemeinwesenorientierten Diakonie zu öffnen.

Einige konkrete Beispiele für Bedarfe im sozialen Brennpunkt:

- Elternbildungsangebote: vom Kochkurs für Haushalte mit geringem Budget über Erziehungsberatung für Eltern in schwierigen Lebenssituationen, die möglichst niedrigschwellig an die Kita angebunden sind,
- Beratungsangebote für Eltern von der Schuldner- über die Sucht- bis zur allgemeinen Sozialberatung,
- Sprachförderungsangebote,
- Frühförderung für Kinder mit Behinderung oder für von Behinderung bedrohte Kinder sowie Beratungsangebote für ihre Eltern,

- Stadtteilküchen oder Cafeteria-Angebote mit angedockten Beratungsmöglichkeiten,
- Praktische Hilfen gegen Kinderarmut: Von der Second-Hand-Tauschbörse für Kleidung und Spielzeug bis zu Kooperationen mit Tafeln,
- Angebote für Hausaufgabenhilfe und Nachmittagsbetreuung schulpflichtiger Kinder, soweit es keine Horte oder Ganztagsschulen gibt,
- Kulturelle Angebote von der Kooperation mit der örtlichen Musikschule bis zum Theater-Workshop,
- Vermittlung kurzfristiger Betreuungsangebote vom „Leih-Großeltern-Service" bis zur Kurzzeit-Tagesmutter für den Arztbesuch mit einem anderen Kind als familienentlastende Dienste.

Die Liste der Ideen ließe sich beliebig erweitern. Je genauer eine Kirchengemeinde sich auch anhand statistischer Daten, die sich aus ihren eigenen Mitgliederdaten, aber auch sozioökonomischen Erhebungen der örtlichen Statistik-Ämter gewinnen lassen, mit der Lebenssituation der Menschen in ihrem Einzugsbereich beschäftigt, je genauer sie die Milieubesonderheiten in den Blick nimmt, desto konkretere Handlungsmöglichkeiten und Ideen werden sich auftun. ErzieherInnen im Kindergarten können, wenn ein Gemeindevorstand oder ein Presbyterium ihr Wissen und ihre Erfahrungen anfragt, ziemlich genau sagen, wo der Schuh drückt und was Kinder wie Eltern speziell in diesem Stadtteil brauchen.

Statt zu fragen, wie das der Kindergarten mit seinen beschränkten Kapazitäten „auch noch" leisten soll, empfiehlt es sich, das Umfeld zu betrachten: Wo gibt es Vereine, wo findet bürgerschaftliches Engagement statt oder wie lässt es sich aufbauen, mit wem kann die Einrichtung zusammenarbeiten? Die räumlichen Möglichkeiten sind in der Kita oft ideal, zumal wenn das Gemeindehaus oder die Kirche gleich nebenan liegen. Vielerorts gibt es Beispiele, wie daraus mit öffentlicher Förderung Familien- oder Quartierzentren entstehen können, nicht mehr benötigte Gemeinderäume Teil eines Frühförderzentrums werden, das Kinder von Krankengymnastik bis zur Sprachtherapie wohnort- und kindergartennah die nötige Förderung anbietet.

Solches Handeln zielt besonders auf Menschen wie die alleinerziehende Mutter von Cindy und Marcella in unserem Eingangsbeispiel. Sie braucht in ihrer Lebenssituation Entlastung, die ihr ein zum Kinder- und Familienzentrum ausgebauter Kindergarten – zumindest teilweise – geben kann. Eine verbesserte Bildungs- und Förderinfrastruktur kann sie in ihrer häuslichen Erziehungsarbeit unterstützen und auch die Alltagsbewältigung erleichtern. Zwar wäre ihr auch mit einem verbesserten Hartz IV-Regelsatz für die beiden Kinder ein wenig geholfen, nachhaltiger jedoch wirkte das Hilfs- und Unterstützungsangebot eines Kinder- und Familienzentrums im Stadtteil, wo Beratungsangebote, Förder- und Therapiemöglichkeiten für Kinder mit Förderbedarf angedockt sind. Im Sinne von Armutsprävention ist eine gestärkte Infrastruktur für Kinder und ihre Familien nachhaltiger als verbesserte staatliche Transferleistungen im Sozialbereich (Kindergeld, Hartz IV-Regelsatz für Kinder). Soll eine alleinerziehende Mutter mit geringem (Aus-)Bildungsniveau auch nur den Hauch einer Chance zur Reintegration auf dem ohnehin angespannten Arbeitsmarkt haben, braucht sie gute und verlässliche Betreuungsmöglichkeiten für ihre Kinder – kein Betreuungsgeld dafür, dass sie zu Hause bleibt.

2. Der Kindergarten in der Einfamilienhaus-Gartenstadt – auf dem Weg zu einem Qualitätsangebot auf dem Markt

Ganz anders sieht die Situation der Eltern Holger und Claudia im eingangs dargestellten Fallbeispiel aus. Die Eltern haben selbst vielfältige Bildungserfahrungen gemacht. Sie wissen, dass ein gesellschaftlicher Aufstieg durch Bildung möglich und auch nötig ist, um als Arbeitnehmer im globalen Wettbewerb bestehen zu können. Welche Auswirkungen das Stichwort „Wissensgesellschaft“ für den einzelnen hat, ist ihnen wohl bewusst. So haben sie einen entsprechenden konkreten Bildungsanspruch auch für ihre Kinder, möchten sie nicht nur irgendwie „untergebracht“, also betreut haben. Für sie steht fest, dass eine Kindertageseinrichtung den Vierklang von Erziehung, Bildung, Förderung und Betreuung leisten muss.

Mit Eltern wie Holger und Claudia hat es ein Kindergarten mit einer interessierten, engagierten, aber auch anspruchsvollen Klientel zu tun. Diese Eltern sind bereit, über Kita-Konzeptionen wo nötig auch zu diskutieren, fragen kritisch nach und bringen sich aktiv in die Arbeit des Kindergartens ein. Das Zusammenwirken der Einrichtung mit dem Elternhaus ist ihnen wichtig, sie sind am Entwicklungsstand ihres Kindes interessiert und legen von sich aus Wert auf eine intensive Kommunikation mit den Frühpädagoginnen im Kindergarten. Somit treten die Kindergärten unterschiedlicher Träger in Konkurrenz miteinander. Dabei spielen pädagogische Konzepte, Qualifikation des Personals, Flexibilität der Öffnungszeiten und Zusatzangebote eine entscheidende Rolle – kurz: Qualität wird zum entscheidenden Auswahlkriterium.

Was könnten Anforderungen oder Erwartungen von Eltern wie Holger und Claudia an eine Kita sein?

- hohes Qualifikationsniveau des Personals: Ihnen braucht niemand zu erklären, dass auf Fachschulniveau ausgebildete Erzieherinnen angesichts steigender Anforderungen (Rahmenbildungspläne, Diagnostik/ Entwicklungsberichte) einen permanenten Fortbildungsbedarf haben.
- angemessener Personalschlüssel: Genauso wie für Weiterbildungsmöglichkeiten würden sich diese Eltern auch öffentlich, z.B. auf kommunalpolitischer Ebene, für verbesserte Rahmenbedingungen der Arbeit von Erzieherinnen und Erziehern einsetzen.
- flexible Betreuungszeiten: Wer beruflich so stark engagiert ist wie diese Eltern, bzw. sich gerade in der „Wiedereinstiegsphase" befindet wie die Mutter, benötigt eine verlässliche, flexible Ganztagsbetreuung mit individuell wählbaren Zeitkontingenten. Mit einem Kita-Platz bis 12 Uhr ist ihnen nicht gedient.
- „Komplettportfolio" von der Krippe bis zum Hort unter einem Dach: Für Eltern in dieser Lebenssituation ist es hilfreich, ihr Kind vom Krippenalter an bis zur Einschulung (und falls keine Ganztagsschule zur Verfügung steht auch darüber hinaus im Hort) betreuen zu lassen. Das bedeutet: Auch evangelische Kindergärten müssen schnellstmöglich – sofern sie sich noch nicht auf den Weg gemacht haben – Schritte in Richtung Krip-

penausbau unternehmen und zumindest eine Krippengruppe in ihrer Einrichtung aufbauen. Dazu gehören auch Kooperationen zwischen Kirche und Wirtschaft in punkto Krippenausbau.

- Elternarbeit: Gerade Eltern, deren Kontaktmöglichkeiten mit ihren Kindern sich aus beruflichen Gründen stark reduzieren, sollte der Kindergarten auch Angebote machen, die die Gemeinschaft und die Beziehung zwischen Eltern und Kindern stärken. Eine aktive Elternarbeit bindet Väter und Mütter ein. Ein Beispiel: Warum nutzt die Kita nicht das Know-how von Holger als Ingenieur für eine Einheit zur naturwissenschaftlichen Bildung? Spezielle Vater-Kind-Angebote sind gerade in einem Umfeld wichtig, in dem intakte Familienstrukturen dominieren. Zur Erfüllung solcher Anforderungen müssen Kitas kreativer werden.
- Religiöse Erziehung: Gebildete und in diesem Sinne auch traditionsbewusste Eltern (vgl. die Milieus der „Hochkulturellen“ und der „Kritischen“) haben in punkto religiöse Erziehung im Kindergarten noch am ehesten konkrete Erwartungshaltungen. Auch wenn sie selbst nur noch eine lose Beziehung zur Kirche haben sollten, hegen sie oft die latente Erwartung, dass die kirchliche Kita ihren Kindern das nötige kulturelle Grundwissen zu Glauben und Religion(en) vermitteln soll, welches sie selbst im häuslichen Kontext nicht mehr vermitteln (können). Von daher sind diese Eltern offen für Kita-Angebote mit explizit kirchlichem Inhalt: Vom Familiengottesdienst über die Andacht im Rahmen der Weihnachtsfeier bis zu einem Elternabend zum Thema „Sterben, Tod und Trauer – (k)ein Thema für Kinder?“ sind sie prinzipiell ansprechbar.

Wer über eine solide Grundbildung verfügt und Zugang zu Informationsmedien jenseits privater TV-Unterhaltungskanäle hat, weiß mittlerweile um den Stellenwert frühkindlicher Bildung. Kindergärten müssen heute davon ausgehen, dass Eltern weitgehend über die Wichtigkeit früher, qualifizierter Weichenstellungen in Sachen Bildung für ihr Kind informiert sind. Das bedeutet: Nur wer sich als Einrichtung bereits heute im Wettbewerb stehend begreift, wird mittel- und langfristig den Bestand seiner Kindertageseinrichtung sichern können: Qualität zählt künftig mit wachsender Bedeutung zu den entscheidenden Auswahlkriterien der Eltern. Hierauf müssen alle Träger, also auch die Kirche, eine Antwort geben. Rein ökonomisch gesehen heißt das: Marktanteile sichern, möglichst ausbauen.

Für die evangelische Kirche, der ein Bildungsanspruch für alle Menschen seit den Tagen der Reformation ein Kernanliegen ist, kann nun aber die Strategie eines Elitekindergartens auf dem Markt nicht ausschlaggebend sein. Es steht ein anderes Motiv im Vordergrund: Alle Kinder, unabhängig von ihrer sozialen Herkunft, brauchen ein erstklassiges Bildungsangebot, um sich selbst und ihre Fähigkeiten frei und optimal entwickeln zu können. Leider bestimmen gerade in Deutschland noch immer das Elternhaus, dessen Bildungsstand und dessen finanzielle Möglichkeiten, entscheidend über die Bildungschancen. Das hat strukturelle Gründe, vor allem in der Idealisierung eines längst überholten Mutter- und Familienbildes, das Kinder (möglichst lange) zu Hause am besten aufgehoben sieht. Dass dieses sowohl für das soziale Lernen wie für den Wissenserwerb keineswegs optimal ist, wird zwar in der Fachwelt längst anerkannt. Doch gesellschaftlich setzt ein Umdenken erst langsam – angesichts von Pisa & Co. möchte man sagen: zu langsam – ein.

3. Kindergarten und Milieus

Wie verhalten sich die Milieus zu den beiden Strategien angesichts des Auftrags der Bildung für alle? Und wie werden die Strategien in der Kirchengemeinde gesehen? Die Kirche ist nach meiner Beobachtung immer noch stark milieubegrenzt und orientiert ihre Arbeit zu allererst und in der Hauptsache bildungsbürgerlich. Meist scheint die Kirche nach dem Grundsatz zu verfahren: Wir müssen das, was uns wichtig ist, besser an die Menschen „da draußen“ bringen, zum Beispiel eine bessere Vermittlung der eigenen Botschaft und der eigenen Werte (Stichwort: Sprachfähigkeit des Glaubens). Was Menschen bewegt, was ihre Sorgen und Nöte, ihre Fragen und Bedürfnisse sind, in welchen Lebenskrisen und Problemlagen sie stecken, kommt – wenn überhaupt – oftmals erst unter „ferner liefen“ in den Blick. Die nötige sozialräumliche Analyse des gemeindlichen Umfeldes, der Blick auf die eigene Mitgliederstruktur findet nach meiner Erfahrung nur selten und meist nicht umfassend genug statt.

Entsprechend sieht die „Aktivenstruktur" einer Kirchengemeinde aus. Von den Interessen der „Kerngemeinde" auf die aller Kirchenmitglieder (geschweige denn auf die Bedürfnisse derer, die zwar an der Kirche ein potenzielles Interesse haben, ihr aber – aus welchen Gründen auch immer – bereits den Rücken gekehrt haben) zu schließen, ist nicht nur unredlich, sondern gräbt der Kirche systematisch das Wasser ab. Nicht „was uns bewegt" muss zuerst in den Blick kommen, sondern das, was Menschen im Umfeld bewegt. Erst dann stellt sich die Frage, welche passenden Antworten und Angebote die Kirche auf diese Bedürfnisse hat und mit welchen Formen sie gegebenenfalls besser daran andocken kann, um Menschen in ihrem Umfeld und natürlich auch die eigenen Mitglieder besser zu erreichen und anzusprechen.

Im Kindergarten mit seiner meist durchmischten Milieustruktur in der Elternschaft sieht das anders aus. Hier erreicht die Kirche tatsächlich – zumindest theoretisch – auch Milieus, die ansonsten von kirchlicher Arbeit kaum oder gar nicht angesprochen werden. Alle Menschen gleich welcher Kirchenverbundenheit und -zugehörigkeit sind, sofern sie Kinder haben, potenzielle „Kunden" eines kirchlichen Kindergartens, nehmen diesen auf jeden Fall wahr, sofern er in ihrem Wohnumfeld liegt. Aber die Milieus gehen unterschiedlich mit dem Kindergarten um.

3.1 Die Erreichbarkeit des Kindergartens

Je stärker aufgrund von fehlenden Bildungsvoraussetzungen berufliche Möglichkeiten eingeschränkt sind und finanzielle Ressourcen (damit auch nicht selten: ein eigenes Auto bzw. regelmäßige Fahrkosten) ebenso wie breite Information (wo finde ich eine Übersicht über Kindergärten in der Region) fehlen, desto wahrscheinlicher wird die Nähe der einzige Gesichtspunkt für die Wahl des Kindergartens. Aber auch für das Milieu der Geselligen mit seiner starken Vernetzung im Leben vor Ort bildet die Verbindung des Kindergartens zum Kommunikationsnetz vor Ort einen zentralen Gesichtspunkt der Wahl. Dort, wo die eigene Bildung der Eltern und damit auch der Bildungsanspruch bezogen auf die eigenen Kinder die entscheidende Rolle spielt, werden vorab Kindertageseinrichtungen zumindest in städtischen Bereichen systematisch verglichen. Für einen qualitativ herausragenden Kindergarten nimmt man gern auch einen etwas weiteren Weg in Kauf. Eltern aus den Milieus der Hochkulturellen und der Kritischen entscheiden sich viel eher für einen Montessori-, Waldorf- oder Wald-Kindergarten, also für ein bestimmtes Konzept, als Eltern aus bildungsferneren Milieus.

3.2 Ausgedehnte Betreuung

Sind beide Eltern berufstätig, wird die Frage der Betreuungszeiten im Kindergarten zentral. Das kann sich auf frühere Öffnungszeiten und spätere Schließung beziehen oder auch auf die Flexibilität bei den Zeiten und auf die Kontinuität des Angebots beim Älterwerden der Kinder. Hier ist das Bedürfnis nach Tageskrippenplätzen besonders hoch. Nicht bestehende Berufstätigkeit und insofern weniger Bedarf nach ausgedehnten Betreuungszeiten kann erzwungen sein durch einen nicht arbeitsmarktkompatiblem Ausbildungsgrad und besonders Bildungsferne betreffen, es kann aber auch gewählt sein in gutsituierten bürgerlichen Verhältnissen (Entscheidung für eine Kinderpause) oder auf traditionale Lebenskonzepte verweisen (die Frau arbeitet im Hause; das kann auch bei Migrantenfamilien eine Rolle spielen). Eine Berufstätigkeit mit besonders frühen oder späten Arbeitszeiten und mit wechselnden Arbeitszeiten kann bedingt sein durch Schichtarbeit, kann auch für die modernen flexiblen Tätigkeiten gelten oder für Leitungstätigkeiten. Dabei werden die, die in der sozialen Hierarchie höher stehen, ihre Ansprüche wirksamer vortragen und mit ihnen selbständiger umgehen, während die mit weniger Artikulationsmöglichkeiten eher einfach reagieren und auch bereit sein, pädagogisch minderwertige Lösungen (sei es zuhause, sei es im Kindergarten) in Kauf zu nehmen.

Einrichtungen nach konzeptionellen Gesichtspunkten zu beurteilen, ist ein Verhalten, das entsprechende Bildung voraussetzt. Gleiches gilt für eine Stellungnahme zu einem Konzept religiöser Bildung. Eltern aus den Milieus der Hochkulturellen und der Kritischen tun sich hier besonders hervor. Sie fragen nach der Stimmigkeit und Richtigkeit eines Konzepts, während andere Eltern das überhaupt nicht interessiert. Die Kritischen möchten für ihre Kinder ein Bildungsumfeld schaffen, das vor allem Entfaltungsmöglichkeiten bietet und Kreativität sowie Selbständigkeit fördert. Gesellschaftliche Solidarität und gemeinsames Arbeiten und Lernen – auch im Sinne von Integration – sind für die Kritischen Werte, die sie ihren Kindern auch im Kita-Alltag wünschen, zumal sie ihnen dies zuhause aktiv durch eigenes Engagement vorleben. Das bedeutet aber nicht, dass Menschen aus anderen Milieus Konzepte nicht wahrnehmen. Auf der Linie anderer Eltern, wie etwa solcher aus dem Milieu der Geselligen, liegt es, sehr genau den praktischen Nutzen des Konzepts zu kalkulieren. Das gilt auch für den religiösen Bereich: Die Kinder sollen erzogen werden, gute Menschen zu sein. Schließlich wird auch wahrgenommen, inwieweit Traditionen, die den Eltern vertraut sind, sich hier wiederfinden – oder inwieweit eine bewusste Modernisierung vollzogen wird. Gerade der Umgang mit Religion und mit religiöser Pluralität in einem Kindergarten wird von nicht wenigen Eltern unter – sei es positiver, sei es negativ konnotierter – Tradition versus Modernität verbucht.

3.4 Wunschkinder, Problemkinder und selbstverständliche Kinder

Das Verhältnis der Eltern zu den Kindern wird auch milieuspezifisch mitgeprägt. Je höher der berufliche Abschluss der Eltern, insbesondere der Mutter, ist, desto wahrscheinlicher wird auch, dass die Kinderphase sehr bewusst und relativ spät angesetzt wird. Die Kinderzahl ist gering, dafür handelt es sich um Wunschkinder, von denen viel erwartet und für die alles getan wird. Andere Kinder sind eher ungeplant da und provozieren – bei dem bundesrepublikanischen Versorgungsdefizit – massive Einkommensverluste. Daneben gibt es auch die gutbürgerlichen Verhältnisse oder die traditionalen in Migrantenfamilien, wo Kinderreichtum als selbstverständliche, anzustrebende Lebensform gilt. Probleme mit Kindern bei höherer Bildung können von den Eltern leicht überinterpretiert werden, bei geringer Bildung leichter übersehen werden, und man ist ihnen machtlos ausgeliefert.

3.5 Der Kindergarten als Ort für Gemeinschaft

Über die Kinder lernen sich Eltern kennen. Die Kindergartenleitung möchte Eltern an die Einrichtung binden, sie auch zu ehrenamtlichem Engagement motivieren. Das gelingt gegenüber Eltern aus verschiedenen Milieus sehr unterschiedlich. Es ist viel weniger eine Frage der zur Verfügung stehenden freien Zeit als eine Frage der milieutypischen Unterschiede, sich an Gruppen zu beteiligen. Hier fallen besonders Eltern aus dem Milieu der Geselligen auf. Sie sind sehr bereit, sich für ihre Kinder so zu engagieren, dass sie sich in allen möglichen Belangen, vom Elterntreff über die Gartenarbeiten im Außenbereich bis zum Kindergartengottesdienst, beteiligen. Während ihnen die Kirche in ihren Lehren und in ihrer Liturgie fremd ist und bleibt, zählen sie dann doch so zu den besonders Engagierten in der Gemeinde. Andere Milieus sehen hingegen eher entweder von oben herab auf den Kindergarten als einen der Dienstleister, dessen sie sich bedienen und für den sie sich sehr selektiv engagieren. Oder es erscheint der Kindergarten als etwas, das einem der Staat vorsetzt, das nach den Maßstäben anderer verläuft, mit Elternversammlungen und Behördenschreiben, deren Inhalt man nicht recht versteht.

Wichtig ist, dass Eltern der letztgenannten Gruppe das Gefühl haben, Vertrauen in die Erzieherinnen setzen zu können, die sie nicht „von oben herab“ belehrend, sondern auf Augenhöhe ansprechen und sich als Partner in Erziehungsfragen anbieten. Je niedrigschwelliger und praxisnäher Beratungsangebote und Elternarbeit stattfinden, desto besser für diese Zielgruppe. Alles, was den Geruch intellektueller Abgehobenheit hat, wird keine Akzeptanz finden. An dieser Stelle treffen sich Eltern, die dem Milieu der Bodenständigen nahestehen, mit Eltern mit Migrationshintergrund. Elementarisierte, an den Alltagsfragen und -problemen ansetzende Elternarbeit ist hier das oberste Gebot.

Lebensmodelle wie bei dem Milieu der Zurückgezogenen finden sich auch unter Eltern – dann vor allem im Kontext sozialer oder sprachliche Gründe; es mangelt ihnen an gesellschaftlicher Teilhabe. Wer Mittel nach Hartz IV erhält und damit in einem bürgerlichen Umfeld in der Minderheit ist, wird sich lieber unauffällig verhalten. Gleiches gilt für Eltern, deren Sprachkenntnisse nicht ausreichen, um sich an Elterngesprächen zu beteiligen. Hier gilt es für den Kindergarten, sensibel Gründe zu erkunden und ggf. entsprechende Angebote für Eltern anzudocken, um sie und letztlich auch ihre Kinder stärker zu integrieren, zum Beispiel durch Sprachkurse.

4. Die sozialintegrative Kita-Arbeit für alle

Kindergärten können milieuverbindend arbeiten. Evangelischen Kindergärten geht es gerade nicht darum, sich durch Spezialangebote für einzelne Milieus zu profilieren, sondern Menschen miteinander in Kontakt zu bringen, Eltern und Kinder über Milieugrenzen hinweg zu verbinden. Das gilt nicht nur für deutsche Milieus, sondern bezieht sich auch auf die Begegnung von Menschen mit Migrationshintergrund und hier Geborenen – über Sprach-, Kultur- und Religionsgrenzen hinweg.

Im Kindergarten besteht die Chance, dass der Arbeitslose auf den Arbeit-Habenden, der Bandarbeiter auf die Bankmanagerin, die Handwerkerin auf den Buchhalter, die Lehrerin auf den Gärtner treffen – kurz: Kindergärten sind idealerweise Orte der Begegnung. Die vielbeschworene Integration oder Inklusion kann hier ganz praktisch stattfinden: Kinder selektieren noch nicht nach Milieuatmosphären, sondern spielen zusammen; Eltern treffen zufällig aufeinander und können sich zwanglos begegnen.

Der „integrative Kindergarten“, nicht nur bezogen auf das gemeinsame Spielen und Lernen von Kindern mit und ohne Behinderung, muss das Leitbild der Zukunft für evangelische Kindergärten werden. Das Markenzeichen „evangelisch“ ist dann am stärksten und mit Recht gebraucht, wenn Inklusion, der Einschluss und die Chancengleichheit aller, Ziel und Mittelpunkt der Arbeit ist.

Das betrifft auch die Kirche insgesamt: Vom Kindergarten vor Ort bis zur Kirchenleitung muss sie eine starke Lobby für Kinder (und ihre Eltern) sein. Sie muss gegenüber den politischen Entscheidungsträgern ihre Stimme für eine bessere Personalausstattung, -qualifizierung und allgemein bessere Rahmenbedingungen von frühkindlicher Bildungsarbeit erheben. Bildungsgerechtigkeit im Sinne gleicher Chancen für alle Kinder ist eine Forderung, die nicht oft genug erhoben werden kann und immer wieder auch konkret eingefordert werden muss, wenn es um den Kampf gegen Kinderarmut geht.

Das beginnt bei der Ausbildung der ErzieherInnen auf Hochschulniveau und endet bei deren entsprechend nach oben angepasster, angemessener Vergütung. Frühkindliche Erziehung, Bildung, Förderung und Betreuung brauchen einen anderen Stellenwert in unserer Gesellschaft. Konkret heißt das: eine verbesserte Finanzausstattung und bessere Rahmenbedingungen für die pädagogische Arbeit, beginnend mit dem Personalschlüssel, der (Weiter-)Qualifizierung und der Vergütung des Personals. Das nutzt allen Milieus. Die Kirche muss den politischen Bestrebungen, immer noch mehr auf finanzielle Individualleistungen (Stichwort: Betreuungsgeld oder auch erhöhtes Kindergeld) zu setzen, aufs schärfste entgegen treten. Erforderlich ist der quantitative und qualitative Ausbau unserer Bildungsinfrastruktur; nur so wird Kinderarmut wirklich nachhaltig bekämpft. „Bei den Kindern muss angefangen werden, damit es im Staate besser wird", stellte schon Luther fest. Mit Blick auf das Lutherjubiläum 2017 wäre das Thema frühkindliche Bildung aus meiner Sicht eines, dem sich die Kirche praktisch unterstützend für Kinder und ihre Eltern, im Kampf gegen den Skandal der Kinder- und Bildungsarmut vorrangig stellen muss. Das beginnt beim Kirchenvorstand vor Ort und endet beim Rat der EKD und seinem Bevollmächtigten bei der Bundesregierung.

Und wer die erschreckend zurückgehende religiöse Bildung zu Recht beklagt, sollte die Chance stärker nutzen, die sich durch kirchliche Kindergärten bietet. Hier ist der Ort, wo religiöse Bildung praktisch beginnt, indem das Kirchenjahr zusammen gefeiert wird, Gottesdienste besucht werden und gemeinsam gebetet wird – und sich Kinder über Religionsgrenzen hinweg begegnen und voneinander lernen.

Weiterführende Literatur

Ilse Wehrmann (Hg.), Kindergärten und ihre Zukunft, Weinheim 2004.

Alle jung und doch verschieden

Jugendliche und Angebote der Jugendarbeit

Reinhold Ostermann

1. Jugendliche sind verschieden

„Jugendliche sind jung und ansonsten verschieden“ antwortete der Jugendforscher Arthur Fischer auf die Frage, ob er die Jugend mit einem Satz beschreiben könnte.

> „Kommst Du mit?“, wurde Michael von Thomas gefragt. Er hatte ihm vom evangelischen Jugendtreff erzählt, „dass es dort ganz klasse sei. Leute, mit denen man sich versteht. Zeit zum Quatschen, aber auch immer wieder Dinge, die Spaß machen und was bringen!“ So ist Michael zum ersten Mal in einem Angebot evangelischer Jugendarbeit gelandet.

> Eine Mutter ist im Gespräch mit ihrer Tochter und fragt: „Warum gehst Du denn nicht in den Jugendtreff bei der Kirche?“ „Da kenne ich doch niemanden“, ist die Antwort. Auf die Rückfrage: „Mit denen bist Du doch im Konfirmandenunterricht gewesen?“ kommt die Entgegnung: „Das sind doch nicht meine Freunde, mit denen und ihrer Art habe ich doch nichts zu tun.“

Das Thema Freundschaften spielt im Jugendalter eine wichtige Rolle. Die grundlegenden Motive dafür sind: Wünsche nach Gemeinschaft, Zugehörigkeit, Austausch, Sicherheit, Anerkennung und Zuneigung. Über gegenseitige Anerkennung und Wertschätzung wachsen Selbstwertgefühl und Selbstvertrauen, Akzeptiert sein und soziale Attraktivität. Jetzt ohne die Eltern eine Person zu werden, geht nur mit Freundinnen und Freunden. Jugendliche sind sich gegenseitige Helfer bei der Inneneinrichtung der Seele. Denn alleine sind nur wenige Jugendliche in der Lage, das leere

Haus des Innern aus eigener Kraft neu einzurichten und mit neuem Leben zu füllen. Sie brauchen gegenseitig ihre Ideen, Ideale, Planungen und konkreten Zukunftsvorstellen. Zwischen dreizehn und neunzehn Jahren sind sie auf der Suche nach dem eigenen Lebensprofil und ihrer Persönlichkeit. Dabei probieren sie neue Verhaltensweisen, Stile und Rollenmuster aus, die sich in der pluralen Gesellschaft der Gegenwart ausgebildet haben, und variieren sie teilweise auch auf jeweils ganz eigene Art. Zugehörigkeit und Abgrenzung sind dabei wichtige Muster des Handelns im Alltag. Kommend aus der Milieuprägung der eigenen Familie wird eine neue Milieuorientierung gewonnen, die nur langsam zu einer Milieuprägung wird. Dabei kann es auch passieren, dass Jugendliche am Ende wieder in dem Milieu landen, zu dem ihre Herkunftsfamilie gehört.

Alle diese Zusammenhänge führen dazu, dass der Erkenntnisgewinn gering bleibt, wenn die Milieueinteilungen für die Erwachsenen nur schematisch auf die Jugendlichen übertragen werden. Wenn man so verfahren würde, wären die Jugendlichen, die in der Kirchenmitgliedschaftsuntersuchung der EKD 2002 mit befragt wurden, nach ihren Antworten zu über der Hälfte dem Milieu der Mobilen und zu einem weiteren Viertel dem Milieu der Kritischen zuzuordnen. Dabei kämen aber die vielfältigen Differenzen unter den Jugendlichen nicht genügend in den Blick. Das ist anders in einer Studie von Carsten Wippermann und Marc Calmbach aus dem Jahr 2007. Sie stützt sich auf die Typologie der SINUS-Milieus und berechnet auf dieser Basis allerdings eigene, noch einmal anders als bei den Erwachsenen ausdifferenzierte Milieus. So ergibt sich ein Bild von jugendlichen Sondermilieus. Wollte man diese auf die Sechser-Typologie aus „Milieus praktisch“ beziehen, dann liefe das darauf hinaus, bei den Mobilen eine eher hedonistisch geprägte Gruppe und eine eher durch Erfolg in Ausbildung/Beruf geprägte Gruppe zu unterscheiden sowie bei den Kritischen eine durch ihren Hang zum Experimentieren besonders geprägte große Untergruppe gesondert zu beschreiben. Eine Differenzierung in Bodenständige und Hochkulturelle erscheint dagegen für diese Altersgruppe nicht sinnvoll – auch die Untersuchung von Wippermann/Calmbach findet nur eine sehr kleine Gruppe von Jugendlichen mit traditioneller Wertorientierung (ca. 4% der Befragten), die nicht weiter differenziert wird.

Milieus unterscheiden sich nun aber – unabhängig von ihrer Benennung und Einteilung – immer dadurch voneinander, dass sie typische Kombinationen von Alternativen auf der Ebene von Dimensionen zeigen. Dies gilt etwa für das Gegenüber von hoher und niedriger Bildung, hohem und niedrigen Status, lokalen und überregionalen Bezügen, Bedürfnis nach intensiverer und weniger intensiver Geselligkeit (vgl. Band 1, II.3. und die Einleitung zu diesem Buch). Gegenüber den Erwachsenen tritt dazu bei Jugendlichen noch eine weitere, jugendtypische Dimension hervor: das Gegenüber von Anpassung an die Erwachsenenwelt und bewusster Abgrenzung von ihr.

2. Verschiedenheit im Spiegel der Milieuperspektive

Wenn im Folgenden anhand von fiktiven, aber realitätsnahen Beispielen unterschiedliche Jugendliche vorgestellt werden, dann lässt sich mit Hilfe der Milieuperspektive herausarbeiten, wie in den geschilderten Fällen milieurelevante Dimensionen ausgeprägt sind. Und so lassen sich dann aus der wahrgenommenen Vielfalt unter den Jugendlichen einige „typische“ Unterschiede profilieren und Anknüpfungspunkte für kirchliche Jugendarbeit beschreiben, ohne die Jugendlichen damit auf ein bestimmtes Milieu festzulegen.

2.1 „Ich übernehme gute Traditionen und ordne mein Leben“

Markus geht in die 9. Klasse der Realschule. Er kommt ganz gut mit, und manchmal muss er sich auch anstrengen. Und neben der Schule: die Clique! Zeit mit Freunden ist das Wichtigste. Er wohnt in einer Kleinstadt und gehört fest zur Mehrgenerationenfamilie. Er hat zwei jüngere Brüder. Den Musikgeschmack teilt er zum Teil mit den Eltern, die auch Rock hören. Über ICQ hält er Kontakt im Freundeskreis. Die Mode geht eher an ihm vorbei. Gerne geht er mit seinem besten Freund im Wald spazieren. Seit neuestem lernt er

Trompete, um im Evangelischen Posaunenchor mitzuspielen. Die Initiative ging von seinem Onkel aus, der schon seit 30 Jahren dabei ist. Er kann sich vorstellen Koch zu werden. Fragt man ihn, was ihm im Leben wichtig ist, könnte man seine Antwort so zusammenfassen: „Ich übernehme gute Traditionen und ordne mein Leben!“

Markus ist ein gutes Beispiel für Jugendliche mit traditioneller Wertorientierung, lokalem Bezug und Haupt- oder Realschulbildung – eine Gruppe, die insofern dem Milieu der Bodenständigen nahe steht. Jugendliche mit dieser Orientierung wollen ein moralisch gutes und beruflich erfolgreiches Leben führen. Dafür ist selbstverständlich Verantwortung zu übernehmen. Lebensziel ist es, eine Familie zu gründen. Solide und solidarisch zu sein, heißt einen geschützten Platz im Leben, in der lokalen Gemeinschaft und in der Gesellschaft zu finden. Pflichtbewusstsein und Fleiß sind der Antrieb für Achtung, Anerkennung und soziale Einbettung. Sicheres und überlegenes Auftreten lebt von der Klarheit und Entschiedenheit in Werten und im Handeln. Im sozialen Umfeld ist es gut, sich durch sein Verhalten nützlich und angenehm zu zeigen. Bestätigung erhalten Jugendliche mit dieser Milieuorientierung von ihrem sozialen Umfeld nicht aufgrund ihrer Konsummöglichkeiten (weshalb Mode und technische Geräte als Statussymbole ihnen nicht so wichtig sind), auch nicht aufgrund ihrer besonderen intellektuellen Leistungen, sondern wegen ihrer ‚Anständigkeit‘ und Solidarität. Insbesondere eine Orientierung an Konsum und Statussymbolen stößt hier auf starke Ablehnung.

Jugendliche mit traditioneller Ausrichtung bevorzugen aufgrund der gerade beschriebenen konservativen Werthaltung auch in ihrem Freizeitverhalten Erfahrungen von Verlässlichkeit und Erwartbarkeit. Deshalb kann man sie auch vergleichsweise leicht für Angebote gewinnen, die eine gewisse Regelmäßigkeit in der Teilnahme voraussetzen, wie zum Beispiel die klassische Form der regelmäßig zusammenkommenden Jugendgruppen. Wegen des in der Regel mittleren Bildungsniveaus ziehen die Jugendlichen meist sinnvolle praktische Tätigkeiten sowohl einem reinen Konsumverhalten wie auch einer Konzentration auf Gespräche vor. Dies führt dazu, dass sie auch für Angebote wie den Posaunenchor zu gewinnen sind, sofern auf ihre speziellen Bedürfnisse (Zusammensein mit anderen, gleichgesinnten Jugendlichen, modernere Musikstücke) eingegangen wird:

Die Gemeinschaft zum Klingen bringen

Die evangelische Kirchengemeinde hat seit einigen Jahren keine Jugendgruppen mehr. Vor zehn Jahren war der Evangelische Posaunenchor eine Veranstaltung für über Fünfzigjährige. Der neue Chorleiter ergriff die Initiative, weil er den Chor zukunftsfähig machen wollte. Dazu gehörten für ihn folgende Schritte. Es wurden drei Lerngruppen für Anfänger eingerichtet: für Dreißig- bis Vierzigjährige, für Zwanzig- bis Dreißigjährige und eine Jungbläsergruppe. Ziel war es, aus allen den „nachwachsenden" Generationen die Lücken zu schließen und eine starke Gruppe durch alle Generationen für Männer und Frauen zu bilden. Hinzu kam, dass das Repertoire deutlich erweitert wurde. Zu den klassischen Chorälen und Intraden kamen Spirituals, Swing- und Brassbandstück, aber auch Stücke aus dem Schlager- und Rockbereich.

Für die Jungbläser, also die Fünfzehn- bis Achtzehnjährigen, machte ein Chormitglied eine extra Ausbildung. Chormitglieder sprachen Jugendliche in ihrem Verwandtschafts- und Freundeskreis an, so dass sieben Interessierte zusammen kamen. Für die Jungbläserinnen und Jungbläser gibt es ein jugendgerechtes Programm. Neben den Einzelübungsstunden sind ihre Proben durch folgende Elemente geprägt:

- Einspielen und Üben von Stücken
- Gemeinsames Spielen von Gruppenspielen (nicht Musik)
- Kurzandacht zu Themen von Jugendlichen
- Wunschstückblasen nach Spaß und Laune
- Gemütlicher Ausklang

Bald sollen die ersten Proben mit dem „Alten Chor" einmal im Monat starten. Die Jugendlichen haben schon angesagt, dass sie sich einen ähnlichen Ablauf für alle wünschen. Wenn die Spielrunde ausfallen würde, wäre das für sie nicht so schlimm. Gespannt ist Markus schon auf sein erstes Mitwirken im Gottesdienst. Auch fragt er sich, ob sie mal ein „schmissig-cooles" Konzert machen. Markus sagt: Es macht Spaß. Die Gemeinschaft klingt schon gut. Jetzt müssen sich alle einordnen.

In der Jugendarbeit des dargestellten Posaunenchores verbinden sich mehrere Elemente, die von Jugendlichen mit traditioneller Werthaltung positiv aufgenommen werden:

- Die Musikinstrumente eines Posaunenchores treffen das Selbstverständnis der Jugendlichen: Es handelt sich um Instrumente, die zu ihrer Beherrschung eine bestimmte körperliche Entwicklung voraussetzen und daher nicht als Kinderinstrumente gelten, zugleich aber nicht so sehr feinmotorisches Fingerspitzengefühl verlangen wie z.B. Streichinstrumente. Zugleich setzen sie Fleiß beim Üben voraus – für traditionell geprägte Jugendliche ein positiver Wert.
- Gewöhnlich werden die Instrumente des Posaunenchors mit Musikstilen assoziiert, die als der Mainstream-Kultur der bürgerlichen Erwachsenenwelt zugehörig erlebt werden, nicht als Abgrenzung von ihr. Dies gilt insbesondere dann, wenn der traditionelle Stil des evangelischen Kirchenliedes durch eine breitere und etwas modernisierte Auswahl erweitert wird.
- Elemente aus der klassischen Jugendgruppenarbeit (Gruppenspiele) werden in die Bläserarbeit integriert; damit wird vor allem dem Interesse von Jugendlichen an spielerischem Umgang mit der Realität und dem Ausprobieren von Rollen Raum gegeben.
- Jugendliche werden ernst und in ein großes Ganzes hineingenommen und erfahren damit in einem Teilbereich bereits die von ihnen positiv angestrebte Aufnahme in die Gesellschaft der Erwachsenen.

2.2 „Ich will mitten im Leben ankommen"

Lena ist 16 Jahre und geht auf die Realschule. Sie hat noch einen 18jährigen Bruder und eine 12jährige Schwester. Ihr Vater arbeitet als Ingenieur in einer Maschinenbaufabrik und ihre Mutter hat eine halbe Stelle in der Altenpflege im Heim. Vor fünf Jahren sind sie in ihr neues Reihenhaus im Baugebiet des Nachbardorfes der Kreisstadt gezogen, wo sie zur Schule geht. Sie hat sich für die Fachoberschule für Sozialwesen angemeldet und sucht jetzt noch einen Praktikumsplatz in einem Kindergarten, damit sie im Herbst nach der Mittleren Reife starten kann. Letzte Woche war Schülerdemo wegen des Leistungsdrucks in der Schule. Da ist sie nicht hin. Sie ist immer modisch leger gekleidet und hat ihren MP3-Player dabei. Sie hat mehrere Freundeskreise: Da sind die Mädels aus der Klasse, mit denen alles durchgequatscht wird. Da sind zwei Freundinnen, mit denen sie mindestens zweimal im Monat ins Kino geht. Und da sind die Jungs und Mädels aus dem evangelischen Jugendtreff, zu dem man jeden Freitag geht, um nichts zu verpassen. Auch bleibt man über Handy und SchülerVZ in Kontakt. Fasst hätte sie es vergessen, seit neuestem hilft sie in der Jungschargruppe der Gemeinde. Jetzt wird es manchmal mit dem Zeitmanagement schwierig. Sie sagt: „Ist doch klar, ich will mitten im Leben ankommen."

Bei Jugendlichen wie Lena steht die Dimension der Gemeinschaft im Vordergrund. Sie sind geprägt von modernen Wertvorstellungen, mittlerer bis höherer Bildung und einem Interesse an lokalen Bezügen, in denen man sich regelmäßig sieht. Vor dem Hintergrund materieller und sozialer Geborgenheit sind sie auf der Suche nach Glück und Harmonie. Sie wissen, dass sie sich langsam darüber klar werden müssen, was sie wollen und was nicht. Denn das Leben ist aus- und einzurichten. Die persönliche Zukunft ist für sie eine Aufgabe, der es sich zu stellen gilt. Aufgrund ihres eher höheren Bildungsniveaus sehen sie auch die Möglichkeit dazu. Sie wollen nicht durch eine Vorgabe an einer „Stelle" ins Leben „gesetzt" sein, sondern selber ankommen und etwas Eigenes schaffen. Autonomie und Eigenständigkeit bedeutet für sie allerdings nicht, sich von allen anderen abzugrenzen, sondern wird umgekehrt gerade durch die Aufnahme von neuen Beziehungen, die Übernahme von neuen Aufgaben und Rollen gewonnen. Die Individualität liegt für sie in der persönlichen Kombination von Rollen und Kontakten zu einem individuellen Netzwerk, nicht in der Abgrenzung und dem Wunsch, ganz anders zu sein. Der eigene Ort soll ein Ort mitten in der Gesellschaft sein; Jugendliche mit dieser Milieuorientierung, die den Geselligen nahe steht, wollen teilhaben an modernen Lifestyle-Trends und die Freiheit sowie die wunderbare Medien- und Warenwelt genießen. Dabei gilt es modisch und modern zu sein, aber zugleich „normal" zu bleiben.

In der Gruppe das Zusammensein gestalten

Nach der Konfirmation wurde Lena von der jungen Pfarrerin angesprochen, ob sie nicht zum neuen Jugendtreff am Freitagabend kommen möchte. „Ich kann ja mal schauen", hat sie sich gedacht und ist hingegangen. Aber eigentlich nur, weil ihre Freundin Jana mitgegangen ist. Die punkigen Jugendlichen aus der Konfi-Gruppe waren zum Glück nicht da. Und die Greenpeacer sind auch nicht erschienen. Die Pfarrerin hat das eigentlich ganz gut gemacht: Erst einige Spiele mit Spaß und was zum Nachdenken. Dann was Praktisches zum Thema „Mode". Anschließend war „Schnackzeit" mit Tee, Keksen und Zeit zum Reden und ein bisschen Abhängen. Zum Schluss wurden Kerzen angezündet und ein Text vorgelesen. Das Grundschema ist immer ähnlich. Die Pfarrerin ist immer gut vorbereitet. Irgendwie weiß sie, was die Jugendlichen interessiert. Und ohne es zu merken, gestalten sie jetzt mit: Jede und jeder übernimmt etwas in der Vorbereitung und Organisation. Lena sagt: „Wir sind miteinander dabei, in der Gruppe das Zusammensein zu gestalten."

Die Pfarrerin bietet einen klassischen Jugendtreff an und trifft damit das Interesse der Jugendlichen mit dieser Milieuorientierung am Aufbau beständiger Kontakte. Mit Methoden der sozialen Gruppenarbeit und spielpädagogischen Elementen stärkt sie die Jugendgruppe. Gleichzeitig lässt sie Zeit für Kommunikation. Dies ist der Zeitraum, in dem sie gut zuhört und wahrnimmt, was die Themen und Interessen der Jugendlichen sind. Vor diesem Hintergrund kann sie thematische und inhaltliche Ideen entwickeln, die sie mit den Jugendlichen umsetzt. Konflikte in der Gruppe spricht sie so an, dass gleich gemeinsame Perspektiven entwickelt werden.

Die Pfarrerin involviert Stück für Stück die Jugendlichen mit in die Vorbereitung. Dabei ist sie geduldig, erklärt, gibt Hinweise, gleicht aus und motiviert. Sie ist davon überzeugt, dass Jugendliche für sich und die Gruppe Verantwortung übernehmen. Damit entspricht sie deren fundamentalem Wunsch, etwas Eigenes zu schaffen. Wenn Jugendliche unsicher sind, fragt sie: „Du hast wahrgenommen, wie ich es mache. Du kannst es auch. Mache es auf Deine Art.“ Das ist aufbauend.

Wichtige positive Elemente in der Beziehung der Pfarrerin zu den Jugendlichen mit dieser Milieuorientierung sind:

- Sie nimmt sich jeden Freitag drei Stunden Zeit. Sie hat sich inhaltlich vorbereitet und bringt ihre Impulse auf einfache, aber nicht auf schulische Art und Weise ein. Damit entspricht sie dem Wunsch der Jugendlichen, als gleichberechtigte Partnerinnen und Partner ernst genommen und auf ihrem Bildungsniveau angesprochen zu werden.
- Sie achtet auf Ausgeglichenheit zwischen anspruchsvollen und einfachen, zwischen sportlichen und geschickten, zwischen geistigen und geistlichen, sowie zwischen männlichen und weiblichen Anteilen im Gruppenleben und schafft damit die Basis für ein Miteinander von Jugendlichen mit unterschiedlichen Interessen und Fähigkeiten.
- Sie setzt deutliche Impulse und macht den Jugendlichen damit klare Rollenangebote, zu denen sie sich verhalten können.
- Sie ist sehr aufmerksam und sucht Kontakt zu der Gruppe und ihren einzelnen Mitgliedern, damit sie auf die jeweilige Situation der Gruppe eingehen kann. Damit achtet sie auf etwas, was den Jugendlichen besonders wichtig ist: das Gemeinschaftserleben in der Gruppe.
- Die Basis für alle genannten Aspekte ist eine ausgeprägte gruppenpädagogische Kompetenz.

2.3 „Ich versuche den Anschluss an die Bessergestellten zu halten“

> Nadine ist 15 Jahre und auf der Hauptschule. Manchmal muss sie schon ganz schön kämpfen, um im Unterricht mitzukommen. Ihre Eltern sind geschieden. Wo der Vater sich aufhält, weiß sie nicht. Immer wieder muss sie auf den achtjährigen Bruder aufpassen. Ihre Mutter arbeitet als Putzfrau. Da der Lohn nicht reicht, ist sie auf Hartz IV angewiesen. Von ihrer Mutter würde sie sich eigentlich Hilfe erhoffen; aber ihre Mutter kriegt es selbst nicht auf die Reihe. Nadine hat gelernt, dass sie für alles selbst verantwortlich ist und sich durchschlagen muss. Gut, dass es da die Freundesclique in der Schule gibt. Die meisten wohnen in der Nähe. Um mitzuhalten und anerkannt zu sein, raucht sie jetzt. Manchmal haut sie sich auch die Birne voll mit Wodka-Cola. Dann ist die Welt besser auszuhalten. Oder sie zieht sich im Fernsehen Viva-TV rein. So wie die dort sind, das wäre schön. – Seit neuestem geht sie ins evangelische Gemeindehaus. Da wird eine Musikshow eingeübt und sie ist dabei. Nadine sagt: „Das ist so ein wenig wie mein Traum: Ich bekomme Anschluss an die Besseren.“

Nadines Alltagsleben ist, wie das vieler anderer Jugendlicher mit geringer Bildung und Herkunft aus sozial schwachen Haushalten, geprägt von der Parole: „Überleben im hier und jetzt“, d.h. sich selbst zu versorgen und den Alltag und die Anforderungen zu organisieren. Anders als Jugendliche wie Markus (s.o.) erleben sie selten die Geborgenheit einer Gemeinschaft mit bestimmten Werten und verlässlichen Verhaltensweisen. Eine zentrale Erfahrung ist vielmehr häufig, sich auch auf die eigenen Eltern in Bezug auf emotionale Zuwendung und finanzielle Mittel nicht verlassen zu können – die haben schon genug damit zu tun, das eigene Leben auf die Reihe zu bekommen und wenigstens die Grundversorgung der Familie sicherzustellen. Aufgrund der häufigen Erfahrung, den Anforderungen anderer nicht gewachsen zu sein, leben sie meist zurückgezogen und halten nur mit wenigen Freunden und Verwandten regelmäßigen Kontakt. Daraus resultiert der Wunsch der Jugendlichen, aus dem elterlichen Umfeld herauszukommen und es einmal besser zu haben. Besser bedeutet dabei vor allem, endlich die Dinge besitzen zu können, die in Medien, Geschäften und bei anderen Jugendlichen ständig vor Augen stehen, aber aufgrund der finanziellen Lage unerreichbar bleiben.

Klasse wäre es deshalb, das große Los zu ziehen und über Nacht reich zu werden. Gleichzeitig wird in Schule und Freizeit die Erfahrung von Ausgrenzung von Seiten anderer Jugendlicher gemacht. Die Angst, zu versagen, damit weiter abzusteigen und irgendwann ganz unten anzukommen, ist ständig präsent. Deshalb sind Jugendliche wie Nadine ständig auf der Suche nach Anschluss und Akzeptanz. So finden sie Verbündete in Cliquen, deren Zusammenhalt sie prägt. Die starke Orientierung an Modemarken als Symbole für Aktualität, Status und Zugehörigkeit in diesen Cliquen ist dabei wichtiger Teil des Bemühens um den eigenen Wert, um Anerkennung durch andere. Sie signalisieren: wir sind cool, wir gehören dazu, wir können mithalten. Umgekehrt ziehen Jugendliche mit dieser Milieuorientierung sich schnell zurück und bleiben fern, wenn sie merken: hier kann ich nicht mithalten, hier bin ich anders als die anderen.

Wichtig: dabei sein und mit gestalten

Nadine wurde von ihrer Freundin Carla vor einigen Wochen mit in das evangelische Gemeindehaus abgeschleppt. Da sind sie mit 22 anderen Jungs und Mädchen zusammen und entwickeln eine Musikshow. Sie hat sich für die Tanzgruppe entschieden. Da ist jemand Älteres, die hat da Ahnung und bringt einem richtig gute Sachen bei. Es gibt ein Team von drei jungen Erwachsenen, die das ganze leiten. Zuerst singen sie miteinander aktuelle und ältere Popsongs und Schlager. Sie haben sich zusammen auf ein Thema geeinigt und danach suchen sie die Songs aus. Eine Band wurde gegründet; dazu haben andere ihre Instrumente angeschleppt. Die Band wird von einem der Mitarbeiter gecoacht und begleitet. Dann gibt es noch eine Theatergruppe, eine Bühnengruppe, eine Technikgruppe und eine Werbegruppe. Manche sind in zwei Gruppen dabei. Nach dem gemeinsamen Singen geht es in Gruppen. (Die Technik- und Werbegruppen treffen so noch mal an einem anderen Tag.) Nach den Gruppenaktivitäten treffen sie sich wieder zum Singen und zu gemeinsamen Absprachen. Jetzt sind christliche Lieder dran. Die drei Leiter führen einen Sketch zu einem Alltagsthema auf und verbinden das mit ihrem Glauben. Beim letzten Treffen wurde Nadine beauftragt, ein Tanzsolo zu übernehmen. Sie sagt: „Für mich ist es wichtig, dabei zu sein. Hier kann ich mitmachen."

Das Konzept „Musikshow gestalten" ist unter dem Bezeichnung „TenSing" im Christlichen Verein Junger Menschen bekannt. Ein Leitungsteam steuert unter großer Teilhabe der Jugendlichen über ein Jahr dieses Projekt. Die Verbindung von gerade angesagter Musik und Tanz entspricht den Interessen von Jugendlichen wie Nadine. Dass sie hier nicht konsumierend, sondern aktiv teilhaben, gibt ihnen zugleich die Möglichkeit, Erfolgserlebnisse zu haben und damit das Selbstwertgefühl zu stärken. Die Jugendlichen übernehmen nach ihren Wünschen und Möglichkeiten Verantwortung in Gestaltung und Durchführung. Das Leitungsteam gibt möglichst viel von der Gestaltung ab. Jugendliche übernehmen zum Beispiel auch das Dirigieren des Chores und anderes. Dabei wird darauf geachtet, dass sich nicht feste Rollen einschleifen. Jeder Jugendliche kann sich ausprobieren: Ob Solostimme oder Tanzsolo, alle sind wichtig. Insbesondere praktische Aufgaben ohne große intellektuelle Herausforderung, die dennoch für das Gelingen des ganzen Projekts wichtig sind, öffnen den Jugendlichen mit geringer Bildung den Weg zu Erfolgserlebnissen.

Die Leitung achtet auf ein konstruktives Wechselspiel zwischen Großgruppe und den Kleingruppen, zwischen Gruppenmitgliedern und Einzelnen. Es ist ein offener Prozess, der von der Herausforderung der Aufführung getragen wird. Wenn es kriselt oder schwierig wird, helfen die Leitenden der Gruppe die Schwierigkeiten zu überwinden, ohne die Schwierigkeiten selber zu lösen.

Die Leitung ist für die geistlichen Impulse verantwortlich und bezieht, wo immer es geht, Jugendliche mit ein.

2.4 „Ich stehe für Veränderungen ein“

> Michael geht auf das Gymnasium der Großstadt in die elfte Klasse. Er ist in der Schülervertretung aktiv und hat den landesweiten Schulstreik gegen die Schulpolitik mit vorbereitet. Sein Vater arbeitet als Arzt im Klinikum der Stadt. Seine Mutter hat eine kleine Kunstgalerie, die eher ein Hobby als ein Geschäft ist. Sein älterer Bruder studiert in Wien Theaterwissenschaft. Er selbst weiß noch nicht, was er nach dem Abitur studieren soll. Er wird den Wehrdienst verweigern und ggf. über einen Friedensdienst ins Ausland gehen. Michael liest sehr viel, insbesondere Bücher, in denen es um eine gerechte Weltwirtschaft geht. Kürzlich war er mit seiner Mutter in einem Konzert mit Joan Baez. Die Liedermacherin hat Michael schwer imponiert. Ihre Nachricht ist wichtig und richtig: Die Welt kann verändert werden. Der Pfarrer der Gemeinde hat ihn vor zwei Jahren gefragt, ob er die Gruppenleiterausbildung (Juleika-Schulung) mitmachen wolle: Er hätte doch im Konfirmandenunterricht so intensiv mitdiskutiert, dass dies sicher etwas für ihn sei. Nach dem Kurs ist er auf Anraten des Hauptberuflichen auf Regionaler Ebene zum Jugendkonvent gefahren und hat sich gleich in den Leitenden Kreis wählen lassen. Aktuelles Projekt ist gerade eine Aktion gegen Rechtsextremismus. Michael sagt: „Ich stehe für Veränderungen ein. Widerstand ist wichtig.“

Die intellektuellen Fähigkeiten, das Interesse an den großen Zusammenhängen und den Strukturen von Welt und Gesellschaft und die Verbindung von Interesse und Fähigkeiten mit einer modernen Werthaltung führen bei Jugendlichen wie Michael, die dem Milieu der Kritischen nahe stehen, zur Übernahme von Verantwortung auch über das eigene Leben hinaus. Sie nehmen die Welt nicht einfach hin. Auch versuchen sie sich nicht in ihr einzurichten wie Markus, Lena oder Nadine. Sie grenzen sich von der Erwachsenenwelt, wie sie gegenwärtig ist, kritisch ab und wollen sie verändern. Das Leben muss wahrgenommen und durchdacht werden. Es gilt, eine authentische eigene, starke und richtige Position zu finden. Das betrifft das Nahfeld von Schule und Klasse, aber auch das Engagement im überregionalen Bereich und darüber hinaus. Große Zukunftsthemen wie Nachhaltigkeit,

Frieden und Gerechtigkeit rücken ins Blickfeld. Das führt auch zu „missionarischer“ Kommunikation, die Welt (anders) sehen zu sollen und der realen Welt einen idealen Weltentwurf gegenüberzustellen.

Die richtige Haltung gewinnen

Die Wahl in den Leitenden Kreis des Jugendkonventes der Evangelischen Jugend ist wichtig für Michael. Hier hat er einen Platz und einen Auftrag thematisch zu arbeiten. Im benachbarten Landkreis veranstaltet eine Gruppe von Neonazis in einer Kleinstadt einen Aufmarsch. Nachdem von der Landesstelle der Evangelischen Jugend ein Aufruf gekommen ist, sich im Sommer an einer Gegendemo zu beteiligen, ist Michael in seinem Element. Mit den anderen ist er voll am Planen: Wie können wir möglichst viele Jugendlichen mobilisieren? Wie kann sich die Evangelische Jugend so darstellen, dass sie erkennbar ist? Dann sind sie auf die Idee gekommen, am nächsten Konvent dieses Thema zum Schwerpunkt zu machen. Mit dem Hauptberuflichen planen sie jetzt einen Seminarablauf dafür. Es gibt die Überlegung, einen „Aussteiger“ aus der rechten Szene einzuladen, der authentisch von sich berichten kann. Michael sagt: „Es kommt darauf an, die richtige Haltung zu gewinnen.“

Die Mitarbeit im Leitenden Kreis des Jugendkonventes eröffnet Jugendlichen wie Michael ein Aktionsfeld, in dem sie mit Begleitung und Anleitung Verantwortung für die Evangelische Jugendarbeit und ihre Themen übernehmen. Entsprechend ihren Fähigkeiten und ihrem Interesse an Zusammenhängen und an Veränderung reizt es sie, Argumente gegeneinander abzuwägen, Stellungnahmen und Konzepte zu erarbeiten und Aktionen zu planen. Mit einem Mandat ausgerüstet, sind sie so etwas wie die offiziellen Vertreter der jungen Generation innerhalb der Kirche. Diese Übernahme von Verantwortung für eine als gut erkannte Sache und Annahme von Gestaltungsmöglichkeiten hat eine hohe Motivationskraft. Durch die Außenwirkung von Aktionen und die inhaltliche Gestaltung von Jugendtreffen entwickelt sich eine starke Identifikation mit dem „Jugendverband Evangelische Jugend“. Gleichzeitig ist der „Leitende Kreis“ mit der Begleitung durch einen Hauptberuflichen ein starkes Arbeitsteam und eine Gruppe, in der persönliche Beziehungen gepflegt und darüber hinaus Zusammensein und Aktivitäten in der Freizeit gestaltet werden. Diese Doppelung macht ihn interessant auch für Jugendliche, die mehr Wert auf Gemeinschaft und weniger auf die Entwicklung einer eigenen, unabhängigen Position legen.

2.5 „Ich grenze mich ab vom Vorgegebenen"

Franz ist fünfzehn Jahre und geht, weil es sein muss, auf die Hauptschule. Sein Vater arbeitet als Packer in einer Fabrik und kommt fast immer betrunken nach Hause. Seine Mutter arbeitet als Verkäuferin auf einer vollen Stelle bei Lidl. Ab und zu lässt Franz bei Lidl 'ne Flasche Schnaps für das Wochenende mitgehen. Seine Mutter hat es noch nicht bemerkt. Er lässt sich von seinen Eltern sowieso nichts mehr sagen und macht sein eigenes Ding. Musik muss für ihn eher „Crash-mäßig" sein. Die Konfirmation war auf Grund seiner Mutter unvermeidbar, so hat er den Unterricht abgesessen und die Ohren auf Durchzug gestellt. Leider musste man bei der Konfirmation die Hose „erwachsen" tragen und konnte sie nicht dort lassen, wo sie hingehört. Die Scheine bei der Konfirmation waren okay; Geld kann man immer gebrauchen. Sein Kumpel Steffen geht seit neustem zum alten Sportplatz; dort soll die alte Sporthütte von Jugendlichen hergerichtet werden. Da will er diese Woche auch mal vorbeischauen. Franz sagt: „Erst mal schauen. Grundsätzlich mache ich nicht, was andere mir sagen."

Für Jugendliche wie Franz steht die Dimension der Abgrenzung von der Erwachsenenwelt im Zentrum, einer Welt, die den eigenen Bedürfnissen skeptisch und hinderlich im Weg steht. Das Leben bekommt für diese Jugendlichen seinen Sinn, wenn man authentisch, frei und anders ist, wenn man ganz den eigenen Gefühlen und Bedürfnissen folgt. Sich selbst zu verwirklichen bedeutet anders zu sein als die „Spießer" in Personen von Lehrern, Vorgesetzten usw. in Parteien, Verwaltungen, Schulen und Kirchen. Deren Ermahnungen, zugunsten eines besseren Lebens in der Zukunft jetzt bestimmten Regeln zu folgen, werden nicht als

Hilfe, sondern als Unterdrückung wahrgenommen. Was gilt, ist das Leben hier und jetzt, nicht eine unbestimmte Zukunft, die man sich gar nicht so genau vorstellen kann – die niedrige bis allenfalls mittlere Bildungsebene macht sich hier bemerkbar. Vorbilder sind nicht die Lehrer, deren Beruf fernab von den eigenen Interessen und auch Möglichkeiten ist, oder die Eltern, deren Probleme man täglich vor Augen hat, sondern andere Jugendliche und junge Erwachsene, die durch ihre Kraft, ihre Schnelligkeit oder auch durch die krummen Dinger beeindrucken, mit denen sie zu Geld gekommen sind. Wenn man träumt, dann vielleicht davon, eines Tages Fußballstar zu werden oder Siegerin bei „Deutschland sucht den Superstar“. Deshalb gilt es, sich – soweit möglich – nicht anpassen zu lassen und sich Lebensbereiche zu schaffen, in die einem die Erwachsenen nicht hineinreden.

Zugleich sehen die Jugendlichen aber die Notwendigkeit, zur Erfüllung eigener Bedürfnisse auch mit Erwachsenen zu kooperieren, um z.B. das notwendige Geld oder die Einwilligung der Eltern zu erlangen. Deshalb sind sie im Alltag hin- und hergerissen zwischen dem Selbstbestimmten und dem, was von anderen erwartet und vorgegeben wird. Diese Haltung zeugt neben dem Interesse am „eigenen Ding“ von einer gewissen Pragmatik und Beliebigkeit, wie sie im Milieu der Mobilen zu finden ist und uns auch unten bei Tine wieder begegnen wird; im Vergleich zu Tine steht hier aber das Interesse an der Befriedigung der eigenen (materiellen und erlebnisorientierten) Bedürfnisse im Vordergrund, weshalb man auch von einer ausgeprägten hedonistischen Haltung sprechen kann.

Da machen wir unser Ding

Also, Frank ist mit Steffen zum alten Sportplatz. Da waren schon fünf andere Jungs und vier Mädels und ein Erwachsener. Den hatte er schon mal in der Kirche gesehen, während der Konfirmandenzeit, und der hatte zum Jugendtreff eingeladen ins Gemeindehaus. Der hat aber nicht viel geredet. Gefragt hat er, ob sie die alte Sporthütte als Treffpunkt haben wollen: Er könnte es ermöglichen, mit dem Sportverein sei es abgesprochen und die Kirche gebe ihm Zeit dazu. Das Geld müssten sie selber auftreiben, dann könnte er viel-

> leicht noch was von der Kirche drauflegen. Er hatte einige Ideen für die Geldbeschaffung. Sie haben sich darauf geeinigt, eine „Autowaschaktion“ zu starten. Dann haben sie noch ’ne Runde gekickt und hinterher zusammengehockt. Der Manfred von der Kirche ist irgendwie in Ordnung. Frank sagt: „Ich glaub, da machen wir unser Ding.“

Sofern die Jugendlichen den Eindruck haben, dass sie hier nicht für fremde Interessen eingespannt werden, den Nutzen für sich selbst deutlich sehen und auch hinreichend Freiraum erhalten, die Beteiligung nach ihren eigenen Vorstellungen zu gestalten, findet sich auch in dieser hedonistisch geprägten Milieuatmosphäre eine gewisse Offenheit für niedrigschwellige Angebote aus der Erwachsenenwelt. Wichtig ist dabei, als wie offen, wie „cool“ die Kontaktperson erlebt wird, mit der die Jugendlichen es zu tun haben. Die Evangelische Kirchengemeinde hat im geschilderten Beispiel dafür in Kooperation mit der Kommune einen Jugendreferenten/Streetworker angestellt. Dieser hat in Absprache mit dem Sportverein dessen alte Sportlerhütte überlassen bekommen. Als niedrigschwelliges Angebot wird er mit Jugendlichen die Hütte renovieren. Der alte Sportplatz kann zum Fußballspielen mit benutzt werden. Idee ist es, für Freizeitmannschaften kleine Turniere anzubieten, die die Jugendlichen selbst organisieren. Donnerstags und Freitag ist jetzt regelmäßig Treffpunkt an der Hütte. Geplante Elemente der Arbeit sind das Herrichten der Hütte mit den Jugendlichen, dabei auch Zeit für Geselligkeit und „Abhängen“, gemeinsames Fußballspielen, später auch gemeinsames Kochen (nach dem Herrichten der Hütte) sowie Aktivitäten, die sich mit den Jugendlichen entwickeln (z.B. Band). Als spezifisch kirchlicher Beitrag ist eine sog. Impulszeit vorgesehen, d.h. unterschiedliche erfahrungs- bzw. erlebnisorientierte Elemente mit christlichen Themen, und ggfs. Hilfe in Lebensfragen für Einzelne. Der Jugendreferent kombiniert Arbeitselemente aus der Jugendarbeit, der Erlebnispädagogik und dem Streetwork-Ansatz.

Bei einem Teil der hedonistisch orientierten Jugendlichen sind ihr Verhalten und Lebensstil ein Übergangsphänomen des Erwachsenwerdens. Sie wenden sich später wieder von diesem Lebensstil ab und übernehmen dann häufig Lebensstile, die den Milieus der Geselligen oder Zurückgezogenen zugerechnet werden können.

2.6 „Ich schaffe mir viele und neue Möglichkeiten“

> Anne ist siebzehn Jahre und geht gerne ins Gymnasium. Sie ist in der zwölften Klasse und das Lernen fällt ihr nicht schwer. An zwei Abenden geht sie joggen. Nach wie vor spielt sie Geige im Schulorchester. Ihr Vater arbeitet als Ingenieur in einer weltbekannten Firma. Ihre Mutter arbeitet halbtags als Arzthelferin. Ihr jüngerer Bruder geht ebenfalls aufs Gymnasium. Manchmal macht sie am Wochenende für den Verein „Altstadtfreunde“ Stadtführungen. An zwei Nachmittagen bessert sie ihr Taschengeld mit einem Hilfsjob in der Stadtbibliothek auf. Mit ihren Eltern geht sie ab und zu in die Oper, mit ihren Freunden ins Rockkonzert. Immer muss noch eine knappe Stunde drin sein, um über Facebook Kontakte zu Freunden und Bekannten zu halten. Ein guter Unterhaltungsroman gehört auch immer wieder dazu. Vor kurzem hat der junge Pfarrer der evangelischen Gemeinde angerufen: „Wir haben da ein Angebot für Dich: „Lebensmutig – Selbstbewusst“ heißt es. Es geht um Themen wie: „Vernetzt denken“, „Mich und andere Verstehen“, „Entscheidungen treffen“, „Quellen der Ermutigung“. Die Abende haben immer einen aktiven Seminarteil, einen Gourmetteil und einen spirituellen Teil.“ Anne ist zum Schnupperabend hingegangen. Da waren andere interessante Leute, auch welche, die sie noch nicht kannte. Sie hat sich entschieden, für eine Gebühr mitzumachen, und hat sich eingeschrieben. Anne sagt: „Ich schaffe mir viele und neue Möglichkeiten.“

Anne hat ähnlich wie Michael einen weiten Horizont und Interesse an Zusammenhängen; sie engagiert sich und verfügt über gute Bildung und viele Kontakte. Damit zeigt sie eine deutliche Nähe zum Milieu der Kritischen. Aber anders als bei Michael ist ihr Projekt nicht der Einsatz für eine große Sache, sondern sie versteht sich selbst, ihr Leben als Projekt, an dem sie arbeitet, und nimmt damit wichtige Elemente aus dem Milieu der Mobilen mit seinen postmodernen Elementen auf. Jugendliche wie Anne gestalten ihren Alltag nach folgenden Fragestellungen: „Was ist mir wichtig, was kann ich erreichen und was muss ich dafür tun?“ Sie sind offen, ehrgeizig und pragmatisch; sie haben die postmoderne Struktur unserer Gesellschaft verstanden und nutzen sie erfolgreich für ihre Ziele. Man könnte sie daher auch als „Erfolgreiche“ beschreiben. Zum Erreichen der Teilziele ist es gut, flexibel zu sein; sich vielfältig Kontakte aufzubauen, die einem nützen. Sich anpassen an das Gegebene und gleichzeitige Optimierung des Möglichen ist harte Arbeit an sich und mit sich selbst. Sie haben eine pragmatische Marktperspektive: Was brauche ich, und wie verkaufe ich mich selber gut?

Impulse aufnehmen und für mich nutzbar machen

Der Pfarrer der evangelischen Gemeinde hat sich nach einer Gemeindeanalyse entschieden, für junge Erwachsene ab 17 Jahren ein gesondertes Angebot zur Entwicklung von Lebenskompetenz zu machen. Dafür wurde ein Team gebildet, dass ein Seminarprogramm unter den drei inhaltlichen Linien entfaltet: Eigenständig, Ichstark und Selbstbewusst. Als zwei weitere Elemente kamen die Themen Essen unter dem Stichwort „Gourmet“ und das Thema Spiritualität und Glauben unter dem Stichwort „Quellen der Ermutigung“ hinzu. Die zwölf Abende dauern je 2 ½ Stunden und sind mit Methoden der Jugendarbeit und Erwachsenenbildung durchgestylt. Für Anne ist dies ein willkommener Anstoß, an ihren Kompetenzen weiterzuarbeiten. Sie sagt: „Da kann ich Impulse aufnehmen und nutzbar machen.“

Der Pfarrer hat sich grundsätzlich in der Jugendarbeit aufgrund der Analyse für eine Ziel- und Altersgruppe entschieden. Er hat sich ein Team gesucht, mit dem er das Programm entwickelt hat. Dabei wurde unterschiedliches Material aus Teamentwicklung, Kompetenztraining usw. verarbeitet und mit eigenen Ideen angereichert. Nur durch diese Fokussierung auf genau beschriebene Interessen und die Gestaltung eines auf Qualität und Professionalität ausgerichteten Programms konnte er Jugendliche wie Anne gewinnen, die jedes Angebot kritisch auf den Nutzen prüfen und mit vielen anderen Angeboten vergleichen, von denen sie ebenfalls wissen. Bewusst wurden die Themenbereiche Essen sowie Spiritualität und Glauben hinzugenommen, um sich von anderen Anbietern deutlich abzusetzen und ein eigenes Profil deutlich zu machen. Im Team wechseln sich Rollen und Aufgaben ab, so dass jede und jeder auch mal vor den Teilnehmenden steht, Input gibt oder Arbeitseinheiten anleitet. Die Teamorientierung soll im Leitungsverhalten auch vorgelebt werden. Für Jugendliche mit Interesse am persönlichen Erfolg wie Anne ist eine überschaubare und wahrnehmbare Arbeitsstruktur wichtig, um sich für das Angebot zu entscheiden.

2.7 „Ich experimentiere und bin kreativ"

Tine ist 18 Jahre alt und steckt mitten im Abitur. Im Leistungskurs Kunst hat sie sich für eine Facharbeit über die Geschichte von T-Shirts entschieden. Dafür führt sie einen T-Shirt-Workshop für die zehnte Klasse durch. Tine hat zwei jüngere Brüder. Der eine hat eine Ehrenrunde im Gymnasium hinter sich; der andere hat noch ein Jahr bis zur Mittleren Reife. Der Vater arbeitet als Diplompädagoge in der Leitung der örtlichen Volkshochschule und die Mutter im chemischen Labor einer Großmolkerei. Tine näht sich einen Teil ihrer Klamotten selbst, bzw. es ist immer etwas zu verändern. Sie ist auf einer Internetplattform für Lyrik aktiv und arbeitet bei der Jugendseite der Zeitung mit. Fest zu ihrem Jahresprogramm gehört das örtliche Rockfestival; sie fährt aber auch zum Festival für Weltmusik. Ihr Zimmer sieht eher aus wie ein Künstleratelier, ist aber viel zu klein. Jetzt hat sie zufällig mitbekommen, dass in den ersten drei Sommerferienwochen das Gebäude der evangelischen Kirche nur für Jugendaktionen genutzt werden soll. Sie ist zu einem Planungstreffen gegangen, da waren ca. zwanzig Jugendliche. Sie hat sich mit vier anderen zusammengetan. Sie werden ein Projekt machen mit dem Thema „Die Hochzeit zu Kana" und dazu die Kirche künstlerisch umgestalten und mit der Pfarrerin einen Gottesdienst dazu entwickeln. Tine hat ihren Kunstlehrer gewinnen können, sie künstlerisch zu unterstützen. Sie sagt: „Ich experimentiere und bin kreativ. Klasse, dass das in der Kirche geht."

Das eigene Leben gestaltet sich für Jugendliche wie Tine als eine individuelle Erfahrungs- und Erkenntnisreise. Anders als bei Anne stehen dabei aber bei vergleichbarer Bildung und (post-) moderner Werthaltung nicht der Zugewinn an Fähigkeiten und Qualifikationen und das Streben nach Erfolg im Vordergrund, sondern die unmittelbare Freude/der Spaß an individuellem Ausdruck und besonderen Erlebnissen. Dazu gehören exotische oder auch exzentrische Erfahrungen. Fremde Welten werden erkundet und erschlossen: innere und äußere. Eine pragmatische und lockere Grundhaltung bestimmt das Alltagshandeln. Spontaneität und Lust auf Veränderung, Selbsterfahrung und Experimente münden in ein Lebensgefühl, das nicht auf Konventionen und feste Bindungen setzt. Sich in Widersprüche begeben und traditionelle „Logiken“ aufheben gehört ebenso dazu wie eigene neue Wege gehen und gestalten. Die Abgrenzung vom „Normalen“, Vorgegebenen ist allerdings nicht wie bei Franz aus Frusterfahrungen mit der Erwachsenenwelt motiviert, sondern aus der Lust am Entdecken von Neuem. Durch das spielerische und kreative Umgehen mit Formen und Bedeutungen ergeben sich neue und eigene Perspektiven auf sich und die Welt.

Kreatives Gestalten schafft für mich Sinn

Die Jugendarbeit in der evangelischen Gemeinde hat sich entschlossen, ein Jugendkirchenprojekt zu machen. Ausgehend vom Kirchenraum will sie in drei Wochen mit Jugendlichen den Raum jugendkulturell gestalten und mit Aktivitäten füllen. Mit diesem Projekt sollen Jugendliche angesprochen werden, die von den bisherigen Angeboten nicht erreicht werden. Der Schwerpunkt liegt auf Aktivitäten im kulturellen Bereich, in dem Jugendthemen und biblische Impulse in einen kreativen Gestaltungsprozess gebracht werden. Für die Jugendkirchenwochen investiert die Gemeinde ihr Kirchengebäude, ihre Personalkapazitäten und Finanzen. Sie will bewusst Erfahrungen sammeln, um für junge Menschen attraktiv zu werden. Tine wird durch dieses Projekt angesprochen, weil sie – im wahrsten Sinne des Wortes – einen Gestaltungsraum zum Experimentieren zur Verfügung gestellt bekommt und ihre schlummernden Fragen zum christlichen Glauben bearbeiten kann. Sie sagt: „Kreatives Gestalten schafft für mich Sinn.“

Jugendliche wie Tine suchen das Außergewöhnliche, Besondere. Jugendkirchenprojekte auf Zeit wie das beschriebene schaffen Möglichkeiten, Jugend- und Gemeindearbeit kreativ mit solchen an Experimenten interessierten Jugendlichen weiterzuentwickeln. Sie bedürfen entsprechender Ressourcen, ohne sie auf Dauer zu binden. Kirchliche Arbeit nimmt hier Jugendkultur ernst und setzt auf das konsequente Mitwirken von jungen Menschen; zugleich bietet sie ihnen einen Freiraum für Experimente, in denen sie ihre eigenen symbolischen Ausdrucksformen für religiöse Gedanken und Empfindungen finden und erproben können. So ein Jugendkirchenprojekt auf Zeit lebt von unterschiedlichen Elementen:

- künstlerischen Gestaltung im Kirchenraum,
- Jugendgottesdiensten mit Lifemusik (Gospelchor, Band),
- einzelnen jugendkulturellen Projekten, in denen Jugendliche selber etwas gestalten,
- Theater, Musik, Akrobatik,
- stillen und spirituell geprägten Zeiten,
- einem Cafebereich mit Bewirtung.

Um die Jugendlichen zu erreichen, ist eine entsprechende Werbung in Schulen und anderen zentralen Orten, insbesondere über persönliche Kontakte, ebenso wichtig wie ein schlüssiges und realisierbares Gesamtkonzept, das von den Verantwortlichen der Gemeinde getragen und unterstützt wird.

3. Rahmenbedingungen gelingender Jugendarbeit

Die Beispiele zeigen, dass die Kirche dank der Vielfalt der in der Jugendarbeit entwickelten Angebote und Konzepte über die Möglichkeit verfügt, Jugendliche aus ganz unterschiedlichen Milieuatmosphären und Lebensstilen anzusprechen. Allerdings gibt es nicht das eine Angebot für alle, vielmehr werden Angebote am ehesten akzeptiert, wenn sie in möglichst vielen Dimensionen den Präferenzen der Jugendlichen entsprechen. Deshalb bleibt Jugendarbeit eine Aufgabe, deren Gelingen an vielen Voraussetzungen hängt. Die wichtigsten davon sollen hier noch einmal zusammenfassend benannt werden:

1. Wer Jugendarbeit will, muss die Ressourcen dafür schaffen: Finanzen und Arbeitszeit. Es gibt keine Jugendarbeit zum Nulltarif.
2. Dies gilt umso mehr, wenn unterschiedliche Lebensstile/Milieuatmosphären erreicht werden sollen, die sich gegeneinander abgrenzen. Besonders wichtig ist dabei die Passung zur Dimension Abgrenzung/Anpassung, weil die Kirche als Teil der Erwachsenenwelt in dieser Beziehung ganz unterschiedlich wahrgenommen wird, und zur Dimension Bildung, weil sie zugleich die möglichen und bevorzugten Formen von Aktivität (intellektuell/handwerklich) maßgeblich beeinflusst.
3. Jugendarbeit ist Beziehungsarbeit. Sie braucht Menschen (Hauptberufliche und Ehrenamtliche), die bereit sind, in Beziehungen mit Jugendlichen zu treten und Zeit zur gemeinsamen Gestaltung zur Verfügung zu stellen. Dabei ist es nicht ohne Bedeutung, aus welchen Milieus diese Menschen kommen, weil Arbeit mit Jugendlichen nur möglich ist, wenn man ihren jeweiligen Lebensstil akzeptiert – dies gelingt Menschen meist leichter, wenn sie in den jeweils besonders wichtigen Dimensionen gleiche Vorlieben und Abneigungen haben.
4. Über alle Lebensstile hinweg ist es ratsam, sich als Mitarbeitender nicht selbst in den Mittelpunkt zu stellen, sondern möglichst im Hintergrund daran zu arbeiten, dass Jugendliche in Gemeinschaft aktiv sein können. Dazu gehört es, Jugendliche möglichst zu eigenem Handeln zu befähigen, ihnen zu helfen, wo sie nicht weiterkommen, sie jeweils für die nächsten Schritte zu befähigen und zu trainieren, auf Schwierigkeiten hinzuweisen und Lösungen anzubieten sowie bei der Lösung von Konflikten zu helfen.

Jugendliche mit unterschiedlichen Lebensstilen, wie sie oben beschrieben wurden, sind in gewisser Weise ähnlich verschieden voneinander wie Menschen aus unterschiedlichen Kulturen. Deshalb kann es auch hilfreich sein, milieuübergreifende Angebote als Situationen interkulturellen Lernens zu sehen und die entsprechenden Methoden zu nutzen.

Weiterführende Literatur

Carsten Wippermann/Marc Calmbach, Wie ticken Jugendliche? Sinus-Milieustudie U27, Düsseldorf 2008.

Begegnungen zwischen Reisefieber und Abstellgleis

Eine Milieubrille für die Altenarbeit

Ellen Eidt

1. Einblicke in neue Herausforderungen für die Altenarbeit

Den Kirchengemeinderat eines Dorfes schmerzt schon länger die Wahrnehmung, dass die seit fast 50 Jahren bewährten Formen der Altenarbeit zunehmend an ihre Grenzen stoßen. Der Besuchsdienst, der älteren Gemeindegliedern an ihrem Geburtstag einen Gruß ihrer Kirchengemeinde überbringt, steht immer häufiger vor verschlossenen Türen. Einmal, weil manche alten Menschen inzwischen so gebrechlich oder ängstlich sind, dass sie ihre Tür nicht mehr selbst öffnen, und ein andermal, weil der Geburtstag mit einer dreiwöchigen Chinareise gefeiert wird. Der monatliche Seniorenkreis blüht zwar, aber die Gemeindeglieder, die daran teilnehmen, werden immer älter. Unter achtzig fühlt man sich für den Seniorenkreis noch zu jung. Die reisefreudigen und zahlungskräftigen Seniorinnen und Senioren, die die Angebote der evangelischen Erwachsenenbildung in der zwanzig Kilometer entfernten Kreisstadt wahrnehmen, sind genauso begeistert von den attraktiven Angeboten kommerzieller Anbieter, die mit seniorengerechten Pilgerreisen und Wellness am Toten Meer scheinbar um dieselbe Zielgruppe werben. Es legt sich also schon beim ersten Blick auf klassische Angebote der Altenarbeit die Frage nahe, ob solche Veränderungen etwas mit der Frage zu tun haben, zu welchen Milieus denn die alten Menschen gehören, mit denen die Kirche es zu tun bekommt oder die sie eben auch nicht erreicht.

Auch die Bereitschaft zur Mitarbeit in der Altenarbeit scheint ähnlichen Veränderungen unterworfen zu sein. Einerseits ist die demotivierende Wirkung verschlossener Haustüren auf die Mitarbeiterinnen und Mitarbeiter des Besuchsdienstes in jenem Dorf offensichtlich und Mitarbeitermangel macht sich breit. Andererseits finden sich immer mehr Mitarbeiterinnen, denen die Mitarbeit im Seniorenkreis Freude macht, weil sich dort vom Kaffeekochen bis zur Programmgestaltung ganz unterschiedliche Entfaltungsmöglichkeiten anbieten. Diese Tendenz wird noch deutlicher beim Blick in die benachbarte Kleinstadt und in die größeren Gemeinden der Region. Dort scheinen Mittagstische, offene Treffpunkte und verschiedene Formen von Netzwerken, oft mit generationenübergreifenden Konzepten, wie Pilze aus dem Boden zu schießen. Diese neuen Arbeitsformen sprechen offensichtlich nicht nur alte Menschen an, sondern es werden dort Mitarbeiterinnen und Mitarbeiter jenseits der bisherigen Kerngemeinde aktiv. Verschiedene Beteiligungsformen scheinen jeweils unterschiedliche Menschen zur Mitarbeit zu motivieren. Unter Umständen gehört die Mitarbeitergewinnung für die Altenarbeit zu den Themen, die mit Hilfe der Milieubrille deutlicher in den Blick genommen werden können.

Wenn eine solche Dorfkirchengemeinde auch noch verantwortlich in die Trägerschaft einer Diakoniestation eingebunden ist, die seit Jahren rote Zahlen schreibt, dann kommt zusätzlich ein größerer Verantwortungshorizont kirchlich-diakonischer Altenarbeit in den Blick. Viel Zeit hat der Pfarrer des Dorfes schon in die damit sich stellenden Probleme und die dazugehörigen Gremiensitzungen investiert. Die Frage, ob denn die Arbeit der Diakoniestation als evangelische Arbeit wahrgenommen wird, ob Menschen durch die Kranken- und Altenpflegerinnen der Station dem Evangelium begegnen, konnte ihm trotzdem noch niemand so genau beantworten. Hier und dort ein persönliches Gespräch, die Eindrücke verschiedener Menschen und die über hundertjährige Tradition der Altenhilfe in evangelischer Trägerschaft – als Grundlage konzeptioneller Überlegungen für die Zukunft ist ihm das eigentlich zu wenig. Die Veränderung der gesellschaftlichen Rahmenbedingungen der Altenarbeit geht weiter und Auswirkungen des demographischen Wandels fangen gerade erst an, spürbar zu werden.

Außerdem gibt es im Dorf noch ein Altenpflegeheim in privater Trägerschaft. Wenn die Diakonin dort Andachten hält, dann essen und schlafen die Menschen danach besser – sagt das Pflegepersonal. Auch die Angehörigen kommen gerne zu den Gottesdiensten, weil man danach zwischen Tür und Angel mal was loswerden kann. Manchmal, meist im Advent, singt dort der Gesangverein, oder es kommt jemand aus der Gemeinde und hilft beim Rollstuhlschieben. Aber wer genau hinschaut, der kann sehen, wie viel Überwindung das kostet. Schon der Geruch ist nur schwer auszuhalten und erst recht der Anblick des im Andachtsraum versammelten Leidens. Das kann einem ganz schön zu Herzen gehen. Der Blick durch die Milieubrille wird in diesem Zusammenhang auch der gesellschaftlichen Haltung zum Alter und verschiedenen Altersbildern schärfere Umrisse verleihen.

Diese kurzen Streifzüge durch die Altenarbeit einer einzelnen Kirchengemeinde lassen etwas von der Komplexität der Herausforderungen ahnen, denen sich die Kirche mit ihren verschiedenen Arbeitsbereichen stellen muss, wenn sie diakonische Kirche für und mit allen alten Menschen sein will. Im Folgenden soll deshalb der Versuch unternommen werden, dieses Feld kirchlich-diakonischer Praxis mit Hilfe der Milieubrille näher zu betrachten. Zu erwarten ist einerseits, dass mit dieser Sehhilfe die Menschen, die dieses Praxisfeld als Betroffene und Engagierte bevölkern, mit ihren spezifischen Erwartungen und Bedürfnissen genauer als bisher in den Blick genommen werden können. Andererseits werden die kirchlich-diakonischen Angebote und Arbeitsfelder mit ihren spezifischen Milieuatmosphären wahrnehmbar. Vieles, was in Einzelwahrnehmungen längst präsent war, kann dadurch in einen Gesamtzusammenhang eingeordnet und als Grundlage konzeptioneller Überlegungen genutzt werden.

Dazu bedarf es eines Blickes durch die Milieubrille (2.), der die Sicht der Gesellschaft auf alte Menschen, die Zuordnung bestimmter Altersgruppen zu verschiedenen Milieus und daneben vor allem auch die Mitarbeitenden in der Altenarbeit fokussiert. Dadurch sichtbar Gewordenes wird dann zuerst in den Kontext aktueller sozialwissenschaftlicher und theologischer Zusammenhänge gestellt, um dann vor diesem Hintergrund Perspektiven einer milieusensiblen Altenarbeit und Altenhilfe zu entwickeln (3.).

2. Alter und kirchliche Altenarbeit im Fokus der Milieuanalyse

Kirchlich-diakonische Altenarbeit greift ganz offensichtlich dann zu kurz, wenn sie die „Alten“ als eine einheitliche, allenfalls wiederum nach Altersgruppen differenzierte Zielgruppe betrachtet. Aber welche Möglichkeiten und Grenzen haben kirchliche und diakonische Bemühungen um alte Menschen angesichts der offensichtlich auch im Alter ganz unterschiedlichen Lebensstile, Interessen und Bedürfnisse? Welche Vorstellungen vom Alter und welche Haltungen zu den Chancen und Problemen des Alters gibt es in unserer Gesellschaft? Welche Auswirkungen haben diese unterschiedlichen Einstellungen auf konzeptionelle Fragen der kirchlich-diakonischen Altenarbeit? Was haben alle diese Fragen mit den unterschiedlichen gesellschaftlichen Milieus zu tun?

Mit diesen Fragen kommen gesamtgesellschaftliche Horizonte in den Blick, in die kirchliche Altenarbeit eingebettet ist. Deshalb sollen hier nun zunächst gesellschaftliche Perspektiven auf das Alter und die unterschiedlichen Milieus, denen alte Menschen und Mitarbeitende in der Altenarbeit zugerechnet werden können, dargestellt werden. Die Ergebnisse der Milieustudie der EKD sind dabei ergänzt durch einige Beobachtungen aus einer Milieustudie zu Antidiskriminierungsfragen von Sinus Soziovision (Heidelberg).

2.1 Wie blicken Menschen aus verschiedenen Milieus auf das Alter?

In überraschender Eindeutigkeit beurteilen Menschen aus allen Milieus die Situation der Älteren in unserer Gesellschaft als schlecht. Nur die Benachteiligung von Menschen mit Behinderungen wird als noch gravierender eingeschätzt. Aggressionen oder offene Ressentiments gegenüber älteren Mitbürgern werden jedoch nur von jungen Menschen, die sich eher am unteren sozialen Rand der Gesellschaft vorfinden, eingeräumt. Zugleich ist aber im Bereich der klassischen Unterschicht die Empörung über die Erhöhung des Rentenalters und das damit verbundene Mitleid mit denen, die diese Regelung trifft, besonders groß.

Die Älteren selbst fühlen sich auf ein „Abstellgleis“ geschoben, die Jüngeren haben Angst davor alt zu werden. Alte Menschen gelten als Randfiguren, denen es am nötigen Respekt der Jüngeren fehlt, die tendenziell abgeschoben und als Belastung für die Gesellschaft wahrgenommen werden. Relativ einhellig wird zumindest eine Mitverantwortung für diese Situation den Medien zugeschrieben, die durch die Verbreitung eines Jugendlichkeitswahnes zu dieser Sichtweise beitrügen.

Sehr deutlich wahrgenommen wird grundsätzlich die Benachteiligung Älterer auf dem Arbeitsmarkt, die mit einer fälschlichen Unterbewertung ihrer Fähigkeiten, wie sie auch in anderen Lebensbereichen zu beobachten ist, in Verbindung gebracht wird. Von Menschen, die sich eher an individuellen Maßstäben orientieren, wird das von Kosten-Nutzen-Erwägungen und Effektivitätsdenken geprägte Menschenbild der Leistungsgesellschaft hierfür verantwortlich gemacht. Als weiteres Indiz für den geringen Wert, der alten Menschen in der Gesellschaft beigemessen werde, werten diese Menschen, dass bestimmte Operationen, obwohl medizinisch sinnvoll, bei alten Menschen nicht mehr vorgenommen werden.

Wer sich eher an traditionellen Werten orientiert, bei dem steht tendenziell das persönliche Gefühl im Vordergrund, dass die erbrachte Lebensleistung nicht angemessen gewürdigt wird und dass jüngere Menschen den Alten mit zu wenig Respekt begegnen. Daraus wird dann die Erwartung abgeleitet, dass die Gesellschaft in dieser Hinsicht zukünftig umdenken müsse.

Über die Pflege im Familienkontext hinaus ist es aber nur eine Teilgruppe derer, die sich eher an traditionellen Werten orientieren, die sich im Rahmen der freiwilligen Altenbetreuung persönlich für die Verbesserung der Situation alter Menschen einsetzt. Der weitaus größere Teil der Menschen, auch aus diesen traditionsorientierten Milieus, will mit den Alten möglichst wenig zu tun haben. Viel zu stark ist die Bedrohung durch das eigene Altwerden mit all den damit gedanklich verbundenen Einschränkungen der Lebensqualität.

Der Weg der Delegation der Probleme an den Staat oder soziale Organisationen liegt dem größeren Teil der Bevölkerung nahe und wird verbunden mit einer möglichst guten Verdrängung der punktuell durchaus wahrgenommenen Missstände oder zumindest mit der Wahrung einer emotionalen Distanz zu dieser Thematik. Politisches oder finanzielles Engagement für Fragen der Lebensqualität im Alter oder auch nur ein dafür sensibilisiertes Bewusstsein muss deshalb noch lange nicht mit einem entsprechenden aktiven Einsatz verbunden sein. Wer keine Vorliebe für komplexe Erlebnisse hat, geht der Begegnung mit einer Lebensperspektive, die geeignet ist, Ängste im Bezug auf die eigene Zukunft zu wecken, zum eigenen Schutz eher aus dem Weg, solange er oder sie diesbezüglich eine Wahlmöglichkeit hat. Diese durch die Sinusstudie auch empirisch untermauerten Beobachtungen beschreiben den Rahmen, innerhalb dessen sich kirchlich-diakonisches Engagement in der Altenarbeit bewegt. Zugleich wird dadurch deutlich, warum die Delegation der Verantwortung für die Gebrechlichen unter den Alten an diakonische Einrichtungen und ihre Fachleute oft leichter fällt als die Zuwendung zu diesen Menschen in einer Kirchengemeinde.

Darüber hinaus ist es von zentraler Bedeutung, sich bei Beobachtungen im Raum der Altenarbeit und Altenhilfe vor Augen zu führen, um welche Milieus es überhaupt geht, wenn alte Menschen in den Blick genommen werden. Hierzu sollen einige altersbezogene Forschungsergebnisse aus der EKD-Kirchenmitgliedschaftsuntersuchung kurz dargestellt werden.

2.2 Zu welchen Milieus gehören die Alten?

Die Zuordnung von Menschen zu einem bestimmten Milieu erfolgt anhand unterschiedlicher Merkmale. In der Kirchenmitgliedschaftsuntersuchung der EKD wurden für diese Zuordnung die Merkmale Freizeitinteressen, Musikgeschmack, Werte, Normen und Kommunikationsgewohnheiten gewählt. Obwohl das Lebensalter eines Menschen eine zentrale Lebensdimension darstellt, ist es nicht möglich, vom Lebensalter eines Menschen auf seine Milieuzugehörigkeit zu schließen.

Vielmehr verhält es sich so, dass im Lebenslauf allmählich bestimmte Festlegungen erfolgen (Berufswahl, Familienstand, Wohnort), die als biographische Schließungsprozesse zu begreifen sind.

Diese vermitteln einerseits Sicherheit und reduzieren andererseits alternative Entscheidungsmöglichkeiten, manchmal auch in schmerzlicher Weise. Damit geht oft eine sich verstärkende Traditionsorientierung einher und in höherem Alter auch ein größer werdender Wunsch nach Ruhe und Rückzug sowie die Beeinträchtigung der Mobilität durch körperliche Gebrechen. Mit dieser Beobachtung im Hintergrund verwundert es nicht, dass das Durchschnittsalter der verschiedenen Milieus stark voneinander abweicht. Deshalb bildet das Alter ähnlich wie der soziale Status einen äußeren Rahmen, in den sich die einzelnen Milieus dann einordnen lassen.

So bilden die *Bodenständigen* mit einem Durchschnittsalter von 65 Jahren das älteste Milieu. Sie sind stark traditionsorientiert, lieben ein sparsames Leben, das im engen Kontakt mit Familie und Nachbarschaft in geordneten Bahnen verläuft. Menschen dieses Milieus teilen miteinander die Liebe zur Volksmusik und zu einem naturverbundenen Leben und haben häufig einen eher niedrigen Bildungsstatus. Es gibt nur vereinzelte junge Menschen unter 50 Jahren, die diesem Milieu zuzurechnen sind, und vor allem bei den älteren Angehörigen dieses Milieus finden sich deutlich mehr Frauen als Männer. In der Gruppe der sechzig- bis neunundsechzigjährigen Kirchenmitglieder gehört ein Drittel zum Milieu der Bodenständigen, bei den über 70 Jährigen sogar 45 Prozent.

Im Durchschnitt nur unwesentlich jünger ist das Milieu der *Hochkulturellen* (63 Jahre). Gehobener Lebensstandard, Bildungsorientierung und gesellschaftliches Ansehen spielen für diese Menschen eine große Rolle. Dabei orientieren sie sich an traditionellen Werten, sie übernehmen ganz selbstverständlich gesellschaftliche Verantwortung und beschäftigen sich gerne mit Kunst und Kultur. In der Altersgruppe der Fünfzig- bis Neunundfünfzigjährigen gehören etwa 17 Prozent zum Milieu der Hochkulturellen. Unter den Mitgliedern der Evangelischen Kirche, die sechzig Jahre und älter sind, lassen sich etwa 28 Prozent diesem Milieu zuordnen.

Deutlich jünger ist das Milieu der *Zurückgezogenen* mit einem Durchschnittsalter von 53 Jahren. In allen Altersgruppen über vierzig liegt der Anteil der Zurückgezogenen unter den evangelischen Kirchenmitgliedern zwischen 18 und 24 Prozent. Menschen, die diesem Milieu zugeordnet werden, orientieren sich stark an traditionellen Werten. Sie sind sparsam, lehnen geselliges, hoch- und jugendkulturelles Verhalten ab und verfügen über einen eher niedrigen Bildungsstand.

Weit jünger sind im Durchschnitt die Kritischen (44 Jahre), die Geselligen (42 Jahre) und das mit Abstand jüngste Milieu der Mobilen (29 Jahre). Doch daraus lässt sich nicht schließen, dass nicht auch noch über Siebzigjährige zu den *Kritischen* gehören (ca. 7 Prozent), die sich durch Freude an eigenständiger Reflexion und breit gestreute Freizeitinteressen, hohen Bildungsstand und Bereitschaft zu gesellschaftlichen Engagement auszeichnen und dabei ihre persönlichen Wertmaßstäbe aktiv vertreten. In der Altersgruppe der zwischen Sechzig- und Neunundsechzigjährigen sind noch etwa 10 Prozent *Gesellige* zu finden, für die Familie, Nachbarschaft und Lebensgenuss im Mittelpunkt ihres Lebens stehen und die sich gerne handwerklich betätigen. Unter den „Jungen Alten" werden etwa 7 Prozent zum Milieu der *Mobilen* gezählt, also zu denen, die vor allem Wert auf Unabhängigkeit und Gestaltungsfreiheit legen.

An diesen Ergebnissen empirischer Untersuchungen im Kontext der vierten EKD-Erhebung über Kirchenmitgliedschaft lässt sich leicht festmachen, dass sich auch kirchliche Altenarbeit und diakonische Altenhilfe auf unterschiedliche Milieus und ihre je spezifischen Lebensstile und Bedürfnisse einstellen müssen. Nur so kann die Kirche sich auf den Weg machen, Kirche mit und für alle alten Menschen zu werden. Die reine Betrachtung der verschiedenen Altersgruppen reicht dafür heute längst nicht mehr aus. Deshalb ist es notwendig, den Blick durch die Milieubrille auf die alten Menschen selbst zu richten.

2.3 Was erwarten welche Alten von der Kirche?

Inzwischen wurde deutlich, dass die gängige Unterscheidung in Junge Alte, Alte und Hochaltrige anhand der Milieutypologien noch weiter differenziert werden kann. Dies soll im Folgenden dadurch geschehen, dass der Blick so auf die jeweiligen Vorlieben alter Menschen aus bestimmten Milieus gerichtet wird, dass zugleich bestimmte kirchliche Angebote mit ins Blickfeld geraten. Dieser Schritt kann dabei helfen, die Verschiedenheiten so zu deuten, dass die Praxis kirchlich-diakonischer Altenarbeit davon profitiert. Eine hilfreiche Orientierung bilden dafür die unterschiedlichen Dimensionen des Lebens. So entscheidet etwa die persönlich bevorzugte Erlebnisqualität (komplexe oder einfache Erlebnisse, spontane oder geordnete Erlebnisse) mit darüber, welche kirchlichen Angebote ausgewählt oder verworfen werden. Auch die ganz unterschiedlichen Bedürfnisse nach sozialer Nähe oder Distanz spielen eine große Rolle dafür, welches Teilnahmeverhalten ein alter Mensch innerhalb einer Kirchengemeinde möglicherweise entwickelt oder welche Form der Hilfe akzeptabel erscheint. Auch die individuelle Mobilität ist nicht nur eine Frage der körperlichen, geistigen oder finanziellen Möglichkeiten, sondern auch des persönlichen Lebensstils.

Der erste Blick auf einzelne Fallbeispiele soll bei dem immer noch am häufigsten anzutreffenden kirchlichen Angebot für die Zielgruppe der Seniorinnen und Senioren ansetzen: dem Seniorenkreis oder Seniorentreff. Meist mit einer Andacht, gemeinsamem Kaffeetrinken, viel Zeit zum Reden, dem einen oder anderen inhaltlichen Impuls und gemeinsamem Gesang verbunden, ist er für manche evangelischen Gemeindeglieder ein fester monatlicher Treffpunkt. Aber eben nicht für alle, auch nicht für alle, denen es nach wohlmeinender Einschätzung kompetenter Menschen vielleicht gut täte:

Zu viele fremde Menschen für eine der zurückgezogenen Alten

Rosa ist gerade 63 Jahre alt geworden und seit fast einem Jahr Witwe. Die letzten acht Jahre hat sie ihren Mann gepflegt, der 15 Jahre älter war als sie. Kinder hatten die beiden keine. Als junge Frau hatte sie in der Zigarrenfabrik gearbeitet. Als diese Fabrik geschlossen wurde, weil der Tabakanbau sich nicht mehr rentierte, war gerade auch ihr Vater pflegebedürftig geworden. So blieb sie zu Hause und pflegte erst den Vater und dann die Mutter. Früher, wenn ihr Mann dann mal nach den Eltern schaute, hat sie sich ab und zu mit ihrem Jahrgang getroffen oder war mit denen mal über ein Wochenende weggefahren. Aber das ist lange her und die, die am Ort wohnen, sind ja auch alle noch zu zweit.

Ihr Mann war in den letzten Jahren sehr eigenbrödlerisch gewesen und hatte sich gegenüber Besuchern ausgesprochen abweisend verhalten. Da kamen am Ende nicht einmal mehr die Nachbarn zu Besuch, und alleine lassen musste sie ihren Mann ja schon zum Einkaufen oder wenn sie mal zum Arzt ging.

Nun hatte ihr Arzt gemeint, er könne ihr zwar Tabletten gegen ihre Traurigkeit verschreiben, aber besser wäre es doch, sie würde den Seniorenkreis der Kirchengemeinde besuchen. Dort komme sie wieder unter Menschen und werde abgelenkt. Sie schätzt ihren Hausarzt sehr! Aber so ein kirchlicher Kreis mit Andacht und Kaffeetrinken, wo dann so viele Leute sind, die sie nicht kennt – nein, da will sie lieber nicht hin. Seit der Beerdigung ihres Mannes war sie auch nicht mehr im Gottesdienst. Was würden da auch die Leute denken, wenn sie jetzt plötzlich im Gemeindehaus auftauchen würde. Nein, so ein oder zwei Freundinnen, mit denen man mal eine Tasse Tee trinken kann und einen Spaziergang zum Friedhof machen, das wäre schon gut – aber der Seniorenkreis? Lieber nicht, hat sie sich entschieden und das Rezept des Arztes in der Apotheke eingelöst.

Rosa gehört zu den *Zurückgezogenen*, für die die Gemeinschaft im Seniorenkreis eher eine Überforderung denn eine Unterstützung darstellt. Eine naheliegende Versuchung, der hier der Hausarzt erliegt, ist seine Annahme, dass die von Rosa gewählte soziale Distanz eine in erster Linie lebensgeschichtlich bedingte und nicht zumindest auch eine soziokulturell gewählte sei. Wenn eine Kirchengemeinde hier hilfreich sein könnte, dann wohl am ehesten auf der Ebene des persönlichen Kontaktes. Eine diesbezügliche Erwartung, womöglich noch spezifisch an ihre Kirchengemeinde oder deren Mitarbeiterinnen und Mitarbeiter gerichtet, gibt es aber von den meisten Zurückgezogenen nicht. Wo diese Erwartung dennoch artikuliert wird, geht es dann oft um sehr spezifische und konkrete Verantwortungsübernahme, die nicht selten erst zu einem Zeitpunkt geäußert wird, wenn nach Einschätzung von Fachleuten eigentlich alles schon zu spät ist:

Wer kümmert sich um die zurückgezogenen Alten?

Die Pfarrerin ist am Freitagnachmittag vor dem vierten Advent noch bei einer Beerdigungsfeier. Am Sonntag werden die Weihnachtsfeier der Kinderkirche und der Gottesdienst im Pflegeheim sein und am Montag dann schon Heiliger Abend. Kaum zurück in ihrem Büro, klingelt das Telefon. Sie nimmt das Gespräch entgegen und sie fühlt sich förmlich von der Schimpfkanonade einer alten Frau an die Wand gedrückt. Nur mit Mühe kann sie herausfinden, um was es geht. Ein Mann scheint im Sterben zu liegen, Medikamente müssen aus der Apotheke geholt werden, aber es ist kein Geld mehr im Haus. Sie solle kommen und helfen, wenn sie schon in den letzten Wochen keinen Besuch mehr bei dem Schwerkranken gemacht habe.

Die Pfarrerin macht sich auf den Weg. Die angegebene Hausnummer ist nirgends zu sehen, aber an einem heruntergekommenen Hinterhaus geht im ersten Stock ein Fenster auf, als sie suchend den Hinterhof betritt. Die fast zahnlose *Renate* (68 Jahre) wirft ihr den Hausschlüssel herunter und fordert sie ziemlich barsch auf, in den ersten Stock zu kommen. Schon beim Betreten des Hauses muss die Pfarrerin innehalten. Eine Mischung aus Rauch und dem Gestank von Heizöl, Exkrementen und Verwesung dringt ihr entgegen. Das Trepppenhaus ist dunkel und die Küche, in die sie gebeten wird, ist voller Müll. Essensreste und leere Schnapsflaschen stehen auf dem Herd. Auf dem Sofa liegt der 70jährige *Rolf*, zusammengekauert, schwer atmend und in völlig verdreckten Kleidern, mit einem Verband am Fuß, der aussieht, als sei er vor mehr als einer Woche zum letzten Mal gewechselt worden.

Die Pfarrerin bittet um das Rezept für die Apotheke, doch dieses Rezept gibt es nicht. Der Arzt war vor zehn Tagen das letzte Mal da. Er wollte den Mann ins Krankenhaus verlegen. Aber dort gehe er nicht mehr hin, weil er dort sein Bier und seinen Schnaps nicht kriegt, und das sei schlimmer als hier zu Hause zu verrecken. Nun solle die Pfarrerin gefälligst für den Schnaps sorgen. Diese versucht, ein Gespräch zu beginnen, herauszufinden, wer der Hausarzt sei, und die Hilfe der Diakoniestation anzubieten. Vergeblich. Nach drei Flaschen Schnaps, einer an jedem Tag, stirbt Rolf am Heiligen Abend.

Menschen aus dem Milieu der Zurückgezogenen gehen nicht davon aus, dass sie einen Anspruch auf angemessene Hilfe haben. Es ist für sie gar nicht vorstellbar, dass öffentliche Hilfe sich an ihren individuellen Bedürfnissen orientieren könnte, schon gar nicht, wenn diese Bedürfnisse sich jenseits von gesellschaftlichen Normen bewegen. Den gesellschaftlichen Erwartungen, wie Ärzte und Pfarrerinnen sie repräsentieren, fühlen sie sich oft nicht gewachsen. Der institutionelle Apparat eines Krankenhauses macht Angst, und mit den Schwestern einer Diakoniestation käme die fremde Welt ins Haus.

Bestenfalls wird, wenn es nicht mehr anders geht, eine konkrete Hilfeleistung von einer bestimmten Person erwartet. Die Pfarrerin in dieser Fallgeschichte wird dann zur Repräsentantin einer zu Nächstenliebe und Hilfeleistungen verpflichteten Institution. Ihr wird zunächst eine der gesellschaftlichen Norm entsprechende Bitte um Hilfeleistung, nämlich die Besorgung von Medikamenten, suggeriert. Letztlich aber geht es um die Beschaffung von Alkohol, um wenigstens die Qual des Sterbens in der zwar schäbigen, aber doch vertrauten Welt der eigenen vier Wände erträglich zu machen. Hier treffen Milieugegensätze aufeinander, wie sie kaum größer denkbar wären, und sie betreffen die großen Fragen des Lebens. Das alkoholisierte Sterben in einer verwahrlosten Umgebung, das für arme Alte aus dem Milieu der Zurückgezogenen als unabänderliches Übel erscheint, wird von Menschen aus anderen Milieus als absolut menschenunwürdig qualifiziert und ist für sie deshalb unerträglich. Die Hilfe durch Beschaffung von Alkohol zur Betäubung der Schmerzen und des Bewusstseins dient nicht der Veränderung dieser Situation und kann aus anderer Perspektive deshalb kaum als wirkliche Hilfe bewertet werden.

Die Pfarrerin, und mit ihr die kirchliche Konzeption einer diakonischen Altenarbeit, gerät dadurch in ein ganz grundsätzliches Dilemma: Eine am christlichen Menschenbild geschulte Vorstellung von menschenwürdigem Sterben sieht völlig anders aus, und das Konzept einer Hilfe zur Selbsthilfe greift hier genauso wenig wie das Angebot eines seelsorgerlichen Gespräches. Die Suche nach geeigneten, niederschwelligeren und viel früher einsetzenden Altenhilfeangeboten ist an dieser Stelle deshalb so schwierig, weil die Zurückgezogenen auch sonst in der Kirche und im öffentlichen Raum weitgehend unsichtbar sind und es auch bleiben wollen.

Deutlich einfacher und dennoch nicht immer leicht hat es die Kirche mit alten Menschen, die dem Milieu der *Geselligen* zugerechnet werden können. Für sie gehört Kirche in bestimmten Lebenssituationen einfach dazu, auch wenn religiöse Inhalte im Alltag eher eine marginale Rolle spielen

Die Kirche im Leben der geselligen Alten

Grete ist im letzten Jahr siebzig geworden und hat im selben Jahr auch zusammen mit ihrem Mann und ihrer Familie und vielen Menschen aus den Vereinen, in denen sie beide aktiv sind, ihre Goldene Hochzeit mit einem Gottesdienst in der Kirche gefeiert. So richtig etwas fürs Herz war dieser Gottesdienst gewesen. Die Pfarrerin hatte sich viel Zeit für das Vorgespräch genommen und eine feine Art gefunden, dieses Gelingen ihrer Ehe, auf das sie selbst sehr stolz ist, feierlich zu gestalten. Grete war als einziges Kind des reichsten Bauern am Ort aufgewachsen und hatte den zehn Jahre älteren ungarischen Knecht, der als Flüchtling in ihrer Kindheit auf den Hof gekommen war, gegen den Willen ihrer Eltern mit 18 Jahren geheiratet, weil sie schwanger war. Seit sie denken kann, war Grete eine Sportskanone gewesen. Immer war sie im örtlichen Sportverein bei den Mädchen vorne dabei gewesen. Später hatte sie verschiedene Übungsleiterinnenausbildungen gemacht: erst fürs Mädchenturnen, später für die Frauengymnastik und heute ist sie die anerkannte Fachfrau für Wirbelsäulengymnastik und Rheumaturnen.

Ihr Mann engagierte sich beim Deutschen Roten Kreuz und bei der Freiwilligen Feuerwehr. Eine Zeit lang, bis zu einem schweren Autounfall, den sie beide nur mit bleibenden Folgen überlebt hatten, war er sogar stellvertretender Kommandant gewesen. So waren sie beide eigentlich fast jedes Wochenende mit ihren Vereinen aktiv. Auch die drei Kinder und die Enkelkinder traten in diese Fußstapfen.

Zum Seniorenkreis geht Grete, weil sie dort auch die Menschen aus den Vereinen wieder trifft. Sie genießt die Zeit zum Reden. Vor allem der Seniorenfasching ist für sie immer wieder ein großer Spaß. Bei der alljährlichen Seniorenolympiade ist sie als Sportsfrau mit ihren Ideen gefragt. Da geht sogar ihr Mann noch mit, als Sanitäter für alle Fälle. Dass der neue Pfarrer nun immer eine halbe Bibelstunde aus dem Seniorenkreis macht, gefällt ihr aber gar nicht, weil das mit ihrem Leben nicht so viel zu tun hat. Deshalb sitzt sie jetzt immer ganz hinten, da kann man doch ein wenig tuscheln nebenher. Einfach wegzubleiben käme nicht in Frage! Schließlich wird man ja nicht jünger, und wer im Sportverein, im Roten Kreuz und bei der Feuerwehr nicht mehr aktiv dabei sein kann, der wird eben nur noch zu den Weihnachtsfeiern und Vereinsversammlungen eingeladen. So richtig regelmäßig dabei sein geht dann eben nur noch im Seniorenkreis – und das ist ihr wichtig, um noch dazuzugehören im Dorf.

An diesem Beispiel wird deutlich, welche nicht zu unterschätzende Funktion evangelische Altenarbeit auch für diejenigen Gemeindeglieder aus dem Milieu der Geselligen haben kann, die wie hier zu den „treuen Kirchenfernen" gehören. Zugleich zeigt sich, warum der Anspruch an ein eindeutigeres, evangelisches Profil in einer solchen Veranstaltung auch zu einem Ausschlusskriterium für viele potenzielle Teilnehmerinnen und Teilnehmer werden kann. Dort wo die persönliche Freizeitgestaltung im Alter nicht von bodenständig-traditioneller Kirchlichkeit geprägt ist, sondern die Geselligkeit im Vordergrund steht, wird von Einzelnen noch manches akzeptiert, was nun nicht gerade dem persönlichen Geschmack entspricht. Dies gilt umso mehr, wenn die Kirche mit ihren Angeboten noch zum vertrauten Lebensraum gehört und an entscheidenden Punkten des Lebens als wichtiger Anlaufpunkt wahrgenommen wird. Diese Toleranz ist jedoch nicht in allen Milieus oder bei allen Menschen gleichermaßen ausgeprägt, wie das folgende Beispiel zeigt:

Kirche mit Niveau für hochkulturelle Alte

Die neunundachtzigjährige *Henriette* war Kind einer angesehenen ostpreußischen Reedereifamilie. Sie war aufgewachsen mit fünf Geschwistern, zwei ihrer Brüder waren im Krieg gefallen. Sie selbst war als Jugendliche nach dem Tod ihrer Mutter zu einer Tante nach

Süddeutschland gekommen, hatte dort das Gymnasium besucht und war Grundschullehrerin geworden.

Nach ihrer Heirat wurde sie schnell Mutter von drei kleinen Mädchen, die sie nach einer frühen Scheidung alleine erziehen und mit ihrem eigenen Verdienst auch unterhalten musste. Ihre Familie hatte durch die Kriegs- und Nachkriegswirren alles verloren. Auch eine finanziell immer prekäre Situation hinderte sie nicht daran, ihren Töchtern eine gute Ausbildung zu ermöglichen. Sie selbst spielt immer noch gerne Klavier und musiziert gerne mit ihren Enkeln.

Seit ein paar Jahren lebt sie am Wohnort ihrer jüngsten Tochter, die als Ärztin mit dem Apotheker des Dorfes verheiratet ist, in einer Seniorenwohnanlage. Dort wird sie, seit einer missglückten Bandscheibenoperation auf den Rollstuhl angewiesen, von den Schwestern der Diakoniestation betreut. Sie kennt im Dorf nicht viele Menschen, aber sie liest viel, hat erst vor zwei Jahren mit allen Töchtern und deren Familien noch einmal eine Reise in ihre alte Heimat unternommen und erzählt gerne davon. Zusammen mit ihrer jüngsten Enkelin, die sie immer wieder mit dem Notebook besucht, schreibt sie jetzt ihre Lebenserinnerungen auf.

Zum 85. Geburtstag, gleich nachdem sie in die Seniorenwohnanlage gezogen war, bekam sie Besuch von einer Dame des Besuchsdienstes der Evangelischen Kirchengemeinde. Schade eigentlich. Diese Dame hatte es wirklich gut gemeint und sie mit einem Programmzettel auch in den Seniorenkreis eingeladen. In der Stadt hatte sie daran regelmäßig teilgenommen. Dort gab es anspruchsvolle Lesungen und Reiseberichte. Aber hier auf dem Dorf mit Volksliedern und Sketchen, das war nicht ganz ihre Welt.

Eigentlich hätte sie bei so einem Geburtstagsbesuch gerne den Pfarrer persönlich kennengelernt. Vielleicht wäre er ein interessanter Gesprächspartner gewesen. Denn in der Seniorenwohnanlage hatte sie bisher noch niemanden entdeckt, der ihre Interessen wirklich teilte. Das spürte sie besonders schmerzlich, wenn der Diakon zum offenen Kaffeetrinken kam. Zwar war er ein gebildeter Gesprächspartner, aber die anderen Teilnehmerinnen und Teilnehmer hatten so gar keinen Sinn für Kunst und Kultur und schon gar nicht für religiöse Themen. Da war es ihr lieber, wenn der Diakon sie ab und zu alleine besuchte. Außerdem nahm ihre Tochter sie ja auch ab und an noch mit zu Gottesdiensten oder Konzerten in der Kirche des herrlichen Klosters im Nachbarort.

Solche Menschen aus dem Milieu der *Hochkulturellen* wären vermutlich diejenigen, die der längeren und vom neuen Pfarrer wohldurchdachten Andacht im Seniorenkreis des Dorfes etwas abgewinnen könnten. Zumindest würden sie anschließend sicher gerne mit ihm darüber diskutieren. Aber das ansonsten eher dem Trivialschema folgende Begleitprogramm verströmt in diesem Beispiel offensichtlich eine Milieuatmosphäre, die sehr deutliche Abstoßungseffekte zu Tage treten lässt.

Sketche, die familiäre Alltagssituation am Küchentisch im lokalen Dialekt zum Besten geben, oder der Smalltalk über die Knöllchenaffaire im Dorf langweilen Menschen, die auch im hohen Alter noch gerne die ZEIT oder die neueste Novelle von Günther Grass lesen. Menschen aus dem hochkulturellen Milieu erwarten auch im Alter von kirchlichen Veranstaltungen nicht simple Unterhaltung, sondern möchten Anregungen für das eigene Denken. Besonders abstoßend wirkt auf diese Menschen das fröhliche Schunkeln zu volkstümlichen Liedern beim Seniorenfasching oder der alljährliche Lichtertanz der Seniorentanzgruppe im Advent. Viel lieber wäre ihnen ein Vortrag über lokale Bräuche und deren kultur- und religionsgeschichtlichen Hintergrund oder ein Liedernachmittag mit Opernarien.

Solange für die Erfüllung persönlicher Bedürfnisse noch genügend eigene oder familiäre Ressourcen zur Verfügung stehen, lässt sich auch mit größer werdenden körperlichen und geistigen Einschränkungen oft noch ein Leben in relativer Selbstständigkeit und Eigenständigkeit gestalten, das den eigenen Lebensstil bewahrt. Weit problematischer wird dies dort, wo weder finanzielle noch personelle Ressourcen dafür zur Verfügung stehen und Menschen in eine Situation kommen, in der sie keine Wahlmöglichkeit mehr haben. Dies ist häufig dann der Fall, wenn Menschen pflegebedürftig werden und in der häuslichen Umgebung oder im stationären Bereich auch für ganz elementare Lebensvollzüge auf Hilfe angewiesen sind. Davon sind oft ganz zentrale Dimensionen des Lebens betroffen. Die Lebensqualität eines alten Menschen hängt dann ganz entscheidend davon ab, inwiefern seine Bedürfnisse entlang dieser Lebensdimensionen noch Berücksichtigung finden.

Wer als hochkulturell geprägter Mensch durch eine Lähmung kein Buch mehr halten, keine Seite mehr umblättern und auch keinen CD-Player mehr bedienen kann, der ist auf entsprechende Hilfe angewiesen, um statt der Dauerberieselung mit Volksmusik im Gemeinschaftsraum eines Altenheimes seinen individuellen Wunsch nach anspruchsvoller Literatur zu erfüllen. Nicht besser wird es einem Menschen aus dem Milieu der Zurückgezogenen ergehen, der sein Leben lang kein Musikinstrument gespielt hat und nun mit freundlichem Nachdruck im Rahmen der Aktivierung eine Triangel in die Hand gedrückt bekommt. So oder so erweist es sich als schwierig, noch Erlebnisse in der persönlich bevorzugten Erlebnisqualität zu haben.

Eher zu einer Frage persönlicher Autonomie kann es werden, wenn zum Beispiel das Nachlassen der Sehkraft selbständiges Kochen nicht mehr erlaubt. Dann muss sowohl der persönliche Lebensrhythmus als auch die Auswahl der Lebensmittel bei den einzelnen Mahlzeiten der allgemeinen Konvention in einer Pflegeeinrichtung oder bei „Essen auf Rädern“ angepasst werden. Dies wird Menschen aus konventionell orientierten Milieus dann leicht fallen, wenn sie auch bei einer Pflegeheimunterbringung in ihrer heimatlichen Region bleiben können. Schwieriger wird es schon für hochkulturell orientierte Menschen, die sich sehr bewusst ernährt haben. Wirklich problematisch gestaltet sich dieses Thema, wenn Menschen mit Migrationshintergrund und besonderen, religiös begründeten Ernährungsgewohnheiten in eine solche Situation geraten.

Nicht weniger schwierig ist die am eigenen Lebensstil orientierte Gestaltung sozialer Distanz oder Nähe in der Situation der Pflegebedürftigkeit. Hier unterscheiden sich Pflegeeinrichtungen stark voneinander, und nicht immer ist es, allein schon wegen der unterschiedlichen Pflegesätze, möglich, eine entsprechende Auswahl zu treffen. Derselbe Tag im Gemeinschaftsraum einer Tagespflegeeinrichtung kann für einen Menschen aus dem Milieu der Zurückgezogenen zur Qual werden, während ein Geselliger plötzlich wieder aufblüht, wenn er dort nicht mehr alleine ist.

An diesen Beispielen wird deutlich, mit welch hohen Anforderungen an das Pflegepersonal die Idee milieusensibler Altenpflege und Altenhilfe einhergeht und wie schwierig dies unter den Bedingungen einer einzelnen Einrichtung zu verwirklichen ist, wenn nicht reichlich personelle (kostenintensive!) Ressourcen zur Verfügung stehen oder auf Ehrenamtliche zurückgegriffen werden kann. Wer hier einwendet, dass dies nun wenig damit zu tun habe, welche Rolle die Kirche für alte Menschen aus unterschiedlichen Milieus spielen kann, der übersieht, dass ein Grundgefühl von Stimmigkeit der persönlichen Lebensvollzüge für eine vertrauensvolle Atmosphäre sorgt. Diese aber ist es, die oft erst die notwendige Offenheit schafft, in der auch seelsorgerliche Begegnungen im Alltag und in besonderen Belastungssituationen möglich werden.

2.4 Auch Mitarbeitende haben ihre Milieus

Wird erst einmal die Milieubrille genutzt, so erscheint es völlig selbstverständlich, dass auch alle Mitarbeiterinnen und Mitarbeiter ihren je eigenen Lebensstil und ihre Vorlieben in die Arbeit in Kirche und Diakonie mit einbringen. Auch bei Mitarbeitenden ist dies nicht nur eine individuelle Angelegenheit, sondern auch hier lassen sich bestimmte milieutypische Gegebenheiten beobachten. Aber diese einfache Feststellung bedeutet noch lange nicht, dass dieser Sachverhalt in Planungsprozessen und in der konkreten Praxis auch entsprechend berücksichtigt würde.

Von Hauptamtlichen kann im Rahmen ihrer Professionalität Milieusensibilität erwartet werden. Dazu gehören zunächst die Wahrnehmung der eigenen Person und der bewusste Umgang mit dem persönlichen Lebensstil. Es hilft schon viel, wenn eine Mitarbeiterin weiß, dass die Gregorianischen Gesänge, die sie selbst liebt, nicht den Musikgeschmack aller alten Menschen treffen, oder wenn ein Mitarbeiter nicht unbedacht davon ausgeht, dass alle Männer, als sie einmal jünger waren, begeisterte Fußballspieler waren. Hauptamtliche dürfen die Augen davor nicht verschließen, an welchen Stellen sie selbst besonders ablehnend auf Ideen von Menschen aus anderen Milieus reagieren. Konflikte um Lametta am Christbaum in der Kirche oder um Plastikblumen als Tischschmuck beim Seniorentreff gehören genau in diesen Zusammenhang. Wer diese Beobachtungen bei sich selbst gemacht hat, der kann damit bei anderen bewusster umgehen und wird sensibel beobachten, wie Menschen sich kleiden und ihre Wohnung einrichten, wie sie ihre Freizeit verbringen, an welchen Werten sie sich orientieren und wie sie ihre sozialen Beziehungen gestalten.

Schwieriger stellt sich diese Erwartung im Bezug auf Ehrenamtliche dar, die häufig gerade auf der Grundlage ihrer eigenen Milieuvorlieben nach kirchlichen und diakonischen Beteiligungsmöglichkeiten suchen und deshalb nicht unbedingt auch Verständnis für anders gelagerte Beteiligungsmotivationen mitbringen müssen. Wer selbst am liebsten eigenständig Ideen entwickelt und diese auch verantwortlich in die Tat umsetzen will, der wird sich kaum dort engagieren, wo nichts anderes erlaubt ist, als auf klare Anweisungen hin überschaubare Aufgaben zu übernehmen.

Dort, wo es um die aktive Mitarbeit in der kirchlich-diakonischen Altenarbeit geht, ist die Frage nach dem gewünschten Grad von Autonomie oder Anleitung, nach dem Ausmaß von Gestaltungsfreiheit oder der Überschaubarkeit von Aufgaben von entscheidender Bedeutung. Dennoch spielen natürlich auch alle anderen Dimensionen der Lebensgestaltung in Milieus und die entsprechenden Abgrenzungsbedürfnisse für ehrenamtlich Mitarbeitende eine wichtige Rolle. Deshalb wird häufig auch im Kontext der Milieuzugehörigkeit entscheiden, welche Formen der Mitarbeit in einer Kirchengemeinde oder Altenhilfeeinrichtung grundsätzlich für jemanden in Frage kommen, der mit dem Gedanken an persönliches Engagement spielt, oder welche Aufgaben grundsätzlich abgelehnt werden. (Hinweise dazu finden sich in Band 1, III.5.)

Darüber hinaus liegt die Vermutung nahe, dass im Rahmen der Altenarbeit und der Altenhilfe gerade in den verschiedenen Begegnungsmöglichkeiten von Menschen aus denselben und aus unterschiedlichen Milieus die größten Chancen und die tiefsten Abgründe nahe beieinander liegen. Deshalb ist es wichtig, hier genau zu beobachten, was geschieht, wenn Menschen aus unterschiedlichen Milieus mit ihren verschiedenen Bedürfnissen und Erwartungen einander begegnen. Wie unterschiedlich sich dies in der Praxis darstellen kann, sollen die folgenden Beispiele anschaulich machen:

Ein Engel ohne Flügel aus dem Milieu der Bodenständigen

Brunhilde ist selbst schon 76 Jahre alt, aber es ist nicht übertrieben, wenn die Leiterin des kleinen Pflegeheimes eines diakonischen Trägers am Rande einer Kleinstadt sie den „Engel des Hauses" nennt. Brunhildes Tochter arbeitet seit 15 Jahren als Pflegekraft in diesem Haus. Brunhilde selbst hat keinen Beruf gelernt. Als junge Frau hatte sie in einem Bäckereihaushalt in der Stadt gelernt, was man so für die Führung eines Haushaltes braucht. Wohlgefühlt hatte sie sich dort in der Stadt nicht. So war sie froh, dass sie nach ihrer Hochzeit wieder in ihr Heimatdorf und in eine kleine Wohnung im Haus ihrer Schwiegereltern zurückkehren konnte. Sie war gerne Hausfrau und Mutter von drei Kindern gewesen. Auch die Arbeit im großen Garten hatte ihr immer Spaß gemacht und die Erträge halfen dabei, mit dem kleinen Gehalt, das ihr Mann als Schreiner in der örtlichen Möbelfabrik verdiente, gut zurechtzukommen. Die Kinder waren gerade erst erwachsen, da starb ihr Mann an einem Herzinfarkt. Zum Glück kamen dann auch schnell die ersten Enkelkinder zur Welt, so dass sie genug Aufgaben und Ablenkung hatte. Außerdem unterstützte sie ihre Mutter bei der Pflege des Vaters.

Schlimm wurde es für sie selbst erst, als auch die Enkel keine Betreuung mehr brauchten und zum Studieren weggezogen waren. Da saß sie nur zu Hause und starrte, mit Volksmusik aus dem Radio im Hintergrund, die Wände an. Das bisschen Arbeit, das geblieben war, ließ sich ja im Handumdrehen erledigen. Brunhilde ging zwar noch jede Woche zum Seniorenturnen, ab und zu zum Wandern mit dem Albverein und sonntags in den Gottesdienst. Aber die vielen Tage dazwischen zogen sich dahin. Zum Glück bemerkte Brunhildes Tochter schnell, dass es so nicht bleiben konnte, und nahm sie einfach mit in ihre Arbeitsstelle. „Dort kannst du was Gutes tun", hatte die Tochter nur gesagt. Anfangs hatte sie sich dagegen gesträubt. Das ganze Elend der pflegebedürftigen Menschen verfolgte sie bis in ihre nächtlichen Träume. Aber dann fing sie an sich nützlich zu machen. Mal schnitt sie hier einen Apfel in Stücke und reichte ihn einer dementen Frau, die schon vergessen hatte, wie selbständiges Essen geht. Dann passierte sie in der Küche das Essen und lernte, wie sie Menschen mit Schluckstörungen ihre Mahlzeiten reichen konnte. Und die kleinen Spaziergänge in die Natur, die sie mit dem alten Herrn im Rollstuhl machte, taten ihr selbst auch gut. Besonders schön war auch immer die Stimmung, wenn alle gemeinsam im Speisesaal Volks- oder Kirchenlieder sagen.

Nach ein paar Monaten hatte sie das Gefühl, dass die Bewohnerinnen und Bewohner im Heim ihre Ersatzfamilie geworden waren. Ihr größtes Glück war, dass viele, die ihre Angehörigen schon nicht mehr erkannten, sie mit der Zeit anstrahlten und umarmten, wenn sie kam.

So kann der Zugang zum diakonischen Ehrenamt für ältere Menschen aus dem Milieu der *Bodenständigen* aussehen: Einbindung über vertraute Personen, in Strukturen mit wenig fremden Stilmitteln und nahe an vertrauten familiären Aufgabenstellungen. So kann dann auch die Abneigung gegen komplexe und nicht kalkulierbare Erlebnisse langsam überwunden werden und die Annäherung an fremde Lebenswelten, die mit so angstbesetzten Themen wie Leiden und Tod verbunden sind, gelingen. An diesem Beispiel wird deutlich, wie wertvoll für alle Beteiligten eine Konstellation werden kann, in der sich Mitarbeiterin und Hilfeempfänger als Beschenkte erleben.

Der wohl denkbar größte Kontrast entsteht dagegen, wenn jüngere Ehrenamtliche aus den deutlicher an komplexen Erlebnissen orientierten Milieus der *Mobilen* und *Kritischen* sich Gedanken um Formen der Altenarbeit und Altenhilfe machen und sich dabei in allerbester Absicht von ihren individuellen Vorstellungen, Interessen und Maßstäben leiten lassen.

Wenn das Engagement der Mobilen keine Resonanz findet

Marco, Marcel und Michael sind drei junge Männer zwischen zwanzig und vierundzwanzig Jahren. Marco macht gerade seine Fachhochschulreife im kaufmännischen Berufskolleg, die andern beiden studieren: Marcel Verfahrenstechnik und Michael Informatik. Weil alle drei aus Handwerker- und Heimwerkerhaushalten kommen, haben sie schon viel Erfahrung mit der Renovierung von Wohnungen. Mit Wohnungsentrümpelungen und Umzugsservice bessern sie auch immer wieder ihr Taschengeld auf.

Seit vielen Jahren gehören sie gemeinsam zur „Jesus-Gang“ in ihrer Heimatstadt. Das ist eine Jugendgruppe, die aus einer offenen, christlichen Jugendarbeit heraus entstanden ist. Die Leute dort nehmen ihren persönlichen Glauben sehr ernst und wollen, dass der Glaube Auswirkungen auf ihr alltägliches Leben hat. Marco weiß von seiner Mutter, die im Generationennetzwerk der Kirchengemeinde mitarbeitet, dass dort etwas für alte Leute gemacht werden soll. Das finden die drei spannend und überlegen, ob ihnen dazu nicht was Cooles einfällt. Schnell sind sie sich einig: Wohnungen für alte Leute renovieren, einfach mal tapezieren oder den Wasserhahn reparieren – ohne dass es die Leute was kostet – das würden sie schon mal ab und zu am Wochenende machen. Wegen der Materialkosten fragen sie ihre Väter, ob die das nicht als Spende übernehmen könnten. Und der Pfarrer wird schon wissen, wer Hilfe gebrauchen könnte, der geht ja immer die alten Leute besuchen.

So weit, so gut. Alle sind begeistert: Sie selbst, die Väter, die Leute vom Generationennetzwerk und der Pfarrer. Nur gibt es niemanden, der diese Hilfe will. Schon die sachtesten Angebote des Pfarrers werden mit Vehemenz zurückgewiesen. So viel Hilfe will sich niemand gerne schenken lassen. Was würden da hinterher die Nachbarn sagen, wenn sie davon etwas mitbekommen? Das ist ja aller Ehre wert, was die jungen Leute sich da ausgedacht haben, aber da gibt es bestimmt Menschen, die das dringender nötig haben. So und ähnlich sind die Reaktionen der alten Menschen, die vom Pfarrer und von den Mitarbeiterinnen des Generationennetzwerkes auf dieses Angebot angesprochen werden.

Die soziale Kontrolle in Dörfern, Kleinstädten und so manchem Viertel einer Großstadt und die Vorstellung, dass Hilfsbedürftigkeit persönlichem Versagen zuzuschreiben sei, verhindern oft, dass alte Menschen aus den Milieus der Zurückgezogenen oder der Bodenständigen sich Unterstützungsangebote zu Nutzen machen können. Die Zurückgezogenen können sich außerdem gar nicht vorstellen, dass jemand einfach so auf die Idee kommt, ihnen Hilfe anzubieten, und die Bodenständigen erwarten, dass solche Probleme innerhalb der Familie gelöst werden. Menschen aus anderen Milieus würden ein solches Hilfeangebot sehr viel weniger problematisieren.

Für *Gesellige* ist Nachbarschaftshilfe die größte Selbstverständlichkeit, und sie haben oft selbst gerne geholfen. Sie freuen sich über den Kontakt zu jungen Menschen aus demselben Dorf und kennen oft schon deren Eltern und so gibt es genug persönliche Anknüpfungspunkte.

Hochkulturelle sind zwar in der Regel nicht auf ein kostenloses Angebot angewiesen und sie wurden im konkreten Fall auch gar nicht auf dieses Angebot angesprochen. Aber als die offene Jugendarbeit im selben Ort im Winter einen Schneeräumdienst auf Spendenbasis offiziell im Ortsnachrichtenblatt inserierte, da wurde dieses Angebot vor allem von älteren Menschen aus dem Milieu der Hochkulturellen angenommen. Diese brachten ihre Wertschätzung für das Engagement der jungen Leute durch eine großzügige Spende zum Ausdruck und konnten so ihrem Standesbewusstsein Rechnung tragen. Dasselbe Grundproblem stellt sich übrigens nicht nur für konkrete Dienstleistungen aus dem handwerklichen Bereich, sondern ebenso für die Begleitung beim Gang zum Arzt, für Einkäufe oder für die Dienste einer Hospizgruppe. Nicht zuletzt vor diesem Hintergrund wird Hilfe oft erst dann zugelassen, wenn es eigentlich schon zu spät ist.

Bisher war der Blick durch die Milieubrille direkt auf die Interessen und Bedürfnisse alter Menschen oder auf Mitarbeiterinnen und Mitarbeiter in der Altenarbeit gerichtet. Zuletzt soll noch ein kirchliches Leitungsgremium in den Blick genommen werden. Damit kommen Leitungshandeln und konzeptionelles Denken stärker ins Blickfeld.

Gesellige organisieren sich ihre gesellige Kirche

Gundel ist 55 und zusammen mit ihrem Mann, der gerade das Rentenalter erreicht hatte, in das Dorf gezogen, in dem ihre Tochter mit den Enkelkindern lebt und arbeitet. Gundel hatte in ihrer bisherigen Gemeinde einen Frauenkreis geleitet und einen offenen Seniorentreff aufgebaut. Der Abschied von diesen Aufgaben und den vertrauten Menschen war ihr sehr schwer gefallen. Deshalb wollte sie ganz schnell auch in der neuen Kirchengemeinde wieder heimisch werden und informierte sich in der Lokalpresse über die Angebote dieser Gemeinde.

Der Pfarrer machte ihr den Vorschlag, im Team des Besuchsdienstes mitzuarbeiten. Gundel erfuhr, dass der Seniorentreff sowieso fast schon zu viele Mitarbeiterinnen habe und der bisherige Frauenkreis nach dem Weggang der inzwischen pensionierten Diakonin nahtlos in den Seniorenkreis übergewechselt sei. Erkundigungen im Kirchenchor ergaben, dass die Leute vom Besuchsdienst ziemlich frustriert waren, weil ihr Dienst von den Menschen nicht geschätzt wurde. Die einen wollten lieber den Pfarrer persönlich sehen, die anderen weilten zum Zweit- und Dritturlaub irgendwo in der weiten Welt, und viele Türe blieben verschlossen, weil die Leute schon so alt waren, dass sie Fremden die Tür nicht mehr öffnen konnten oder wollten. Solche Erfahrungen wollte Gundel sich lieber ersparen.

Eine echte „Marktlücke“ und eigentlich auch das, wonach ihr Sinn am ehesten stand, war das Thema Frauenarbeit. Hier schien es unter den gleichaltrigen und etwas jüngeren Frauen einen echten Bedarf zu geben. Nur eben nicht abends, wenn die Ehemänner zu Hause waren oder Vereinsarbeit angesagt war, sondern am Vormittag, wo man sich die Hausarbeit schon mal so einteilen kann, dass Zeit für Interessantes und Geselliges bleibt. Mit dieser Idee und der Bitte um einen dafür geeigneten Raum im Gemeindehaus wandte sich Gundel an den Kirchengemeinderat.

Diese potenzielle ehrenamtliche Mitarbeiterin gehört zur vielfältig umworbenen Generation 55+ und außerdem zu denjenigen älteren Menschen aus dem Milieu der *Geselligen*, deren Lebensstil noch von einer hohen Kirchenverbundenheit geprägt ist. Durch ihre persönliche Rolle als Großmutter ohne eigene Berufstätigkeit in einer noch fremden Umgebung sucht sie als Gesellige einerseits eine Gemeinschaft, der sie sich selbst zugehörig fühlen kann. Anderseits will sie sich nicht einfach in ein bestehendes Konzept einfügen, sondern selbst gestalten, indem sie ihre eigenen Ideen auch in die Tat umsetzt. Angesichts einer solchen Anfrage werden oft Fragen danach gestellt, wer denn die Verantwortung für die Inhalte einer solchen Veranstaltung übernehmen solle, wenn keine Hauptamtlichen dafür zur Verfügung stehen. Immer wieder wird auch die Erwartung laut, solche begabten Mitarbeiterinnen sollten sich doch an der Gesamtkonzeption der Gemeinde orientieren und nicht eigenmächtig neue Arbeitsfelder eröffnen. Damit steht dann auch die Frage danach im Raum, wer hier die geistliche Autorität in einer Kirchengemeinde wahrzunehmen hat und wer für konzeptionelle Fragen zuständig ist.

Zunächst mag der Eindruck entstehen, dass die Gefahr besteht, dass sich in einem solchen Konflikt einfach die bestehende Kerngemeinde mit ihrer Gemeindekonzeption durchsetzt. Oft ist aber ein Kirchengemeinderat zugleich von *Hochkulturellen* geprägt, die sich in traditioneller Weise an fachlicher Autorität orientieren, und es steht ihm eine Kirchengemeinde mit vielen traditionell orientierten bodenständigen Gemeindegliedern gegenüber. In einem solchen Fall würden sich dann zugleich bestimmte Milieus in der Kirche gegen andere durchsetzen. Gleichermaßen denkbar wäre aber auch die Situation, dass es gar nicht erst zu solchen Auseinandersetzungen kommt, weil sich in einer geselligen Kerngemeinde auch Mitglieder des Kirchengemeinderates über ein neues geselliges Angebot freuen und Menschen aus allen anderen Milieus dadurch in einer solchen Kirchengemeinde an den Rand des kirchlichen Lebens gedrängt werden.

Hier werden Grundfragen nach den Zielsetzungen und der Qualität kirchlich-diakonischer Arbeit berührt. Welche Menschen sind die Mitgestalterinnen und Adressaten kirchlich-diakonischer Altenarbeit? Wie verhalten sich die Bedürfnisse der Menschen zum christlichen Auftrag in der Altenarbeit und in der Altenhilfe? Welche Arbeitsformen entsprechen dem aktuellen Stand fachlicher Kriterien für die Arbeit mit alten Menschen? Wie fügen sich solche Überlegungen ein in die sozialpolitischen Rahmenbedingungen von Altenarbeit und Altenhilfe? Für die Beantwortung dieser Fragen sollen deshalb im Folgenden noch weitere sozialwissenschaftliche und auch theologische Aspekte herangezogen werden.

3. Orientierungen für eine milieusensible Altenarbeit

Die bisherigen Beobachtungen werden nun zunächst in einen größeren sozialwissenschaftlichen (3.1) und theologischen (3.2) Kontext gestellt. Erst vor diesem Hintergrund wird dann eine perspektivische Bewertung und konzeptionelle Einbindung der bisherigen Beobachtungen möglich (3.3).

3.1 Sozialwissenschaftliche Perspektiven

Im Rückblick auf die sozialen Veränderungen, die die Lebensphase des Alters und damit die Lebenswelt alter Menschen betreffen, lassen sich strukturelle und kulturelle Veränderungen unterscheiden. Diese sollen, auch in ihren Wechselwirkungen, hier zunächst dargestellt werden, bevor konzeptionelle Folgen für die moderne Altenarbeit und Altenhilfe in den Blick rücken.

Anders als vor 100 Jahren haben heute die meisten alten Menschen nach der Phase der Berufstätigkeit noch eine materiell abgesicherte Phase ohne Erwerbstätigkeit vor sich. Vor der Einführung der Rentenversicherung im Jahr 1911 war dies undenkbar. Nur familiäre Unterstützung oder öffentliche Armenfürsorge ermöglichten vorher ein Überleben ohne Erwerbstätigkeit. Historisch betrachtet ist also die Abgrenzung einer speziellen Altersphase des Lebens noch relativ jung. Anfangs erreichte noch kaum ein Mensch die ursprünglich festgesetzte Altersgrenze von 70 Jahren. Erst mit der Absenkung der Altersgrenze auf 65 Jahre und der Rentenreform von 1957 kam dieser Prozess in der Form zu einem Ende, dass die soziale Absicherung jenseits der Erwerbsarbeit der Mehrheit der Bevölkerung zugänglich wurde. Auf Grund des Geburtenrückgangs und der Verlängerung der Lebenserwartung stehen diese sozialen Errungenschaften im Zuge des demographischen Wandels seit der Rentenreform 1992 wieder auf dem Prüfstand. Mit diesen sozialpolitischen Veränderungen war zugleich *ein Strukturwandel* des Alters verbunden.

Fünf Grundtendenzen sind in diesem Zusammenhang allgemein beobachtbar:

1. Die *Entberuflichung des Alters* bringt zwei gegenläufige Tendenzen mit sich. Die Freistellung von der Notwendigkeit zur Erwerbstätigkeit eröffnet einerseits neue Freiheiten zur weitgehend selbstbestimmten Lebensgestaltung. Andererseits besteht die Gefahr, dass durch Zurückdrängung oder Rückzug ins Privatleben eine ganze Generation von Menschen in die gesellschaftliche Bedeutungslosigkeit absinkt. Darunter leiden oft besonders Menschen aus dem hochkulturellen Milieu, für die die Beschränkung auf ehrenamtliche Arbeit oft mit einem erheblichen Verlust an Macht und Einfluss verbunden ist.

2. Durch die Tendenz eines immer früheren Eintritts in die Altersruhephase kam es zu einer *Verjüngung des Alters*. Die Gruppe der Jungen Alten, die im Vollbesitz ihrer körperlichen und geistigen Leistungskraft und auf einer vergleichsweise guten bis sehr guten materiellen Basis ihre Lebenszeit frei und unabhängig gestalten konnte, entstand und vergrößerte sich zusehends. Gerade an dieser Altersphase zeigen sich deshalb Milieuunterschiede noch einmal besonders deutlich. Die Begrenzung der zeitlichen Möglichkeiten durch die Erwerbstätigkeit entfallen, und dadurch eröffnen sich Freiräume, die Menschen entsprechend ihrem persönlichen Lebensstil füllen.
3. Am Ende der Altersphase steht immer öfter die *Hochaltrigkeit.* Durch die Verlängerung der Lebenserwartung im Rahmen des medizinischen Fortschritts hat sich auch die durchschnittliche Dauer der Pflegebedürftigkeit verlängert. Gerade dann, wenn Menschen durch Mehrfacherkrankungen mit immer stärkeren körperlichen und geistigen Einschränkungen immer stärker und immer länger auf Unterstützung von außen angewiesen sind, hängt ihre Lebensqualität in großem Maß davon ab, dass andere sich in ihrer Hilfeleistung an persönlichen Bedürfnissen der Pflegebedürftigen orientieren. Um diese Leistung erbringen zu können, kann die Entwicklung milieusensibler Pflegekonzepte hilfreich sein.
4. Vor allem in den stationären Pflegeeinrichtungen ist darüber hinaus eine *Feminisierung des Alters* zu beobachten. Zwei Drittel der über Sechzigjährigen und drei Viertel der über Fünfundsiebzigjährigen sind Frauen. Die höhere Lebenserwartung der Frauen und die fehlenden Kriegsjahrgänge der Männer haben zu diesem Phänomen geführt, das sich zwar langsam abmildert, in der Gruppe der Hochaltrigen aber vermutlich bestehen bleibt. Damit verbunden ist die Beobachtung, dass Lebenslagen von Männern und Frauen sich im Alter deutlicher unterscheiden als in jungen Jahren. Die vor allem im Westen Deutschlands klassische Rollenverteilung führt zu einer deutlichen Unterprivilegierung und einem erhöhten Armutsrisiko alter Frauen. Auch die Geschlechterverhältnisse in den Milieus sind ungleich: Alte Frauen gehören weit häufiger zum Milieu der Bodenständigen, während sich unter den Männern mehr Hochkulturelle finden.

5. In diesen Zusammenhang gehört auch die *Singularisierung des Alters*. Der Anteil von Alleinstehenden nimmt durch Verwitwung mit steigendem Alter zu. Männer haben tendenziell, nicht zuletzt in Folge der klassischen Rollenverteilung, mit dem Alleinleben mehr Schwierigkeiten als Frauen. Für die Bewältigung dieser Lebenssituation spielen nicht nur individuelle, sondern auch milieuspezifische Faktoren eine Rolle. Wer ein Leben mit intensiven Außenkontakten gewöhnt war, wie etwa die Geselligen oder die Bodenständigen, wird im hohen Alter, wenn auch die gewohnten sozialen Netzwerke bereits weggefallen sind, das Leben als Alleinstehende oder Alleinstehender oft schmerzlicher wahrnehmen als etwa Zurückgezogene, die sich in das Unabänderliche fügen.

Im Zusammenhang mit diesen strukturellen Veränderungen in Bezug auf die Lebensphase des Alters lassen sich auch *kulturelle Veränderungen* beobachten. Zu diesen Veränderungen, die die verschiedenen Dimensionen des Lebensstils betreffen, gehören zum Beispiel die gewachsene Mobilität, die Veränderungen der Familien- und Wohnformen, eine stärkere Orientierung an Bildung und sozialem Aufstieg, eine Vervielfältigung der Möglichkeiten der Freizeitgestaltung und die größere persönliche Wahlfreiheit in fast allen Lebensbereichen.

Durch diese Entwicklungen sind die traditionsorientierten Milieus, in denen Einzelne stärker in Gemeinschaften und ihre Normen eingebunden sind, zahlenmäßig geschrumpft und heute vor allem noch geprägt durch den hohen Anteil alter Menschen. Stattdessen sind die modernen, individualisierten Milieus gewachsen, und es ist davon auszugehen, dass der Anteil älterer Menschen in diesen Milieus in Zukunft wachsen wird.

Ebenso deutliche Auswirkungen haben aber auch die auf den eigenen Lebenslauf bezogenen Veränderungen. Dazu gehören eine Heirat und die Geburt von Kindern ebenso wie Trennung und Scheidung oder Verwitwung. Auch damit sind oft Lebensstilveränderungen verbunden, die, wenn sie besonders ausgeprägt sind, zu einem Wechsel des Milieus führen können. Klischeebehaftet, aber entsprechend deutlich ist dafür das Beispiel der in bodenständigem Milieu aufgewachsenen Krankenschwester, die durch die Heirat mit dem Chefarzt Zugang zum hochkulturellen Milieu bekommt.

Umgekehrt bleibt der alleinerziehenden promovierten Biologin mit zwei kleinen Kindern wenig anderes übrig, als für die Honorartätigkeit bei der Kartierung der Pilzvorkommen im bayrischen Wald wieder in das bodenständige Milieu ihrer Eltern zurückzukehren und sich dort unter den Geselligen des Dorfes ein soziales Netzwerk zu stricken. Dafür wird sie von manchen liebgewordenen Gewohnheiten einer Kritischen zumindest in der Öffentlichkeit und eine Zeit lang Abschied nehmen, und es bleibt ungewiss, unter welchen Umständen im Alter möglicherweise eine Rückkehr zum Lebensstil vor der Kindererziehungszeit erfolgt.

Auch der Eintritt in eine stationäre Pflegeeinrichtung ist oft mit ähnlichen Herausforderungen verbunden und stellt, vor allem dann, wenn er nicht frei gewählt ist, eine erhebliche Verunsicherung für alte Menschen dar. In jeder Altenhilfeeinrichtung herrscht eine spezifische Milieuatmosphäre, und nicht jeder alte Mensch ist frei, sich das für ihn passende Heim selbst zu wählen.

Ein erster Schritt dahin, die individuelle Lebenssituation eines Menschen in der Altenhilfe zu berücksichtigen, sind biographieorientierte Pflegekonzepte. Sie versuchen, Informationen aus dem Lebenslauf eines Menschen in die Gestaltung der alltäglichen Pflege und Betreuung einzubeziehen. Persönliche Essensgewohnheiten können dann weitgehend beibehalten werden, die individuelle Tagesstruktur und persönliche Einschlafrituale werden berücksichtigt. Individuelle Vorlieben bei Kleidung und Körperpflege werden vom Pflegepersonal respektiert; die Möblierung des Zimmers mit eigenen Möbeln wird ermöglicht. Alte Menschen werden bei der Beibehaltung gewachsener Sozialkontakte unterstützt und vertraute Freizeitbeschäftigungen weitgehend ermöglicht.

Erste Ansätze in Richtung kultursensibler Altenarbeits- und Altenhilfekonzeptionen bestehen auch im Zusammenhang der stationären Arbeit mit älteren Migrantinnen und Migranten. Unter dieser Überschrift wird versucht, auch auf Ernährungsgewohnheiten und religiöse Bedürfnisse von Menschen aus anderen Kulturen Rücksicht zu nehmen.

Beiden Ansätzen gelingt es, wenn auch die dafür notwendigen finanziellen und personellen Ressourcen zur Verfügung stehen, oft relativ gut, den ausschließlich individuellen Bedürfnissen einzelner Menschen gerecht zu werden. Zu kurz kommen dabei allerdings oft die sozialen Aspekte. Es gelingt nur selten, innerhalb einer einzigen Einrichtung auch verschiedenen Formen gemeinschaftsorientierter Bedürfnisse Rechnung zu tragen. Nur wenige Heime verfügen über genügend Gemeinschafts- oder Funktionsräume, die etwa verschiedene gemeinschaftliche Aktivitäten wie Sport, Musik oder Tierhaltung erlauben. Nur ausnahmsweise wird aus verschiedenen Zeitungen vorgelesen oder sind Gemeinschaftsräume in unterschiedlichen Einrichtungsstilen vorhanden.

Eine besondere Herausforderung ist in diesem Zusammenhang die Frage, welche Rolle die Wertschätzung und der Respekt vor milieubedingten Grundhaltungen und Vorlieben von Menschen spielen, wenn gesellschaftliche Produktivitätszwänge auch für Altenhilfeeinrichtungen gelten, wenn Hilfe nur bekommt, wer sie für sich einfordern kann, und wenn Menschen mit wenig Selbstvertrauen im Alter von ihren Fallmanagerinnen zur Selbstverwaltung eines Pflegebudgets angeleitet werden sollen. Denn milieusensible Pflege braucht mehr Ausbildung für das Pflegepersonal und zumindest bei ihrer Entwicklung und Einführung auch mehr Pflegezeit. Menschen aus dem Milieu der Zurückgezogenen und auch der Bodenständigen tun sich eher schwer damit, ihre Bedürfnisse zu äußern und Rechtsansprüche wahrzunehmen, und Menschen, die, wie viele Arme unter den Zurückgezogenen, in ihrem Leben selten eine Wahl hatten, werden sich auch im Alter überfordert fühlen, wenn sie selbst wählen sollen, welche Pflegeleistung sie in Anspruch nehmen wollen und worauf sie verzichten können.

In diesem Zusammenhang besteht die Gefahr, dass durch scheinbar moderne, an einem Zugewinn persönlicher Freiheit orientierte Konzepte, die zugleich mehr Selbstverantwortung versprechen, Hochkulturelle und Gesellige privilegiert werden, während die Benachteiligung von meist weniger vermögenden und weniger gebildeten Bodenständigen und Zurückgezogenen eher noch zunimmt.

3.2 Alter und Altenhilfe aus biblischer Sicht

Ohne Frage gilt die Botschaft des Evangeliums allen Menschen gleichermaßen und verweist deshalb Kirche und Diakonie in ihrem Auftrag auch an Menschen jeglichen Alters mit ihren je eigenen individuellen und milieubedingten Zugangsmöglichkeiten zur Botschaft des Evangeliums und zur Institution Kirche mit ihren Angeboten (dazu auch Band 1, V und der letzte Beitrag dieses Buchs). An dieser Stelle soll deshalb nur ein spezifischer Blick gewagt werden auf biblische Altersbilder, auf das sehr unterschiedlich akzentuierte Hilfehandeln Jesu, wie es uns die Evangelien präsentieren, und auf die beginnende Institutionalisierung von Hilfe in den frühen Gemeinden, wie sie in den neutestamentlichen Briefen aufscheint. Hinter diesem Blick auf die biblischen Traditionen steht die Frage danach, inwiefern sie geeignet sein können, Orientierung zur Frage nach dem Ob und Wie einer milieusensiblen Altenarbeit und Altenhilfe anzubieten.

Als deutender Schlüssel für alles, was bei einem Streifzug durch biblische Welten zu dieser Thematik zu finden ist, soll hier ein Satz aus dem Deuteronomium Verwendung finden: „Ein Volk mit unbeweglichem Gesicht, das sich dem Greis nicht zuwendet und für das Kind kein Mitleid zeigt.“ (Dtn 28,50) Ganz offensichtlich entscheidet sich in biblischer Perspektive die Qualität eines Gemeinwesens und einer Gesellschaft daran, wie sie ihr Verhältnis zu denen gestaltet, die noch nicht oder nicht mehr aktiv zum Leben in der Gemeinschaft beitragen können. An der inneren und äußeren Haltung zu denen, deren Würde nicht durch ihr eigenes Handeln konstituiert werden kann, entscheidet sich, ob die Menschenwürde, ob die Geschöpflichkeit eines Menschen respektiert und geachtet wird. Nur vor diesem Hintergrund kann und darf dann auch das Alter in seiner ganzen Ambivalenz gesehen und beschrieben werden: als Inbegriff von Weisheit und Gerechtigkeit (Spr 16,31) und als Anlass für den Spott der Feinde über nachlassende Kräfte, die gedacht werden als Folge von Gottverlassenheit (Ps 71).

Erst unter dieser Überschrift gewinnt die scheinbare Widersprüchlichkeit im Hilfehandeln Jesu so etwas wie eine nachvollziehbare Logik im Bezug auf die helfende Zuwendung zu alten Menschen oder die Erwartung, auch sie mögen im Sinne der

Selbsthilfe aktiv werden. Wenn grundsätzlich feststeht, dass die Würde eines Menschen in seinem Sein und nicht in seinem Tun begründet ist, dann kann vorbehaltloses Hilfehandeln wie im Beispiel des Barmherzigen Samariters (Lk 10,25–37) und im Gleichnis vom Weltgericht (Mt 25,51–46) genauso richtig sein wie die aktivierende Frage „Was willst Du, dass ich Dir tun soll?“ (Mk 10,51) oder sogar die nachdrückliche Aufforderung „Steh auf, nimm dein Bett und geh hin!“ (Joh 5,1–16). Nur wenn grundsätzlich nicht in Frage gestellt ist, dass Menschenwürde unantastbar ist, können die Witwen (Apg 6,1) einerseits als wehrlose Opfer ungerechter Hilfepraxis in der Jerusalemer Gemeinde dargestellt und kann andererseits die beharrlich ihr Recht einfordernde Witwe (Lk 18,1–8) als Vorbild gezeichnet werden. Vor diesem Hintergrund wird dann auch verständlich, weshalb gerade das Witwenamt schon im Neuen Testament (1. Tim 5,3–8) zu einem der ersten, offensichtlich institutionalisierten, diakonischen Ämter der frühen Kirche werden konnte: Wer selbst die Situation der sozialen Benachteiligung kennt, kann anders für Benachteiligte sorgen und besser für deren Rechte eintreten – auch wenn dies im Einzelfall nicht als zwingende Voraussetzung für eine angemessene Ausübung des Witwenamtes gesehen wird.

3.3 Grundlinien einer milieusensiblen Praxis in der Altenarbeit

Die Milieubrille verheißt keine Patentrezepte für gelingende kirchlich-diakonische Arbeit für und mit alten Menschen. Dennoch erscheint die Schärfung einiger Arbeitsperspektiven mit Hilfe dieser speziell geschliffenen Brillengläser möglich. Dazu gehört zunächst die Überwindung einiger oft unüberwindlich erscheinender Alternativen:

(1) Wer einen Gegensatz konstruiert zwischen der Nutzung sich bietender missionarischer Gelegenheiten und scheinbar fehlendem evangelischem Profil, dem kann der Einsatz der Milieubrille zeigen, dass das, was für Angehörige des einen Milieus genau die richtige Gelegenheit zum Gespräch über religiöse Themen und Glaubensfragen ist, für Menschen mit anderen milieuspezifi-

schen Zugängen so abstoßend wirken kann, dass sich das Evangelium in sein Gegenteil zu verkehren scheint. Diese Beobachtung gilt nicht trotz, sondern erst recht angesichts der Tatsache, dass alte Menschen, und oft genug auch deren Angehörige und die Mitarbeitenden im Bereich der gemeindlichen und diakonischen Altenarbeit, von den existenziellen Lebens- und Glaubensfragen direkter betroffen sind als andere. Was bleibt, ist die Herausforderung an jede Kirchengemeinde, jeden Kirchenbezirk, jede diakonischen Einrichtung und die Kirche als Ganze, für alle Menschen und erst recht gegen Ende ihres Lebens immer wieder geeignete Anknüpfungspunkte für eine Begegnung mit der Liebe Gottes zu schaffen, so dass sie tatsächlich die Herzen erreichen kann. Dazu ist die Berücksichtigung milieuspezifischer Zugänge zu religiösen Themen unverzichtbar.

(2) Die Diskussionen um die Frage, ob nun die barmherzige Nächstenliebe der Ehrenamtlichen oder das professionelle Empowerment und die Aktivierung der Selbsthilfekräfte durch Hauptamtliche der richtige Ansatz für kirchengemeindliche Diakonie sei, erübrigt sich auch in der Altenhilfe von selbst. Dazu müssen die milieuspezifischen Hilfeerwartungen und das sehr unterschiedlich ausgeprägte Zutrauen in die Wirksamkeit eigener Entscheidungen und Handlungen bei älteren und alten Menschen und ihren Angehörigen in tatsächlich wertschätzender Art und Weise ernstgenommen werden. Was bleibt, ist die Herausforderung, in Bezug auf konkrete Milieus und in Bezug auf einzelne Menschen die geeigneten Hilfeangebote zu entwickeln und Menschen zu befähigen, in ihrer haupt- und ehrenamtlichen Arbeit mit einem milieusensiblen Blick Räume der Barmherzigkeit und herausfordernde Aktionsräume für und mit alten Menschen zu gestalten.

(3) Dabei kann es weder bei der Kommunikation des Evangeliums noch bei diakonischer Hilfe darum gehen, die Zahl der Angebote für junge Alte, Alte und Hochaltrige so lange zu erhöhen, bis alle speziellen Bedürfnisse Einzelner erfüllt werden. Dies würde für jede Gemeinde, jede Einrichtung und sogar für die Kirche insgesamt eine hoffnungslose, ganz und gar un-evangelische Überforderung bedeuten. Die Berücksichtigung der Milieuperspektiven erweist sich nur dann im kirchlich-diakonischen Kontext der

Altenarbeit und Altenhilfe als sinnvoll, wenn sie dazu dient, Passungsprozesse zwischen Menschen und Angeboten besser zu reflektieren, zielgerichteter zu planen und dadurch ressourcenschonender zu gestalten.

(4) Eine besondere Chance liegt darin begründet, dass nicht nur im Kontext überörtlicher und ökumenischer Zusammenarbeit, sondern auch in einzelnen Mitarbeiterteams die milieuspezifische und milieuverknüpfende Sprachfähigkeit gezielt genutzt werden kann. Möglicherweise liegt genau darin eine große Chance auch für den Bereich der Altenarbeit und der Altenhilfe, wenn Haupt- und Ehrenamtliche zusammenarbeiten beziehungsweise wenn Teams für bestimmte Projekte auch unter Milieugesichtspunkten zusammengestellt werden. Auf diese Weise ist es zum Beispiel einem Mitarbeiterinnenteam eines Seniorentreffs gelungen, ein Jahresprogramm zu erstellen, das unter Beibehaltung eines knapp gehaltenen geselligen Rahmens bewusst einzelnen Veranstaltungen besondere, milieuspezifische Akzente verleiht und so Anknüpfungspunkte für alte Menschen aus verschiedenen Milieus ermöglicht. Durch eine entsprechende Öffentlichkeitsarbeit werden die Angebote einerseits entsprechend differenziert wahrgenommen, und es entstehen andererseits inhaltlich motivierte, milieuverbindende Aktivitäten. In diesem Mitarbeiterteam kooperieren vom hochkulturell orientierten ehemaligen Hauptamtsleiter des örtlichen Rathauses über gesellig geprägte Krankenschwestern bis zum bodenständigen, vorzeitig berenteten Bauarbeiter Menschen aus verschiedenen Milieus.

(5) Dabei muss ehrenamtliches Engagement gezielt auch in der Altenarbeit dahingehend diversifiziert werden, dass nicht nur altersangemessene, sondern auch milieuspezifische Beteiligungsmöglichkeiten eröffnet und von den zuständigen Gremien entsprechend gewürdigt werden. Vom einmaligen Kuchenbacken über das sporadische Rollstuhlschieben bis zur eigenverantwortlichen Konzeption und Leitung neuer Initiativen sollte grundsätzlich jede Form von Beteiligung im Raum von kirchlicher und diakonischer Altenarbeit möglich sein. Die Zufriedenheit in dem oben erwähnten Mitarbeiterteam ist vermutlich deshalb so hoch, weil jede und jeder sich seinen Interessen entsprechend beteili-

gen kann. Von der Saalbestuhlung bis zur inhaltlichen Programmgestaltung, von der Graphik für das Programmheft über die Tischdekoration bis zur Verwaltung der Finanzen sind alle Aufgaben unter diesen Gesichtspunkten vergeben worden.

(6) Vor diesem Hintergrund darf und muss dann auch gesagt werden, dass bestimmte, besonders (milieu-)sensible Aufgaben ohne eine entsprechende Qualifizierung und Supervision nicht übernommen werden können (z.B. Hospizarbeit, diakonische Besuchsdienste, Patenschaften).

(7) Im Hinblick auf die sich eher zuspitzende Situation der armen Alten – vor allem unter den Zurückgezogenen und den Bodenständigen – dürfen Kirche und Diakonie sich auch unter dem Druck des Sozialmarktes und rückläufiger Kirchensteuern nicht aus professionellen, nachgehenden Hilfen verabschieden. Gerade die vor Ort verankerten Gemeindediakoninnen und Gemeindediakone hätten große Chancen, diese Menschen in ihrer Not nicht erst dann aufzusuchen, wenn es zu spät ist. Durch achtsame Hilfsangebote auf unterschiedlichen Ebenen und längerfristige Begleitung in kleinen Schritten kann menschenwürdiges Leben und Sterben ermöglicht und eine Balance zwischen Barmherzigkeit und Hilfe zu Selbsthilfe mit jedem neuen Schritt gesucht werden.

(8) Milieusensible Seelsorge steht vor der besonderen Herausforderung, Menschen einerseits in ihrer sozialen Wirklichkeit und damit als Angehörige eines bestimmten Milieus wahrzunehmen und zugleich auch noch alle Sinne offen zu halten für die möglicherweise dahinter verborgene Individualität der einzelnen Person.

Anpassungsleistungen einer selbstbewussten Bodenständigen

Berta ist mit 96 Jahren im Altenheim eingezogen. Bis dahin hatte sie im Haushalt eines Neffen weitgehend selbstständig gelebt. Nun tragen ihre Beine sie nicht mehr und die Wohnung ist nicht rollstuhlgerecht. Berta ist eine kleine, zierliche Frau mit einer noch erstaunlich klaren, energischen Stimme und wachen Augen.

Bei der allerersten Begegnung mit der für die Seelsorge im Heim zuständigen Diakonin erzählt Berta ziemlich aufgebracht ein Erlebnis desselben Vormittages: „Da haben die mir doch tatsächlich einen Pinsel mit Wasserfarbe in die Hand gedrückt. Und weil ich nicht malen wollte, haben sie mir die Hand geführt. Nur damit sie nachher sagen können: ‚Das hat sie selbst gemalt!' Das machen die hier mit mir. Jetzt bin ich 96 Jahre alt und schon in der Schule habe ich das Malen gehasst!"

Bei der Dienstbesprechung der Diakonin mit der Pflegedienstleitung kommt Wochen später das Gespräch auf die inzwischen verstorbene Berta. Die Pflegedienstleiterin erzählt im Hinblick auf die bevorstehende Urnenbeisetzung noch einmal von den Wochen mit dieser alten Dame: Alle hätten sie schnell liebgewonnen und sehr geschätzt; sie habe sich in ihrem Alter noch auf ganz neue Dinge eingelassen und sei immer so ausgeglichen und zufrieden gewesen.

Die Diakonin traut ihren Ohren kaum und es zieht noch einmal die Lebensgeschichte dieser Frau in Gedanken an ihr vorüber: Berta war die Tochter eines Bauern in einem kleinen Dorf gewesen. Nie, so hatte sie der Diakonin berichtet, konnte sie Gefallen finden an der Arbeit auf dem Hof. Die Tiere waren ihr zuwider und auch die schmutzige und körperlich anstrengende Arbeit im Garten und auf dem Feld habe sie von klein auf gehasst. Die Schule dagegen war ihre Welt. Sie lernte gern und war immer die Klassenbeste, die auf dem ersten Platz sitzen durfte. Da kam es dem Vater gerade recht, dass der schon ältere Dorfschullehrer sich in seine Tochter verliebt hatte. Die beiden Männer waren sich schnell einig – die sechzehnjährige Berta musste den zwanzig Jahre älteren Lehrer – wie sie betonte, gegen ihren Willen – heiraten. Dieser Mann sei ihr zeitlebens ein Gräuel gewesen. Gott sei Dank habe sie keine Kinder gehabt. Das habe sie zu verhindern gewusst. Zum Glück sei der Mann früh gestorben und so habe sie ihre Ruhe gehabt. Sie habe dann ihrer Schwester in der Stadt geholfen die Kinder groß zu ziehen, denn deren Mann sei im Krieg gefallen. Das sei eine schöne Zeit gewesen, und beim jüngsten Neffen habe sie es auch immer gut gehabt.

An dieser Geschichte wird beispielhaft deutlich, was bei alten Menschen, je älter sie sind, umso häufiger zu beobachten ist: Sie haben, oft ein Leben lang, hohe Anpassungsleistungen vollbracht. Vor allem Frauen hatten wenig gesellschaftlich akzeptierte Möglichkeiten, eigene Lebensentwürfe zu leben. So haben zumindest die selbstbewussten unter ihnen Strategien entwickelt, sich unter einer angepassten Außenansicht kleinere und größere Freiheiten zu nehmen. Keinesfalls durfte dies für Außenstehende offensichtlich werden. So konnte Berta als von allen geliebte und hochgeschätzte alte Dame sterben. Ohne diese Anpassungsleistungen wäre Berta aus dem bodenständigen Milieu ihres Dorfes herausgefallen, und dieselbe Gefahr muss sie wohl auch im Altenheim gespürt haben. Das Geheimnis ihres ganz persönlichen Lebensentwurfes aber teilte sie nur mit ganz wenigen. Für solche Möglichkeiten muss Seelsorge offen und sensibel bleiben und sie darf deshalb nicht davon ausgehen, dass die Milieubrille den unmittelbaren Blick in die Seele eines Menschen ermöglicht. Vielmehr schärft die Milieubrille in der Seelsorge gerade die Wahrnehmungsfähigkeit für den Menschen hinter seiner milieuangepassten Außenansicht.

Weiterführende Literatur

Gertrud M. Backes/Wolfgang Clemens, Lebensphase Alter. Eine Einführung in die Sozialwissenschaftliche Alternsforschung, Weinheim 2008.

Antidiskriminierungsstelle des Bundes, Diskriminierung im Alltag. Wahrnehmung von Diskriminierung und Antidiskriminierungspolitik in unserer Gesellschaft. Eine sozialwissenschaftliche Studie von Sinus Sociovision für die Antidiskriminierungsstelle des Bundes, Heidelberg 2008. www.antidiskriminierungsstelle.de/bmfsfj/generator/ADS/Service/downloads,did=121488.html

Thomas Klie/Martina Kumlehn/Ralph Kunz (Hg.), Praktische Theologie des Alterns, Berlin/New York 2009.

Fremde Heimat – Heimat in der Fremde?

Menschen mit Migrationshintergrund in Kirchengemeinden

Beate Sträter

1. Über wen wir reden: Wer ist ein Mensch mit Migrationshintergrund?

Heute hat ein knappes Fünftel (18,4 Prozent) der Bevölkerung in Deutschland einen Migrationshintergrund. Hiermit ist gemeint, dass entweder die Person selbst oder mindest ein Elternteil zugewandert ist. Von den 8,6 Millionen Familien mit minderjährigen Kindern hatte 2007 gut jede vierte (27 Prozent) einen Migrationshintergrund. Mehr als jedes vierte Kind kommt aus einer Migrantenfamilie – mit steigender Tendenz. Daran zeigt sich: Migration ist der Normalfall, Sesshaftigkeit die Ausnahme. Doch nicht nur heute, sondern immer schon, war es eher die Regel als die Ausnahme, dass Menschen aus unterschiedlichen Gründen ihre Heimat verlassen mussten. Um nur einige Beispiele zu nennen: Zu Beginn des 20. Jahrhunderts wanderten große Gruppen polnischer Arbeitsmigranten in das Ruhrgebiet ein. Als Folge des Zweiten Weltkriegs kamen Flüchtlingsströme in den Westen Deutschlands und veränderten die konfessionelle Landschaft entscheidend. Seit Mitte der 50er Jahren waren es in erster Linie Arbeitsmigranten aus Ländern des Mittelmeerraums, aus Italien, Spanien, Portugal, Griechenland und Jugoslawien, es folgten Menschen aus der Türkei und Marokko. Sie wurden bis zum Anwerbestopp 1973 bewusst angeworben, um den Arbeitskräftemangel in Deutschland zu beheben.

Die meisten Menschen mit Migrationshintergrund, die heute in Deutschland leben, sind selbst oder stammen aus der Gruppe der Arbeitsmigranten. Unter den Arbeitsmigranten ist die größte Gruppe mit 19 Prozent türkischstämmig und damit mehrheitlich muslimisch. So begannen die ersten christlich-muslimischen Dialoge auch in den industriellen Ballungszentren, wo viele türkische Familien lebten.

Hinzu kommen seit Mitte der 70er Jahre Flüchtlinge und Asylsuchende aus den Krisen- und Konfliktregionen der Welt. Mit der Öffnung des „Eisernen Vorhangs“ nahm der Zustrom auch aus Osteuropa zu. Dies führte zu einer gesellschaftlich aufgeheizten Debatte, die sich gegen die Aufnahme von Flüchtligen richtete. Eine massive Verschärfung des Asylrechts und der Flüchtlingspolitik war die Folge, was bis heute zu einem stetigen Rückgang der Asylbewerberzahlen führt. Die menschrechtlichen Defizite dieser Politik gaben u.a. Anlass für Kirchenasyle. Heute beträgt der Anteil der Flüchtlinge an der Migrationsbevölkerung ungefähr zehn Prozent, wobei Fragen des gesicherten Aufenthalts weiterhin ungelöst sind.

Ein weitere Gruppe, die ebenfalls verstärkt nach der Auflösung des Ostblocks zuwanderte, sind die Spätaussiedler aus den GUS-Staaten. Sie machen heute mit 21 Prozent die größte Gruppe in der Migrationsbevölkerung aus. Sie sind als mehrheitlich Evangelische in vielen Kirchengemeinden präsent.

In den folgenden Beispielen wird es um die Zugewanderten der letzen 50 Jahre gehen. Zu bedenken ist allerdings auch: Die Erfahrung von Flucht und Migration teilen viele ältere Menschen in den Gemeinden, auch wenn sie sie nicht selbstverständlich mit den Erfahrungen der neu Zugewanderten in Verbindung bringen. Das Denken und Reden darüber, was wir als Menschen brauchen, um eine konkrete und eine geistliche Heimat zu finden, in der wir gut leben können, kann ein verbindendes Anliegen der christlichen Gemeinde sein und Menschen aus unterschiedlichen Kulturen und Milieus zusammenführen. Damit dies gelingt, ist es allerdings nötig, immer wieder genau hinzusehen, auch auf das, was man selbst denkt oder selbstverständlich voraussetzt:

Ein Begegnungsabend

Bei einem Begegnungsabend zwischen dem Presbyterium und der ortsansässigen Moscheegemeinde fragt der Pfarrer mit großer Empathie die anwesenden muslimischen türkischstämmigen Gesprächspartner: „Wie ist das denn für Sie, welche Rolle spielt denn die Religion für Sie, die Sie hier in der Fremde leben?“ Ratloses Schweigen unter den Muslimen schlägt ihm entgegen, bis sich einer der Anwesenden, ein Mann mittleren Alters, meldet und ihm in fehlerlosem Deutsch antwortet:

„Wissen Sie, ich habe etwas Schwierigkeiten, Ihre Frage zu beantworten, denn ich bin hier nicht in der Fremde, sondern zuhause. Ich lebe seit über 30 Jahren in Deutschland, bin hier aufgewachsen und seit vielen Jahren Beamter im Finanzamt. Deutschland ist mein Zuhause.“

In ähnlicher Weise äußert sich ein weiterer Gesprächspartner, und die anderen muslimischen Gesprächsteilnehmer nicken zustimmend.

Die wohlgemeinte Frage des Pfarrers zeigt vielerlei: Zum einen gehen viele Menschen in den Kirchengemeinden davon aus, dass es sich bei Menschen mit Migrationshintergrund um Fremde handelt. Zum anderen zeigt es auch ein fehlendes Wissen um diese Gruppe und daraus folgend mangelnde Differenzierungsmöglichkeiten. Dies mag in Gemeinden, die eine längere Erfahrung in der Arbeit mit Migranten haben, durchaus auch anders sein. Weitgehend ist das Bild von Migranten – nicht nur in Kirchengemeinden, sondern in der Gesamtgesellschaft – jedoch häufig von Stereotypen und Vorurteilen geprägt, für die sich immer wieder auch Bestätigungen finden lassen. Hinzu kommt, dass gerade in den letzten Jahren durch die öffentlichen Diskussionen Migranten oft mit Muslimen identifiziert werden, die religiöse Zugehörigkeit also als Hauptunterscheidungsmerkmal thematisiert wird. Ein Grund dafür liegt darin, dass die zweitgrößte Zuwanderungsgruppe in Deutschland türkischstämmig ist. Dabei wird oft von einem Islambild ausgegangen, das von den Medien geprägt ist und häufig nur ein Zerrbild dessen ist, was Muslime selbst unter ihrer Religion verstehen und wie sie sie leben. Hier gibt es – wie bei Christen auch – große Unterschiede in der Frömmigkeitspraxis und in der Rolle, die die Religion im Alltag des einzelnen einnimmt.

Hinzu kommt, dass es auch unter den Migrantinnen und Migranten – unabhängig ihrer ethnischen Herkunft – große Milieuunterschiede gibt, die mit ganz verschiedenen Faktoren zu tun haben: Bildung, Alter, Herkunft (Stadt/Land), soziale Situation etc. Untersuchungen haben gezeigt: Die Ausprägungen in den verschiedenen Milieudimensionen erweisen sich dabei als weitaus folgenreicher als die jeweilige ethnische Herkunft, wie etwa eine Sinus-Studie über Lebenswelten von Migrantinnen und Migranten (s.u.) gezeigt hat. Dabei wäre es verfehlt, hier nur nach Milieutypen zu suchen, in die man Menschen nach verschiedenen, definierten Kriterien einsortieren kann. Vielmehr geht es darum, sich von Stereotypen zu verabschieden und zu verstehen, wie sich einzelne Dimensionen der Milieutypologie aus der Perspektive von Menschen mit Migrationserfahrung darstellen, und darin die Verschiedenheit wahrzunehmen: in Lebenskonzepten, Werten, Erwartungen und Bedürfnissen.

Dabei sind die Milieudimensionen, die aus den Analysen einer überwiegend deutschstämmigen Bevölkerung gewonnen wurden, durchaus hilfreich, die Ergebnisse der Beobachtungen müssen jetzt nur noch einmal neu interpretiert werden. An drei Bereichen aus den Dimensionen möchte ich das zeigen. In der Milieuanalyse der deutschen Gesamtbevölkerung ist die Dimension der Traditionsbindung in der Regel parallel zum Alter zu verstehen. Ältere sind üblicherweise stärker an Traditionen orientiert als Jüngere. Auch unter Menschen mit Migrationshintergrund finden sich solche, die sehr modern denken, und solche, die sich vor allem am Gegebenen orientieren. Die Skala der Traditionsbindung gegenüber dem Lebensalter (und im Vergleich mit Menschen ohne Migrationshintergrund) ist bei ihnen aber anders gelagert als unter Deutschstämmigen – und dies ist irreführend. Nutzt man die üblichen Indikatoren, um eine Aussage über Modernität oder Traditionsbindung zu machen – zum Beispiel die Einstellung der Befragten zur Rolle der Frau in der Familie –, so sind Menschen mit Migrationshintergrund insgesamt traditionsorientierter als der Durchschnitt der deutschen Bevölkerung. Und dies steht in einem ungewohnten Zusammenhang mit dem Lebensalter.

An einem Beispiel gezeigt: Ein junges, in Russland aufgewachsenes Paar ist möglicherweise vor dem Hintergrund der Kultur, mit der es aufgewachsen ist, sehr modern eingestellt. Im Vergleich mit dem Durchschnitt der deutschen Bevölkerung erscheint es jedoch (vor allem mit Blick auf das Lebensalter) sehr stark traditionsorientiert. In einer Milieuanalyse gerät dieses junge Paar nun in die Nähe von Milieus, in denen sich traditionsorientierte Menschen finden, etwa den Bodenständigen oder Zurückgezogenen. Berücksichtigt man nun, dass dieses Paar an einer Universität studiert oder in eine hochmoderne Arbeitswelt integriert ist und in vielen stilistischen und kommunikativen Vorlieben eher den Mobilen ähnelt, versteht man die Verschiebungen, die sich durch Unterschiede in kulturellen Prägungen und Werten ergeben.

Ganz ähnlich erginge es uns, wollten wir aus der großen Vorliebe der beiden für familiäre Zusammenkünfte und Besuche eine Vorliebe für Geselligkeit schließen. Denn was in der Milieuanalyse als Vorliebe erscheint, ist für das Paar viel eher Gewohnheit, kulturelle Selbstverständlichkeit. Möglicherweise betrachten die Familien des Paares die beiden umgekehrt als stark zurückgezogen, weil sie eben nur jedes zweite oder dritte Wochenende Zeit für ein Treffen haben. Und als drittes Element ist die Bildung von Menschen mit Migrationshintergrund zu nennen: Im Ausland erworbene Bildungsabschlüsse werden in Deutschland häufig nicht anerkannt, Sprachschwierigkeiten und ein gegenüber dem Heimatland veränderter sozialer Status erschweren es den Betroffenen zusätzlich, ihr Interesse an Bildung in der Form zum Ausdruck zu bringen, in der sie es gewohnt waren.

Milieudimensionen sind also unter Migrantinnen und Migranten ebenso zum genauen Hinsehen zu nutzen, sie wirken sich nur anders aus als dies beim Durchschnitt der Bevölkerung der Fall ist. Manches trifft sich dabei mit dem, was wir unter Deutschen feststellen können, anderes verläuft vollkommen quer dazu und will verstanden werden. Im Folgenden soll nun versucht werden, im Rahmen verschiedener Berührungspunkte, die Menschen mit Migrationshintergrund mit Kirchengemeinden haben, unterschiedliche Erwartungen und Milieuperspektiven zu identifizieren. Dabei wird sich hier, wenn es um die „Milieubrille“ geht, eine doppelte Aufgaben stellen: Zum einen gibt es unter den Migranten sehr verschiedene Milieus, zum anderen sind unter den Gemeindegliedern verschiedene Milieus angesprochen, wenn es um die Kontexte geht, in denen Migranten mit der Kirchengemeinde in Kontakt kommen. Dabei werden exemplarisch drei Bereiche aufgezeigt, in denen Kirchengemeinden mit Migranten in Kontakt kommen: Gemeinde als helfende (diakonische) Gemeinde, Gemeinde als Dialogpartnerin und Gemeinde als integrierende Gemeinde.

2. Kirchengemeinde als diakonische Gemeinde

Gerade zu Beginn der Zuwanderung von Arbeitsmigranten nach Deutschland begannen Kirchen und Kirchengemeinden die Arbeit mit Migranten – primär als eine diakonische Arbeit. In den industriellen Ballungszentren entstanden so in den Diakonischen Werken, aber auch in Ortsgemeinden neue Arbeitsfelder. Dabei ging es in erster Linie um Beratung von Familien, die hier in Deutschland versuchen mussten, für sich und ihre Kinder einen Platz zu finden. In vielen Ortsgemeinden entstanden in dieser Zeit auch Angebote wie zum Beispiel *Hausaufgabenhilfen*, in denen Kinder mit Migrationshintergrund meist von Ehrenamtlichen Unterstützung für ihren Bildungsweg im deutschen Schulsystem fanden.

Murat, 10 Jahre alt, dritte Klasse

Murat ist eins von sechs Kindern, er hat drei ältere und zwei jüngere Geschwister. Seine Familie kommt aus der Türkei, aus einem Dorf in Anatolien. Sein Vater kam in den 80er Jahren nach Deutschland, seine Mutter erst 10 Jahre später. Sie ist die Cousine seines Vaters, der sie nach der Eheschließung aus der Türkei holte. Murats Mutter ist sehr mit dem Haushalt und den Kindern beschäftigt, sie hat bisher keine Energie gehabt, richtig gut Deutsch zu lernen. Sein Vater hat immer mal wieder Arbeit, zwischendurch aber auch nicht. Ein Teil der weiteren Familie lebt in der Nachbarstadt. Die Familien besuchen sich häufig und verbringen auch die islamischen Feiertage zusammen.

Murat geht gerne in die Schule, findet es aber auch oft sehr schwer. Seine Eltern können ihm nicht helfen. Sie wollen zwar immer, dass er gut in der Schule ist, verstehen aber wenig davon. Deutsch konnte er vorher nicht so gut, weil zuhause türkisch gesprochen wird und er nicht im Kindergarten war. Deutsche Freunde hat er eigentlich auch keine. Zur Hausaufgabenhilfe geht er, weil seine ältere Schwester auch dort ist. Sie nimmt ihn immer mit, und dann helfen ihm die älteren Leute dort, seine Hausaufgaben zu machen. Er kann sie auch fragen, wenn er etwas nicht versteht. Die Leute dort sind nett, aber sie kommen ihm auch fremd vor. Er kann manchmal ihr Verhalten nicht so gut einschätzen. Und dann gibt es schon mal Ärger.

Die Hausaufgabenhilfe findet im Keller eines großen Gebäudes statt, das irgendwie zur Kirche gehört. Was es genau damit zu tun hat, weiß er nicht. Er geht trotzdem gerne hin, denn wenn die Hausarbeiten fertig sind, ist oft noch Zeit zum Spielen oder Vorlesen. Das kennt Murat nicht so von zuhause, seine Eltern haben kaum Zeit, dort läuft immer ein türkischer Fernsehsender und manchmal darf er am Computer seines großen Bruders spielen.

Für Migrantenfamilien aus bildungsfernen Milieus, zu denen viele der Arbeitsmigranten auch in ihren Herkunftsländern gehören, stellt das deutsche Bildungssystem in vielfacher Hinsicht eine große Hürde dar. Mangelnde Kenntnisse, wie Schule in Deutschland organisiert ist, welche Erwartungen an Kinder und Eltern gestellt werden, welche Pädagogik verfolgt wird und welche beruflichen Optionen mit welchen Schulformen verbunden sind, führen zu Kommunikationsschwierigkeiten und Frustrationen auf beiden Seiten. Hinzu kommen oftmals Sprachschwierigkeiten und kulturelle Unterschiede, die eine gute Zusammenarbeit mit den Lehrerinnen und Lehrern erschweren. Auf Seiten der Schule sind es die im deutschen Bildungssystem angelegten Hürden und fehlende Fördermöglichkeiten, die für Kinder aus Migrantenfamilien eine gute Bildungslaufbahn verhindern.

Gewollt ist diese von den meisten Familien aber durchaus. Immerhin gehören Migranten generell zu denen, die mobil und motiviert sind und die ihr Leben in die Hand nehmen, um sich neue Perspektiven zu eröffnen – sonst hätten sie in der Regel den Schritt zur Auswanderung gar nicht erst unternommen. Doch auch wenn Bildung und beruflicher Erfolg für viele Migrantenfamilien ein wichtiges Ziel ist, so fehlt ihnen doch oft das Wissen darum, wie es in Deutschland funktioniert. Ausgehend von ihren Erfahrungen in den Herkunftsländern haben sie häufig ein anderes Bildungsverständnis und andere Erwartungen an Bildungseinrichtungen. So wird in anderen Ländern auch anders gelernt, der Stoff wird auf anderen Wegen vermittelt und Schule ist oftmals eher autoritär und weniger auf Mitwirkung hin strukturiert. Hinzu kommt: Das deutsche Bildungssystem, die Weichenstellungen, die durch den Besuch einer bestimmten Schulform vorgenommen werden, werden von vielen Eltern nicht ausreichend durchschaut, und es fehlen ihnen die nötigen Kompetenzen, um ihre Kinder sinnvoll unterstützen zu können.

Wenn man Migrantenkinder, die es „geschafft haben", nach ihrem Weg fragt, so gibt es da meist den deutschen Schulfreund oder die deutsche Nachbarin, die bei den Hausaufgaben geholfen haben und darüber hinaus auch kulturell die Brücke in die Mehrheitsgesellschaft gebaut haben. Oder es gab eine Lehrerin, die sich gezielt für den familiären Hintergrund interessierte, Besuche machte und nicht unbedingt den Besuch einer Hauptschule als einzige wahrscheinliche Perspektive für das Kind betrachtete. Entscheidend für die Chancen der Kinder sind Menschen, die die Potentiale der Kinder sehen, die z.B. ihr Leben in zwei Sprachen und zwei Kulturen nicht primär als ein Integrationshindernis ansehen, sondern als eine Kompetenz.

Was passiert nun, wenn solche Kinder auf Menschen treffen, die sich aufgrund ihrer christlichen Motivation und ihres persönlichen Hintergrundes (nicht wenige waren beruflich mit Schule befasst) engagieren? Viele der hier ehrenamtlich Tätigen leben in einem Milieu, das sich stark von dem der Kinder unterscheidet. Sie erfahren, dass sie an Grenzen kommen, wenn es z.B. darum geht, die Eltern der Kinder in die Verantwortung zu nehmen. Sie werden mit kulturellen und religiösen Gepflogenheiten konfrontiert, die sie nicht verstehen und zum Teil auch ablehnen. Die Prägung durch das eigene Milieu und völlig andere Sozialisationserfahrungen erschweren das Verständnis, auch wenn es viel Zugewandtheit zu den Kindern und ein großes Engagement für sie gibt. Auf der Seite der Kinder, die diese Angebote wahrnehmen, und ebenso ihrer Eltern, werden diese Unterschiede ebenfalls erfahren. Sie können nicht immer genau einordnen, wer da was mit welcher Motivation macht. Sie wissen nicht unbedingt, dass dies ehrenamtliche Arbeit ist, sie wissen wenig über Kirche und Gemeinde. Gerade viele Mütter schämen sich wegen ihrer schlechten Sprachkenntnisse und scheuen deshalb das Gespräch, was schnell als Gleichgültigkeit verstanden wird.

Im Gesamtkonzert der gemeindlichen Angebote nimmt diese Art des Engagements manchmal eine vernachlässigte Rolle ein: Zum einen handelt es sich bei den Kindern meist nicht um christliche Kinder, d.h. sie kommen im Gemeindeleben nicht noch in anderen Zusammenhängen vor, wie z.B. in Kinder- und Familiengottesdiensten oder im Konfirmandenunterricht. Zum anderen fehlt es hier an klassischen Fortbildungsangeboten und Unterstützungsmöglichkeiten für Ehrenamtliche. Denkbar und hilfreich wären hier sicher interkulturelle Trainings, um Kommunikationsproblemen zu begegnen, um das Miteinander einfacher und erfreulicher zu gestalten und damit schließlich auch für alle zu mehr Erfolg und Zufriedenheit zu führen.

2.1 Evangelischer Kindergarten

Viele evangelische Kindertageseinrichtungen werden von Kindern aus Migrantenfamilien besucht. Wie groß ihr Anteil ist, ist je nach Region und Stadtteil sehr unterschiedlich. Große Unterschiede gibt es auch darin, wie mit diesen Kindern umgegangen wird, ob und wie ihrem Hintergrund Beachtung geschenkt wird. Unterschiede gibt es allerdings auch darin, mit welcher Motivation und Einstellung Eltern ihre Kinder in einen evangelischen Kindergarten schicken. Dies soll an den folgenden Beispielen verdeutlicht werden:

Familie Serin

Aysel und Mehmet Serin sind mit sechs Jahren nach Deutschland gekommen. Sie teilen ähnliche Erfahrungen: Die ersten Lebensjahre verbrachten sie bei ihren Großeltern in der Türkei, beide kommen aus einer größeren Stadt am Mittelmeer. Dann mussten sie in das kalte Deutschland, in kleine Wohnungen zu ihren Eltern, die sie bisher nur in den Ferien gesehen haben. Das war sehr schwer. Sie haben sich aber schnell angepasst. Da ihre Mütter auch berufstätig waren, haben sie bereits schon im Kindergarten gut Deutsch gelernt. Die Schule war nicht einfach, aber sie haben beide eine Ausbildung und eine Arbeit. Sie kennen sich aus der Berufsschule und mochten sich dort schon sehr. Mit Anfang zwanzig haben sie dann geheiratet und sind zusammen gezogen. Bald kamen ihre beiden Kinder. Finanziell wurde es etwas knapper, da Aysel ihre Stelle in den ersten Jahren aufgab. Als ihr Ältester einen Kindergartenplatz bekam, hat sie wieder angefangen zu arbeiten. Aysel und Mehmet haben ihre Kinder bewusst in einen christlichen Kindergarten geschickt. Ihre Kinder sollen so viel wie möglich von Deutschland kennen lernen, auch die christliche Religion, die gehört schließlich zur Kultur in Deutschland. Sie sollen es hier leicht haben. Außerdem sind dort nur wenige nichtdeutsche Kinder und auch die deutschen Eltern sind nett. Beide engagieren sich, wenn es etwa zu feiern oder zu reparieren gibt. Das türkische Essen ist bei allen immer beliebt. Doch manchmal hat Aysel das Gefühl, die andern sehen sie immer noch als Ausländerin an und so richtig gehört sie nicht dazu.

Die hier beschriebene Haltung findet sich bei vielen jungen Migrantenfamilien, die sich und ihre Kinder längst als Teil dieser Gesellschaft begreifen und dies auch leben. Was sie vermissen, ist häufig die – ihnen weiterhin verweigerte – volle Anerkennung. Mit dem Label „Migrationshintergrund“ verbinden sie Diskriminierung und Ausgrenzung und eine ihnen unterstellte mangelnde Integrationsbereitschaft. In ihrer eigenen Wahrnehmung sind sie Teil dieser Gesellschaft; Deutschland ist ihre Heimat. Sie arbeiten, zahlen Steuern und beherrschen die deutsche Sprache. Sie wollen mitreden und mitgestalten, die Bildung ihrer Kinder nehmen sie als zentral wahr und gestalten sie bewusst. In dieser Haltung sind sie den Kritischen sehr ähnlich, während sie innerhalb des Kindergartens eher mit stilistischen Mustern der Geselligen Anerkennung finden, im türkischen Essen, in Festen und in praktischen Tätigkeiten.

Unter Deutschen ist eine solche Haltung typisch für Menschen mit einer hohen formalen Bildung – etwa für die Hochkulturellen und Kritischen –, während Migranten mit dieser Haltung eine vergleichsweise geringere formale Bildung vorweisen können. Was ihre Bildung betrifft, so haben jedoch viele Menschen mit Migrationshintergrund im Kontext ihrer Herkunftsfamilien einen großen Sprung gemacht. Dass sie zweisprachig sind und auch Wurzeln in der Kultur ihres Herkunftslandes haben, sehen sie nicht als Problem, sondern als eine Chance an. Sie verstehen nicht, dass dies von anderen als Zeichen dafür angesehen wird, dass sie nicht in gleicher Weise dazu gehören. Da sie beide Kulturen kennen, wären sie ideal in einer Schulpflegschaft oder in einem Elternrat. Doch ihre Rolle wird weiterhin auf ihre Beiträge zum Buffet oder handwerkliche Einsätze reduziert.

Deutschland als Heimat zu begreifen, die eigene und die Perspektive der Kinder in diesem Land zu sehen, das ist für sie nicht gleichbedeutend damit, deutsche Vorfahren zu haben. So gibt es auch in ihrem Freundeskreis viele Menschen, die aus einem anderen Land irgendwann mal hierher gekommen sind. Aysels beste Freundin kommt ursprünglich aus Italien. Für den Kindergarten und später die Schule werden diese Kinder keine Probleme machen, ihre Eltern sind hoch motiviert und kennen sich im deutschen Schulsystem gut aus – schließlich haben sie selbst es mit Erfolg durchlaufen. Die Frage ist hier eher: Wie kann eine Kultur der Anerkennung und Akzeptanz gefördert werden, die die Integrationsbereitschaft der Mehrheitsgesellschaft erhöht und die Potentiale für alle nutzt, die in der Verschiedenheit liegen.

Familie Aziz

In den 90er Jahren sind alle aus Afghanistan geflohen, erst in ein Lager nach Peschawar, dann, als Hussein Aziz in Deutschland einen Job als Taxifahrer gefunden hatte, kamen seine Frau und die kleine Tochter nach. Eigentlich sollte ihr Leben in anderen Bahnen verlaufen, beide wollten studieren und eine wichtige und sinnvolle Arbeit für ihr armes Land tun, nun ist alles ganz anders geworden. Gott sei Dank sind sie in Sicherheit, haben eine Wohnung und ihr Auskommen. Auch wenn die Sorge um die im Heimatland gebliebenen Familienmitglieder sie immer begleitet. Die Religion gibt ihnen viel Kraft und sie versuchen, ihren Kindern den islamischen Glauben so gut es geht zu vermitteln. Sie leben gerne in Deutschland, doch manches finden sie an dieser Gesellschaft nicht gut. Ihre Kinder sollen hier einen guten Weg machen, am besten studieren, aber sich ihnen nicht entfremden und ganz den westlichen Lebensstil annehmen.

Die Jüngste ist jetzt in einem evangelischen Kindergarten angemeldet. Dort hat es endlich geklappt, einen Platz zu bekommen, nachdem sie schon zwei Jahre auf der Warteliste eines städtischen Kindergartens standen. Herr und Frau Aziz wissen nicht so genau, was sie nun davon halten sollen. Einerseits ist es gut, dass dort überhaupt von Gott gesprochen wird. Doch manches geht ihnen zu weit. Kinder sind so leicht zu beeinflussen. Wird es ihre Tochter nicht verwirren, wenn sie dort alle christlichen Feste mitfeiert? Einmal im Monat gehen alle Kinder in die Kirche. Wird ihre Tochter dort christliche Gebete mitsprechen müssen? Beide sind sich sehr unsicher, wie sie damit umgehen sollen. Manches Mal haben sie ihre Tochter schon einfach zuhause behalten, wenn sie wussten, dass es wieder in die Kirche geht.

Das hier beschriebene Beispiel versucht, den Hintergrund eines latent mitlaufenden und häufig nicht geklärten Problems zu beschreiben, wenn Kinder anderen Glaubens – und das sind ganz häufig muslimische Kinder – in evangelischen Einrichtungen sind. Die hier beschriebene Familie hat viele schwere Erfahrungen hinter sich und lebt weiterhin unter einer dauerhaften Anspannung. Ihr Weg nach Deutschland war nicht freiwillig, auch wenn sie jetzt gerne hier leben. Religion spielt für diese Familie eine wichtige Rolle. Sie haben erfahren, wie wichtig ihr Glaube auch in den schwierigen Zeiten war, kommen allerdings auch aus relativ traditionellen, wenn auch gebildeten Verhältnissen. Sie vertreten in vielen Lebensbereichen traditionelle Werte und Vorstellungen, die man unter Deutschen eher bei deutlich älteren Menschen findet. Anders als diese sind sie jedoch in besonderer Weise mobil: Viele Familienangehörige leben im europäischen Ausland oder in den USA. Dorthin zu reisen ist nichts Besonderes. Auch mit den modernen Kommunikationsmedien sind sie bestens vertraut.

Und trotzdem: Die vielen Verlusterfahrungen in ihrem Leben lassen sie um so beharrlicher an dem festhalten, was sie mitbringen; sie erzeugen aber auch Ängste, ihre Kinder an den westlichen Lebensstil zu verlieren. Hinzu kommt: Nach traditionellem muslimischen Verständnis sind Kinder, gerade wenn sie noch klein sind, leicht zu prägen und zu beeinflussen. Und manchmal gibt es den Eindruck, es würde – auch in Schulen – ein „geheimer“ Lehrplan verfolgt, der die Erziehungsvorstellungen der Eltern unterläuft. So erklärt sich einmal mehr ihre Verunsicherung angesichts der christlichen Prägung des Kindergartens. Ihnen steht auf der anderen Seite eine Einrichtung gegenüber, die der Mehrheitsreligion und Mehrheitsgesellschaft angehört. So sehen Herr und Frau Aziz eigentlich für sich keine Chance, das Problem zu klären. Sie wollen ihrem Kind auch durch einen Streit nicht schaden – also versuchen sie, durch Umgehen des Problems „Kirchenbesuch“ zumindest ein bisschen die Kontrolle zu behalten.

Wenn man die Kindergartenleiterin befragen würde, könnte es sein, dass sie das Verhalten der Eltern beklagt und darauf verweist, dass es sich ja um einen evangelischen Kindergarten handelt, der schließlich das Recht und den Auftrag hat, die evangelische Prägung zum Ausdruck und den Kindern nahe zu bringen. Dazu gehört neben dem Feiern der christlichen Feste natürlich der regelmäßige Gottesdienst für die Kinder; gut, dass die Pfarrerin das macht. Natürlich kann man Kinder, die nicht dahin wollen, nicht extra beaufsichtigen. Es könnte sein, dass auch der Gedanke mitschwingt, dass es gerade in der Situation von Zuwanderung und Säkularisierung wichtig ist, das eigene Profil zu zeigen, um nicht irgendwann selbst eine Minderheit zu sein. Diese Ängste sind auch bei Eltern der evangelischen Kinder häufig anzutreffen. Hier entsteht ein Konflikt, der nur durch ein reflektiertes und offenes Umgehen mit den Ängsten "missioniert“ zu werden, und denen, bedeutungslos zu werden, geklärt werden kann. Entscheidend ist dabei, die interreligiöse Dimension der Früherziehung als Qualitätsmerkmal zu begreifen, von dem auch die evangelischen Kinder profitieren können.

2.2. Evangelische Jugendarbeit

Ein weiteres kirchliches Arbeitsfeld, in dem Gemeinde deutlich „Kirche für andere“ ist und dem nicht selten Widerstände oder Unverständnis entgegen schlägt, ist die offene Jugendarbeit. In Stadtteilen mit einem hohen Anteil an Migrantenfamilien werden diese Angebote der Jugendsozialarbeit oft zum wichtigen Bezugspunkt für Jugendliche mit Migrationshintergrund, häufig aus sozial benachteiligten Familien, wie im folgenden Beispiel:

Rahana, 16 Jahre alt

Rahana ist in Deutschland geboren und ist die mittlere von fünf Geschwistern. Ihre Eltern sind Kurden aus dem Irak. Ihr Vater hat hier nie eine dauerhafte Beschäftigung gefunden, die Familie lebt von staatlichen Leistungen. Einer ihrer älteren Brüder hat wegen Hehlerei schon einmal im Gefängnis gesessen, ein anderer prügelt sich ständig. Von ihren Eltern lassen sie sich schon lange nichts mehr sagen. Zu Hause ist immer viel Streit, auch Rahana hat ständig Ärger mit ihrem Vater. Weil ihm ihre Kleidung nicht passt, weil ihm nicht passt, dass sie weggeht, weil er seine Wut und schlechte Laune an ihr abreagiert. Und ihre Mutter hat sowieso nichts zu sagen. Trotz all dem Streit: Rahana tut, was sie will.

Nachmittags geht sie immer in den Jugendtreff. Dort meckert keiner an ihr rum, sie trifft ihre Freundinnen, kann abhängen, Musik hören, und es gibt etwas zu essen. Regelmäßiges gemeinsames Essen, das ist bei ihnen zuhause schon lange nicht mehr die Regel. Und wenn es Probleme gibt, dann kann man die Mitarbeiter fragen. Auch da hat sie zuhause keine Unterstützung. Wie sollen die Eltern ihr helfen, die kommen ja selbst nicht klar. Rahana versucht ihren Hauptschulabschluss zu machen, auch wenn sie weiß, dass damit nicht viel zu machen ist. Doch sie will mal eine Arbeit haben und Geld verdienen. Sie will was haben von ihrem Leben und aus dieser Trostlosigkeit zuhause raus.

Das gemeindliche Angebot der „Offenen Tür“ ist für alle Jugendlichen offen und bietet einen geschützten Rahmen für vielfältige Aktivitäten oder um sich einfach mit anderen zu treffen. Wenn Rahana die „Offene Tür" der Jugendarbeit besucht, dann trifft sie dort viele, denen es ähnlich geht wie ihr. Erst einmal ist es ihr ziemlich gleich, dass es ein evangelisches Gemeindehaus ist. Religion spielt für sie keine große Rolle, sie weiß nicht viel über ihre eigene Religion und über die fremde erst recht nicht. Was sie dort schätzt, ist, dass alle willkommen sind und erst einmal da sein können. Sie fühlt sich dort sicher, denn sie weiß, dass sie Ansprechpartner findet, die sie bei Schwierigkeiten ansprechen kann, dass sie aber auch einfach ihre Ruhe haben kann. Sie trifft dort auch einige Leute, die wie sie nicht ursprünglich aus Deutschland kommen, die es aber geschafft haben, hier einen Job zu finden.

2.3 Zwischenreflexion: Die Bedeutung interkultureller Öffnung

Kirchengemeinden und ihre Einrichtungen sind längst nicht mehr Orte, in denen nur Christen und Christinnen, geschweige denn nur deutschstämmige Menschen einen Platz finden. Dies ist auch gut und richtig so. Trotzdem sind viele der Haupt- und Ehrenamtlichen in den Gemeinden auf die bunte Vielfalt nicht wirklich vorbereitet. Ressentiments und Vorurteile finden sich unter Kirchenmitgliedern genauso wie unter allen anderen. Gerade in ihrer diakonischen Arbeit steht es Gemeinden gut an, über eine interkulturelle, und das heißt dann konkret auch häufig eine interreligiöse, Öffnung bestimmter Arbeitsfelder nachzudenken. Wenn wir uns noch einmal die oben beschriebene Problematik im Kindergarten vor Augen führen, so kann daran deutlich werden, wie sich die Situation für alle verändern würde, wenn es z.B. eine türkischstämmige Mitarbeiterin gäbe. Familie S. würde sich in ganz anderer Weise akzeptiert fühlen, Familie Aziz könnte wahrscheinlich eher das Vertrauen finden, über ihre Schwierigkeiten und Befürchtungen zu reden. Möglicherweise gäbe es die Möglichkeit, die religiösen Feste der muslimischen Kinder authentisch kennen zu lernen. Und die Kindergartenleiterin hätte mehr Verhaltenssicherheit gegenüber den muslimischen Eltern. Ebenso würde Rahana, die die offene Jugendarbeit der Gemeinde besucht, bei einem Mitarbeiter, der ihre Situation nachvollziehen kann, eher Verständnis finden können und vielleicht auch ein positives Beispiel dafür, dass man es schaffen kann, die Schwierigkeiten auf dem Weg zu Ausbildung und Beruf zu überwinden. Positive Vorbilder sind ungeheuer wichtig, Brückenbauer – unerlässlich in unserer Gesellschaft, von der Kirche mit ihren vielen Arbeitsfeldern auch ein Teil ist.

2.4 Flüchtlinge und Asylsuchende

Seit Ende der 80er/Anfang der 90er Jahre begannen Kirchengemeinden, sich für Flüchtlinge und Asylsuchende zu engagieren. Neben ausländerrechtlicher Beratung und Asylarbeitskreisen, die es in verschiedenen Gemeinden, häufig auch Kirchenkreisen seitdem gibt, war der Einsatz für von Abschiebung bedrohte Flüchtlinge mit einem starkem persönlichen Engagement von Gemeindegliedern verbunden. Dies zeigte sich z.B. im Kirchenasyl oder auch in der Errichtung von Gästewohnungen für Menschen ohne Papiere. Die Konfrontation mit der Lebensgeschichte einer Flüchtlingsfamilie kann verschiedene Milieus der Gemeinde ansprechen. Zum einen sind es vermutlich eher die Kritischen, die sich dieses Themas annehmen; doch die Erfahrungen zeigen, dass gerade beim Kirchenasyl praktische Unterstützung gefragt ist und somit auch andere Milieus einbezogen werden, zum Beispiel Gesellige oder Bodenständige mit ihrer Vorliebe fürs Konkrete und Gemeinschaftliche.

Flüchtlinge, die in Beratungsstellen kommen oder sogar in den Schutz eines Kirchenasyls genommen werden, sind keiner bestimmten Schicht und keinem Milieu zuzuordnen. Gemeinsam ist ihnen, dass sie bisher keinen dauerhaften Aufenthalt in Deutschland erreichen konnten, obwohl sie sich oft schon mehr als zehn Jahre hier aufhalten. Oft genug waren die Familien hier gut integriert; dies zeigt auch die breite Unterstützung, die durch alle gesellschaftlichen Schichten und Milieus geht, wenn das Schicksal einer Flüchtlingsfamilie entsprechend vermittelt werden kann.

Familie Kawa

Familie Kawa, Kurden aus Syrien, lebte schon lange in Deutschland und konnte durch Herrn Kawas Berufstätigkeit unabhängig von Sozialhilfe gut ernährt werden. Das änderte sich, als Herrn Kawa die Arbeitserlaubnis entzogen wurde, weil sein Asylantrag auch nach mehreren Instanzen abschlägig beschieden wurde. Die beiden älteren Söhne waren hoffnungsvolle Nachwuchsfußballspieler, die Tochter mit zehn Jahren eine begeisterte Tänzerin im Karnevalsverein, der jüngere Sohn kam gerade in die Schule und der jüngste war gerade geboren, da wurde Herr Kawa in einer Nacht- und Nebel-Aktion nach Syrien abgeschoben. Auf Vermittlung der kreiskirchlichen Ausländerberatung kam das Kirchenasyl zustande. Nach einigen Wochen war es gelungen, die Gefahr der Abschiebung für den Rest der Familie abzuwenden. Auch über das Kirchenasyl hinaus bestand weiterhin Kontakt zur Familie und es dauerte noch einige Jahre, bis der Aufenthalt gesichert war und auch der Vater der Familie wieder in Deutschland leben konnte.

Das Bangen um das Schicksal der Familie Kawa war für die Gemeinde eine Chance, sich als christliche Gemeinde mit ihren verschiedenen Gaben wahrzunehmen. Viele aus der Gemeinde engagierten sich: Mitglieder des Presbyteriums sorgten sich um die rechtlichen Fragen, der Kindergarten bot Plätze im Hort an, andere organisierten den täglichen Transport der Kinder zur Schule oder zum Fußballverein. Im Bangen um einen glücklichen Ausgang eröffnete sich im Gebet und im Gottesdienst eine neue spirituelle Dimension. Es zeigte sich aber auch, welche Potentiale und Fähigkeiten unter den verschiedenen Gemeindegliedern vorhanden waren.

Aufgrund der extrem hohen Abhängigkeit der aufgenommenen Flüchtlinge ist hier eine besonders große Sensibilität nötig: Sie dürfen nicht auf ihre Notsituation reduziert werden, sie sollten so eigenständig wie möglich ihr Leben führen können, ihre kulturelle und religiöse Prägung sollte bewusst wahrgenommen und nicht vereinnahmt werden. Gemeinde darf sich aber auch nicht überfordern, und sei es mit zu hohen Erwartungen. Hier ist sicher eine große Rollenklarheit aller Beteiligten von Nöten, um die belastende Situation gut zu meistern.

3. Kirche als Dialogpartnerin

Aus der diakonischen Arbeit mit Gastarbeitern und ihren Familien entstand nach und nach mit den Zugewanderten muslimischen Glaubens die interreligiöse Arbeit. Durch den engen Kontakt mit muslimischen Familien unterschiedlicher Herkunft, der zuerst in sozialen Dienstleistungen oder gemeinwesenorientierten Projekten seinen Ausdruck fand, wurde auch das Interesse an der Religion der Zugezogenen geweckt. Aufgrund der ethnischen Zusammensetzung der Mehrzahl der Muslime in Deutschland war es hier vorrangig der türkisch geprägte Islam.

Herr Tekin, DITIB-Vorstand

Herr Tekin ist 60 Jahre alt und lebt seit 32 Jahren in Deutschland. In der Türkei war er ein studierter Bauingenieur, hier in Deutschland ist er im Baugewerbe geblieben, aber natürlich nicht in einer leitenden Position. Wie bei vielen seiner Landsleute wurden seine Abschlüsse nicht anerkannt und er fand nur eine Arbeit, die deutlich unter seiner Position in der Türkei lag. Herr Tekin gehört zur ersten Generation der Arbeitsmigranten, allerdings kommt er nicht vom Land, sondern aus einer mittelgroßen Stadt. Er kam als junger Mann und wollte nur etwas Geld verdienen, um sich in der Türkei eine Existenz aufbauen zu können; doch dann ist daraus sein ganzes Leben geworden. Seine Kinder sind hier geboren und werden Deutschland sicher nicht verlassen. Er denkt immer noch daran, ganz zurück zu gehen, doch seine Frau will das nicht. Schließlich sind alle Kinder und Enkelkinder hier. So sind es in erster Linie die Wintermonate, die sie in ihrem Haus in der Türkei verbringen.

In der Moschee engagiert sich Herr Tekin, weil er gerne etwas schafft und etwas aufbaut und für die Gemeinschaft nützlich sein will. Natürlich ist der Glaube ihm wichtig, aber er ist für ihn so selbstverständlich, dass er sich wenig Gedanken darüber macht. Das ist Sache des Imams, der hat das gelernt. Besonders schön findet er die Koranrezitationen, da findet er Ruhe. Wichtig an der Moschee ist ihm aber auch, dass er dort Männer seines Alters trifft, Tee trinkt, und natürlich immer wieder größere und kleinere Umbauprojekte umsetzt, damit alle in der Moschee einen guten Platz haben. Für die Jugend soll es einen Raum geben und die Erneuerung der Sanitäranlagen im Frauenbereich wird das nächste Projekt sein. Wichtig ist ihm auch, gut mit den Deutschen zusammenzuleben. Seit vielen Jahren macht die Moschee einen Essensstand beim jährlichen Stadtfest, und er freut sich, dass sie immer viel Kundschaft haben. Auch zu den türkischen Folkloreaufführungen und dem Grillen im Sommer hat er schon oft die Bezirksbürgermeisterin und andere wichtige Leute aus dem Stadtteil eingeladen.

Herr Tekin zeigt eine typische Haltung, die man bei Kirchenmitgliedern vor allem unter Bodenständigen und Geselligen findet. Ihm liegt das Anpacken, er will gemeinsam mit anderen was schaffen und über die praktische Ebene mit anderen Menschen Gemeinschaft erleben. Er fühlt sich unwohl, wenn er Auskunft über seinen Glauben, geschweige denn über komplizierte theologische Fragen geben soll. Genau dies wird aber häufig erwartet, wenn es um den interreligiösen Dialog geht. So entstand – obwohl ein Dialog auf Augenhöhe angestrebt wurde – schon bald eine Schieflage, an der viele Dialogveranstaltungen bis heute kranken. Christliche Dialogpartner sind häufig akademisch ausgebildete Theologen und Angehörige der Milieus der Hochkulturellen und Kritischen, die von ihrer Bildung her ebenfalls häufig zu den besser ausgebildeten Menschen gehören. Auf Seiten der Moscheegemeinden zeigt sich hier ein ganz anderes Bild: Wo das geistliche Personal, also der Imam, ein aus der Türkei entsandter Theologe ist, spricht er in der Regel kaum oder nur wenig Deutsch. Da Imame in der Mehrzahl der türkischen Moscheen, die meist dem Dachverband DITIB angehören, nur für vier Jahre in Deutschland leben, lohnt es sich für sie in der Regel auch nicht, die deutsche Sprache wirklich zu lernen. Die kontinuierlichen Partner für den Dialog sind also häufig die Vorstände des Moscheevereins.

Diese gehören in vielen Fällen noch der ersten Gastarbeitergeneration an, auch wenn sich mancherorts mittlerweile ein Wechsel der Generationen abzeichnet. Diese Menschen engagieren sich in ihren Gemeinden in vielfältiger Weise, sind aber nicht theologisch ausgebildet und können deshalb in der Regel nicht in dem Maße Auskunft auf komplizierte religiöse Fragestellungen geben – und um solche handelt es sich im interreligiösen Dialog, weil das Eigene und das Fremde immer in einer gewissen Weise zusammengedacht, kontrastiert und verglichen werden soll. Anders als beispielsweise die Kritischen, die diesen Dialog suchen, sind sie es eher gewöhnt, dass der Imam sagt, was richtig und was falsch ist. Eine Diskussionskultur über religiöse Inhalte, die es im Islam durchaus unter Gelehrten gibt, ist in diesen Konstellationen kaum anzutreffen und verunsichert eher. Die dann häufig ausweichenden oder wenig tiefgehenden Reaktionen der muslimischen Gesprächspartner können für die am Dialog interessierten Kritischen frustrierend sein, da sie eine theologische Auseinandersetzung auf intellektuellem Niveau suchen. Dies sollte allerdings nicht dazu führen, diese Haltung bei allen am Dialog interessierten Muslimen vorauszusetzen.

Herr Dr. Hormoz

Herr Dr. Hormoz kommt ursprünglich aus dem Iran und ist zum Studium in den 70er Jahren nach Deutschland gekommen. Er hat lange Jahre als Facharzt in eigener Praxis gearbeitet. Er ist mit einer deutschen Frau verheiratet und sie leben eine christlich-muslimische Ehe, in der beide ihren jeweiligen Glauben behalten haben. Er besucht gerne mit seiner Frau den evangelischen Gottesdienst und kann auch da eine spirituelle Dimension für sich finden. Er ist an Musik, Kunst und Literatur interessiert und geht gerne zu Veranstaltungen der Kirchengemeinde, die hier besonders interessante und anspruchsvolle Angebote macht. Einem Moscheeverein gehört er nicht an. Trotzdem wird er immer Muslim bleiben. Es macht ihn traurig und zeitweise auch wütend, wie schlecht über den Islam geredet wird und wie wenig die Leute darüber wissen. Er fühlt sich persönlich gekränkt, wenn ihm unterstellt wird, Integrationsprobleme zu haben, nur weil er Muslim ist. Deshalb engagiert er sich seit vielen Jahren im Dialogkreis seines Stadtteils und besucht häufig Dialogveranstaltungen. Er will dazu beitragen, dass auch die Menschen in Deutschland verstehen, dass es in seiner Religion nicht um Gewalt geht, sondern auch für Muslime Frieden und ein friedliches Zusammenleben das Ziel sind.

Mit einem aufmerksamen und differenzierten Blick wird man feststellen: Auch unter den Dialogpartnern gibt es immer wieder Menschen, die selbst eher zum Milieu der Kritischen zu zählen sind, die aufgrund ihres Bildungsgrades und ihrer Biographie geeignet sind, intellektuelle Bedürfnisse im interreligiösen Dialog zu erfüllen, und die theologisch auskunftsfähig sind. Doch gleichzeitig ermöglichen es die unterschiedlichen Milieus unter den Migranten auch, Kirchenmitglieder aus unterschiedlichen Milieus anzusprechen. Während Dr. Hormoz eher eine Ebene mit den Kritischen und vielleicht auch den Hochkulturellen finden wird, kann Herr Tekin die Geselligen und Bodenständigen erreichen, die ein gemeinsames Fest, das Engagement für das unmittelbare Lebensumfeld oder auch die Begegnung in der Bewältigung des Alltags ansprechend finden. Das Gelingen einer interreligiösen Arbeit wird also auch davon abhängen, wer mit wem redet und gemeinsam etwas auf den Weg bringt. Hier kann ein wichtiger Impuls für weite Teile der Gemeinde von einer interreligiösen Arbeit ausgehen, wenn es die richtigen Angebote und Gelegenheiten für Menschen in den unterschiedlichen Milieus gibt. Hier kommt es entscheidend darauf an, Menschen in ihren unterschiedlichen Prägungen, Vorlieben und Voraussetzungen zu sehen und sie nicht auf ihre Eigenschaften als Migranten oder Muslime, Einheimische oder christliche Gemeindeglieder zu reduzieren. Sich genau zu fragen, welche Projekte welche Menschen erreichen und mit wem umsetzbar sind, kann vor Frustration und Überforderung schützen und den Reichtum der Vielfalt erfahrbar machen.

4. Kirchengemeinde als „fremde Heimat“ für Christinnen und Christen aus den GUS-Staaten

An der Spitze der Einwanderergruppen stehen mit 21 Prozent die Aussiedler aus den GUS-Staaten. Sie bringen zum Teil eine ausgeprägte christliche Frömmigkeit mit, die häufig eher dem Stil von Freikirchen als landeskirchlichen Formen entspricht. Nicht zufällig engagieren sich viele Aussiedler so auch in baptistischen oder mennonitischen Gemeinden. Ein großer Anteil versteht sich allerdings als evangelisch und besucht eine landeskirchliche Gemeinde. Hier machen viele die Erfahrung, dass ihre für selbstverständlich gehaltenen Frömmigkeitsformen in Deutschland nicht wieder zu finden sind oder sogar auf Befremden stoßen. Gemeindliche Kreise werden von ihnen nicht selbstverständlich aufgesucht. Gerade ältere Menschen leben sehr familienorientiert, die mittleren Alters sind beruflich sehr eingespannt und die Jugendlichen fühlen sich oft deplaziert in Deutschland, je nachdem, wann sie ausgewandert sind.

Familie Meschkow / Konfirmandin Lilli

Die Eltern von Lilli sind mit ihren Familien bereits als junge Erwachsene nach Deutschland gekommen. Herr Meschkow arbeitet als Busfahrer, seine Frau als Verkäuferin. Für sie ist es wichtig, dass sie etwas schaffen und aufbauen. Sie sind Teil einer großen Familie. Der Vater, der ein richtiger Patriarch war, ist vor einigen Jahren gestorben und konnte in ihrer Gemeinde in der Art beerdigt werden, die sie noch aus Russland kennen. Alle sind gekommen, es wurden die alten Lieder gesungen und dann hat der Gemeindepfarrer die Beerdigung gemacht. Gemeinde ist für Familie Meschkow in erster Linie dann wichtig, wenn es jemanden zu trauen, zu beerdigen oder zu konfirmieren gibt. Ansonsten kommen sie einfach nicht dazu, in ihrem anstrengenden Alltag zur Kirche zu gehen. Das ist eher etwas für die Oma der Familie, die immer in die Gottesdienste geht, auch weil sie dort andere alte Frauen trifft, auch wenn sie vieles fremd finden in der Art, wie Gottesdienste gefeiert werden. Manchmal ist es ihnen nicht feierlich und nicht würdig genug, besonders die modernen Gottesdienste finden sie befremdlich. Dass Lilli zur Konfirmation geht, war ein großer Wunsch der Oma und ein Grund, wieder ein großes Familienfest zu feiern. Die Kinder sollen der Kirche treu bleiben, das wird auch helfen, dass sie nicht „abrutschen", wie so manche andere Jugendliche aus ihrer Gemeinschaft, die Probleme mit Alkohol haben oder keine Berufsausbildung machen. Das ist bei ihrer Tochter zum Glück anders; sie ist sehr fleißig in der Schule und wird ihren Realschulabschluss gut schaffen.

Russlanddeutsche Einwanderer leben oft in ihren eigenen Gemeinschaften und haben es schwer, Zugänge ins deutsche Umfeld zu finden. Die Gründe dafür sind vielschichtig: Viele kommen aus einem bäuerlich geprägten Umfeld in eine moderne Industriegesellschaft. Häufig gibt es noch sehr fest gefügte und patriarchal geprägte Familienstrukturen. Familie als Verpflichtung und Ressource bot gerade für das Leben in einer Minderheit mit Verfolgungs- und Diskriminierungserfahrungen einen sicheren, stabilen Rahmen. Die Erfahrungen nach der Auswanderung nach Deutschland sind oftmals ernüchternd: Während man in den GUS-Staaten wegen der deutschen Herkunft diskriminiert wurde, erfährt man nun keine volle Akzeptanz, sondern wird als „Russe“ angesehen und erlebt die Aufnahmegesellschaft eher als abweisend. Auch der christliche Glaube hat in Aussiedlergemeinschaften häufig eine sehr traditionelle oder pietistische Ausprägung, verbunden mit konservativen Wert- und Moralvorstellungen. Die Weitergabe des Glaubens war in einem kommunistischen Staat, der Religionsausübung verbot oder ablehnte, in erster Linie Familiensache und geschah besonders durch Mütter und Großmütter.

Wie eine Kirchengemeinde in Deutschland organisiert ist und welche Frömmigkeitsformen gelebt werden, ist ihnen häufig fremd, so dass ihre Mitgliedschaft in der Gemeinde nicht aus sich heraus schon geeignet ist, Brücken in die Mehrheitsgesellschaft zu bauen. Gerade was Kinder und Jugendliche betrifft, so sind auch bei den russlanddeutschen Eltern die Kenntnisse des deutschen Bildungssystems eher begrenzt, auch wenn es den großen Wunsch gibt, dass die Kinder es einmal besser haben sollen. Viele Kinder und Jugendliche haben oft einen nachhaltigen Bruch in ihrer Sozialisation erfahren, manche ziehen sich in eng zusammenhängende Peergroups zurück und schotten sich gegen die Außenwelt ab. Hinzu kommt gerade bei jungen Leuten, dass sie vielfach gegen ihren Willen mit ihrer Familie nach Deutschland gekommen und selbst wenig motiviert sind, Teil der deutschen Gesellschaft zu werden. Umso wichtiger ist es, Anknüpfungspunkte zu suchen, wie z.B. im Konfirmandenunterricht.

Besonders wichtig sind hier Menschen, die eine Brückenfunktion wahrnehmen können, die in der Gemeinschaft akzeptiert sind, aber aufgrund ihres Bildungshintergrundes und ihrer sozialen

Position leichter einen Zugang zu den Ortsgemeinden und ihren Strukturen finden. Diese Menschen zu finden und zur Beteiligung zu ermutigen, kann neue Perspektiven eröffnen.

Frau Traub

Frau Traub kam vor 15 Jahren von der Wolga mit ihrem Mann und ihren drei mittlerweile erwachsenen Kindern nach Deutschland. In Russland hatte sie als Lehrerin gearbeitet, ihre Berufstätigkeit hat sie in Deutschland nicht fortgesetzt. Wie für viele Aussiedler ist für sie ihre Familie sehr wichtig. Deshalb ist sie jetzt besonders für ihre Enkelkinder da. In der Kirchengemeinde interessiert sie sich an erster Stelle für den Gottesdienst. Dort trifft sie jeden Sonntag andere russlanddeutsche Frauen. Zusätzlich besucht sie eine Bibelstunde in der Nachbargemeinde, die von einem russlanddeutschen Prediger gehalten wird. Dort werden auch die alten vertrauten Lieder gesungen, die es so im Gottesdienst der Kirchengemeinde nicht gibt. Frau Traub findet es wichtig, dass es hier ein Stück Heimat und Vertrautheit gibt, aber sie denkt auch, dass man sich nicht abkapseln darf und hier ankommen muss. Sie sieht mit einiger Sorge, dass es in vielen Familien Schwierigkeiten gibt. Viele der Alten fühlen sich in den engen Etagenwohnungen nicht wohl, manche der Jugendlichen sind eher gegen ihren Willen hier und verweigern sich, geraten auf die schiefe Bahn. Und sie bedauert es, dass die Russlanddeutschen nicht so richtig in der Kirchengemeinde angekommen sind, weil ihnen dort vieles fehlt, was sie aus der alten Heimat kennen und lieben. Damit das besser wird, hat Frau Traub sich vom Gemeindepfarrer überzeugen lassen, für das Presbyterium zu kandidieren. Dort arbeitet sie nun mit – und auch an einem runden Tisch, bei dem es um die Belange des Stadtteils geht, in dem Menschen aus 100 Nationen leben.

Das Beispiel von Frau Traub zeigt, wie wichtig es ist, gezielt und ermutigend auf Menschen zuzugehen, die durchaus bereit sind, ihre Kompetenzen einzubringen, weil sie ein Verantwortungsgefühl für ihre Gemeinschaft haben und gleichzeitig aufgrund ihres persönlichen Hintergrunds (Bildung, zeitliche Ressourcen) auch in der Lage sind, sich flexibel auf die neuen Umstände einzulassen, ohne ihre Traditionen aufzugeben. Menschen wir Frau Traub werden ja häufig als „einfache Leute“ angesehen, weil sie einen geringen sozialen Status haben und auf die „kleine Welt der Familie“ konzentriert sind. Die Analyse der Milieus und ihrer verschiedenen Dimensionen zeigt, dass gerade in einem solchen Verständnis Menschen mit Migrationshintergrund Benachteiligung erfahren, indem ihre Interessen nur auszugsweise berücksichtigt werden. Gerade bei den Aussiedlern, die Gemeindeglieder sind, kann es ja nicht nur darum gehen, diakonisch tätig zu werden. Vielmehr müssen sie an der Gemeinde partizipieren und in ihr vorkommen, und zwar nicht nur als „Endverbraucher“ von Kasualien und Gottesdienst.

Dies erfordert von den Gemeinden auch die Bereitschaft, sich mit anderen Frömmigkeitsformen auseinanderzusetzen und diese nicht abzuwerten oder als defizitär anzusehen. An dieser Stelle fördert der Blick auf Migrantinnen und Migranten einmal mehr die Sensibilität für unterschiedliche Lebenswelten, Vorlieben und Orientierungen. Denn was in diesem Beispiel einer in Russland aufgewachsenen Frau passiert, geschieht ganz ähnlich vielen anderen Gemeindemitgliedern – mit und ohne Migrationshintergrund. An dieser Stelle lehrt uns der Blick auf Milieudimensionen ganz allgemein den achtsamen Umgang mit der Verschiedenheit der Menschen.

Weiterführende Literatur

Statistisches Bundesamt, Bevölkerung und Erwerbstätigkeit, Bevölkerung mit Migrationshintergrund, Ergebnisse des Mikrozensus 2007, Wiesbaden 2009.

Carsten Wippermann/Berthold Bodo Flaig, Lebenswelten von Migrantinnen und Migranten, ApuZ 5/2009, 3–11.
Online verfügbar unter: http://www.bpb.de/files/R32I01.pdf

Was soll ich reden mit dem armen Lazarus?

Der Umgang mit Armut und der Traum von der Inklusion inmitten der Milieus

Claudia Schulz

Armut kann uns alle betreffen – zumindest theoretisch. Seit den gesetzlichen Änderungen zu Arbeitslosigkeit und sozialer Absicherung im Jahr 2005 fühlen sich auch gesellschaftliche Gruppen vom Thema „Armut“ betroffen, die bislang keine Erfahrungen mit dieser Problematik gemacht hatten. Zugleich gewinnt die prägnante Behauptung, die „Schere zwischen Arm und Reich“ vergrößere sich, in öffentlichen Diskussionen an Tragweite: Viele Menschen beobachten eine größer werdende Kluft zwischen denen, die von Armut betroffen sind, und denen, die davon nie betroffen waren und auch nicht damit rechnen, es jemals zu sein. Beides, die Angst vieler Menschen vor eigener Betroffenheit und der Eindruck, zwischen Arm und Reich immer weniger Berührungspunkte zu erleben, ist aus Sicht von Kirche und Diakonie problematisch.

Zu den Leitmotiven kirchlicher und diakonischer Arbeit gehört die Gemeinschaft aller Menschen vor Gott, unabhängig vom gesellschaftlichen Stand der Einzelnen, vom Sklaven- oder Herrendasein. Alle nehmen am Tisch Jesu Platz und alle werden satt. In dieser Szene hat weder die Sorge vor dem eigenen sozialen Abstieg Raum noch die Fremdheit der Armen und Ausgegrenzten. Dennoch lassen sich in der Kirche und unter ihren Aktiven zahlreiche Erfahrungen im Problemfeld Armut benennen. In diesem Text sollen Aspekte dieser Problematik aus Sicht kirchlich-diakonisch engagierter Menschen betrachtet werden. Mögliche Ansätze zur Bewältigung von Armut sollen durch die „Milieubrille“ wahrgenommen werden und etwas davon verstehen lassen, wie der Umgang mit der Armut von der jeweiligen Sichtweise auf das Leben und belastende Situationen geprägt ist. Die Aufmerksamkeit für Dimensionen einer Milieutypologie befördert an die Oberfläche, was in den Diskussionen über die Armutsproblematik selten bedacht wird: die Macht lebensweltlicher, stilistischer Differenzen, die starken Auswirkungen von unterschiedlichen Einstellungen, Weltsichten und Kommunikationsvorlieben bei Betroffenen und denen, die sich für sie engagieren. Hier erschweren unbeachtete Differenzen das beiderseitige Verständnis und entsprechend den Erfolg der Hilfeleistung.

1. Die vielfältige Wahrnehmung der Armut

Es ist ein großer Unterschied zwischen der Perspektive eines Menschen, der am Bahnhof um Geld bettelt, und der eines Menschen, der an ihm vorübergeht und entscheiden muss: Soll ich etwas geben oder nicht? Dies ist zugleich eine Binsenweisheit, denn Betroffenheit sieht ja immer von innen anders aus als von außen, und zugleich eine wichtige Erkenntnis: Wo für die einen die Frage im Vordergrund steht, ob der betroffene Mensch das erhaltene Geld wohl in Spirituosen anlegt oder dazu nutzt, seine Lebensumstände nachhaltig zu verändern, stellen sich für die Betroffenen ganz andere Fragen. Wer einmal ein Gespräch mit einem bettelnden Menschen begonnen hat, weiß um die enormen Unterschiede zwischen den Weltsichten beider Parteien. Und es wird deutlich: Hier geht es nicht so sehr um den Besitz von viel oder wenig Geld, sondern um Haltungen, Ziele, Wertvorstellungen, Selbstbilder und vieles mehr, worüber eine Auseinandersetzung im Vorübergehen kaum möglich ist. Solche Innen- und Außenansichten sollen im Folgenden zur Sprache kommen.

1.1 Lazarus vor der Tür – die Wahrnehmung der nicht Betroffenen

Im Neuen Testament (Lk 16,19–31) ist eine Legende überliefert, die in ihrer Beschreibung des Armutsproblems sehr prägnant ist. Da wohnt ein reicher Mann in seinem Haus und lebt „herrlich und in Freuden“. Vor seiner Tür liegt ein armer Mann, der im Gegensatz zum Reichen einen Namen trägt: Lazarus. Er ist gesundheitlich stark beeinträchtigt und versucht, sich „von dem, was von des Reichen Tisch fällt“, zu ernähren. Die Pointe der Geschichte steckt in der Bestrafung und Belohnung, die der Reiche und der Arme nach ihrem Tod erfahren – in der Hölle und in Abrahams Schoß. Der Reiche, der Lazarus vor seiner Tür zur Lebzeiten offenbar nicht zur Kenntnis genommen hatte, bittet Abraham um einen Moment der Linderung seiner Höllenqualen durch Lazarus und hört die Antwort, die eine Überschrift über das Problem der Armut sein könnte: „Es besteht eine große Kluft zwischen uns und euch.“ Dies ist zunächst auf die Grenzen zwischen Himmel und Hölle bezogen, entwickelt sich dann jedoch zur umfassenden Diagnose, als der Reiche bittet, dass seine noch lebenden Brüder gewarnt würden, damit sie nicht denselben Fehler ebenfalls begehen. Aber auch hier bekommt er eine abschlägige Antwort: „Sie haben Mose und die Propheten, die sollen sie hören.“

Das Hauptproblem dieser Geschichte aus der Sicht derer, die sich mit dem Problem der Armut befassen, ist zweifellos die Wahrnehmung des Problems selbst. Der Reiche hat offenbar – vielleicht ohne Absicht – das Problem zu Lebzeiten nicht zur Kenntnis genommen. Dass der Mensch vor seiner Tür etwas mit ihm zu tun hat, erfährt er erst nach dem Tod und geht davon aus, dass es seinen Geschwistern ähnlich ergehen wird. Er hat erkannt: Es braucht offenbar eine explizite Aufklärung der Reichen, dass es vor ihren Türen Arme gibt und es in einem umfassenden System von Gerechtigkeit und Ausgleich gewollt ist, dass Reiche sich mit deren Situation befassen.

Eine solche Diagnose erscheint geradezu vertraut, wo es um die Wahrnehmung der Armut in der Gegenwart geht: Zwar wissen die meisten Menschen in Deutschland, dass es auch hier Armut gibt. Sie können meist auch Orte benennen, wo sich das Problem stark auswirkt, können Stadtteile bestimmen, Schulen und soziale Einrichtungen, wo sich Armut zeigt. Aber der direkte Kontakt mit Betroffenen, eine Kenntnis ihrer Lage ist selten. Wer nicht in einem Ortsteil wohnt, in dem viele Menschen von Armut betroffen sind, sieht die Armut meist nur in Medienberichten über Tafelläden und hungrige Kinder in Schulen – oder eben vor Bahnhöfen und in Fußgängerzonen. Eine Begegnung, ein Austausch mit Betroffenen über Lebenserfahrungen und Träume findet so gut wie nicht statt. Die große Kluft zwischen den einen und den anderen existiert und wirkt sich auf das soziale Gefüge aus. Dies scheint in Kirchengemeinden kaum anders zu sein als anderswo. Das folgende Erlebnis mag das illustrieren.

Die Ratlosigkeit der nicht Betroffenen

Bei einem Vortrag in einer Kirchengemeinde über Ergebnisse meiner Armutsforschung hatte ich das Phänomen der „unsichtbaren Armut“ geschildert und angeregt, einmal bewusst das Gespräch mit Betroffenen zu suchen, um diesen „Lazaruseffekt“ zu überwinden. Als gute Gelegenheiten dazu erscheinen mir etwa Angebote eines verbilligen Mittagstisches (in der Evangelischen Landeskirche in Württemberg im Winter auch die „Vesperkirchen“), wo es meist möglich ist, auch ohne eigene Armutserfahrung teilzunehmen und einen höheren Betrag für das Essen zu bezahlen. In der anschließenden Diskussion meldete sich eine Hauptamtliche aus der Gemeinde und äußerte ihre Ratlosigkeit: „Und wenn ich dann am Tisch sitze mit denen, was soll ich denn dann sagen? Was mache ich, wenn die dann von ihren Schwierigkeiten erzählen? Da kann ich ja dann gar nichts antworten.“

Diese Sichtweise verdeutlicht, warum in der wissenschaftlichen Forschung nicht nur von Armut, sondern zugleich von Ausgrenzung gesprochen wird. Problematisch ist nicht nur die Unterversorgung, sondern ebenso der Ausschluss aus gesellschaftlichen Prozessen in Kultur, Politik, Bildung etc. Es geht nicht um „oben“ und „unten“, sondern um „drinnen“ und „draußen“. Wer arm ist, bummelt nicht über Weihnachtsmärkte und sitzt nicht an lauen Sommerabenden beim Bier oder Wein mit Freunden in einer Kneipe – oder zahlt dafür einen hohen Preis, indem er am anderen Tag am Essen spart, auf Bildungschancen verzichtet, den Kindern die Mitgliedschaft im Sportverein nicht ermöglicht oder Schulden macht. So sind in der Regel die Lebenswelten von Menschen mit und ohne Armutsproblematik klar getrennt – bis hinein in Schulen, Vereine und eben auch in Kirchengemeinden. Wo aber kaum eine Begegnung stattfindet, wird es immer schwieriger, die Probleme der anderen zu verstehen und Armut und Ausgrenzung zu bewältigen.

Nicht zu vergessen ist die zutiefst menschliche Haltung, die sich wie in der genannten Szene beim Vortragsabend in einer Kirchengemeinde einstellt: Es macht keinen Spaß, sich mit der Armut zu befassen. Es macht ratlos und hilflos. Kein Wunder, dass so viele das Engagement diakonischer Einrichtungen oder überregionale Projekte wie „Brot für die Welt" dankbar zur Kenntnis nehmen. Sie geben die Möglichkeit zu helfen, ohne sich der direkten Begegnung auszusetzen, die man selbst als wenig effektiv empfindet. Hier nährt sich die Wertschätzung für eine professionell gestaltete Hilfe, die einem die Angst vor dem direkten Kontakt, die Ratlosigkeit und das Verstummen erspart und der man eine größere Wirkung zutraut als dem eigenen Bemühen.

In der biblischen Geschichte gesprochen: Kein Wunder, dass der Reiche nicht richtig hinsehen mag, wer da auf seiner Treppenstufe sitzt. Es wäre bei näherem Hinsehen vermutlich enorm belastend, sich mit Lazarus zu befassen, wo sich mit Armut bereits lebensbedrohliche gesundheitliche Probleme verbinden und dies häufig noch zusammentrifft mit anderen Belastungen wie Wohnungslosigkeit und psychosozialen Schwierigkeiten. Wer Sozialabgaben zahlt oder spendet – wie es möglicherweise auch der reiche Mann in der Geschichte getan hat –, empfindet das Bedürfnis, in der Folge die Hilfe denen zu überlassen, die „dafür zuständig" sind.

1.2 Armut von innen betrachtet – die Perspektiven der Betroffenen

Wo die Rede ist von der Ausgrenzung Betroffener aus Bereichen des gesellschaftlichen Lebens, werden im Gegenzug umgangssprachlich die Lebenswelten Betroffener als „Armutsmilieus" bezeichnet. Dieser Begriff ist problematisch und wissenschaftlich nutzlos, denn es lässt sich nicht sagen, zu welchem Milieu jemand gehört, der von Armut betroffen ist. Armut existiert in allen Milieus, wobei natürlich Menschen in einigen Milieus unter anderem aufgrund ihrer finanziellen Möglichkeiten und ihrer Bildungsvoraussetzungen deutlich häufiger als andere von Armut betroffen sind. In einigen Milieus sind Menschen mit geringen Einkommen besonders zahlreich vertreten, etwa unter den

Zurückgezogenen und den Bodenständigen. Es geht nun vor allem darum, zu verstehen, was die finanziellen Spielräume der Menschen mit ihren Einstellungen, Interessen und Vorlieben – ihren Milieus – zu tun haben. Hier ist nun der Begriff des „Armutsmilieus" ein Hinweis, aus dem sich etwas lernen lässt: Das Milieu bedingt die Sichtweisen auf die eigene Lebenssituation und entsprechend auch die Werte, Freizeitvorlieben oder Kommunikationsstile. Häufig sind das Interesse an Reflexion und komplexen Sachverhalten (oder eine Abneigung dagegen), die Orientierung an der Tradition (oder eine Abgrenzung davon) sowie das Interesse an Geselligkeit und Gemeinschaft (oder eine Abneigung dagegen) durch die eigenen finanziellen Möglichkeiten geprägt – aber ebenso durch viele andere Faktoren.

Die Erkenntnisse der Armutsforschung belegen: Wer über geringe formale Bildung verfügt, macht seltener von seinem Wahlrecht Gebrauch als andere. Wer wenig Geld hat, kommuniziert weniger als der Durchschnitt, trifft sich seltener an öffentlichen Orten, erreicht seltener einen Schulabschluss und hat überdurchschnittlich häufig keine abgeschlossene Ausbildung. Hier wird deutlich, dass der Umgang mit der eigenen Armut durch die Wechselwirkung mit den Ausprägungen auf den Milieudimensionen bestimmt ist: Wer eine gute Ausbildung und ein stabiles soziales Umfeld hat, aber aufgrund von Erwerbslosigkeit, einer Trennung oder gesundheitlichen Problemen von Armut betroffen ist, verfügt in der Regel dennoch über den Wunsch, diese Situation bald zu überwinden. Solche Betroffenen haben eine Vorstellung davon, wie sich das Leben in Zukunft gestalten könnte, sie verfügen über das Selbstbewusstsein, ihre Rechte einzufordern und Unterstützung in Anspruch zu nehmen. Sie kennen meistens genügend andere Menschen, die nicht von Armut betroffen sind. Wenn sie nicht über die finanziellen Mittel verfügen, um etwa ein Konzert oder eine Ausstellung zu besuchen, kümmern sie sich um günstige Alternativen wie Generalproben mit kostenlosem Zugang oder Möglichkeiten, einen verbilligten Eintritt zu erreichen.

Wenn aber jemand bereits in einer Umgebung aufwächst, in der schon Eltern und Freunde von Armut und verwandten Problemen betroffen sind und es „normal" ist, kaum finanzielle Spielräume zu haben und über geringe Teilhabemöglichkeiten zu verfügen, verwundert es nicht, wenn dieser Mensch in der Schule wenig erreicht und an das Gelingen der eigenen Lebensplanung nicht glaubt. Hier gibt es eine große Differenz, wie sich am Beispiel der Bodenständigen zeigen lässt: Die Bodenständigen verfügen zum Großteil über wenig finanzielle Mittel. Sehr viele von ihnen fühlen sich aber keineswegs arm und ausgegrenzt. Eine bescheidene Wohnung wird als angemessen erlebt, die kleine Rente als ausreichend, auch wenn in vielen Fällen ein Anspruch auf ergänzende Sozialleistungen bestünde. Solche Bodenständigen sehen sich selbstbewusst als „kleine Leute", sind sozial eingebunden und verknüpfen mit ihrem „einfachen Leben" bestimmte Werte wie Sparsamkeit, Bescheidenheit oder Ehrlichkeit.

Der Unterschied ist groß zwischen solchen aus verschiedenen Gründen selbstbewussten und aus eigener Perspektive „unproblematischen" Betroffenen einerseits und solchen, die der Gesellschaft Sorgen bereiten, weil sich hier Armut auf kommende Generationen „vererbt", weil Menschen den Kontakt zu nicht Betroffenen verlieren und sich aus dem Gesamtgefüge zurückziehen – eben „unsichtbar" und kaum erreichbar werden. Aus der Sicht engagierter Menschen, die in einer Gemeinde etwas gegen Armut tun wollen, erscheinen gerade dort solche Milieudimensionen schmerzlich als Hinderungsfaktoren für eine gelingende Arbeit: Es wäre verhältnismäßig leicht, für Menschen, die von Armut betroffen sind, etwas anzubieten, sie in die Arbeit einer Gemeinde zu integrieren. Dies geschieht ja vielerorts auch mit Erfolg – aber eben nur unter den Bedingungen der bestehenden Strukturen in der Gemeinde. In der Arbeit mit Arbeitslosen ist diese Bruchstelle in den vergangenen Jahrzehnten schon deutlich geworden und wird nun in der Debatte um eine „diakonische Gemeinde" ebenso sichtbar am Beispiel allein erziehender, abhängiger oder psychisch belasteter Menschen. Viele Betroffene möchten nicht über ihre Schwierigkeiten sprechen. Sie möchten ihre Probleme lieber für eine Weile vergessen als sie zu bedenken, möchten keine Gesprächsgruppe besuchen und sich nicht mit anderen treffen. Viele scheuen die geselligen Formen, mögen nicht in Strukturen integriert werden, wo sie zu sehr am Rand stehen, wo sie auf das Wohlwollen anderer angewiesen sind.

Und hier lässt sich dann eine Milieuzugehörigkeit als Armuts-Risikofaktor verstehen, indem die typischen Orientierungen eines

Milieus die Problematik der Armut verstärken oder den Zugang zu Auswegen erschweren: Wo Menschen die eigene Person, die eigenen Wünsche und Haltungen eher weniger stark beachten als von außen „gegebene“ Umstände, fällt es ihnen schwer, eigene Ziele zu entwickeln. Wo die Erfahrung fehlt, dass sich die Auseinandersetzung mit komplexen Sachverhalten positiv auf das eigene Leben auswirkt, lässt sich kaum Interesse an ihnen entwickeln. Dann wird Bildung aus zweckrationaler Sicht betrachtet: Sinn macht eine Ausbildung dann, wenn sie unmittelbaren Erfolg verspricht, wenn man mit dem „Schein“ etwas anfangen kann. Wo man sich aber in einem Bereich kaum Aussichten verspricht (und niemanden kennt, der „es geschafft hat“), mag man sich erst gar nicht um eine Ausbildung bemühen. Auch die Kommunikationsvorlieben richten sich dann häufig nach der Qualität der Erlebnisse, die damit erreicht werden: Wo Geselligkeit etwa beim Sommerfest der Schule oder in einem Verein bedeutet, dass man sich vielen deutlich besser gestellten Menschen unmittelbar gegenüber sieht, erspart man sich diese Begegnungen lieber und bleibt unter sich.

So lassen sich in der Forschung zahlreiche Beeinträchtigungen durch Armut beschreiben als etwas, das die Betroffenen durch den eigenen Rückzug aus Bereichen des gesellschaftlichen Lebens und durch ihren Verzicht auf Teilhabe weiter verstärken. So stabilisieren Ausgegrenzte ihre Situation häufig durch das eigene Verhalten und erschweren sich selbst den Weg aus der Armut. Ohne die starken Auswirkungen geringer finanzieller Spielräume übersehen zu wollen, muss man die Wirkmächte von (milieutypischen) Einstellungen festhalten: Wer im Denken – und oft: in der Bescheidenheit – des eigenen Milieus gefangen ist, kann Wünsche oder gar Ansprüche kaum formulieren und erst recht nicht verfolgen und verteidigen. So sind Menschen mit Hilfebedarf häufig doppelt belastet: von den geringen Möglichkeiten in ihrer Lebenssituation sowie von den geringen Spielräumen, die sie sich aus ihrem Milieu heraus vorstellen können. Und dennoch gilt: Milieus sind nicht das, was es zu überwinden gilt; sie stabilisieren zunächst die soziale Zugehörigkeit der Menschen und sind erst in zweiter Linie als – unter Umständen – hinderlich für die Bewältigung von Problemlagen zu verstehen.

2. Von der Barmherzigkeit zum Empowerment – Zuständigkeiten und Chancen des Engagements für Arme

2.1 Das Zuständigkeitsdilemma in Kirche und Diakonie

Wie lässt sich nun das Verhältnis von Kirche, ihren Gemeinden und ihrer Diakonie zum Problemfeld Armut beschreiben? Ein erster Zugang findet statt, wo Kirche auf der Basis ihrer biblischen Botschaft und mit dem Wunsch, diese allen Menschen zugänglich zu machen, gar nicht anders kann, als die soziale Situation und darin die Lebenswirklichkeit der Menschen wahrzunehmen, beispielsweise in den Dimensionen einer Milieutypologie. Dies geschieht auf der Ebene der Theologie – in der Frage danach, wie Gott bzw. das Handeln Gottes und die Lebenswirklichkeit der Menschen sich zueinander verhalten – und ebenso auf der Ebene der konkreten Arbeit in der Gemeinde: Soziale Probleme und Ausgrenzung gehören ebenso wie andere Gegebenheiten im Leben der Menschen vor Ort zum Umfeld der gemeindlichen Arbeit und müssen darum als Rahmen der Arbeit wahrgenommen werden. Die Praxis zeigt: Diese Wahrnehmung fällt oft nicht leicht und bedeutet für die Beteiligten, sich mit Erfahrungen auseinander zu setzen, die unter Umständen den eigenen zuwiderlaufen.

Im Leben einer Ortsgemeinde stellt sich die Frage, wie eine solche Wahrnehmung sozialer Schwierigkeiten und in Folge ein diakonisches Handeln im Kontext des Gemeindelebens eingebettet sein soll. Dies ist zunächst eine kirchentheoretische Fragestellung, die die Aufgabe der Gemeinde insgesamt und einzelne Ziele im Detail grundlegend bedenkt. Auf der überregionalen Ebene der EKD ist hier im Jahr 2006 in der Denkschrift „Gerechte Teilhabe. Befähigung zu Eigenverantwortung und Solidarität" eine grundlegende Positionierung erfolgt: Ausgehend von einer Parteinahme Gottes und damit der Kirche für die Benachteiligten stellt die Denkschrift klar, dass Armut und Ausgrenzung aus dem gesellschaftlichen Miteinander aus christlicher Perspektive nicht hingenommen werden dürfen. Mit Hilfe des Begriffs der Teilhabe zeigt die Denkschrift, wie der kirchliche Auftrag vorrangig darin besteht, Ausgrenzungsprozesse aufzudecken und die Teilhabe der Betroffenen an gesellschaftlichen Prozessen zu fördern.

Fragt man nun nach praktischen Konsequenzen, nach konkreten Perspektiven und Teilhabewünsche von Betroffenen, bleibt es den Engagierten nicht erspart, die Lebenswelt Betroffener kennen zu lernen und sie in die Planung einer Teilhabe fördernden Arbeit einzubeziehen. Und es ist notwendig, nach geeigneten Orten dafür zu fragen: Der Kirche stehen zum einen ihre Gemeinden zur Verfügung, um diese Probleme anzugehen und eine große Zahl an Menschen in eine diakonische Arbeit einzubeziehen. Gelingt eine solche Arbeit, dann gelingt in der Regel auch eine breite Sensibilisierung für die Problematik, ein enger Kontakt der Gemeinde zu ganz unterschiedlichen Milieus und damit eine sozialräumlich orientierte, auf die konkreten Lebensumstände abzielende Hilfe. Aber ebenso stehen der Kirche ihre Diakonie und damit die Vielzahl professionell arbeitender Einrichtungen und Initiativen zur Verfügung, die zum Teil mit einem hohen Grad an Spezialisierung einzelne Probleme im Kontext der Armutsproblematik angehen können. Hier ist die Hilfeleistung oft im Einzelfall und bezogen auf eine konkrete Problematik effektiver – für den Preis einer geringen Beteiligung der Gesamtzahl der Kirchenmitglieder und oft einer größeren Distanz zum Sozialraum der Betroffenen. So geschieht es beispielsweise in einer zentral angesiedelten Schuldnerberatung oder der Wohnungslosenhilfe.

Viele Kirchenmitglieder sind froh, dass das Angebot der Diakonie derart ausdifferenziert eine hochwertige Arbeit anbietet, an die Menschen in Armutssituationen verwiesen werden können. Zugleich aber geraten die Schattenseiten immer stärker in die Kritik. Von einem unauflöslichen Spannungsfeld zwischen Kirchengemeinde und Einrichtungsdiakonie ist die Rede, zwischen professionellem Helfen und tätiger Nächstenliebe aller Christen und zuweilen auch zwischen Haupt- und Ehrenamt. Wo Gemeinden in Sparzwängen auf ihre Diakoninnen und Diakone verzichten, wächst häufig die Entfremdung zwischen den „diakonischen Regionen“ der Kirche noch weiter, und es verstärkt sich das Klischee, in der Gemeinde würde aus Herzensgüte und wahrer Überzeugung (dafür eben laienhaft und manchmal wenig effektiv) geholfen, in den Einrichtungen und Fachreferaten dagegen professionell, aber mit dem Nebeneffekt einer kaum zu vermeidenden Distanz der Beschäftigten zur Kirche und dem christlichen Auftrag.

Hier entsteht ein Zuordnungs- und Zuständigkeitsdilemma, das mit den jeweiligen regionalen Strukturen kirchlicher und diakonischer Arbeit selten befriedigend gelöst ist. Dazu kommt die hochkomplexe Situation der Diakonie, die ja auf überregionaler Ebene als Spitzenverband der Wohlfahrtspflege fungiert. Als solcher erbringt die Diakonie gegenüber ihren Mitgliedern, die häufig längst Sozialunternehmen sind, Serviceleistungen wie Wirtschafts- und Rechtsberatung oder Gehaltsabrechnung. Die Diakonie ist hier zum einen in christlichem Auftrag in anwaltschaftlicher Funktion für die Betroffenen tätig und sozialpolitisch aktiv, zum anderen sieht sie sich in der politischen Landschaft Ländern, Landkreisen und Kommunen als Verhandlungspartnern gegenüber, die soziale Leistungen vergüten und dafür ihre Ansprüche an die Qualität der Arbeit und häufig vor allem an das Preisniveau formulieren. Damit findet sich die Diakonie häufig in einem internen Dilemma, in dem sie auf sozialstaatliche Missstände verweisen und zugleich mit den dafür Verantwortlichen in einem konstruktiven Verhältnis zusammenarbeiten soll. (Mehr dazu findet sich im Beitrag „Zwischen den Stühlen aller Milieus“ an anderer Stelle in diesem Buch.)

Betrachtet man diese funktional stark differenzierte Welt des kirchlich-diakonischen Engagements, so wird deutlich, in welchen strukturellen Dilemmata sich Menschen wiederfinden, die sich gegen Armut engagieren möchten. So hinderlich diese Verhältnisse aber auch sein mögen: Sie bieten auf der anderen Seite große Chancen. Denn in der Vielzahl der Verortungen kirchlich-diakonischer Hilfeleistung liegen enorme Handlungsspielräume, wie sie mit Blick auf die Menschen aus unterschiedlichen Milieus beispielhaft sichtbar werden. Zum einen hat eine diakonische Arbeit die Möglichkeit, auf verschiedenen Strukturebenen tätig zu werden und damit im Bereich der Sozialpolitik ebenso präsent zu sein wie im Bereich unmittelbarer menschlicher Beziehungen. Dieses Tableau der Möglichkeiten ist günstig, wo sich die Aktiven ebenso in für sie typischen Handlungsebenen wiederfinden: Während manche vorzugsweise dort tätig werden, wo ein direkter Kontakt mit Betroffenen gegeben ist, wünschen sich andere eher politische Einflussmöglichkeiten und überregionale Hilfekontexte. Zum anderen bietet die Vielzahl der Orte möglicher Hilfeleistung eine eigene Chance im Umgang mit verschiedenen Milieus: Eine Beratungsstelle kann die Ängste Zurückgezogener vor ungewollten Sozialkontakten berücksichtigen, was in einer Ortsgemeinde schwer fällt. Überregionale Stellen können milieuspezifische Angebote entwickeln, während etwa Ortsgemeinden starke Chancen dort haben, wo es gerade um Begegnung zwischen unterschiedlichen Menschen geht und darum, diese für eine Überwindung von Armut und Ausgrenzung nutzbar zu machen.

2.2 Hilfeleistung – eine Stilfrage?

Die oben beschriebene Szene, in der Engagierte aus einer Ortsgemeinde sich fragen, wie sie Betroffenen und ihrer oft so fremden Lebenswelt begegnen können, findet sich so und ähnlich an vielen Stellen kirchlicher Arbeit wieder. Ein Blick auf stilistische Differenzen zwischen Menschen aus unterschiedlichen Milieus hilft, Chancen und Begrenzungen des Engagements gegen Armut zu verstehen. Das folgende Beispiel soll eine Hilfestellung sein.

Eine Initiative gegen Armut und Ausgrenzung – wie hilfreich ist sie?

Im Süden Deutschlands wird ein privater Träger der Altenhilfe von einem Vorstand geleitet, dem die christliche Nächstenliebe am Herzen liegt. Er beschließt, ein Zeichen zu setzen, und beauftragt die kirchlich engagierte Leiterin einer Seniorenwohnanlage damit, eine Aktion zur Bekämpfung von Armut in ihrer Stadt durchzuführen. Die Leiterin hat bereits Kontakt zu einer großen, von der Diakonie getragenen Lebensmittel-Tafel. Sie lädt also in Absprache mit dem Diakon, der die Tafel organisiert, fünfzig Nutzerinnen und Nutzer der Tafel ein, an einem Sonntag im Advent in die Wohnanlage zu kommen und sich dort gemeinsam mit einigen Mitarbeitenden der Tafel bewirten zu lassen. Aber nachdem eine schriftliche Einladung erfolgt ist, über Wochen Plakate aushängen und die Mitarbeitenden die Nutzerinnen und Nutzer mehrfach persönlich angesprochen haben, sind von den insgesamt über 300 Menschen, die bei der Tafel einkaufen, nur zwei bereit, diese Einladung zum Essen anzunehmen. Der Termin rückt näher und die Mitarbeitenden mühen sich nach Kräften, leisten in unzähligen Gesprächen Überzeugungsarbeit, sie bitten und drängen, sie mieten schließlich einen Bus, der die Eingeladenen gemeinsam bis zur Wohnanlage fährt, damit dieses Essen auch wirklich stattfinden kann.

Im Treffen der Mitarbeitenden der Tafel erhebt sich im Anschluss an diese Aktion die Frage, ob dies nun eine „gute Tat“ gewesen ist, die in irgendeiner Form eine positive Wirkung im Sinne der Betroffenen hat. Es ist nicht leicht, eine solche Aktion angemessen zu bewerten, denn bereits der Wille des Trägers, Armut nicht nur zu sehen, sondern ganz offiziell ein Zeichen zu setzen und darüber hinaus ein Miteinander der unterschiedlichen Menschen zu ermöglichen, ist grundsätzlich zu begrüßen. Man könnte die Schwierigkeiten bei der Durchführung der Aktion freundlich als typische Schwierigkeiten am Anfang einer neuen Konzeptidee beschreiben: Die Beteiligten müssen an eine solche Form erst herangeführt werden, die Tafel-Mitarbeitenden müssen schauen, wie sie mit den Nutzerinnen und Nutzern Formen der Gemeinschaft entwickeln, so dass eine solche Einladung nicht so absonderlich und offenbar wenig attraktiv daherkommt. Die Betroffenen müssen lernen, solche Gelegenheiten wahrzunehmen, sich „aus dem Haus zu wagen“, das Gespräch mit nicht Betroffenen aufzunehmen.

Der Diakon, der die Tafel leitet, bringt die Geschichte in eine Gesprächsrunde im Kollegenkreis ein, weil er darin ein typisches, gravierendes Problem im Engagement gegen Armut wiederfindet: Es gelingt den professionell Helfenden kaum, den Betroffenen eine „echte Teilhabe“ zu ermöglichen. Die Welt der Tafel ist in seinen Augen eine eigene Welt, in die sich viele Betroffene nur aus purer Not hineinbegeben und in der Gewissheit, dass sie dort vor allem Menschen treffen, die in einer ähnlichen Situation sind. Sie wollen nach der Erfahrung des Diakons häufig nicht mit anderen reden oder gemeinsam Zeit verbringen. Und sie finden es unangenehm, außerhalb dieses geschützten Rahmens erkannt zu werden. Die Zahl derer, die Zusatzangebote wie ein gemeinsames Frühstück oder Kochkurse in Anspruch nehmen, ist gering und lässt sich auch über Monate hin nicht wesentlich steigern.

Berücksichtigt man die Dimensionen der Milieuanalyse, könnte man das so kommentieren: Ein Engagement für mehr Teilhabegerechtigkeit muss berücksichtigen, dass die einen gern mit gestärkten Tischdecken und Tafelsilber essen, die anderen dies eher unangenehm finden. Die einen mögen das festliche Mahl im großen Speisesaal, die anderen tragen lieber ihre überschaubare Tüte mit Lebensmitteln nach Hause, wo sie sich unbeobachtet wissen und sicher fühlen. Nun lassen sich nicht alle Menschen mit höherem Einkommen zu der einen, nicht alle mit geringem Einkommen zu der anderen Gruppe rechnen. Deutlich ist aber, wie Differenzen zwischen Milieus – Vorlieben oder Meinungen – zu einem Faktor werden, der das soziale Engagement zur Bekämpfung von Armut durchaus erschwert. Anhand einiger Dimensionen möchte ich dies im Folgenden erläutern.

Die Dimension der Traditionsbindung erschließt mit Blick auf die eigene soziale „Stellung", welche Orte und welche Formen sozialer Begegnung überhaupt in der eigenen Lebensgestaltung für möglich gehalten werden. Wer sich nie eine Eintrittskarte für das Theater leisten konnte, scheut sich vor einem Theaterbesuch, selbst wenn der umsonst ist. Die innere Bindung an „Gegebenes", an Vorstellungen von sozialen Unterschieden und Unterscheidbarkeiten wirkt sich aus, etwa auf die Vorstellung, für einen Theaterbesuch nicht angemessen gekleidet zu sein und auch nicht zu wissen, wie man sich dort bewegt. Wer das festliche Tafeln nicht kennt, findet häufig das Fremde, das die Grenzen der eigenen Umgebung sprengt, nicht attraktiv.

Die Dimension der Vorliebe für oder Abneigung gegen Geselligkeit ist bereits mehrfach zur Sprache zu kommen. Wer die Geselligkeit oder die Gestaltung von Freizeit in Gemeinschaft schätzt – und das trifft in der Kirche auf eine Vielzahl der Aktiven zu –, empfindet so eine Einladung in den festlich geschmückten Speisesaal der Seniorenwohnanlage als echtes Geschenk und die Aussicht auf so ein gemeinsames Essen als verlockend. Wo Menschen das nicht mögen oder nicht in Anspruch nehmen, vermuten Menschen mit einer hohen Wertschätzung für das gesellige Miteinander häufig, dass es sich hier um ein Defizit handele und Menschen nur ausreichend herangeführt werden müssten, damit auch sie diese Möglichkeiten nutzen können. Nach einer Analyse der verschiedenen Dimensionen erweisen sich derartige Bewertungen als unangebracht. Viele Menschen in belastenden Lebensumständen sind außerdem über Jahre gegen ihren Willen in eine Form des Rückzugs gezwungen worden und haben darin neue Vorlieben und Abneigungen entwickelt. Wir sollten in jedem Fall zunächst davon ausgehen, dass es sich hier für viele Menschen um eine ernst zu nehmende Vorliebe oder Abneigung handelt.

Es ist kein Zufall, dass beim Besuch der Tageseinrichtung eines diakonischen Trägers zahlreiche Besucherinnen und Besucher einfach dasitzen, ohne sich zu unterhalten, oder dass im Gemeinschaftsraum eines Wohnheims für mehrfach belastete Menschen meistens Schweigen herrscht. Für viele Betroffene ist eine Unterhaltung kein Genuss, eine gemeinsame Aktivität nicht per se ein Gewinn. Oft liegt der Nutzen solcher Einrichtungen für Betroffene eher in praktischen Dingen, im Angebot eines Aufenthaltsortes oder in der Möglichkeit, eine Hilfe in Anspruch zu nehmen. Gemeinschaft, Gespräche und ein intensives Miteinander sind in solchen Einrichtungen von den Professionellen nicht als Kür der Arbeit verstanden, sondern als mögliche Erscheinungsform der Hilfe, die für die Betroffenen als „Stilfrage“ erscheint. In solchen Einrichtungen werden häufig die Abstoßungseffekte, die bestimmte Angebote aufgrund ihrer stilistischen Erscheinung auf Betroffene haben, sehr ernst genommen und nach Möglichkeit vermieden.

2.3 Milieudimensionen in biblischen Perspektiven auf Armut

Die Vorstellungen der Menschen in den verschiedenen Milieus von „guter“, gelungener Armutsbekämpfung finden sich in der Vielfalt der biblischen Geschichten und Motive wieder. Hier möchte ich an einer Auswahl zeigen, welche Konzepte von Hilfeleistung darin enthalten sind und wo diese Konzepte anschlussfähig werden für das Engagement von Spenden- und Mitarbeitswilligen in ihrer je eigenen Hilfelogik.

Besonders bekannt ist die Perspektive auf Armut und Ausgrenzung, die durch das Grundmuster der *Nächstenliebe* geprägt ist: „*Brich mit dem Hungrigen dein Brot*“ (nach Jes 58 bzw. Mt 25). Ist ein Mitmensch in Not, sollen glaubende Menschen teilen. Diese Haltung ist aus der Milieuperspektive deswegen konsensfähig unter Christen wie Nichtchristen, weil sie in kaum einer der Dimensionen der Milieuzugehörigkeit positioniert werden und dort Ablehnung hervorrufen kann. Das Gebot zu teilen mag die Bibel vorgeben oder die eigene innere Stimme. Das Teilen ist in Gemeinschaft möglich oder ganz individuell, sogar als überindividuelles Handeln auf dem Weg einer Spende. Das Teilen kann aufgrund intensiver Reflexion geschehen, indem soziale Probleme hinterfragt und Kritik an sozialpolitischen Entscheidungen getroffen wird, oder auch ganz unabhängig davon sein, indem man ganz schlicht hilft, wo Hilfe gebraucht wird. Nur die Traditionsorientierung in der Haltung zum Helfen unterscheidet die Menschen voneinander: Die einen betrachten es als selbstverständlichen Teil des Lebens, für andere muss die Notwendigkeit des eigenen Engagements zuerst gut begründet sein.

Eine andere Perspektive, die vor allem sozialpolitisch Engagierte teilen, ist eine normative Vorstellung von *Recht und Gerechtigkeit*, nach der Gott ohne Zweifel auf der Seite der Armen und Ausgegrenzten steht. Diese Perspektive birgt aus Sicht der Milieuanalyse eine Schwierigkeit für Menschen, die stark an Autoritäten und wenig an der eigenen Person und Einschätzung der Lage orientiert sind. Für sie steht eine solche Parteinahme schnell im Widerspruch zu staatlichem Handeln und zu Regelungen über rechtliche Ansprüche: Wo sozialstaatliche Absicherung im Grundgesetz verankert und in der Sozialgesetzgebung umgesetzt ist, da ist die Problematik von Armut nicht mehr als Unrecht zu diskutieren, sondern als Problem der Betroffenen selbst.

Der Gedanke der Gerechtigkeit und Parteinahme Gottes lässt sich mit den biblischen *Schutzrechten für Arme* verbinden (z.B. Ex 22 oder Lev 25). In dieser Perspektive kann die Parteinahme Gottes als Forderung zur Teilhabegerechtigkeit verstanden werden, wie es der Rat der EKD in der Denkschrift „Gerechte Teilhabe“ formuliert (Kirchenamt der EKD 2007:43): „Niemand darf von den grundlegenden Möglichkeiten zum Leben, weder materiell noch im Blick auf die Chancen einer eigenständigen Lebensführung, ausgeschlossen werden.“ Diese Sicht geht ebenfalls von einem Recht auf Hilfe aus, und zwar grundsätzlich von einer Hilfe zur Selbsthilfe, in der die Betroffenen ihr Leben selbst in die Hand nehmen können (sollen).

Diese Sicht bedeutet zunächst eine ähnliche Ausschließung wie das Gerechtigkeitsmotiv, denn mit ihr ist in der Regel eine sozialpolitische Kritik an den Gegebenheiten verbunden. Diese Haltung erfordert eine selbstbewusste Haltung in politischen Fragen und damit das Vermögen (oder auch nur die Selbsteinschätzung), derartige Dinge überhaupt beurteilen zu können. Damit fordert diese Haltung zugleich ein gewisses Interesse an komplexen Sachverhalten und den dazu gehörigen Diskursen. Menschen, deren Haltung in Bezug auf Strategien zur Bewältigung von Armut von dieser biblisch-sozialpolitischen Forderung nach Teilhabegerechtigkeit geprägt ist, tun sich zuweilen schwer, im öffentlichen Auftreten für ihre Projekte und Initiativen ihre milieuspezifische Verengung zu überwinden: Wo eine soziale Initiative etwa ein Sozialticket in einer Großstadt fordert, damit in Bezug auf den Zugang zu Kultur und Bildung von Teilhabegerechtigkeit gesprochen werden kann, empfiehlt es sich, die Argumentation nicht (ausschließlich) auf die Folgen der Privatisierung des öffentlichen Nahverkehrs oder die Höhe der Regelsätze nach dem SGB auszurichten, sondern ganz elementar und pragmatisch zu zeigen, was es heißt, wenn ein begabtes Kind wegen der zu hohen Kosten für den öffentlichen Nahverkehr nur die nahe gelegene Hauptschule besuchen kann.

Eine weitere Perspektive ist aus dem Motiv der *Ebenbildlichkeit* heraus entwickelt. Hier ist das von Armut und Ausgrenzung betroffene Gegenüber in der Regel auf Augenhöhe gedacht und Hilfe verstanden als Hilfe zur Selbsthilfe. Der Gedanke der Gerechtigkeit geht aus dieser Perspektive von einer grundlegenden Ebenbürtigkeit der Beteiligten aus und denkt soziales Hilfehandeln als Befähigung. Mit dieser Deutung formulieren es zahlreiche Engagierte als zentral für ihre Arbeit, nicht die Probleme ihrer Klientel ins Zentrum zu stellen als vielmehr die Fähigkeiten und Spielräume einer hilfebedürftigen Person. Biblisch gedacht ist diese Vorstellung vom potenziellen Statuswechsel eine gewohnte Denkfigur, bekannt aus den Jesusgeschichten, in denen Ausgegrenzte zu Säulen der Gemeinde werden.

Aus der Milieuperspektive betrachtet ist diese Sicht jedoch für viele Menschen, besonders aus Milieus mit einer starken Orientierung am Gegebenen oder an Hierarchien, eine zuweilen bedrohliche Vorstellung. Sie widerspricht in vieler Hinsicht einer traditionellen Sicht auf die Gesellschaft und erfordert eine komplexe Deutung der Verhältnisse und eine gewisse visionäre Ambition. Darum ist diese Perspektive die mit Abstand exklusivste der hier genannten. Sie hat wenig Chancen, von einer breiten Mehrheit geteilt zu werden – und funktioniert umso besser als Motor für eine kleinere Gruppe sozialpolitisch wie diakonisch stark engagierter Menschen mit einer vergleichsweise hohen formalen Bildung und einer auffallend starken Orientierung an der eigenen Person und Überzeugung.

Aus der Perspektive der Leiterin der Seniorenwohnanlage in der Beispielgeschichte ist schließlich ein weiteres Motiv zu nennen, das für zahlreiche Hilfsprojekte wie hier im Angebot an die Tafelkundschaft die normative Basis bietet: Wie im „*Gleichnis vom großen Gastmahl*“ (Lk 14,15ff) sind alle an den Tisch Gottes eingeladen. Eine solche Planung erfordert aber wie bereits im Gleichnis selbst, dass die Betroffenen selbst auch kommen wollen. Sie müssen einwilligen in die Grundannahme der Ebenbürtigkeit, die ihnen da angeboten wird, müssen sich von ihren momentanen Lebensumständen innerlich frei machen und Interesse an wenig vertrauten Welten zeigen. Wie in der Beispielgeschichte rechnen Engagierte häufig vergeblich mit einer solchen Haltung bei Betroffenen.

Als letzte Perspektive des Helfens möchte ich das Motiv der *Speisung der Fünftausend* (z.B. Mk 6) nennen: Hier ist das Helfen nichts anderes als ein gemeinsames Leben vor Gott. Alle teilen – alle werden satt. Eine solche Hilfe beruht prinzipiell auf Gegenseitigkeit und funktioniert (in der biblischen Perspektive) nur vor dem Angesicht Gottes, der die Grenzen von persönlichem Bedarf und dem Bedarf der Gemeinschaft aufhebt. Ebenso werden Grenzen zwischen Bedürftigen und Gebenden aufgehoben – wie man unter Nachbarinnen so verfährt, dass eine der anderen den Briefkasten leert und die Blumen gießt. Diese Vision, stark von der Weltsicht Geselliger geprägt, bewegt beispielsweise den Diakon, der die Tafel in der Beispielgeschichte leitet. Er hat nicht die Absicht, den Betroffenen lediglich verbilligtes Essen zugänglich zu machen. Er möchte mit ihnen „das Leben teilen“, wie er sagt, und ein Mehr oder Weniger an Besitz langfristig – und in der Tafel exemplarisch – ausgleichen. Er ist unzufrieden damit, wie wenig er seine Vision mit denen teilen kann, die die Tafel nutzen. Dass hier Menschen „nur das Essen kaufen“ und keine weiteren Interessen äußern, trübt seine Freude an der Arbeit erheblich.

3. Engagement für die Betroffenen – ein Ausblick

Abschließend fasse ich wichtige Aspekte zusammen und formuliere Erfordernisse für ein milieusensibles Engagement gegen Armut. Als zentrales Problem für das Engagement gegen Armut und Ausgrenzung im Bereich der Kirche erweist sich die relativ große Distanz, in der die meisten Mitglieder sich zu der Thematik befinden. Dies führt dazu, dass zahlreiche gut gemeinte Initiativen, Diakoniekassen oder Spendenaktionen weit von den Betroffenen und ihrer Lebenswelt entfernt sind und mit entsprechenden Schwierigkeiten zu kämpfen haben. Eine Professionalisierung der Hilfe in diakonischen Einrichtungen scheint diese Distanz einerseits zu überwinden, weil hier Menschen arbeiten, die sich von Berufs wegen mit der Problematik auskennen, andererseits führt diese Delegation an Einrichtungen zu einer weiter anwachsenden Distanz der „Kerngemeinde“ zu den Betroffenen.

Einerseits schätzt nach wie vor die Mehrheit der Kirchenmitglieder die sozialen Aktivitäten der Kirche sehr. Die Spendenbereitschaft ist hoch. Andererseits haben es Gemeinden schwer, Menschen zu finden, die über längere Zeit bereit sind, diakonische Arbeit zu tun und Betroffene zu begleiten. Es ist deutlich, dass die Bedürfnisse vieler Betroffener nicht recht zu den Angeboten passen, die in Gemeinden von den meisten Menschen gewollt werden. Mit Armen lässt sich nicht so leicht die Freizeit gestalten, weil Zugangsvoraussetzungen, finanzielle Voraussetzungen etc. sich anders darstellen als in der vertrauten Runde. Hier müssen Dinge problematisiert werden, die sonst gar nicht problematisch scheinen. Wer sich Gedanken machen muss, ob die Preise für das Grillfleisch beim Gemeindefest, die Anforderungen an Kletterausrüstung bei der Jugendfreizeit oder der Beitrag für den Musikunterricht im Gemeindehaus Menschen ausschließen, ist in der Regel in den gewohnten Handlungsabläufen gestört.

So muss jede Gemeinde oder diakonische Initiative, in der Menschen sich gegen Armut engagieren, die Zuständigkeiten für das Problem der Armut klären. Am Beispiel der Ortsgemeinde folgen daraus etwa die folgenden Fragen: Wo geht das Problem die Gemeinde selbst an – wo sind andere Stellen gefragt oder besser für die Arbeit ausgestattet oder ausgebildet? Wie kann eine Gemeinde die Problematik der Armut in den eigenen Reihen besser wahrnehmen – und was bedeutet diese Wahrnehmung an strategischen Entscheidungen und praktischen Konsequenzen? Derzeit sind viele evangelische und katholische Gemeinden in Deutschland auf dem Weg, sich dem Problem der Armut zu stellen und Konzepte zu entwickeln, wie sich eine Gemeinde ihrer Verantwortung stellen kann. Überregionale Netzwerke diakonisch engagierter Gemeinden bilden sich, so etwa das offene „Netzwerk Diakoniekirchen in Europa“ oder das explizit auf missionarische Gemeindeentwicklung ausgerichtete und darin leider stark exklusive Netzwerk der AMD. Wo eine Gemeinde oder kirchliche Gruppierung Interesse an einer diakonischen Entwicklung hat, empfiehlt es sich, die dort versammelte Kompetenz zu nutzen.

Weiterführende Literatur

Kirchenamt der EKD (Hg.), Gerechte Teilhabe. Befähigung zu Eigenverantwortung und Solidarität. Eine Denkschrift des Rates der EKD zur Armut in Deutschland. Mit einer Kundgebung der Synode der EKD, Gütersloh 2007.

Claudia Schulz, Ausgegrenzt und abgefunden? Innenansichten der Armut. Eine empirische Studie. Protestantische Impulse für Gesellschaft und Kirche, Band 6, Berlin 2007.

Netzwerk Diakoniekirchen in Europa: www.diakonie-kirchen.eu

Netzwerk der AMD: www.a-m-d.de/mission-und-diakonie

D. Herausforderungen milieubewusst annehmen

Interkulturelle Seelsorge unter Einheimischen

Vom blinden Fleck der Seelsorgetheorie

Eberhard Hauschildt

Seelsorge hat mit allen Menschen zu tun quer durch die Milieus – bei den Kasualien, im Krankenhaus und Gefängnis, in der Telefonseelsorge und den Beratungsstellen. Doch in der repräsentativen Literatur bis hin zu den neuesten Gesamtdarstellungen der Seelsorge findet sich darüber so gut wie keine Reflexion. Die Aufmerksamkeit der Theoriebildung richtet sich auf anthropologische Gemeinsamkeiten und auf die Individualität des Einzelfalls; selbst die interkulturelle und interreligiöse Konstellation bei der Seelsorge mit Migrantinnen und Migranten ist neuerdings im Blick – aber die Milieuperspektive fällt bislang aus. Ein blinder Fleck tut sich auf: Diejenigen, die Seelsorge ausüben, und diejenigen, denen sie gilt, haben oft ganz unterschiedliche Sichten auf die Seelsorge; und dabei spielen soziale Lage, Lebensstile und vertraute Verhaltensweisen eine maßgebliche Rolle. Doch in der Praxis der Seelsorge zeigt sich der Sachverhalt deutlich:

Beispiel 1 – Taufgespräch

Pfarrer Heinrich, im schwarzen Pullover mit weißem Hemd, betritt die Mietwohnung. Im Wohnzimmer keine Bücher und keine Blumen. Vor einem Großbildschirm sitzt ein fünfjähriges Kind und schaut zu, wie japanische Zeichentrickfiguren einander bekämpfen. Man setzt sich an den Esstisch. Der Pfarrer bittet höflich darum, den Fernseher doch auszuschalten, woraufhin das maulende Kind unter größerem Protest das Wohnzimmer verlassen muss. Der Pfarrer wendet sich an die Eltern: „Zunächst fände ich es schön, wenn Sie mir sagten: Warum wollen Sie ihr Kind eigentlich taufen lassen?" Ratloses Schweigen.

Erwartungen an ein Gespräch können verschieden sein. Offensichtlich müssen in dem Beispiel für den Pfarrer, der es als Seelsorgegespräch qualifiziert, andere Bedingungen gegeben sein (Ruhe) als für die Besuchten. Dies ist nicht einfach eine Sache der individuellen Lärmempfindlichkeit, sondern hat mit den Erwartungen an das Gespräch, das stattfinden soll, zu tun. Offensichtlich setzt der Pfarrer bei den Eltern einen bestimmten Grad an Reflexion und Problematisierung des eigenen Verhaltens voraus („Warum wünsche ich die Taufe?"). Doch die mit der Frage gestellte Aufgabe kommt für diese völlig überraschend. Sie wird von ihnen wohl auch nicht in einer den Pfarrer befriedigenden Weise bearbeitet werden können. Auch würde eine Antwort wie „die Oma wollte das so" oder „den Großen haben wir ja auch taufen lassen" von dem Geistlichen kaum als ausreichender Grund akzeptiert werden. Vielleicht schweigen sie auch deshalb. Mit einer Frage nach dem Taufgrund das Gespräch zu beginnen, mag der Tauftheologie des Pfarrers geschuldet sein und einem gewissen Ungeschick in Sachen Gesprächsführung. Doch könnte es auch einer Pfarrerin, die nicht so mit der Tür ins Haus fällt und auch gelernt hat, volkskirchliche Taufmotive nicht zu verachten, im späteren Verlauf eines Taufgesprächs ähnlich ergehen, falls sie von den Eltern erwartet, sich aus der Bibel einen Taufspruch zu suchen, oder darum bittet, dass die Paten ein Gebet für die Taufe formulieren.

Anlässlich der Taufvorbereitung treffen hier am Wohnzimmertisch implizite Erwartungen und selbstverständliche Gewohnheiten verschiedener Milieus aufeinander. Wodurch diese im Einzelnen gekennzeichnet sind, wird zu bedenken sein. Was ein Gespräch sei und was da Seelsorge sei, ist im Gegenüber der Milieus noch gar nicht ausgemacht, sondern wird erst miteinander ausgehandelt. Die Situation ist gar nicht so unähnlich der, wenn Menschen aus verschiedenen Ländern oder verschiedenen Religionen aufeinandertreffen – mit jeweils ganz anderen Alltagsgewohnheiten, geschätzten Traditionen, Sprachwelten (vgl. dazu den Artikel über Migrantinnen und Migranten in diesem Buch). Es ist die Situation einer interkulturellen Seelsorge: Da kommt es darauf an, 1. die Einbettung von Individuen in ihre sozial gegebene „Kultur" wahrzunehmen, 2. die damit gegebenen Differenzen zur eigenen Kultur und die dadurch produzierten Missverständnisse zu beachten und 3. auf eine Kommunikation über die kulturellen Grenzen hinweg zu zielen. Das schließt die Anerkennung kultureller Unterschiede und das Umgehen mit der Konstellation eines soziokulturellen Machtgefälles ein.

Die beiden folgenden Beispiele zeigen etwas davon an, wie sich Unterschiede, die von der Milieuperspektive her betrachtet werden sollen, äußern und wie mit ihnen in der Seelsorge auch erfolgreich umgegangen werden kann.

Beispiel 2 – Telefonseelsorge

Eine Frau mittleren Alters meldet sich. Sie habe herausgefunden, dass ihr Mann ein Verhältnis mit einer anderen habe. Sie wolle wissen, unter welchen Bedingungen sie ihren Mann aus der Wohnung verweisen kann oder ob sie lieber sofort mit den Kindern auszieht – aber wohin? Das Gespräch am Telefon eruiert die Situation, spricht insbesondere über die vielseitigen Gefühle, fragt nach Ressourcen und Zielen und überlegt weitere Handlungsalternativen. Die Mitarbeiterin der Telefonseelsorge arbeitet daran, den Entscheidungsdruck zu mildern und das Tempo entschleunigen, was meist zur Klärung von Gesichtspunkten, die für die Entscheidung wichtig werden, beiträgt.

Die Anruferin will einen Rat, was sie jetzt tun soll. Sie sucht eine Lösung. Die Seelsorgerin hingegen lenkt die Aufmerksamkeit auf die Situation, besonders auf die Emotionen. Beide wägen gemeinsam ab, was zur Verfügung steht und welche Handlungsvarianten es gibt. Die Unterschiede, die sich hier zwischen beiden zeigen, so wird im Folgenden noch deutlich werden, sind nicht nur einfach eine gängige Konstellation zwischen ratsuchender Person und professioneller Seelsorgerin; sie haben auch mit milieubedingten Erwartungen zu tun.

Beispiel 3 – Gefängnisseelsorge

Der Seelsorger betreut Jugendliche während der Untersuchungshaft. Ein Gefangener meldet sich mit der Bitte um ein Gespräch an. Sein

Zellengenosse hat zu ihm gesagt: „Mit dem kann man reden. Probier's doch mal." Es geht dem Jugendlichen – wie sich schnell zeigt – vor allem darum, ein Telefongespräch mit seiner Freundin führen zu können. Er macht sich Sorgen und ist beunruhigt. Die Beziehung mache ihm „Stress". Der Seelsorger verwickelt den Jugendlichen in ein Gespräch darüber, was ihn bewegt: „Was geht denn ab bei Euch?" Der Jugendliche erzählt: Dass er seine Freundin nicht verlieren will. Dass er vermutet, dass sie mit anderen „rummacht". Dass sie alleine ist und damit nicht zurechtkommt. Der Seelsorger nimmt Angst und Ohnmacht als die zentralen Gefühle des Gefangenen wahr und sagt: „Jetzt, wo Du hier bist, ist zuhause die Kacke am Dampfen." Der Seelsorger merkt: Der Jugendliche ist froh, mal mit jemandem reden zu können. Er fühlt sich verstanden und entlastet. Am Ende steht, so die Wahrnehmung des Seelsorgers, das gewünschte Telefongespräch gar nicht mehr im Zentrum.

Wie im vorigen Beispiel sieht man auch hier die Differenz zwischen dem Anliegen der Rat suchenden Person und den Gesprächszielen des Seelsorgers. Besonders fällt wohl die Sprache des Seelsorgers auf: dass auch er zum Jugendjargon greift. Man kann durchaus fragen, ob das nicht auch als gekünstelte Anbiederung wirken könnte. Der Seelsorger arbeitet so, um damit Anschlüsse für die Verständigung zu erleichtern. Für den Jugendlichen ist ja gar nicht sicher, ob ein Gespräch mit dem Mann der Kirche überhaupt etwas bringen kann. Es kommt dazu nur auf Empfehlung eines dritten, dessen Urteil er traut. Auch hier geht es zum Schluss wieder – jedenfalls in der Wahrnehmung des Seelsorgers – um etwas anderes als das zunächst Gewollte (Telefongespräch). Ob der Jugendliche das auch so beschreiben würde?

Zur Seelsorge gehört eine große Breite helfender Gespräche und anderer am Modell des Gesprächs orientierter Kommunikation: vom Beichtgespräch bis zur Arbeit der kirchlichen Beratungsstellen, von der Seelsorge in Notfällen bis zur ständigen Begleitung und zufälligen Begegnung, von der Seelsorge durch Spezialisten bis zur Alltagsseelsorge der Menschen in den gewöhnlichen Gesprächssituationen; es gibt Seelsorge in Institutionen wie Krankenhaus und Gefängnis, besondere Formen der Seelsorge mit Kindern, mit Menschen mit geistiger Behinderung, mit

Dementen; es gibt Seelsorge mittels nonverbaler Mittel und durch Rituale. Für fast alle dieser Konstellationen ist die Milieuperspektive interessant. Dabei muss sich dieser Artikel auf die allgemeineren Gesichtspunkte beschränken. In zwei Durchgängen nutzen die folgenden Überlegungen die Milieuperspektive. Zunächst einmal werden milieuverknüpfte Erwartungstypen an die Seelsorge, und zwar sowohl bei denen, die Seelsorge ausüben, wie denen, die sie erfahren, beschrieben (1.). In einem zweiten Schritt wird danach gefragt, wie drei gängige Mittel, auf die sich die Seelsorge stützt, jeweils milieubedingt zur Verfügung stehen bzw. variiert werden (2.) Das Fazit (3.) weitet dann noch einmal den Blick: Was bedeutet das Erkannte für die Seelsorge durch Ehrenamtliche, was für die Möglichkeit, in der Seelsorge das Christliche auszudrücken, was für die bleibenden Unterschiede der Milieus auch bei gelingender Seelsorge und was für Seelsorge als Geschehen von Kirche als Gemeinschaft?

1. Milieudurchtränkte Seelsorge-Ideale

Seelsorgetheorie wie Seelsorgepraxis haben es mit Erwartungen darüber zu tun, was Seelsorge sei. Diese Erwartungen sind nicht einheitlich. Blickt man aus der Milieuperspektive auf sie, so zeigt sich, dass sie in ganz verschiedenem Maße zu den Gewohnheiten, Atmosphären, Fähigkeiten und Vorlieben der einzelnen Milieus passen. Deutung, Beratung und Beziehung gelten durchweg in der Seelsorgetheorie als entscheidende Charakteristika seelsorgerlichen Handelns. Diese sind aber nicht „milieuneutral". Sie schließen Milieus jeweils eher aus oder ein. Solche Wirkungen liegen quer zu dem Graben innerhalb der Seelsorgetheorie, der die Diskussion im 20. Jahrhundert bestimmte: hier eine sich als therapeutisch verstehende – dort eine sich als Teil der Verkündigung verstehende Seelsorge.

1.1 Bürgerliches gutes Gespräch

Die moderne Seelsorge als ein Gespräch wie unter Freunden ist eine durch und durch bürgerliche Erfindung. Ein erster früher

Niederschlag ihrer Ideale trat zutage, als sich im Sommer 1670 einige Frankfurter Akademiker an den Pfarrer Philipp Jacob Spener wandten und eine „philadelphia" (einen Freundschaftsbund) anfangen wollten, in der „conversation" gepflegt würde (so das Fremdwort aus dem benachbarten Frankreich, wo sich die geistreichen Salongespräche vom Adel auf das Bürgertum verbreitet hatten). Diese Konversation sollte sich nun aber auf christliche Themen konzentrieren. Christliche Wahrheitsfindung nicht mehr allein durch Belehrung in der Predigt, sondern im Gespräch der Gläubigen miteinander – aus jener Initiative in Frankfurt wurden dann die ersten pietistischen Konventikel. Spätestens im 19. Jahrhundert setzte sich – jedenfalls im evangelischen Bereich – durch, dass man bei Seelsorge nicht mehr vorrangig an sämtliches Handeln des Pfarrers für und an den Individuen der Gemeinde denkt, sondern an das seelsorgerliche Gespräch.

Zu dieser Seelsorge werden die Hände in den Schoß gelegt. Es tritt äußere Ruhe ein und die Aufmerksamkeit richtet sich auf das Geistige und das Innere. Gefühle sind als solche wertvoll, ein gesitteter Ton wird gepflegt. Zu ihr passen die Freudsche Couch genauso wie das pastorale Studierzimmer. Diese Seelsorge mag sich als therapeutisch-kultivierte Selbstfindung oder als theologisch-reflektierte Wahrheitssuche gestalten. Professionalisierte Seelsorgerinnen und Seelsorger sind in der Regel pastorale Akademiker/innen und sind als solche im Deuten geschult und haben es zu schätzen gelernt. Beide Seelsorgeschulen zielen auf vertiefte Interpretationen, wollen diejenigen, mit denen die Seelsorge es zu tun hat, dazu bewegen.

In einer solchen Atmosphäre der gebildeten Reflexion durch sprachliche Artikulation sind die Milieus der *Hochkulturellen* und der *Kritischen* zu Hause. Was sie bevorzugen, passt zu den Erwartungen der professionellen Seelsorgeanbieter. Die *Hochkulturellen* mögen dann da stärker auch Traditionen bedenken und weiterführen wollen, während die *Kritischen* die Auseinandersetzung mit den hergebrachten Normen und Institutionen suchen und von diesen sich mit einem eigenen Weg absetzen wollen.

Eine solche Seelsorge, mit dem Timbre von „Geist" und „Kultur" versehen, liegt anderen Milieus hingegen ferner. Natürlich können auch Menschen anderer Milieus über sich selbst etwas sagen und auch sie setzen sich zu Traditionen in Beziehung, sei es zustimmend oder kritisch. Aber der Schwerpunkt unterscheidet sich doch, und es treten andere typische Verhaltensweisen in den Vordergrund. Die Welt der Gedanken und Gefühle erscheint ihnen nicht als eine Eigenwelt, nicht als die eigentliche und qualitätsvolle Welt gegenüber den Niederungen des praktischen Alltags.

1.2 Beratung für den Alltag

Wenn man nun aber die Verknüpfung zwischen Reflexion und Alltag betont, dann legt es sich nahe, Seelsorge zu verstehen als ein Mittel, um bestimmte Aufgabenstellungen zu bearbeiten, Probleme zu lösen, Ziele zu verwirklichen. In einem solch pragmatischen Zugang zur Seelsorge erscheint diese mehr als Beratung, als Vorbereitung zum besseren Meistern des Alltags.

Das passt besonders gut zur Weltsicht der *Geselligen*. Für eine Fragestellung der eigenen Lebensführung kann es hilfreich sein, sich den Rat anderer zu suchen, um das Problem besser zu lösen oder ein Ziel schneller zu erreichen. Man kann schließlich nicht Spezialist für alles sein – so ist es gut, auch in bestimmten Situationen einen Seelsorger, eine Seelsorgerin zu Rate ziehen zu können. Einerseits: Die Seelsorge ausübende Person hat einen fachlichen Vorsprung, und sie muss eben auch beraterische Leistung bringen, die abgerufen werden kann. Andererseits ist aber auch wichtig: Sie steht nicht auf einer höheren hierarchischen Ebene. Man kommuniziert miteinander auf Augenhöhe. Die Seelsorgerin braucht selbstverständlich die Mitarbeit der Seelsorge Suchenden und deren Einverständnis für die Lösungen.

Das ist für die *Bodenständigen* anders. Im Gegensatz zu den modernisierten *Geselligen* gilt für sie die Tradition noch unhinterfragt als Autorität. Auch die Geltung des Amtes des Seelsorgers ist bei ihnen vergleichsweise ungebrochen: Wie kirchennah oder kirchenfern man auch sein mag – beim Seelsorger handelt sich immerhin um einen studierten Mann der Kirche. Und es ist zu hoffen, dass wenigstens er die guten alten Traditionen aufrecht erhält, dass er weiß, was sich gehört oder nicht, was zu tun ist und was zu lassen. Deshalb fragt man ihn um Rat, erwartet von ihm Führung angesichts zu komplizierter Fragen und sucht Unterstützung in der Aufrechterhaltung der Normen.

Die Seelsorge hat in der Perspektive beider Milieus weniger einen Wert in sich, vielmehr gilt sie als Mittel zur Bewältigung des Handelns, das einen mit anderen Menschen verknüpft. In den Welten der Geselligen wie der Bodenständigen sind Subjekt und soziales Umfeld enger miteinander verkoppelt als bei den Hochkulturellen und den Kritischen. Seelsorge ist darum für sie weniger Deutung an und für sich, sondern ist da für das Handeln, soll dieses vorbereiten helfen. In gewisser Hinsicht gilt das von aller Seelsorge, nur sind andere Milieus eben bereit, dafür längere Zeit auf der Ebene des Deutens zu verbleiben und hierin auch den eigentlichen Fortschritt zu erblicken. In den Beispielen 2 und 3 weichen die Ziele der Seelsorgerin und des Seelsorgers mit ihrem Wunsch nach Exploration der Gefühle und deutender Betrachtung von denen der Seelsorge suchenden Personen ab. Aber es gelingt in den Gesprächen dann doch, beide Sichten miteinander zu verbinden.

In der Arbeit von (kirchlichen) Beratungsstellen können da die professionellen Ziele durchaus näher zu den Milieuerwartungen gerade der Geselligen liegen. Geht es doch hier mehr darum, für einen definierbaren und eingegrenzten Bereich der Hilfe (z.B. Erziehung, Drogen, Finanzen) durch die Beratung zu einem veränderten Handeln zu kommen. Auch wird zunehmend in jüngeren Seelsorgekonzepten nicht mehr die Selbstfindung durch Gefühlsintrospektion in den Vordergrund gestellt. Verhaltenstherapeutische Einsichten, die vormals als mit guter Seelsorge unvereinbar galten, werden stärker beachtet. Besonders die systemische Seelsorge hat deutlich gemacht, dass Seelsorge bedeutet, in dem sozialen System, in dem die Seelsorge suchende Person sich befindet, Handlungen auszulösen. Veränderungsprozesse werden angestoßen, die die Stellung der Individuen im System in Bewegung bringen.

1.3 Unterhaltung mit einem guten Menschen

Es ist keine Selbstverständlichkeit, dass eine Person, der die Seelsorge zugutekommen soll, sich in einer konstruktiven sozialen Beziehung mit der Seelsorgerin oder dem Seelsorger sieht. Dass mit dem Seelsorger/der Seelsorgerin zu reden etwas bringen könnte, mag durchaus als ganz ungewöhnlich erscheinen. Nur der Empfehlung des Mitgefangenen und der Aussicht auf ein Telefongespräch ist es zu verdanken, dass es in Beispiel 3 zu einem Gespräch kommt. Die Hürde liegt nicht allein in der Kirchenferne von Individuen. Sie ergibt sich besonders für bestimmte Milieus. Das kann etwas mit der gefühlten Distanz zu Personen anderer Milieus zu tun haben. Die zum Taufgespräch Besuchten in Beispiel 1 mögen genau dies spüren, dass ihre Gründe für Taufe und ihre Erwartungen an das Taufgespräch nicht zu dem passen, was der Seelsorger hören will, und so schweigen sie lieber. Doch noch weitergehender kann diese Hürde auch darauf beruhen, wie Menschen anders in soziale Kontexte überhaupt eingebettet sind und als was sie das Zusammensein mit anderen Menschen erleben. Es wird nicht in allen Milieus sozialer Kontakt in gleicher Weise bewertet. Für die Geselligen ist er ganz besonders wichtig, wie ja auch der Name des Milieus schon anzeigen soll; bei den Hochkulturellen und den Kritischen ist er durch die Abstraktionen hin zu Prinzipien und Werten relativierbar, bei den Bodenständigen immer schon unverrückbarer als bei den anderen Milieus durch Konventionen geformt.

Die Zurückgezogenen jedoch leben in einer sozialen Welt, in der der unmittelbar gepflegte und persönliche Kontakt auf ganz wenige Menschen beschränkt ist. Alle anderen, auch die potenziellen Seelsorger/innen, gehören zur Welt da draußen. Kommt es nun zu einem Kontakt mit der Seelsorgerin (etwa im Rahmen eines Taufbesuchs oder anderer Kasualgespräche, beim gemeindlichen Geburtstagsbesuch oder in der Klinik über die Krankenhausseelsorge), so ist die Hauptfrage hier, ob das Misstrauen in die Repräsentantin der Welt da draußen überwunden werden kann. Soziale Distanz ist immer die Ausgangslage, wenn Menschen auf Unbekannte treffen. Aber Unterscheide bestehen darin, ob und wie diese Ausgangslage auch als veränderbar erscheint. Gibt es Anzeichen dafür, dass die Seelsorgerin eine Ausnahme von der Regel werden kann, sich als „guter Mensch“ erweisen wird, als vertrauenswürdige Person? Erst dann findet eine Öffnung zum Gespräch statt, so dass die Seelsorgerin um echten Rat gefragt wird oder wirklich persönliche Dinge erzählt werden. Auch nach dem Gespräch bleibt von ihm bei den Zurückgezogenen vor allen Dingen seine Kontaktdimension in der Erinnerung. Das Gespräch mag auch Anteile von existentieller Tiefe und fokussierter Beratung erreicht haben. Dennoch erscheint in dieser Perspektive das Gespräch besonders auffallend als eine gute Unterhaltung – kurzweilig, interessant, freundlich.

Dass das Reden über Probleme und Konflikte kurzweilig sein kann, wird den Fernsehzuschauern allnachmittäglich in bestimmten Talkshows präsentiert – und gerade die Zurückgezogenen sind sehr eifrige Fernsehzuschauer. Hier wird der Talk über intime Probleme zum Unterhaltungsformat: Unter einem Thema (mit Vorliebe aus den Bereichen Sexualität, interpersonale Konflikte und abweichende Lebenspraktiken) treten zunächst nacheinander Personen „wie du und ich" auf, die ganz konträr leben und ganz konträre Ansichten vertreten. Sie werden von der Person, die die Show moderiert, befragt. Zur Erläuterung und Wertung können Experten, die nicht auf der Bühne sitzen, sondern in der ersten Reihe der Zuschauenden, befragt werden. Das Publikum – gewissermaßen stellvertretend für die Zuschauer an den Bildschirmen – bekundet lautstark, ob es bestimmte Personen mit ihren Redebeiträgen für gut oder schlecht befindet, ob sich das weitere Gespräch mit ihnen lohnt oder nicht, ob es Interessantes und Bewegendes oder Lächerliches und Absurdes verspricht. Immer steht da auf dem Spiel, ob der Kontakt überhaupt etwas bedeutet oder ob man sich besser der nächsten Person oder einer anderen Fragestellung zuwenden soll.

Ob ein (Seelsorge-)Kontakt sich über höfliche Distanz hinaus vertieft, ist zum einen eine Frage der Bewertung der Person als gut und vertrauenswürdig. Es ist aber auch eine Frage, wie relevant das ist, was die Seelsorge zu bieten hat. Für die *Mobilen* etwa, deren Lebenseinstellung besonders stark an individuellen Bedürfnissen mit einem Akzent auf den Erfahrungen von Aktivität und Spaß und Abwechslung ausgerichtet ist, stellt sich diese Frage besonders. Der bürgerliche Seelsorger, die kirchliche Seelsorgerin erscheinen ihnen zunächst einmal als solche, die mit Alten und Kranken und Kindern oder Frommen und Traditionsinteressierten hilfreiche Gespräche führen mögen. Sie sind aber eben Menschen mit anderen Interessen und Aufgaben. Das ist ja auch ihr Job. Nicht dass man mit ihnen nicht reden könnte, aber man ist dazu bereit nur, wenn und solange dieses Gespräch zu den eigenen Interessen und Anliegen passt. Man hat ja schließlich die

Wahl, sich das zu suchen, was einem gefällt. Im Fall des Gelingens können der individuelle Seelsorger / die Seelsorgerin als die ungewöhnliche Ausnahme von der Regel gelten.

2. Milieuspezifische Unterschiede beim Umgang mit Ressourcen

Nicht nur Idealvorstellungen von und Erwartungen an Seelsorge haben mit den Milieus zu tun. Auch die gängigen Handlungsmöglichkeiten im Rahmen der Seelsorge stehen bestimmten Milieus besonders ausgeprägt zur Verfügung. Im Folgenden wird eine dementsprechende Typisierung der Ressourcen, auf die sich zurückgreifen lässt, vorgenommen. Dabei ist besonders interessant, der Frage nachzugehen, wie eine Handlungsmöglichkeit von denjenigen Milieus modifiziert wird, bei denen sie gerade nicht im Zentrum des Handlungsrepertoires steht. Und wiederum liegt diese Typisierung quer zu der gängigen Alternative von verkündigender oder therapeutischer Seelsorge. Sehr wohl aber bildet sich in dieser Typisierung ab, dass die Seelsorgediskussion der letzten Zeit die Kraft des Narrativen entdeckt hat. Außerdem wird die Kontakt- und Beziehungsdimension neu betrachtet, indem danach gefragt wird, wie jeweils bei den Milieus soziale Distanz in spezifische Formen sozialer Nähe überführt werden kann.

2.1 Bildungsressourcen aktivieren – Weisen der Interpretation

Personen mit umfangreicher und vertiefter Bildungserfahrung legen in der Regel den Schwerpunkt ihres Verhaltens in der Seelsorge auf die Formulierung gebildeter Interpretationen. Die professionellen, akademisch gebildeten Seelsorgerinnen und Seelsorger sind zumeist darauf aus. Im Modell einer „verkündigenden Seelsorge“ geht es darum, dass das Thema der Seelsorge mit den theologischen Kategorien rekonstruiert werden kann durch die Interpretation des besprochenen Geschehens als Gnade und Sünde. Menschliches und Göttliches können darin entdeckt werden, und es ist wichtig, sich als von der Sprache der biblischen Tradition angeredet zu verstehen. Im Modell einer „therapeutischen Seelsorge" geht es darum, dass das Thema der Seelsorge über die differenzierende Entfaltung einer Deutung von Emotionen und Beziehungen überführt werden kann in Beobachtungen am Selbst und dann entsprechend interpretierte Erfahrungen mit ihm (und dabei dann auch ggf. in kritische Beziehung gesetzt wird zum Horizont verallgemeinerbarer Werte samt denen der christlichen Tradition). Unter den Menschen, die Seelsorge in Anspruch nehmen, stehen denen in Nähe zu den Milieus der Hochkulturellen und Kritischen dafür die entsprechenden Möglichkeiten zur Verfügung. Auch die Geselligen und nicht wenige der Mobilen können intellektuell dabei ebenfalls ganz gut mithalten, es stellt sich aus deren Perspektive allerdings auch die Frage, worin denn die Relevanz zu derart vertiefter Reflektion liegen soll. Wozu der Aufwand mit Gnade und Sünde, mit Differenzierung von Gefühlen und letzter Erkundung des Selbst, wenn es doch darum geht, was ich brauche und will?

So liegt es eben nicht für alle Milieus nahe, den Schwerpunkt auf eine hochkomplexe Interpretationsleistung zu legen. Das hat zum einen damit zu tun, dass die Fähigkeit zu Abstraktionen, zu differenziertem Ausdruck nicht bei allen Menschen in gleichem Maße vorliegt. Doch liegt die Sache nicht so, dass die einen interpretieren können und die anderen nicht. Vielmehr haben die Interpretationen dann gewissermaßen einen anderen Charakter: Die nicht bildungsbürgerlich ausgerichteten Menschen gehen mit Deutungen und Interpretationen anders um. Diese werden bei ihnen nicht abgelöst von einer Bewertung der Situation, auf die sich die Deutungen beziehen. Und viele können auch Erlebtes nicht zu situationsabstrahierten Allgemeinaussagen erheben.

Bei denjenigen Personen, für die das gilt und die stärker traditionsbezogen leben, bleibt Bewertung, die mit Interpretationen verbunden ist, stärker an gegebenen sozialen Normen orientiert. Dieses Muster passt zu dem Milieu der Bodenständigen oder auch in größeren Teilen zu dem der Zurückgezogenen. Ein Gedanke, ein bedachtes Handeln, eine Person sind eben gut deshalb, weil sie einer bestimmten Konvention entsprechen, und schlecht, wenn sie von Konventionen abweichen. „So macht man das." „So ist das eben."

Verbindet sich das Fehlen abstrahierender Reflektion mit stärker modernisierter Lebensweise (wie bei einem Teil der Mobilen und auch bei Teilen der Zurückgezogenen der Fall), dann ist die Bewertung eher an den individuell erlebten Impulsen orientiert. Etwas ist gut, weil es „geil" ist; es ist schlecht, weil es „langweilig" ist oder „was für andere" – genauer: es ist eben einfach uninteressant und irrelevant. Und so mag etwas für Menschen ein möglicher Diskussionsgegenstand sein, aber jeder weitere Interpretationsaufwand wird gemieden, wenn es doch um etwas geht, was verlangt, von den eigenen Interessen und Gestimmtheiten zunächst abzusehen.

2.2 Erfahrungen machen – Funktionen von Erzählungen

Menschen machen Erfahrungen. Die erlebte Ereignisabfolge wird gedeutet, wenn sie in Erzählform gebracht wird. Dabei erscheint die gegenwärtige Lage geradezu als Summe der bisher gemachten Erfahrungen. Das Seelsorgegespräch nimmt über weite Strecken die Gestalt einer Erzählung an. Dabei sind alle Menschen darin stark, ihre Erlebnisse zu präsentieren, sie reich zu bebildern und emotional zu färben. Die Sprachmittel, mit denen das geschehen mag, sind unterschiedlich. Man vergleiche etwa die durchstrukturierte Erzählung, die beginnen könnte mit: „… als erstes sollte ich auf folgende Begebenheit zu sprechen kommen" mit der Abfolge von „sag ich: ‚…'; und dann sagt sie: ‚…''. Dennoch: als erzählkompetent erweisen sich fast alle. (Gleiches gilt übrigens auch für die Fähigkeit, einen rhetorischen Kampf einzugehen, so unterschiedlich dann auch wieder die Sprachmittel, mit denen gekämpft wird, sein mögen.)

Und doch ist die Funktion der Erzählungen unterschiedlich. Bei komplexer Bildung bekommt die Erzählung die Funktion des Exemplarischen. Als solche wird die Erzählung oft schon eingeführt. Und wenn doch einmal unmittelbar bei der Erzählung begonnen wird, dann wartet die darin präsentierte Erfahrung gewissermaßen immer noch auf ihre Aufhebung in verallgemeinerbare Sätze, in übertragbare Einsichten, in formalisierte Beschreibungen. Wenn Seelsorge hier biblische Erzählungen einbringt, dann werden sie verarbeitet als solche, die auf „Liebe" und auf „Gerechtigkeit“ verweisen, Erkenntnisse über Gott und Mensch liefern, als Symbole für Wahrheiten sich deuten lassen. Diese ließen sich aber natürlich genauso und direkter auch den diskursiven Texten der Bibel entnehmen.

Bei pragmatischer Orientierung liegt der Zweck der Erzählung darin, eine „Moral aus der Geschichte“ zu erheben, also ihr eine übertragbare Handlungsanweisung entnehmen zu können. Die Erzählung zeigt, was machbar ist und was nicht. Wenn in der Seelsorge hier biblische Erzählungen eingebracht werden, dann können sie darin spannend sein, dass sie unbekannte Handlungsalternativen vorführen. Was wäre, wenn eine/r wie Jesus reagieren würde …? Oder wie Hiob? Oder wie Mirjam? Was wäre, wenn Gott auch bei mir so handeln würde?

Für Menschen, bei denen offen ist, ob der Kontakt mit dem Gegenüber in der Seelsorge überhaupt gelingt, kann jedoch auch die Funktion von Erzählungen noch einmal eine andere sein. Für manche bleibt es schwierig, an die erzählten Erlebnisse überhaupt regelgesteuerte Verhaltenspläne anzuschließen oder Entscheidungsalternativen einander gegenüberzustellen. Alles passiert eben so, dass etwas schlecht oder gut ist, dass Menschen schlecht oder gut sind. Und was schlecht oder gut ist, darüber entscheidet dann entweder die soziale Konvention oder der Nutzen für einen selbst. Für manche liegt die Schwierigkeit nicht so sehr in einer Unfähigkeit, regelsteuertes Verhalten in den Blick zu nehmen, sondern es steht in Frage, ob man es denn will. Sollen jeder und jede das doch so machen, wie er oder sie es sich denkt. Eine biblische Erzählung, die die Seelsorge einbringt, erscheint dann als eine solche subjektive Meinung, die der Seelsorger vertritt, als ein zufälliges Erlebnis, von dem die Seelsorgerin berichtet.

2.3 Kontakte knüpfen und das Umschalten von Distanz auf Nähe

Sehr häufig ist das erste Seelsorgegespräch mit einer Person zugleich der erste Kontakt mit ihr. Die Mechanismen des ersten Eindrucks wirken – ob ich mit dem Gegenüber auf einer Wellenlänge sein werde, ob mir das Gegenüber sympathisch erscheint oder nicht. Wie viel an solchen Einschätzungen ist im Beispiel 1 des Taufgesprächs schon gelaufen, bevor das eigentliche Taufgespräch beginnt! Alle Menschen sind sehr sensibel darin, Milieunähe und Milieudistanz an einer Vielzahl von Indizien wahrzunehmen: Kleidung, Wohnwelt und Sprache sind dafür genauso zuverlässige Anzeichen wie der Musikgeschmack, der Mediengebrauch und die Freizeitaktivitäten.

Wenn zum Kontakt die gebildete thematische Reflektion tritt, kann hierin eine gemeinsame besprochene Welt etabliert werden. Es entsteht so eine bestimmte Sorte von Nähe über thematische Übereinstimmungen und Anschlüsse. Dabei ist nicht verlangt, den bestehenden Kontakt, der nach dem Modell der höflichen Distanz erfolgt, zu ändern. Dass man Thematisches bedenken konnte, macht die Qualität des Kontaktes aus.

Wenn zum Kontakt der Einblick in gemachte Erfahrungen hinzutritt, wird das Gegenüber ins Vertrauen gezogen, und zwar umso mehr, je intensiver eigene Unsicherheiten, eigene ambivalente Gefühle zum Ausdruck gebracht werden können und je mehr die gemachten Erfahrungen mit Zukunftserwartungen, -befürchtungen und Plänen in Bezug gesetzt werden. Die gemeinsam geteilten Geschichten verbinden. Man hat sich zusammen in Erzählungen verstrickt und in dieser Weise eine Nähe zueinander im Medium des Erzählten gewonnen.

Je mehr aber Erfahrungen als pure Erlebnisse dessen, was eben „passiert“, erscheinen oder als bloße subjektive Ansicht, desto weniger begründen sie eine Nähe, die einen bei der Seelsorge hält. Das Erzählte erscheint als bloßer Bericht über etwas, das sich ereignete, oder als Rede von dem, woran man gerade denkt. Damit liegt für die Modulation von Nähe und Distanz dann von Seiten derer, um die sich die Seelsorge bemüht, ohne ein mögliches verbindendes Drittes alles Gewicht darauf, wie Seelsorger oder Seelsorgerin als Person bewertet werden, ob sie gut oder böse seien, Freund oder Feind, interessant oder langweilig, also ob zu ihnen als Individuum Nähe oder Distanz angeraten sei. Entscheidender Gesichtspunkt dafür ist, inwiefern das Verhalten des Seelsorgers/der Seelsorgerin zu den Impulsen des Gegenübers passte. Dass dies der Fall ist, wird aber bei Milieudifferenz deutlich unwahrscheinlicher. In der Seelsorge mit diesen Milieus wirkt sich darum die Milieudifferenz als besonders gefährdend aus; sie erschwert, dass es zu einer gelingenden Seelsorgebeziehung kommt.

Es ist der Normalfall, dass die Seelsorgerinnen und Seelsorger aus einem anderen Milieu stammen als die Menschen, für die der Schwerpunkt der Seelsorge auf der Kontaktebene liegen muss. Der erste Eindruck beider Seiten voneinander wird da der einer Milieudifferenz und insofern ein eher unvorteilhafter sein. Das versetzt die Seelsorger/innen in die Lage, von Anfang an sich für ihr Gegenüber als doch „gut“ oder „interessant“ erweisen zu müssen. Dies macht die Gespräche mit vielen der Zurückgezogenen und der Mobilen so besonders „stressig“. Das Gegenüber würdigt die professionelle Leistung – zunächst jedenfalls – nicht und vollzieht die drohende Ablehnung als ein Urteil über den Seelsorger oder die Seelsorgerin als Person (und von den Seelsorgerinnen und Seelsorgern wird das zugleich als ein Urteil über sie als Professionelle gedeutet, die es mit ihren professionellen Mitteln nicht geschafft haben, dieses Kommunikationenhindernis zu überwinden). Gelingt der Kontakt, dann haben der Seelsorger oder die Seelsorgerin eine große kommunikative Leistung vollbracht. Dazu gehört auch, sich einem selbst zunächst fernliegende Verhaltensweisen anzueignen. Der Gefängnisseelsorger hat für seine Seelsorge eine Jargonsprache erlernt. Und was würde sich verändern, wenn der Seelsorger in Beispiel 1 den Fernseher laufen ließe und darauf vertraute, dass sein Gegenüber die Kompetenz hat zu entscheiden, wann der Fernseher stört?

Doch die große kommunikative Leistung liegt nicht nur auf Seiten der Professionellen. In Beispiel 3 ist es dem Häftling gelungen, diesen Seelsorger, obwohl der so anders „tickt“, so Seltsames will und sich als Pfarrer für Langweiliges und Irrelevantes einsetzt, doch als eine gute oder interessante Person in die eigene Welt zu integrieren. Bei Seelsorge zwischen Milieuverwandten ist der Kontakt leicht aufzubauen und zu halten und vergleichsweise risikolos – für beide Seiten. Je andersartiger Menschen sind, je entfernter ihre Milieus voneinander, desto bewundernswerter ist bei gelingendem Seelsorgekontakt nicht allein die Leistung der Professionellen, sondern gerade auch die ihres Gegenübers.

3. Fazit: Interkulturelle Seelsorge mit Haupt- und Ehrenamtlichen aller Milieus

In der Seelsorge zwischen den Milieus treffen Welten aufeinander. Die Erwartungen an das Gespräch stimmen nicht überein, und die Möglichkeiten, die zuhanden sind und bevorzugt werden, um die Kommunikation zu gestalten, sind milieutypisch verteilt. Beide Partner stehen in einer Situation, in der sich die Kommunikation zwischen zwei verschiedenen Welten als fruchtbar erweisen könnte. Dabei sollten Seelsorger und Seelsorgerinnen anstreben, ihr Repertoire an Verhaltensmöglichkeiten zu erweitern. Dafür sollte auch die Milieubedingtheit von Erwartungen im Blick sein, wozu dieser Artikel seinen Beitrag leisten möchte. Vom Gegenüber lässt sich dies nicht in gleichem Maße erwarten, insbesondere wenn sie einem Milieu mit geringerem Bildungsgrad angehören.

Nun läge es nahe, zu betonen, dass Seelsorger/innen sich eben auf die Kommunikationsebene und die Kommunikationsschwerpunkte ihres Gegenübers einzulassen und sich diesen anzupassen hätten. Unter interkultureller Perspektive erscheint die Sache damit aber noch nicht ausreichend beschrieben. Vielmehr besteht der größere Effekt an helfender Erweiterung der Handlungs- und Deutungsmöglichkeiten durch Seelsorge darin, dass Seelsorger/innen die für sie typischen Kompetenzen, auf die ihr Gegenüber in seiner Lebenswelt sonst gerade nicht trifft, in die Begegnung einspielen. Die Seelsorge soll zum Erzählen ermutigen und auch zur deutenden Distanznahme, wo nötig und möglich. Sie soll Hilfestellungen anbieten und sich auf die milieuspezifischen Möglichkeiten und Grenzen einlassen.

Im Ergebnis wird eine solche Seelsorge ein Mosaik enthalten mit Elementen aus der Welt des Gegenübers ebenso wie aus der Welt der Seelsorge ausübenden Person. Aus der Perspektive des Gegenübers (man denke noch einmal an den Jugendlichen aus dem Beispiel der Gefängnisseelsorge) muss das Mosaik als Ganzes im Lichte seines Welthorizonts eine stimmige Erfahrung sein, dann kann er es als geglückte Seelsorge bewerten. Aber auch aus der Perspektive des Seelsorgers muss dieses Mosaik als Ganzes im Lichte seines Welthorizonts als eine stimmige Form von Seelsorge gedeutet werden können (im Beispiel: es geht um eine klassische Seelsorgethematik, nämlich um die Bewältigung von Angst und Ohnmacht). Dann erscheint es auch ihm als eine sinnvolle und zu weiterer Seelsorge ermutigende Erfahrung. So wird die Differenz der Milieus nicht eingeebnet und nicht ignoriert, sondern produziert eine konstruktive Dynamik.

Zwei weitere Herausforderungen liegen in einer solchen Milieuperspektive. Zum einen wären von hier aus zukünftig auch die speziellen Möglichkeiten nicht professioneller Seelsorgerinnen und Seelsorger differenzierter zu beschreiben. Die Leistungen von Alltagsseelsorge sind inzwischen bekannter geworden: Schon alltägliche Gesprächsmittel und durch kleine eingelagerte Emotionen differenzierende oder reflektierende Gesprächsepisoden haben seelsorgerliche Effekte. Aber es fehlt immer noch an einer Theorie der Seelsorge durch Ehrenamtliche. Bislang überwiegt dazu die wenig durchdachte Erwartung, Ehrenamtliche sollten am besten möglichst genauso geschult sein wie die Professionellen. Diese Erwartung erweist sich nun als milieuverengt. Sie beschränkt ehrenamtliche Seelsorge auf Personen aus den Bildungsmilieus. Dass Ehrenamtliche aus anderen Milieus stammen könnten und ihre Stärke gerade auch in der Milieunähe zu ihrem Gegenüber liegt, wäre zukünftig genauer zu beachten. Dann wäre danach zu fragen, wodurch Ehrenamtliche der weniger gebildeten Milieus in ihren spezifischen Leistungen unterstützt werden könnten. Zusätzlich zur Wertschätzung von Formen der Alltagsseelsorge könnte man dann etwa darüber nachdenken, was für Möglichkeiten es gibt, Ehrenamtliche solcher Milieus etwa dafür zu qualifizieren, in ihren Gesprächen zu erkennen, wo Bedarf zum Einsatz von professionell ausgebildeten Mitarbeitenden gegeben ist. Die Tätigkeit der „Grünen Damen" und der gemeindlichen Besuchsdienste durch Ehrenamtliche wäre dann vor allem so zu verbessern, dass eine Vernetzung hin zu den professionellen Mitarbeitenden gefördert wird.

Zum anderen stellt sich für die Seelsorge die Frage, die bei der Nutzung der Milieuperspektive für sämtliche kirchliche Arbeitsfelder, angefangen bei der Predigt, begegnet: Wie können christliches Selbstverständnis und christliche Deutungen im jeweiligen Arbeitsfeld so zum Ausdruck gebracht werden, dass sie den Ausdrucksmöglichkeiten und Handlungsspielräumen der jeweiligen Milieus entsprechen? Hier kann das, was oben zum Einbringen der Bibel in der Seelsorge gesagt wurde, verallgemeinert werden: Es liegt bei solcher Seelsorge, bei der die Welt der Deutungen abgehoben wird vom Alltag, nahe, Gottes Handeln als eine Deutung, und zwar als die existentiell tiefste, in die Reflexion einzubringen. Theologie fordert das Denken heraus. Geht es stärker um die Alltagstauglichkeit von Entscheidungen, so werden Handlungsmuster, wie sie sich im Horizont christlicher und besonders biblischer Szenarien nahe legen, eine entscheidende Rolle spielen können. Biblische Szenen, Personen, Sprüche bieten sich an als ein Schatz zur kreativen Verwendung mit dem Ziel, die Handlungsmöglichkeiten der eigenen Lebenspraxis zu erweitern. Liegt das Gewicht auf der Möglichkeit von solchem Kontakt, bei dem trotz Verschiedenheit gegenseitige Annahme und Akzeptanz entstehen, dann erweisen sich Gestaltungen, die diese Akzeptanz ausdrücken, als besonders wichtig. Und dann ist die Frage, wie es zu Gestaltungen kommen kann, die mittransportieren, dass diese Akzeptanz im Horizont christlicher Kontexte steht. Im Beispiel aus der Gefängnisseelsorge wäre dies vermutlich für den Jugendlichen schon dadurch gegeben, dass er weiß: Der kommt von der Kirche – der ist ein Priester oder sowas. Damit wird eben erstaunlicherweise bei allem individualisierten Urteil des Gefangenen über diese eine Person ihr Amt, ihre Repräsentation eines größeren sozialen Zusammenhangs der entscheidende Punkt dafür, das Gespräch als christliche Seelsorge zu identifizieren.

In der Seelsorge stellt sich heraus, wie gemeinschaftsfähig Kirche ist, gemeinschaftsfähig gerade gegenüber den Milieus, bei denen gleiche Wellenlänge, intellektuell bedachte Wertezugehörigkeit oder Gruppenbeheimatung nicht mit unterstützend wirken. Doch das christliche Verständnis von „communio“ [lateinisch für Gemeinschaft] meint eine Gemeinschaft, die Gott herstellt, die gerade darin, dass sie nicht einfach gleichgesetzt wird mit sozialer Bindung, etwas von der Freiheit anzeigt, zu der Gott befreit. Die Seelsorge zwischen den Milieus ist dafür ein ausgezeichneter Ort, an dem das besonders deutlich erfahren werden kann, gerade von solchen, denen die gängige Kirchlichkeit mit ihren Milieuhürden schnell im Weg steht.

Die Leistung der Milieuperspektive liegt weniger darin, völlig Unbekanntes zu liefern. Dass von der Seelsorge Gespräch, Beratung, Unterhaltung erwartet werden, dass Kontakt, Erzählen und Interpretation in ihr geschehen, ist wahrlich nicht neu. Aber indem aus der Milieuperspektive dieses „Material“ neu zusammengestellt wird, gewinnt man einen anderen Blick mit neuen Fragestellungen und einer veränderten Vermessung des Seelsorgehandelns und seiner Möglichkeiten. Im blinden Fleck lagen vor allem die Milieus, die in der Gesellschaft weniger Macht haben und weniger gelten wie die Zurückgezogenen und die Bodenständigen, und das Milieu der Mobilen, das mit seiner Traditionsferne und Abneigung gegen Geselligkeit am kirchenfernsten ist. Die Seelsorgetheorie hat noch einige Hausaufgaben vor sich.

Weiterführende Literatur

Peter Bukowski, Die Bibel ins Gespräch bringen, 7. Auflage, Neukirchen 2009.
Karl Federschmidt u.a. (Hg.), Handbuch Interkulturelle Seelsorge, Neukirchen 2002.
Eberhard Hauschildt, Alltagsseelsorge, Göttingen 1996.
Eike Kohler, Mit Absicht rhetorisch. Seelsorge in der Gemeinschaft der Kirche, Göttingen 2006.

Zwischen den Stühlen aller Milieus

Diakonische Werke und Träger im Dickicht der Ansprüche und Erwartungen

Claudia Schulz

1. Milieus in der Diakonie – eine übergroße Herausforderung?

In einem Buch über die Chancen der Milieuperspektive für das soziale Handeln der Kirche darf die Perspektive der diakonischen Träger, Einrichtungen und Werke auf keinen Fall fehlen. So dachten wir zu Anfang der Konzeptionsphase für dieses Buch – und dieser Überzeugung sind wir auch weiterhin. Nur ein kleines Aber mischte sich in diese Vorstellung, nämlich dort, wo wir uns darum bemühten, Fachleute aus solchen Werken oder aus der konzeptionellen Arbeit der Träger zu finden, die aus dem Schatz ihrer Erfahrung die zentralen Punkte benennen, an denen die Milieuperspektive ihre Wirkung entfalten kann. Die Menschen, die wir angesprochen und zur Mitarbeit eingeladen haben, standen unserer Idee aufgeschlossen gegenüber – ja, in diesem Bereich sei es in der Tat wichtig, soziale Differenzen, Unterschiede in stilistischen oder kommunikativen Vorlieben und dergleichen aufmerksam zur Kenntnis zu nehmen. Nur: Wir bekamen immer wieder Absagen, was in keinem anderen Bereich unserer Planung der Fall war. Die Angefragten stellten nach einigen Wochen fest, dass das Thema für eine kurze Stellungnahme doch viel zu vielschichtig ist – oder sie scheuten sich, Probleme oder Unvereinbarkeiten zur Sprache zu bringen, was ihrer Organisation schaden könnten, und sorgten sich, was geschehen würde, wenn sie unter ihrem Namen und damit in Verbindung mit dem Namen ihrer Einrichtung ihre Sicht der Dinge veröffentlichen würden.

So haben wir zwar über mehr als ein Jahr niemanden gefunden, der für uns aus fachkundiger Sicht den Themenbereich „von innen“ bearbeitet, aber es ist in vielen Gesprächen und Mailwechseln eine große Sammlung von Problemanalysen, Beispielgeschichten und Differenzierungsmomenten entstanden, die ich hier anonymisiert zusammenfasse – mit herzlichem Dank an alle die Ungenannten, die zu dieser Sammlung beigetragen haben.

Zunächst scheint die Schwierigkeit – oder auch die große Gefahr – im Reden über Milieus und die so sehr unterschiedlichen Erwartungen der Menschen aus den Milieus damit zusammen zu hängen, dass die Diakonie in welcher Form auch immer zwischen allen Stühlen sitzt. Dieses Phänomen ist längst bekannt aus den Debatten um das Spannungsfeld von Nächstenliebe und Unternehmertum, in dem sich nahezu alle in der Wohlfahrt Aktiven wiederfinden. Zählt man auch nur die wichtigsten Dialogpartnerinnen und Dialogpartner auf, mit denen sich Werke wie Träger verständigen müssen, wird sichtbar, dass eine Milieuanalyse zur Herausforderung wird – und um wie viel mehr erst die Umsetzung der Erkenntnisse in Strategien und konkretes Handeln.

Spannungsfeld der Zuständigkeiten diakonischer Einrichtungen und Werke

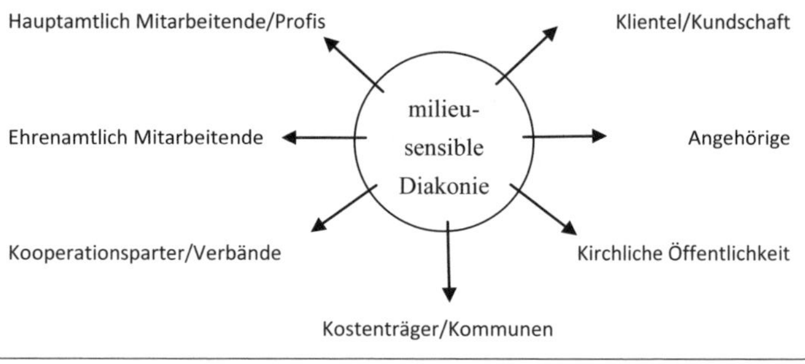

Berücksichtigt man die Dimensionen, in denen sich Unterschiede zwischen Menschen verschiedener Milieus üblicherweise zeigen, wird man hier schnell fündig. Auf der einen Seite müssen diakonische Werke wie auch einzelne Träger und ihre Einrichtungen fachliche Diskussionen führen. Hier stehen Inhalte im Mittelpunkt, sachliche und darin häufig hochkomplexe Fragen des professionellen Handelns. In Fachdiskussionen und sozialpolitischen Kontroversen finden sich entsprechend überdurchschnittlich viele Menschen wieder, die an komplexen Zusammenhängen ein hohes Interesse haben, die es gewohnt sind oder es sogar besonders schätzen, in Konzepten und überregionalen Zusammenhängen zu denken und vernetzt zu arbeiten.

Eine solche Denk- und Arbeitsweise zieht die einen an und schließt andere aus. Für Menschen, die in derartigen Arbeitsstrukturen tätig sind, mag es völlig logisch erscheinen, wenn der Arbeitstag vor allem Sitzungstermine und Schreibtischarbeit enthält. Wer derartige Auseinandersetzungen und konzeptuelle Tätigkeiten weniger schätzt, der mag eine solche Arbeitsweise vielleicht grundsätzlich akzeptieren, es aber immer wieder auch als „uneigentliche Arbeit“ verstehen, die „den Menschen nichts nützt“. Dieser Kontrast in der Bewertung einer Beschäftigung mit komplexen Zusammenhängen und sozialpolitischen Fragen ist beispielsweise im Gegenüber der Milieus der *Kritischen* oder *Hochkulturellen* einerseits zu den Milieus der *Bodenständigen* und *Zurückgezogenen* andererseits zu beschreiben.

In dieser Gegenüberstellung wird sichtbar, wie unterschiedliche Haltungen in der hier beschriebenen Dimension sehr eng mit weiteren, typischen Unterschieden verknüpft sind, wie sie etwa im gesellschaftlichen Status oder der Orientierung an der Wertschätzung der eigenen Arbeit durch andere gegeben sind. So lassen sich große Unterschiede in der Bewertung etwa dort feststellen, wo der Vorstand eines großen diakonischen Trägers auf der Bahnfahrt zu einem überregionalen Verbandstreffen die erste Klasse benutzt. Muss dies so sein, darf es in Ausnahmefällen so sein oder sollte es im Grunde nach Möglichkeit nicht vorkommen? Stellt man diese Frage in einem Gedankenexperiment einmal den Mitarbeiterinnen und Mitarbeitern eines diakonischen Unternehmens, den Ehrenamtlichen dort, den Jugendlichen und ihren Eltern in einer Jugendhilfeeinrichtung dieses Trägers, einem für die Vergabe von Geldern zuständigen Landrat oder der Gottesdienstgemeinde in der nahe gelegenen Parochie, wird man auf diese Frage vermutlich sehr unterschiedliche Antworten erhalten – Antworten, die stark vom Milieu abhängen, zu dem die Befragten jeweils gehören.

Man könnte behaupten: Diakonisches Handeln findet inmitten unzähliger Doppelbotschaften (von Menschen unterschiedlicher Milieus aus gesprochen) statt: Es soll hoch professionell sein und dennoch möglichst schlicht, es soll das notwendige (und darin: übliche) Niveau haben und dabei so dicht wie möglich an den Betroffenen, den Klientinnen und Kunden bleiben. Die Hilfe soll fachlich auf dem neusten Stand und flexibel abrufbar sein, aber in ihrem Erscheinungsbild so vertraut und gewohnt wie möglich. Sie soll kostengünstig sein und knapp kalkuliert, damit keine Gelder verschwendet (und erst recht so wenig wie möglich kirchliche Mittel oder Steuergelder damit verbraucht) werden, zugleich sollen aber anders als an vielen anderen Orten im Arbeitsleben gute Gehälter gezahlt und auf Qualität unbedingt geachtet werden. Und schließlich: Diakonie soll weiterhin unbesehen „eine gute Sache" bleiben, wo man sich darauf verlassen kann, dass es dort jederzeit menschlich und würdig zugeht, zugleich sollen diese Unternehmen „ganz von dieser Welt" sein, alle Spielräume nutzen und keinen unrealistischen Träumen von einer besseren Welt nachhängen.

Betrachtet man nun einzelne Milieutypen, ihre Vorlieben und Überzeugungen, lässt sich schnell zuordnen, aus welcher Perspektive welche Forderung besonders plausibel wird – und andere eher nicht. Von Nahem betrachtet wird deutlich, dass aus den genannten Anforderungen für die Verantwortlichen in dieser Arbeit große Herausforderungen entstehen und es höchst schwierig ist, etwa als Vorstandsmitglied eines diakonischen Trägers oder einer verbandlichen Einrichtung öffentlich zu den typischen Nähen und Distanzen seiner Arbeit zu verschiedenen Milieus Stellung zu nehmen, ohne das eine dem anderen vorzuziehen und damit in sehr unangenehmes Fahrwasser zu geraten. Nun ist das Spektrum milieuspezifischer Perspektiven auf das helfende Handeln der Kirche sehr groß, das Spektrum der Strukturen diakonischer Arbeit vermutlich ebenso. Was Milieuperspektiven in diesem riesigen Feld bedeuten, kann ich hier nur im Ansatz skizzieren. Um dabei der Logik der Strukturen diakonischer Arbeit zu folgen, unterscheide ich im Folgenden die Arbeit Diakonischer Werke einerseits und diakonischer Träger und Einrichtungen andererseits. Anhand von Fallbeispielen möchte ich zeigen, was sich hier durch die Milieubrille beobachten lässt, so dass diese Perspektive zum Gewinn werden kann.

2. Diakonische Werke und das Handeln im Verband

Ein Diakonisches Werk als Verband auf Kreis-, Landeskirchen- oder Bundesebene erbringt seine Leistung für das helfende Handeln der christlichen Kirche in indirekter Form, durch fachliche Unterstützung, organisatorische Hilfestellung oder Vertretung gegenüber Kostenträgern, Politik und Öffentlichkeit. Damit hat es ein solcher Verband, in unterschiedlichen Gewichtungen, mit der oben beschriebenen Vielzahl von Dialoggruppen und darin auch mit der Vielzahl der Milieus zu tun und muss diverse Differenzen hantieren. Was das bedeuten kann, soll ein Beispiel verdeutlichen. Es spiegelt zugleich die vielschichtige Struktur verbandlicher Arbeit:

Konkurrierende Milieus von Professionellen unter einem Dach

Unter dem Dach eines Diakonischen Werkes besteht eine Arbeitsstelle, die sich mit internationalen Fragen der Sozialen Arbeit im Raum der Kirche befasst. Die Aktiven in dieser Arbeitsstelle, ein hauptamtlicher Referent, ein Kreis von Ehrenamtlichen sowie weitere Hauptamtliche aus Beratungsstellen im Umkreis, sind von einer offenen Haltung gegenüber Menschen mit anderem kulturellen Hintergrund sowie von einem hohen sozialpolitischen Interesse geprägt. Sie wünschen sich ein Miteinander der Kulturen und setzen sich für die Überwindung von Benachteiligung ausländischer Mitbürgerinnen und Mitbürger ein. Seit einigen Jahren hat die Arbeitsstelle es mit der Situation osteuropäischer Pflegekräfte zu tun. Diese, meist Frauen, sind in Deutschland nicht sozialversicherungspflichtig beschäftigt und sind häufig, abgesehen von ihrer stark untertariflichen Entlohnung, in einer (auch: rechtlich) problematischen Situation. Die Arbeitsstelle hat sich dieses Problems angenommen und ein Programm aufgelegt, wie legale Lösungen für die betroffenen Frauen gefunden werden können, so dass diese langfristig qualifiziert und auch persönlich gestärkt werden können.

Im selben Diakonischen Werk ist eine Fachgruppe „Ambulante Pflege“ angesiedelt, die sich um die professionellen Anliegen der Pflegedienste kümmert. Auch diese Fachgruppe befasst sich mit dem Thema der osteuropäischen Pflegekräfte, jedoch hört sich die Problemsicht der Aktiven hier ganz anders an: Sie sehen sich vor allem als Unterstützung für die deutschen Fachkräfte, die mit einer anerkannten Qualifikation unter dem Dach der Diakonie pflegerisch tätig sind und jetzt unter massiven Druck geraten. Für diese sind die osteuropäischen Frauen eine doppelte Bedrohung – durch deren geringe finanzielle Ansprüche sowie durch deren geringe Qualifikation, mit denen sich zahlreiche Kundinnen und Kunden zufrieden geben. Für die Fachgruppe ist es undenkbar, diese Konkurrenz auch noch zu stärken, in deren Qualifizierung zu investieren oder gemeinsame Lösungen zu suchen.

In diesem Beispiel sieht sich ein Diakonisches Werk auf der einen Seite einem Konflikt gegenüber, in dem unterschiedliche Strukturebenen aufeinander prallen: die Arbeit in Fachverbänden (und damit das institutionalisierte Interesse an einer hohen Professionalität sowie die Vertretung von Berufsgruppen rund um ein Arbeitsfeld), und die Arbeit an zentralen Themenfeldern diakonischer Arbeit, organisiert in Referaten, Kooperationen etc. Diese Struktur führt häufig dazu, dass sich innerhalb eines Diakonischen Werkes mehrere Arbeitsbereiche mit demselben Thema befassen. Dies kann in der Vielzahl der Anliegen rund um ein Thema durchaus hilfreich sein. Wenn dies aus so unterschiedlichen Perspektiven geschieht wie im genannten Beispiel, kann es jedoch zu einem strukturellen Problem werden. Hier hat es kaum ein Leitungsgremium noch in der Hand, einen Ausgleich der Interessen herbeizuführen oder eine gegenseitige, aufmerksame Wahrnehmung zu „verordnen“.

Auf der anderen Seite treffen darin aber auch Menschen aus unterschiedlichen Milieus aufeinander: Auf der einen Seite stehen die sozialpolitisch aktiven, überdurchschnittlich oft akademisch gebildeten Menschen mit einem hohen Interesse an inhaltlichen Diskursen und einer überregionalen oder globalen Orientierung. Solche Menschen finden sich etwa im Milieu der *Kritischen* oder auch *Hochkulturellen*. Sie sind weniger stark an eigenen konkreten Interessen orientiert, sie möchten vor allem die Gesellschaft als Ganzes im Blick haben, das Miteinander nachhaltig gestalten und dabei den globalen Kontext berücksichtigen. Auf der anderen Seite stehen Menschen mit einer möglicherweise stärkeren Orientierung an Gegebenheiten, bestimmt aber einer zentralen Orientierung an der eigenen Situation und den darin entstehenden Bedürfnissen nach Sicherheit und Bestandswahrung. Die Milieutypen der *Geselligen*, der *Bodenständigen* oder auch der *Zurückgezogenen* vertreten oft partikulare Interessen, sie haben vor allem die unmittelbaren Bedürfnisse von Menschen vor Augen, die in ihrer Umgebung von Veränderungen betroffen sind. Gegenüber diesen Bedürfnissen muss das Verständnis für globale Zusammenhänge oder die Benachteiligung anderer Personen, die nicht zu ihrem sonstigen sozialen Umfeld gehören, zunächst zurücktreten.

In diesem Konflikt erweisen sich das Interesse an der eigenen (Arbeits-)Umgebung einerseits und an einem übersituativen Denken andererseits als zwei gegenläufige Extreme einer Dimension, die zur Unterscheidung der Milieus beiträgt. Dasselbe gilt für das Interesse an (oder das relative Desinteresse gegenüber) komplexen sozialpolitischen Zusammenhängen, die die einen gern diskutieren, die anderen eher notwendigerweise zur Kenntnis nehmen. In diesem Konflikt, der für die betroffenen Pflegekräfte und die Leitungspersonen in den jeweiligen Einrichtungen ja eine Verteidigung der eigenen Möglichkeiten oder auch der eigenen Existenz bedeutet, zeigt sich in Folge des Diskurses die eine Seite als stark traditionsgebunden, die andere als an den aktuellen Herausforderungen einer globalisierten Welt orientiert.

Die Milieus, mit denen es Diakonische Werke zu tun haben, lassen sich anhand der unterschiedlichen Orte innerhalb der Kirche und ihrer Sozialen Arbeit verorten, die im Beispiel schon ansatzweise sichtbar werden: Hier sind zuerst die Arbeitsstellen zu nennen, in denen Hauptamtliche in der diakonischen Arbeit angesiedelt sind. Die große Zahl der Hauptamtlichen in der diakonischen Arbeit lässt sich kaum auf ein bestimmtes Milieu festlegen, auch wenn sich im sozialen Bereich ohne Zweifel besonders viele Menschen treffen, die ein hohes Interesse am Gemeinwohl haben (und darin meist einen ausgeprägten Altruismus) und ein überdurchschnittlich hohes Interesse an Interaktion und Gemeinschaft. So werden sich Zurückgezogene als Hauptamtliche kaum finden, ebenso wie diejenigen der Mobilen, die eine soziale Distanz pflegen. Viele Hochkulturelle und Kritische mögen soziale Berufe zwar schätzen, die Einkommensmöglichkeiten und relativ geringen Aufstiegschancen jedoch als zu stark abschreckend empfinden, um hier beruflich tätig zu sein.

Darüber hinaus finden sich zahlreiche Initiativen, wie im Beispiel der interkulturellen Arbeit beschrieben, aber auch in Themenbereichen wie Armut, Wohnungslosigkeit, Arbeit, Behinderung oder Bildung. Diese Initiativen sind häufig locker an Diakonische Werke angebunden, etwa in Kooperationen mit Referaten innerhalb der Werke, und sie fordern in der Regel besonders nachdrücklich ein sozialpolitisch-anwaltschaftliches Auftreten der Werke für benachteiligte Menschen. In dieser Anbindung sind die Potentiale der hier Aktiven zwar ausgesprochen wertvoll, ihr Handeln jedoch durch das Werk kaum zu steuern, wodurch Kollisionen der Interessen wie im Beispiel programmiert sind. Um solche Dimensionen konkreter erfassen zu können, verschiebe ich meine Aufmerksamkeit nun vom verbandlichen Aspekt zu den diakonischen Einrichtungen selbst.

3. Diakonische Einrichtungen und die Vielschichtigkeit der Nächstenliebe

In den Einrichtungen selbst lassen sich – wieder nur exemplarisch – diverse Ebenen unterscheiden, auf denen verschiedene Milieuatmosphären der Arbeit und verschiedene Milieuperspektiven in ihrer Bewertung zum Tragen kommen. Als erstes betrachte ich die Ebene der Mitarbeiterschaft, wo Menschen mit spezifischen Vorlieben und Werten aufeinander treffen und durch diese „Brille" fachliche Fragen der Arbeit auf ihre Weise beurteilen.

Milieuspezifische Diskurse um die Ambulantisierung

In einer großen diakonischen Einrichtung für Menschen mit Behinderung werden Vorgaben in der Eingliederungshilfe zum Ausbau ambulanter gegenüber stationären Wohnformen umgesetzt.

Dabei entsteht unter den Hauptamtlichen in der Einrichtung ein Streit, was „gut für die Bewohnerinnen und Bewohner" sei:

Menschen mit Behinderung brauchten vor allem Stabilität, Kontinuität und Verlässlichkeit in Bezug auf den Ort, an dem sie leben und arbeiten, aber auch mit Blick auf Bezugspersonen, mit denen sie es zu tun haben, so argumentieren die einen. Ihnen sei darum in den meisten Fällen eine ambulante Wohnform mit all ihren Herausforderungen nicht zumutbar. Dass die Kostenträger ambulante Formen aus finanziellen Gründen anstreben, sei verständlich, wenn dies aber zum Leitbild in der Behindertenhilfe werde, seien damit wesentliche Grundprinzipien ausgehebelt.

Die anderen argumentieren gegenläufig: Ohne Herausforderung in Richtung auf mehr Selbständigkeit gebe es für eine große Zahl der Menschen mit Behinderung kaum eine ausreichende Chance auf Förderung und Befähigung zur Entwicklung der eigenen Potenziale. Zu viel Kontinuität könne ebenso Langeweile und Abstumpfung bewirken, zu geringe Entwicklungsmöglichkeiten hin zu einer gesteigerten Normalisierung der Lebensverhältnisse sei eben das Gegenteil der Inklusion, und die müsse doch schließlich die Leitlinie einer Eingliederungshilfe sein.

Bei näherem Hinsehen verbergen sich hinter den unterschiedlichen persönlichen Haltungen gegenüber der Ambulantisierung zugleich unterschiedliche Milieuatmosphären. Viele Menschen mit einer sozialpädagogischen oder heilpädagogischen Ausbildung verbinden bestimmte Ideale mit ihrer Tätigkeit. Ein Beispiel ist das Idealbild der Familie, das sich in den Konzepten Johann Hinrich Wicherns aus dem 19. Jahrhundert so liest wie – modernisiert – in mancher Einrichtung der Eingliederungshilfe oder Jugendhilfe. Das Wohnen in einer festen Gruppe mit klaren Regeln, viel Kontinuität in den Abläufen, einem überschaubaren räumlichen Bezug und vor allem sehr klar zugeordneten Bezugspersonen soll den Bewohnerinnen und Bewohnern das geben, was sie am nötigsten brauchen. Deren Recht auf Selbstbestimmung und ihr Entfaltungspotenzial ist sehr wohl im Blick, tritt aber im Konzept hinter der Bedeutung des Lebensraums „Familie" zurück. Zu diesem Ideal gehört auch eine hohe Orientierung am gemeinschaftlichem Erleben und eine geringe Selektivität im sozialen Umfeld: Wie man sich auch in einer Familie seine Geschwister nicht aussucht, passt eine langwierige Auswahlprozedur von neuen „Familienmitgliedern“ nicht so gut zum Konzept.

Was ich hier als sozialpädagogische Haltung mit bodenständigem oder geselligem Einschlag fast schon überzeichne, wird von anderen (nach dem Muster der Kritischen) in eben dieser Form als Kontrastfolie für andere Ideale genutzt, wie es am Beispiel der Behindertenhilfe und dem Leitbild der Ambulantisierung deutlich wird. Etliche Professionelle in diesem Bereich betrachten gerade den ambulanten Wohnbereich als Arbeitsfeld für die „besseren“, fortschrittlichen Mitarbeitenden. Hier wird, so diese Sicht der Dinge, der Mensch mit Behinderung ernst genommen mitsamt seinem Hunger nach Erleben, nach Abwechslung, nach individueller Lebensgestaltung, nach Selbständigkeit oder auch nach Alleinsein jenseits einer Gruppe. Normalisierung bedeutet hier: Der Mensch mit Behinderung soll – im Rahmen seiner Möglichkeiten – denselben Umwelteinflüssen ausgesetzt sein wie andere Menschen auch, selbst wenn dies manchmal zu Überforderung und Verunsicherung führe. Auch hierin zeige sich schließlich Inklusion, die Mitarbeitende durch Ziele wie das der Befähigung verfolgen sollten.

Das hier beschriebene Verhältnis von Mitarbeitenden zu ihren (impliziten oder expliziten) Konzepten lässt sich auf einer zweiten Ebene auf das Verhältnis zwischen einer diakonischen Einrichtung und ihren Mitarbeitenden und den Angehörigen der Menschen mit Hilfebedarf übertragen: In der Behindertenhilfe finden sich zahlreiche Eltern, die ihre Kinder durch die Einrichtung versorgt und geschützt wissen wollen, verbunden mit dem Gedanken, dass hier die Einrichtung das übernimmt, was man selbst nicht (mehr) leisten kann und nach dem eigenen Tod nicht einmal mehr organisieren kann. In diesem Sinn spricht dann so manche Einrichtung von „den Menschen, die uns anvertraut sind“. Andere Eltern sehen die Einrichtung eher als Partnerin im gemeinsamen Ringen um eine gute Versorgung und Förderung für den behinderten Menschen. Sie geben einen Teil der Verantwortung aus der Hand, erwarten dafür aber Unterstützung durch die Professionellen, nicht nur für das Kind, sondern auch für sich selbst. Sie schätzen ein transparentes Vorgehen in der Einrichtung, wollen Flexibilität und Dialog. Diese Eltern sind es häufig auch, die eine Beschulung in der Regelschule fordern und sich in der Angehörigen-Vertretung einer diakonischen Einrichtung engagieren. Eine solche, an Partnerschaftlichkeit und „Normalität" orientierte Haltung gegenüber Kindern und ihrem Hilfebedarf erwarten sie auch von den Professionellen in der Einrichtung.

Eine dritte Ebene stellt das Verhältnis der Mitarbeitenden und ihren Konzepten bzw. denen ihrer Einrichtung zu den Menschen mit Hilfebedarf dar. Hier dient die Perspektive auf Menschen unterschiedlicher Milieus nicht nur dem besseren Verständnis von Konfliktsituationen, sondern hier rückt die Frage in den Mittelpunkt, wie sich fachlich fundierte Konzepte zugunsten der betroffenen Menschen entwickeln lassen, ohne dass eigene Vorlieben deren Bedürfnisse überdecken.

Irritation um milieuspezifische Ideale in der Wohnungslosenhilfe

Ein Sozialarbeiter ist seit einem Dreivierteljahr in einer Einrichtung für ehemals wohnsitzlose Männer tätig und trifft sich jeden Dienstagnachmittag mit den Männern aus einer Wohngruppe in deren Gruppenraum. In Absprache mit den Männern plant er gemeinsame Aktivitäten, die die Bewohner miteinander in Kontakt bringen und die „Normalität" des gemeinsamen Lebens stärken sollen. Im Advent möchte er gern an mehreren Nachmittagen den Wohnbereich gestalten, aus Tannenzweigen eine Dekoration für die kommenden Wochen bauen und die kahlen Wände etwas schmücken. Ihm liegt am Herzen, dass die Männer auch in ihrer spartanisch eingerichteten Umgebung zumindest etwas von der heimeligen Atmosphäre im Advent mitbekommen und sich in ihrem Gruppenraum zu Hause fühlen können.

An den geplanten Aktivitäten nehmen über drei Wochen hinweg nur zwei Männer teil, an einem Nachmittag ist der Sozialarbeiter mit einem Bewohner allein, die Dekoration kommt nicht zustande. Er vermutet, dass viele der Männer im Advent besonders schlecht mit ihrer Situation zurechtkommen, sich an Zeiten in der Familie, im Beruf und in einer eigenen Wohnung erinnern und sich niedergeschlagen zurückziehen.

Eine Studentin absolviert in dieser Zeit ein Praktikum in der Einrichtung, spricht mit Bewohnern und fragt schließlich kurz vor Weihnachten nach, warum die Männer an diesem Angebot nicht teilgenommen haben. Die Antwort der Bewohner ist klar: „Das ist nichts für uns, wir mögen keine Sachen an den Wänden!“

Aus einer solchen Erfahrung ergibt sich eine Frage, die im Dilemma zwischen den Milieus kaum „richtig“ zu beantworten ist: Wie lassen sich fachliche Kenntnisse mit dem Verständnis für Klientinnen und Klienten derart verbinden, dass sowohl Förderung als auch Rücksichtnahme geschieht? Für die Männer im Wohnheim wäre es möglicherweise gut, wenn sie mehr miteinander kommunizierten, sich an die „normale“ Lebenswelt anpassten, sich in ihrem Lebenswandel nicht über Jahre von anderen Menschen entfernten. Denn: Soll diese Arbeit tatsächlich als Eingliederungshilfe verstanden werden, müsste es doch ein Ziel sein, auch im privaten Umfeld eine „Eingliederung“ zu erreichen und nicht die Ausgrenzung der Betroffenen weiter zu vertiefen durch ein abgeschiedenes Leben in der Einrichtung und damit auch durch eine Stärkung stilistischer Grenzen gegenüber dem, was ein Großteil der Bevölkerung im Advent erlebt. Andererseits erscheint es logisch, dass der Sozialarbeiter mit seiner Hilfe nicht die stilistischen und kommunikativen Vorlieben der Bewohner ignorieren darf, auch wenn diese im Einzelfall „lediglich“ durch die akute Hilfebedürftigkeit der jüngeren Vergangenheit geprägt sind. Hier ist es schließlich erfreulich, wenn Bewohner gegenüber dem Professionellen die eigenen Interessen stark machen und sich einem für sie völlig unpassenden Angebot entziehen, statt im Wohnheim gegen die eigene Intention eine Adventsatmosphäre zu erleben, die ihrem Lebensgefühl nicht entspricht. Zu wünschen wäre nur, dass das Vorgehen von Seiten der Professionellen nicht wie im Beispiel von defizitären Beschreibungen geprägt ist („die Bewohner können den Advent nicht ertragen“), sondern von der konstruktiven Suche nach Formen der Kommunikation, die den Betroffenen gerecht wird.

Auf einer vierten Ebene möchte ich schließlich einen Blick auf die strukturellen Rahmenbedingungen der diakonischen Arbeit werfen, auf Kooperationen im Feld von Hauptamtlichen, Ehrenamtlichen, der Öffentlichkeit sowie dem Bereich von Konzeption, Wissenschaft und einer Theorie des helfenden Handelns. Hier wirken sich Milieudimensionen sowohl auf die Kommunikationsformen aus als auch, ganz grundsätzlich, auf die Bewertung eines Themas, der darin enthaltenen Diskurse und der praktischen Hilfeleistung. Als Beispiel dient ein Projekt im Themenfeld Armut:

Die Herausforderung, ein Sozialkaufhaus milieuübergreifend zu konzipieren

In einem Landkreis erwägt der Diakonieausschuss einer Kirchengemeinde, ein Sozialkaufhaus zu gründen. Die Not sei groß, so die Motivation der Ehrenamtlichen, es müsse etwas getan werden und zwar am besten durch eine christliche Initiative. Weil sich die Gemeinde ohne hauptamtlich-personelle Kapazitäten überfordert fühlt, ergeht die Anfrage an einen diakonischen Träger am Ort, ob der Laden nicht von hier aus organisiert werden könne. So geschieht es; unter der Leitung einer Sozialarbeiterin wird eine Konzeption erstellt und das Projekt nach einem knappen Jahr gestartet, viele Gemeindemitglieder helfen mit und zahlreiche Menschen mit geringem Einkommen nutzen das Angebot.

Der Sozialpolitische Arbeitskreis in der Kreisstadt, eine Gruppe von thematisch Interessierten aus verschiedenen Bereichen der Gesellschaft, beschäftigt sich mit dem neu gegründeten Laden und kommt zu einer kritischen Sicht: Mit solch einer Arbeit, so die Aktiven im Arbeitskreis, verstärke die Kirche selbst die soziale Ungleichheit. Es werde auf diese Weise eine Parallelwelt für Arme geschaffen, die deren Ausgrenzung weiter verstärke: Arme bleiben im Sozialkaufhaus unter sich und in den Läden in der Innenstadt weiterhin unsichtbar. Durch die Gründung des Ladens beruhigten die Gemeindemitglieder ihr schlechtes Gewissen, ohne an einer echten Veränderung zu arbeiten.

Es kommt zu Gesprächen zwischen Mitgliedern des Arbeitskreises und den Hauptamtlichen bei der diakonischen Einrichtung. Die Sozialarbeiterin begrüßt nach einer ersten Phase des Erschreckens diesen Dialog, denn sie erhofft sich davon langfristig mehr Professionalität in der Arbeit und Orientierung an den aktuellen sozialpolitischen Diskursen. Es werden gemeinsam Konzepte entwickelt, wie die Arbeit des Sozialkaufhauses so gestaltet werden kann, dass soziale Benachteiligung stärker „nach außen“ sichtbar wird, ins Bewusstsein der Menschen gelangen kann und der Laden damit nicht nur ein Angebot für Arme bietet, sondern zugleich Teilhabechancen verstärkt.

Problematisch wird es jedoch, als nun die Ehrenamtlichen im Sozialkaufhaus in die Entwicklung der Konzepte eingebunden werden sollen. Die Kritik des Arbeitskreises sei üble Nachrede, so bringt ein Mitarbeiter seine Sicht auf den Punkt. Hier werde mit viel schlauem Gerede die hilfreiche Arbeit der Ehrenamtlichen niedergemacht. Viele Ehrenamtliche verlassen das Sozialkaufhaus, es gibt Streit zwischen den Gemeinden und „ihrem diakonischen Träger" und ernste Probleme, die Arbeit fortzuführen.

Dieses Projekt ist zunächst ein Beispiel dafür, wie sich Milieudifferenzen nutzen lassen: Die einen Menschen tun eher konzeptionelle Arbeit, befassen sich mit aktuellen Diskursen und entwickeln fachlich verantwortbare Strukturen, die anderen übernehmen eher die praktischen Aufgaben. Manchmal lassen sich in diesem Sinn Aufgaben so verteilen, dass alle auf ihre Kosten kommen und ihre Arbeit als sinnvoll erleben. Im beschriebenen Beispiel ist es etwa gut gelungen, die Aktiven in der Gemeinde im Vorfeld des Projekts nur so weit in die Planungen einzubinden, wie sie daran Interesse hatten. Wer vor allem „etwas für die Armen tun" wollte, brauchte sich nicht mit Strukturfragen zu befassen, wer gern koordiniert, brauchte keine Altkleider zu sortieren.

Problematisch wird es da, wo der Drang, ganz konkret zu helfen, in Konflikt gerät mit sozialpolitischen Überlegungen und einer kritischen Auseinandersetzung mit der Problematik und den Prinzipien der Hilfeleistung. Von den Beteiligten im genannten Projekt war eine gemeinsame Definition des Ziels und der Hilfelogik ihres Angebots gefordert – wie prinzipiell jedes Projekt dies braucht. Jetzt brechen unterschiedliche Vorstellungen von „guter Hilfe" und „zutreffenden Kriterien für gute Arbeit" auf. Sie können ein Projekt ernsthaft bedrohen, etwa dann, wenn Menschen wie die Bodenständigen – mit einem geringen Interesse an sozialpolitischen Diskursen, aber mit einer enormen Bereitschaft zum Engagement – in ihren Interessen wenig wahrgenommen werden. Und ganz allgemein lässt sich vermuten, dass gerade die Zusammenarbeit mit Ehrenamtlichen bereits in der Konzeption eines Projekts die Milieudifferenzen und damit die genannten Herausforderungen an eine milieusensible Arbeit eher vervielfältigt.

4. Einsichten für eine milieusensible Arbeit in der Diakonie

Ein tiefer Konsens über Ziele und Konzepte wird in vielen Feldern der diakonischen Arbeit kaum zu erreichen sein. Dass etwa Bodenständige vor allem die konkrete Hilfeleistung würdigen, aber konzeptionelle Arbeit und kritische Rückfragen an die konkrete Hilfe eher für verschwendete Energie halten – und sich dies mit so mancher Sicht von Menschen anderer Milieus nicht gut verträgt, ist ein Dauerproblem in Ortsgemeinden wie in diakonischen Einrichtungen. Wenn Konzepte aber die Zusammenarbeit von Menschen aus sehr verschiedenen Milieus vorsehen, muss zumindest ein grundlegender Konsens über die wesentlichen Ziele eines Projekts bestehen. Dann bleibt es den einzelnen weiterhin möglich, im Detail unterschiedliche Bestandteile des Projekts für besonders wichtig zu halten oder einzelne, konkrete Ziele in der Umsetzung der Idee zu entwickeln. Zentral ist es jedoch, mit den Milieudifferenzen aufmerksam zu planen und vorausschauend Konsequenzen zu überlegen.

Eine Ortsgemeinde kann auch im diakonischen Bereich Milieudifferenzen mit Angeboten ausgleichen, die milieuverknüpfend wirken oder eine breitere Zielgruppe über Milieugrenzen hinweg ansprechen. Wenn etwa ein Hilfsprojekt von einer größeren Gruppe als sinnvoll betrachtet wird, z.B. eine Partnerschaft mit einer Gemeinde in einem Schwellenland, können Menschen mit unterschiedlichen Vorlieben verschiedene Aufgaben übernehmen. Aus diesem Grund sind beispielsweise Projekte aus den Programmen von „Brot für die Welt“ in Ortsgemeinden so erfolgreich. Wer sich mit der sozialen Problematik in einem Schwellenland auseinandersetzen will, kann dies anhand der Informationen und Materialien tun und sich darauf verlassen, dass die Konzepte ein hohes Niveau haben. Wer zur Unterstützung des Projekts einen Bazar veranstalten oder einen Kuchenverkauf organisieren will, kann auf diese Weise zum Gelingen beitragen.

Jenseits der Ortsgemeinde kann sich die Diakonie als Organisation des christlichen helfenden Handelns – sei es als Träger oder einzelne Einrichtung – den Differenzen zwischen den Menschen unterschiedlicher Milieus nur schwer entziehen. Sie muss sich mit Milieudifferenzen stärker auseinandersetzen als eine Ortsgemeinde, weil Diakonie viel stärker tatsächlich als Organisation zu verstehen ist als eine Ortsgemeinde mit ihrer Option, volkskirchlich – nicht selektiv und damit „für alle da“ – zu sein und entsprechend aufzutreten. Eine Organisation muss ihre Ziele und die Reichweite ihrer Arbeit genau benennen. Diakonische Einrichtungen sind zwar im Grundsatz von allen Christen getragen, aber in der Umsetzung dieses Grundsatzes treten Menschen auf, die für eine konkrete Arbeit verantwortlich sind und – zumindest jenseits der gemeindlichen Diakonie – auch häufig professionell und gegen Entgelt tätig sind.

Auf dieser Schnittstelle von christlicher Nächstenliebe, professionellem Hilfehandeln und Unternehmertum muss Diakonie ihre Ziele verfolgen. Sie wirkt darin zwangsläufig im Einzelfall abstoßend für Menschen mancher Milieus – bezahlte wie unbezahlte Kräfte, Spendenwillige wie Hilfsbedürftige. Und sie wirkt zugleich, je nach Gesprächspartnerin oder Gesprächspartner, auch auf die kostentragenden Institutionen, die wiederum ihre eigene Logik „guter“ oder auch nur „angemessener“ Hilfe haben und davon, was an milieuspezifischer Vielfalt angemessen ist. Diakonische Einrichtungen sind hier in einem Milieu-Dilemma, das sich nur im Ansatz umgehen lässt, etwa indem man Bruchstellen und Konfliktpunkte nach Möglichkeit nicht thematisiert und Arbeitsbereiche, die für nicht beteiligte Milieus problematisch sind, so weit wie möglich vom öffentlichen Diskurs abschirmt. Kein Wunder also, dass sich keine Person in Verantwortung für diakonische Arbeit finden ließ, die solche oder ähnliche Sätze unter eigenem Namen veröffentlichen mochte.

Mit Blick auf kirchliche Ortsgemeinden – hier als Vergleichspunkt zu diakonischen Einrichtungen – lässt sich noch eine allgemeine Beobachtung formulieren: Gegenüber diakonischen Einrichtungen gibt es für Ortsgemeinden unterschiedliche Optionen des Handelns angesichts der Vielfalt der Milieus (vgl. Band 1, IV.3.1). Man mag „jedem Milieu seine Kirche“ wünschen, in der sich Gemeinden auf Milieus oder auch Zielgruppen spezialisieren, eine „Kirche jenseits der Milieus“, die vor allem Überwindung der Stildifferenzen auf der Basis der christlichen Verkündigung sucht, oder eine „Kirche, die Milieus miteinander verbindet“ und sich gerade in Methoden milieuverknüpfender Arbeit übt. Letzteres ist für eine diakonische Einrichtung nur in Ansätzen zu schaffen – häufig mit Hilfe des Images, das eine Einrichtung seit Generationen genießt. Dies macht es aber schwer, sich offen mit der Frage nach der Milieupassung zu befassen, und es wird geradezu gefährlich, Bruchstellen dieser Bemühungen klar zu benennen.

Daraus lässt sich folgern: Wo eine kirchliche Arbeit sich spezialisiert – wie hier auf diakonisches Handeln mit bestimmten Gruppen von Betroffenen sozialer Problemlagen oder auf eine bestimmte sozialpolitische Ausrichtung –, zahlt sie den Preis der Milieusegmentierung. Sie zieht die einen an und stößt die anderen ab. Aus einer Parteinahme für eine bestimmte Klientel wird eine Grenzziehung, die auch eine Grenzziehung gegenüber manchen Milieus bedeutet. Übrigens hat jede Ortsgemeinde ähnliche Probleme, wo sie sich profiliert und bestimmte Anliegen besonders deutlich verfolgt. Wo Gemeinden sich als diakonische Gemeinden entwickeln, wo sie gezielt nicht-exklusive Formen suchen, Benachteiligung wahrnehmen und in ihrer Mitte sichtbar machen, wirken auch diese Ortsgemeinden exklusiv. Gemeinden, die eine solche Entwicklung genommen haben, berichten von wütenden Mitgliedern der Seniorengruppen oder von Gottesdienstbesuchern, die eine „Überfremdung“ oder „Störung“ fürchten, die Gewohntes bedroht sehen oder auch nur kein Interesse haben, sich mit sozialen Themen im Rahmen ihrer Kirchengemeinde zu befassen. In diesem Sinn liefert so mancher Profilgewinn von Kirche neue Herausforderungen für ein milieusensibles Handeln. Und von diakonischen Einrichtungen und Werken lässt sich heute bereits lernen, wie sich solche Herausforderungen darstellen und wie sie sich – zumindest manchmal – zur Zufriedenheit vieler bewältigen lassen.

E. Zur Theologie des helfenden Handelns

Milieus in der Theologie des helfenden Handelns

Hilfekulturen und diakonische Spiritualität

Eberhard Hauschildt

Woran lässt sich soziales Handeln erkennen? Eine Konstellation zwischen zwei Menschen als „Helfen" zu verstehen, ist nicht selbstverständlich. Um es an einem Beispiel zu verdeutlichen, das der Systemtheoretiker Niklas Luhmann in einem Essay über das Helfen verwendet hat: Ein Student gibt einem Professor ein Buch. Dass dies ein Helfen sei, ist alles andere als eindeutig. Man könnte es als einen schlichten Informationsaustausch zwischen Personen, die sich mit Wissenschaft beschäftigen, ansehen. Man könnte es auch als einen Versuch des Studenten werten, sich durch ein Geschenk bei dem Professor beliebt zu machen, ja sogar als einen möglichen Akt der Bestechung oder als Vorteilsnahme, die der Professor als Beamter zurückzuweisen hätte. Die Buchgabe als Akt der Hilfe zu verstehen, impliziert hingegen, den Sachverhalt so zu deuten: Die eine Person braucht etwas, was die andere, die es hat, ihr aus freien Stücken gibt.

Helfen wird gelernt. Es wird in der Sozialisation als ein möglicher Handlungstyp gelernt. Es erscheint als Sitte. Es mag dann auch als das begegnen, was das Gewissen fordert: Da musst du helfen. Oder es erscheint als etwas, was eine gesetzliche Regelung bestimmt: Der Sozialstaat verpflichtet sich, seinen Bürgerinnen und Bürgern, wenn sie in Not sind, zu helfen. Und „unterlassene Hilfeleistung" kann unter bestimmten Umständen als ein Straftatbestand gewertet werden.

Hilfe zu erwarten und Hilfe zu geben, gehört zu einer Kultur des Helfens. Für diese können religiöse Sätze und Vorbilder und Mythen eine maßgebliche Rolle spielen. Wie stark wiederum innerhalb einer Religion das Helfen thematisiert und in welcher Weise es von den Gläubigen gefordert wird, kann recht unterschiedlich sein. In einer „westlichen" Gesellschaft wie der der Bundesrepublik Deutschland gilt, dass für das soziale Handeln in ihr christliche Traditionen eine maßgebliche Rolle spielen. Und in diesen ihrerseits wird das Helfen stark betont. Das christliche Helfen in der Gegenwart mit seinen Formen und Motiven ist dabei historisch gewachsen und findet sich in einem Zusammenhang mit anderen Kulturen des Helfens vor. Der folgende Abschnitt versucht das zu skizzieren und nimmt dabei auch in den Blick, wie man sich in den verschiedenen Kulturen des Helfens voneinander abgrenzt und in welchen besonderen Herausforderungen die verschiedenen Hilfekulturen sich jeweils gegenwärtig befinden.

1. Kulturen des Helfens

In den rapiden sozialen Veränderungen durch die Industrialisierung im 19. Jahrhundert entstand eine neue Bevölkerungsgruppe, die Arbeiterklasse, mit massenhaftem Hilfebedarf, für den die alten Mittel des Helfens nicht mehr passten. Das „Herkunftswohnsitzprinzip“, wonach die Kommune, in der ein hilfebedürftiger Mensch geboren war, die soziale Unterstützung leisten sollte zusammen mit spontan gegebenen nachbarschaftlichen Almosen, reichte angesichts der massenhaften Arbeitsmigrationen der Landbevölkerung aus dem Osten in die industriellen Zentren nicht mehr aus.

1.1 Christentum

Eine erste Reaktion zeigte das christliche Bürgertum. Es organisierte sich in freien Vereinen mit klar begrenzten sozialen Programmen und typischerweise der Errichtung von Häusern für Hilfeleistung (Krankenhaus, Waisenhaus, Anstalt für psychisch Kranke etc.). Während dem Katholizismus dafür in den Pflegeorden schon eine Hilfepersonal-Tradition zur Verfügung stand, wurde auf evangelischer Seite erst der Beruf der Diakonisse „erfunden“. Er war der erste Frauenberuf und war als Alternative zur Lebensform in Abhängigkeit vom Ehemann oder im Haus des Bruders sehr erfolgreich. Das zeigen allein die den Beruf des Diakons um das zehnfache übersteigenden Zahlen an. Man setzte freilich – nur bei den Frauen – auf zölibatäre Lebensführung und lebenslange Bindung an die auch sozial absichernde Diakonissengemeinschaft, und das erschien dann ab den 1960er Jahren kaum noch als erstrebenswert.

Die christliche Hilfe hat zugleich einen demonstrativen Charakter. Sie soll zeigen, dass zum Christentum das Helfen unmittelbar hinzugehört: Gottesliebe führt zur Nächstenliebe. Im Protestantismus wird dabei typischerweise in Gegensätzen gedacht, die dann erst in einem zweiten Schritt miteinander zu verbinden sind. So werden auch „Wort und Tat" einander gegenüber gestellt. Dem entspricht strukturell, dass die protestantischen Hilfeorganisationen in der Regel von der Amtskirche unabhängig agieren. Im Katholizismus findet sich demgegenüber ein zentralisierend-integrativer Stil, sowohl theoretisch in der Lehre von der „fides caritate formata", der Nächstenliebe als den Glauben vollendende Form, als auch organisatorisch, da die Einrichtungen der Caritas dem Bischof der Diözese unterstellt sind. An die Stelle der religiösen Ämter der Nonnen und Diakonissen und ihrer männlichen Counterparts ist inzwischen soziales Fachpersonal getreten. Die christlichen Hilfeorganisationen müssen neu herausfinden, wie sie in der zugleich religiös plural gewordenen Gesellschaft ihr spezielles Profil zur Anschauung bringen können.

1.2 Arbeiterbewegung

Im Christentum hatte man zunächst die Not sehr individualistisch als sittlich-religiöse Not verstanden und deren Linderung mit dem Nebeneffekt verbunden, die Arbeiterklasse wieder zurück in die Kirche zu holen (vgl. auch die heute neu wieder aufgenommene Debatte um eine „missionarische Diakonie"). Die Arbeiterbewegung argumentierte demgegenüber sozialstrukturell: Die Not des Einzelnen ist Resultat der Produktionsverhältnisse. Zu überwinden ist sie nur durch politische Revolution oder Reform, was dann eintritt, wenn die Arbeiterbewegung die politische Macht errungen hat. Hilfe geschieht als Selbsthilfe in der Solidarität innerhalb der Arbeiterklasse. Als man endlich in der Weimarer Republik an der Regierung beteiligt war, wurde aber als Koalitionskompromiss das Subsidiaritätsprinzip ausgehandelt, das die schon bestehenden – meist christlichen – Hilfsorganisationen, organisiert in den Dachverbänden der Freien Wohlfahrtspflege, zu Verhandlungspartnern mit den staatlichen Stellen macht. Die dann gegründete Arbeitswohlfahrt folgte dieser Verbändestruktur. Mit der Auflösung der Arbeiterklasse und ihres Solidaritätsgedanken steht gegenwärtig auch diese Hilfetradition vor der Herausforderung, sich neu zu definieren.

1.3 Judentum und Islam

Die christliche Hilfekultur ist nicht die einzige religiöse Tradition im deutschsprachigen Kontext. Es muss ein religiös motiviertes Hilfehandeln nicht zwingend über die (Nächsten-)Liebe als Zentralbegriff begründet werden.

Um die Wende vom 19. zum 20. Jahrhundert und in der Weimarer Republik stellte das Judentum eine wichtige Stimme der öffentlichen Diskussion dar. In Abgrenzung vom Christentum wird betont, dass Hilfe nicht eine Sache eines inneren Gefühls der Liebe ist (wohlmöglich mit dem Ziel des eigenen Seelenheils), sondern Pflicht zur Beteiligung an der von Gott gebotenen Gerechtigkeit. Von da aus und angesichts der Minderheitensituation wirkten jüdische Personen neben ihrem Engagement für die Sozialarbeit der Synagogen maßgeblich am Aufbau staatlicher Sozialarbeit und der Sozialarbeitswissenschaften mit. Das nationalsozialistische Deutschland zerstörte dann dieses Potential. Noch sind die jüngst wieder entstandenen jüdischen Gemeinden stark mit dem Aufbau von Hilfestrukturen für die eigenen immigrierten Gemeindeglieder beschäftigt.

In der Gesellschaft der Gegenwart sind in Deutschland die Muslime (ca. 4.5 Mio.) zur größten nicht-christlichen religiösen Minderheit geworden. Auch im Islam ist soziales Handeln göttliches Gebot. Es gibt einerseits eine von den Gläubigen als eine der fünf Säulen des Islam geforderten Sozialabgabe („Zakat“). Sie wird in vielen islamischen Ländern als eine Art Sozialsteuer erhoben, während sie in Deutschland nur zu einer religiösen Pflicht gemacht werden kann. Daneben tritt das darüber hinausgehende freiwillige barmherzige Spenden („Sadaquat“). Das Spendenbewusstsein innerhalb von Moscheevereinen nimmt zu. Zunächst bezieht es sich auf die eigenen Mitglieder und die Heimatländer; es gibt aber auch erste Beispiele dafür, dass man in besonderen Situationen für Zwecke spendet, die religionsunabhängig Menschen im neuen Heimatland betreffen.

1.4 Sozialstaat

Stück für Stück wird seit den letzten Jahrzehnten des 19. Jahrhunderts die soziale Aufgabe von einer rein kommunalen Angelegenheit auch zu einer des Gesamtstaats. Dieser schafft rechtliche Rahmenbedingungen (zunächst noch unter Bismarck die ersten Sozialversicherungssysteme), in der Weimarer Republik das Prinzip des Vorrangs der freien Träger bei der Durchführung der staatlich oder über Versicherungen finanzierten Aufgaben und schließlich in der Bundesrepublik Deutschland sozialgesetzlich verbriefte Hilfeleistungsansprüche für alle Bürgerinnen und Bürger. Damit ist das Helfen strukturell unabhängig von religiösen und weltanschaulichen Legitimationen geworden – auch für sämtliche nun weitgehend vom Sozialstaat finanzierten Akteure aus Diakonie und Caritas.

Doch der Sozialstaat gerät mit der Finanzierung der sozialen Aufgaben, die als sinnvoll angesehen werden, an seine Grenzen. So kommt es spätestens seit den 1990er Jahren zu einer Diskussion, in der der Korporatismus von Staat und Wohlfahrtsverbänden und deren Monopolstellung abgelöst werden sollen durch die Konkurrenz im Preis-Leistungs-Wettbewerb von Organisationen auf einem Sozialmarkt – nicht zuletzt auch auf dem Wege einer Angleichung innerhalb der Europäischen Union. Damit treten kommerzielle Anbieter in den Markt ein, während statt der Pauschalfinanzierung nun die Definition der (Teil-)Leistungen und deren Qualitätskontrolle zum staatlichen Steuerungsinstrument werden. Kritisch gegen diese Entwicklung wird eingewendet, dass die Aufspaltung des Helfens in eine Vielzahl von Teilleistungen und die Übertragung der Budgetverantwortung an die Hilfebedürftigen selbst am ganzheitlichen Bedarf vorbeigehen und mehr die Kosten verschieben, statt sie zu verringern. Diejenigen, die die Entwicklung befürworten, versprechen sich davon Einsparpotentiale und Qualitätssicherung und -steigerung. Soziale Hilfe wird zu einem Dienstleistungsgut wie andere auch.

Die Situation ist komplex. Einerseits gibt es mentale Kontinuitäten der Hilfekulturen aus dem 19. Jahrhundert bis heute, und nicht wenige der christlichen Hilfsorganisationen der Gegenwart gehen auf Gründungen aus jener Zeit zurück. Andererseits haben sich die Unterschiede zwischen diesen Kulturen abgeschliffen. Die religiöse Motivation scheint ins Private abgedrängt, während auch im diakonischen Handeln die Fachlichkeit des Helfens und die ökonomischen Rahmensetzungen die Besonderheiten christlichen Helfens immer dort einebnen, wo es professionalisierte Formen annimmt über Individuen und kirchliche spendenbasierte Gruppen hinaus. Gleichzeitig sind Gesellschaft und Politik darauf angewiesen, dass das Helfen ein Gewissensanliegen vieler Bürgerinnen und Bürger ist. Nur dann wird sich seine Ausgestaltung und seine Finanzierung im politischen Kräftespiel auch Gewicht verschaffen können. Darum sind die christlichen Motive des Helfens eben doch alles andere als nur eine Privatangelegenheit. Aber sie sind eine Sache der Wahl, der Akzentuierung. Und so findet sich auch innerchristlich hier eine neue Pluralität. Diese Pluralität sei im Folgenden unter der Milieuperspektive erschlossen.

2. Soziale Gestalten christlichen helfenden Handelns

Das gegenwärtige Christentum kennt eine Vielzahl an sozialen „Gestalten“ ihres helfenden Handelns. Sie unterscheiden sich darin, wer in welchem Setting als Akteur auftritt, und in welchem Maße sie altruistische oder egoistische Motivation befriedigen.

Soziales Handeln kommt zunächst einmal vor als das Handeln von Individuen, eingestreut in ihren Alltag, spontan ausgeführt. Einzelne helfen. Alle Menschen kennen diese Form des Helfens aus eigener Erfahrung und als ihr eigenes Handeln. Darüber hinaus kann Helfen als Handeln von Gruppen vorkommen oder als Handeln in Organisationen und Institutionen. Im Zuge der Geschichte ist es zu einer Ausdifferenzierung der Akteure des sozialen Handelns im Christentum gekommen. Bei den modernen Formen des institutionalisierten und organisierten helfenden Handelns ist der Bezug auf die anschauliche Grundsituation von Hilfebedürftigkeit und das Motiv der Nächstenliebe viel indirekter. Das gilt besonders für das System des Helfens in der Kooperation von sozialstaatlichen Rechtsansprüchen und Organisationen des Christentums als Wohlfahrtsorganisationen, die nach der Logik des Subsidiaritätsprinzips arbeiten. Hier ist das Helfen ganz professionalisiert worden. Das hat den Effekt, dass die jeweilige pädagogische oder psychologische oder medizinische Fachlichkeit der Professionen der Helfenden in den Vordergrund rückt. Und es wird eine genaue Rubrizierung und ökonomische Taxierung der einzelnen Hilfeakte vorgenommen.

Eine solche Gestaltung als Ausprägung des Christentums zu erkennen, verlangt abstrahierende Reflektion. So begreifen vor allem Mitglieder der Milieus, in denen hohe Bildung verbreitet ist, wie bei den Hochkulturellen und den Kritischen, diese Zusammenhänge und wollen auch in ihnen wirken. Dabei tendieren die Hochkulturellen stärker zur Bewahrung und leichten Reformierung des Status quo. Die Kritischen stellen demgegenüber stärker auch die Systemfrage: Ob denn die gegenwärtigen Regelungen der Verantwortung des Staates und den Zielen diakonischer Organisationen gerecht werden, oder ob nicht das Verhältnis von Fachlichkeit und Ökonomie und das Verhältnis von Staat und Hilfeorganisationen ganz anders zu bestimmen wäre. Den Kritischen legt es sich darum auch nahe, zu betonen, dass Organisationen auch die Aufgabe haben, als Anwalt der Hilfebedürftigen aufzutreten.

So kommt als Alternative eine andere Gestalt helfenden Handelns in den Blick, nämlich das Handeln von Gruppen, die in das Sozialstaatssystem weniger direkt verflochten sind. Das hängt damit zusammen, dass ihre größten Ressourcen aus dem Engagement von Mitgliedern und selbst gesammelten Spenden bestehen. Sie müssen um Finanzierung werben. Bei ihnen können und sollen die Mitglieder ehrenamtlich selbst unmittelbar sozial tätig sein. Solche Gruppen können ihre Ziele als Kritik am gegenwärtigen System profilieren. Diese Sozialform helfenden Handelns ermöglicht eine leichtere Identifizierung mit greifbaren Notlagen und verspricht vorzeigbare Erfolge. Das macht sie für alle Milieus interessant. Denen, die sich hier engagieren, bietet sie die Einbeziehung in eine Gemeinschaft derer, die helfen. Begreifen die Kritischen solche Gruppen mehr als Mittel für ein strategisches Ziel im gesamtgesellschaftlichen oder gar globalen Horizont, kann man auch auf das Moment der Gruppenbildung einen höheren Eigenwert legen und als Ziel die Verbesserung einer Notlage vor Ort sich zur Aufgabe machen. In diesem Fall entspricht eine solche Gruppe stärker den Vorlieben der Geselligen. Sie kann auch für Bodenständige interessant werden, sofern die Hilfetätigkeiten ihren praktischen Fähigkeiten entsprechen. Somit macht es einen Unterschied aus, ob sich solche Gruppen als sozialkritische Initiative „von unten“, etwa in einem Verein, oder als praktische Hilfe bei einem Problem vor Ort, ggf. als Teil der diakonischen Arbeit einer Kirchengemeinde, präsentieren.

Je weniger aber eine gesellige Sozialform von bestimmten Milieus geschätzt wird, desto mehr bleiben diese Milieus zur Passung mit ihrem Lebensstil auf die dritte Form des helfenden Handelns angewiesen – die der helfenden Individuen. Für diese Form ist charakteristisch: Einzelne werden als besonders sozial engagierte Individuen wahrgenommen, gewissermaßen als diakonische Heilige, und diesen Einzelnen gilt das Vertrauen. In der massenmedial bestimmten Gesellschaft sind die Mechanismen der Personalsierung wirksam. Karl-Heinz Böhm mit seinem Hilfswerk „Menschen für Menschen“ in Äthiopien ist dafür ein besonders prägnantes Beispiel. Für die Zurückgezogenen dürfte der Zugang über helfende Individuen der sein, den sie bei weitem bevorzugen. Auch die Bodenständigen meiden das für sie Unüberschaubare und vertrauen ihre Spenden darum lieber solchen Vertrauenspersonen an. Das kann dann übrigens auch die Gemeindepfarrerin sein, der bei einem Geburtstagsbesuch ein Geldschein in die Hand gedrückt wird mit der Bemerkung: „Sie wissen schon, wo’s am nötigsten gebraucht wird.“

Für die Mobilen stellt sich die Sache noch einmal anders da. Sie sehen grundsätzlich ein, dass es helfendes Handeln in der Gesellschaft geben muss, aber das stellt sich ihnen als eine Aufgabe für andere dar. Helfen ist nicht sexy. Ihr stärkstes Auswahlkriterium ist, dass sich das Helfen mit Momenten des Attraktiven, mit Erlebnis, Spaß und Lust verbinden lässt. Ein Beispiel für solches Helfen: Denjenigen, die sich am Online-Spiel „Pennergame“ beteiligen, wird regelmäßig eine SMS-Spende für Wohlfahrtsprojekte angeboten.

Damit sind wir bei der anderen Hinsicht angelangt, in der sich Sozialformen des helfenden Handelns für die Milieus unterscheiden. Die „egoistische“ Dimension spielt für die modernen Milieus eine größere Rolle als für die stärker traditionsverbunden. So ist es neben den Mobilen auch vielen unter den Kritischen und den Geselligen sehr wichtig, dass ihr helfendes Handeln ihnen selbst etwas bringt. Dabei stehen den Kritischen mehr die Möglichkeiten der Selbstverwirklichung und der persönlichen Qualifizierung durch eine ehrenamtliche Tätigkeit vor Augen. Aus der Perspektive der Geselligen hingegen spielen bei ihrem Engagement auch die angenehme Gemeinschaft und der Stolz auf das erreichte Ziel eine große Rolle.

Die Hochkulturellen wie die Bodenständigen würden aber eher auf altruistische Motive verweisen: Es gibt eine Pflicht zum Helfen. Dabei begründen die Hochkulturellen typischerweise diese Pflicht mit der Einsicht in generelle Werte („Altruistische Nächstenliebe ist gut."), während die Bodenständigen von einem Eingebundensein in die Sitte ausgehen („Das gehört sich doch so!").

3. Biblische Szenen und ihre Plausibilität für die Milieus

Für die christliche – und gerade protestantische – Reflektion über die Impulse des Helfens gelten biblische Worte und Szenen als grundlegend. Von diesen wird erwartet, dass sie sich auch für die Gegenwart als motivierend erweisen. Blickt man aus der Milieuperspektive auf die Traditionen, Szenen und Bilder, so zeigt sich, dass auch diese Motive in verschiedener Weise die Milieus ansprechen, in deren Leben sie sich als plausibel darstellen. Oder umgekehrt: Die Lebenswelt eines Milieus lässt bestimmte Traditionen als besonders relevant erscheinen. So ist im Folgenden die Fülle der Motive und Argumentationen so strukturiert, dass die Passung zu Milieulogiken herausgehoben wird – oftmals neben Bibeltexten auch anschaulich gemacht an Gesangbuchversen, in denen sich eine typische Stimmung ausdrückt.

3.1 Helfen aus Prinzip und das Milieu der Hochkulturellen

Helfen lässt sich als eine Grundeinstellung verstehen. Gott hat geboten zu helfen.

Das Gebot der Nächstenliebe

Die Fremdlinge sollst du nicht bedrängen und bedrücken, denn ihr seid auch Fremdlinge in Ägypten gewesen. Ihr sollt Witwen und Waisen nicht bedrücken. Wenn du Geld verleihst an einen aus meinem Volk, an einen Armen neben dir, so sollst du an ihm nicht wie ein Wucherer handeln; du sollst keinerlei Zinsen von ihm nehmen.
(2. Mose 22,20f und 24)

Du sollst deinen Nächsten lieben wie dich selbst; ich bin der Herr.
(3. Mose 3,18b)

Ich aber sage euch: Liebet eure Feinde und bitte für die, die euch verfolgen! (Mt 5,44)

Helfen basiert auf Bewusstseinsakten. Es geht darum zu erkennen, dass Hilfe nötig ist, und zu wissen, dass Hilfe von einem gefordert wird. Es geht darum, von der Situation abstrahieren und sie mit allgemeingültigen Sätzen in Verbindung bringen zu können. In den Gebotskatalogen sind diese Sätze noch jeweils auf typisierte Situationen bezogen. Sie werden bereits im Alten Testament, in der Tora, zusammengefasst in dem Grundprinzip der Nächstenliebe, was Jesus aufgreift (Mt 5,43).

Nächstenliebe ist das Prinzip des Helfens. Es wird über Einzelgebote hinaus, die doch immer nur Einzelverhalten in bestimmten Situationen fordern, auf seinen allgemeinen Grund gebracht. Es wird über das Helfen für die, die einem nahe stehen, hinaus das Helfen gegenüber allen Menschen gefordert, ja selbst gegenüber dem Feind (Mt 5,44).

Ein solch grundsätzliches Prinzip der Nächstenliebe formuliert eine Basis für eine gesamte gesellschaftliche Kultur sozialer Verantwortung. Das Christentum hat sich zu so einer Kultur entwickelt, die in die grundgesetzliche Verpflichtung zum Sozialstaat eingegangen ist. Aber eben auch in der Dichtung und Musik und Malerei lässt sich entsprechend das Bewusstsein um die Nächstenliebe finden. Eine maßgebliche Leistung des Christentums ist seine Sensibilität für das Ethische.

Mit dem Prinzip der Nächstenliebe ist die Aufgabe an die Einzelnen und an die Gesellschaft gestellt, die Situationen selbst daraufhin zu beurteilen, welches konkrete Handeln am ehesten den Nächsten, den Hilfebedürftigen zugutekommt. So fordert das Gebot der Nächstenliebe zur Übernahme von Verantwortung heraus. Es fordert die Ausbildung von Kompetenz im Helfen. Und dies rührt an den Menschen in seiner Tiefe, sich vor diese Verantwortung gestellt zu wissen. Nächstenliebe (caritas) und Gottesliebe (amor Dei) sind in ihrer Zusammengehörigkeit wahrzunehmen.

Das Prinzip der christlichen Liebe

Ubi caritas et amor. Ubi caritas, Deus ibi ist.
Wo die Liebe wohnt und Güte, wo die Liebe wohnt, da ist unser Gott.

(EG-RWL 587, Taizé 1981, nach der lateinischen Liturgie des Gründonnerstags)

Eine solche Theologie des Helfens ist intellektuell gefasst. Das Helfen erscheint als mit historischem Bewusstsein und Bewusstsein für Prinzipien wahrzunehmende Aufgabe. Es erfordert das, was den gebildeten Milieus vertraut ist: differenziertes Erkennen und Beurteilen und verantwortliche Weltgestaltung. Dabei liegt den Hochkulturellen dann näher, die Traditions- und Kulturkraft zu betonen, während die Kritischen sich mit der Radikalität des Anspruchs auseinandersetzen (siehe 3.2).

Die Erzählung vom Weltgericht Mt 25,31–46 gibt dieser Sicht vom Prinzip des Helfens noch einmal eine andere Wendung, bei der Wissen und Nicht-Wissen miteinander überraschend verschränkt werden.

Wann haben wir dir geholfen?

Da wird dann der König sagen zu denen zu seiner Rechten: […] ich bin hungrig gewesen, und ihr habet mir zu essen gegeben. Ich bin durstig gewesen, und ihr habt mir zu trinken gegeben. Ich bin

> ein Fremder gewesen, und ihr habt mich aufgenommen. Ich bin krank gewesen, und ihr habt mich besucht. Ich bin im Gefängnis gewesen, und ihr seid zu mir gekommen. Dann werden ihm die Gerechten antworten und sagen: Herr, wann haben wir dich hungrig gesehen oder haben dir zu essen gegeben? Oder durstig und haben dir zu trinken gegeben? Wann haben wir dich als Fremden gesehen oder haben dich aufgenommen? Oder nackt und haben dich gekleidet? Wann haben wir dich krank oder im Gefängnis gesehen und sind zu dir gekommen? Und der König wird antworten und zu ihnen sagen: Wahrlich, ich sage euch: Was ihr getan habt einem von diesen meinen geringsten Brüdern, das habt ihr mir getan. […] Dann wird er […] [denen zu seiner Linken] antworten und sagen: Wahrlich ich sage euch: Was ihr nicht getan habt einem von diesen Geringsten, das habt ihr mir nicht getan." (Mt 25,34–40.45)

Zum Weltgericht erscheinen die Menschen mit der Bilanz ihrer Taten: Die Gerechten haben auch den Geringsten geholfen, die, die verurteilt werden, hingegen nicht. Man würde normalerweise annehmen, dass die Gerechten das Prinzip der universalen Nächstenliebe kannten und darum befolgten, während die Gruppe der Verurteilten ihr Helfen in falscher Weise nicht auf ihre Nächsten bezogen. Doch läuft die Pointe der Erzählung auf das Unwissen heraus. Die Gerechten haben es eindeutig gar nicht bemerkt, dass sie in ihrem Helfen dies alles dem Richter Christus zugute taten. Das wird ihnen erst jetzt vom Richter aufgedeckt. Die Gerechten sind es, die genauso belehrt werden müssen.

So fordert die Erzählung die Hochkulturellen heraus: Vor dem Richter kommt es nicht aufs Wissen an. Es geht ums Tun. Und es geht um die Beziehung zu Christus, ja um ein Handeln, das sich gar nicht klar ist über die Beziehung zu Christus, die in ihm steckt. Nicht Klugheit, sondern Herz wird belohnt. Vor Gott sind alle die Dummen. – Oder geht es doch um ein Wissen? Denn wir, die Lesenden der Geschichte, sind nun unsererseits hinterher klüger. Wir kennen ja nun die Auflösung. Wir wissen jetzt, dass in jedem Akt der Liebe Christus gedient wird. Und das soll doch die Erzählung uns mitteilen. Aber indem sie diese Mitteilung nicht als Aussage feststellt, sondern als erzählten Ablauf darstellt, also eine Szenerie aufmacht von Himmel und Hölle und

Tod und Leben, indem sie uns noch einmal die Überraschung miterleben lässt, macht sie dann eben doch dies stark: Letztlich zählt das Herz – und ihr könnt sogar das wissen, obwohl es darauf nicht ankommt.

3.2 Helfen als Gesellschafts- und Religionskritik und das Milieu der Kritischen

Wer aufdeckt, dass da welche sind, die Hilfe brauchen und denen nicht geholfen wird, ist unbequem. Denn Hilfebedürftigkeit kommt nicht von allein. Hilfebedürftigkeit ist in vielen Fällen menschengemacht oder wird durch menschengemachte Umstände verstärkt. Propheten des Alten Testaments haben darauf ihr Augemerk gelegt. Sie sprachen es aus, dass Reiche die Armen unterdrücken, ihnen das Letzte wegnehmen, das Recht verdrehen, nicht helfen. Auch die religiösen Rituale können da den Charakter der bloßen Beschwichtigung bekommen. Kein Wunder, dass die staatlichen Priester zu den Gegnern solcher Propheten gehörten.

Prophetische Kritik

Weh denen, die Schaden zu tun trachten und gehen mit bösen Gedanken um auf ihrem Lager, dass sie es frühe, wenn‘s licht wird, vollbringen, weil sie die Macht haben! Sie reißen Äcker an sich und nehmen Häuser, wie sie‘s gelüstet. Also treiben sie Gewalt mit eines jeden Hause und mit einem jeden Erbe.

(Mi 2,1f)

Wird wohl der Herr gefallen haben an viel tausend Widdern, an unzähligen Strömen von Öl? […] Es ist dir gesagt, Mensch, was gut ist und was der Herr von dir fordert, nämlich Gottes Wort halten und Liebe üben und demütig sein vor deinem Gott.

(Mi 6,7f)

Auch Jesu Wundertaten haben diesen Anti-Establishment-Charakter. Einen Arzt konnten sich in der damaligen Gesellschaft nur die Reichen leisten. Die Heilungswunder aber wenden sich an alle. Und auch sie fordern die religiösen Institutionen heraus. In der Erzählung der Heilung eines Mannes mit einer verdorrten Hand (Mk 3,3–6 par) geht es darum, dass diese Heilung am Sabbat erfolgt. Es kann ja das Gebot zur Sabbatruhe nicht bedeuten, nicht helfen zu sollen und zu dürfen! Und doch, so wird erzählt, ist dies der erste Anlass, der dazu führt, dass Jesu Gegner ihm nach dem Leben trachten.

Liebe ist eben nicht nur ein Wort; es geht um Taten für die Welt, um Taten, die die Welt verändern.

Liebe ist nicht nur ein Wort

Liebe ist nicht nur ein Wort, / Liebe, das sind Worte und Taten. / Als Zeichen der Liebe ist Jesus geboren, / als Zeichen der Liebe für diese Welt.

Freiheit ist nicht nur ein Wort, / Freiheit, das sind Worte und Taten. / Als Zeichen der Freiheit ist Jesus gestorben, / als Zeichen der Freiheit für diese Welt.

Hoffnung ist nicht nur ein Wort. / Hoffnung, das sind Worte und Taten. / Als Zeichen der Hoffnung ist Jesus lebendig, / als Zeichen der Hoffnung für diese Welt.

(EG-RWL 665; Text: Eckart Bücken 1973)

Das Milieu der Kritischen hat dafür ein besonderes Gespür. Glaube ist der Einsatz für Liebe, Freiheit und Hoffnung. Gegenüber den unkritischen und beharrenden Kräften der Tradition haben die Propheten und Jesus und Frauen und Männer in deren Nachfolge sich eingesetzt. Es geht um eine solche Hilfe, die in Freiheit geschieht und die Hilfebedürftigen zur Freiheit verhilft, zur Selbstbestimmung. Hilfebedürftige sind eigentlich Gleichgestellte, denen zu helfen sie darin unterstützen soll, ihre eigene Selbstbestimmung stärker zu machen.

3.3 Im Arm des guten Hirten und das Milieu der Bodenständigen

Die ersten beiden Perspektiven auf das Helfen waren aus der Sicht der Starken angelegt, aus der Sicht derer, die hilfebedürftigen Anderen helfen. Das ist nicht die Weltsicht aller Milieus. Andere Milieus erfahren sich häufiger als die Ohnmächtigen, als die, die Hilfe brauchen. So spricht sie die Thematik des Helfens zunächst einmal in dieser Erfahrung an: Ich bekomme Hilfe. „Und wenn du denkst, es geht nicht mehr, kommt von irgendwo ein Lichtlein her“ – so lautet ein Sinnspruch, der sich in so mancher Wohnung von Bodenständigen findet. In diesem Spruch bleibt das Helfende unbestimmt. Von irgendwo kommt das Glück. Die christliche Tradition hält Bilder bereit für die gute göttliche helfende Macht. Wohl das bekannteste Bild dafür ist das des Guten Hirten. Psalm 23 und Jesu „Ich bin in der gute Hirte“ (Joh 10,11) fließen hier zusammen. Der Hirt, der für seine Schafe sorgt, der selbst noch dem einen kleinen verlorenen Schaf nachläuft, es sucht und findet (Lk 15,4–7). Ihm darf man folgen – und das Fremde bleibt draußen (vgl. Joh 10,4f). Ein bekanntes kirchliches Kinderlied fügt die Motive so zusammen:

Jesu Schäflein

Weil ich Jesu Schäflein bin, / freu ich mich nur immerhin / über meinen guten Hirten, / der mich wohl weiß zu bewirten, / der mich liebet, der mich kennt / und bei meinem Namen nennt.

Unter seinem sanften Stab / geh ich ein und aus und hab / unaussprechlich süße Weide, / dass ich keinen Mangel leide; / und so oft ich durstig bin, / führt er mich zum Brunnquell hin.

(EG-BY/TH 593; Text: Henriette M. L. v. Hayn 1778)

So sollte es sein mit der Hilfe. So war Jesus. Im Milieu der Bodenständigen wird daraus eine Idylle. Dies gibt den auf Szenen der Kindheitserfahrung aufbauenden menschlichen Sehnsüchten einen ungebrochenen Ausdruck, während man sich in den meisten anderen Milieus eine solche Sentimentalität nicht zugestehen würde. Aber natürlich ist das Leben auch für die Bodenständigen nicht immer so. Und wer Hilfe erwartet, der sollte auch selber helfen. Das folgende Lied lässt sich ebenfalls in der Perspektive der *Bodenständigen* lesen. Die Worte dürften vom Autor nicht ganz so gemeint gewesen sein, wie sie aus dieser Perspektive klingen. Aber die verwendeten Vokabeln laden zu den entsprechenden Assoziationen ein.

Wo ich nötig bin

Hilf, Herr, meines Lebens, / dass ich nicht vergebens, / dass ich nicht vergebens hier auf Erden bin.

Hilf, Herr meiner Tage, / dass ich nicht zur Plage, / dass ich nicht zur Plage meinem Nächsten bin.

Hilfe, Herr meiner Seele, / dass ich dort nicht fehle, / dass ich dort nicht fehle, wo ich nötig bin.

(EG 419, Text: Gustav Lohmann 1962)

Auch das eigene helfende Tun ist in der Perspektive dieses Milieus eingebunden in die Wahrnehmung von oben und unten, und dies eben von unten her gesehen. Man könnte „vergebens" auf Erden gewesen und anderen „zur Plage", zur Last geworden sein. Erwartet wird, dass man sich anderen gegenüber mit seinem Helfen ordentlich verhält, seine Pflicht tut, da, „wo ich nötig bin". Helfen ist eine Sache dessen, was man zu tun hat, in das man eingebunden ist als einer Sitte gegenseitiger Verpflichtungen.

Das Bild vom guten Hirten führt aber auch über die Idylle der wohligen Nähe und ebenso über die ordentliche Pflichterfüllung hinaus. „Der gute Hirte lässt sein Leben für die Schafe" (Joh 10,11). Der gute Hirte ist der Christus, der für sein Helfen verfolgt wird, der sich selbst am Kreuz nicht mehr helfen kann. Das Drama des Lebens und Sterbens Jesu führt hin zu einem Gottesbild, das Nähe auch in der Zerrissenheit des Lebens, der Klage und der Schwachheit sehen lässt. Helfen wird zum Wunder des Lebens, das in der Schwachheit und Krankheit, ja im Tod selbst noch Würde gibt.

3.4 „Was willst du, dass ich dir tun soll?" und das Milieu der Geselligen

Wer nach Hilfe sucht, dem ist klar: Mir fehlt etwas. Gebraucht wird ein Mensch, der was tut. Gesucht wird nach Abhilfe, nach dem Handeln, das das Fehlende herbeibringt. Es liegt doch auf der Hand, was zu tun ist. Und so sieht auch Jesu praktisches Zupacken aus. Der schaute nicht weg und ging nicht vorbei, sondern suchte die Nähe seiner Mitmenschen. Der tat das, was er tun konnte. Und er orientierte sich an dem, was gebraucht wurde: „Was willst du, dass ich dir tun soll?“ fragt er den Blinden, der nach ihm ruft (Mk 10,51). Und der sagt ihm, dass er natürlich sehen möchte, und Jesus macht ihn wieder sehend.

Helfen ist eine Sache der Zuwendung und des wirksamen Handelns. Helfen kann heute natürlich noch ganz anders organisiert werden. Hilfebedarf und Hilfehandeln sind klar aufeinander abzustimmen. Gut, dass die Kirche da ist und sich für das Helfen einsetzt, und auch manches vorbildlich tut. Aber es wäre auch noch viel mehr machbar und nötig.

Ein solch pragmatischer Blick auf das christliche Helfen ist wohl in unserer Gesellschaft am konsensfähigsten. Gut ist, wenn die Kirche was tut. Als Selbstbeschreibung passt ein solch pragmatischer Zugriff auf Menschen, die auch sonst sich als solche sehen, die mit anpacken und was schaffen wollen, die erfahren, dass man etwas aus eigenen Kräften tun kann und sich dabei am liebsten auf den eigenen Aktionsraum vor Ort konzentrieren oder auf Projekte mit sichtbaren Erfolgen. Insofern gibt es einige Verbindungen gerade mit den Lebenseinstellungen, die besonders für das Milieu der Geselligen kennzeichnend sind.

Die Wundergeschichten führen aber auch über eine solche pragmatische und resultatsbezogene Sicht hinaus. In der oben erwähnten Heilungsgeschichte wird die Behandlung der Blindheit gar nicht direkt erzählt, sondern Jesus reagiert laut der Erzählung auf den Wunsch, wieder sehen zu können, mit Worten, nämlich dem einen Satz: „Dein Glaube hat dir geholfen.“ Man mag das aus pragmatischer Perspektive als Kommentar für Hilfemechanismen lesen: Man muss auch dran glauben, selber mitmachen, wenn einem geholfen werden soll. Aber damit wäre diese andere Dimension im Helfen noch nicht wirklich erfasst.

Besonders krass kommt diese andere Dimension in einer anderen Heilungsgeschichte zum Ausdruck (Mk 2,1ff): Da wird der Hilfebedürftige mit dem Satz konfrontiert: „Mein Sohn, deine Sünden sind dir vergeben.“ Ein Disput schließt sich an darüber, ob Jesus Sünden vergeben könne und was leichter sei, Sünden zu vergeben oder die Gehunfähigkeit zu beheben. Die Erzählung stellt keine eindeutige Verbindung zwischen Sünde und Krankheit her, etwa so, dass die Sünde die Krankheit verursacht habe. Auch spielt sie nicht die Sündenvergebung als die eigentliche innere Heilung gegen das Körperliche aus – es erfolgt in der Erzählung nämlich dann auch die Heilung von der Gehunfähigkeit. Und doch erweitern die Wundergeschichten Jesu die Wahrnehmung des Helfens: Was gebraucht wird und was das Helfen bieten kann, wird als mehrschichtig dargestellt – so mehrschichtig, wie Menschen eben sind. Und ebenso mehrschichtig sind Hilfebeziehungen und ist der christliche Hilfeauftrag. Er schließt Glauben und Sünde ein – Selbstwertgefühl und Sinnperspektive, Beziehung zu sich selbst, zu den anderen und zu Gott. In der Sehnsucht nach ganzheitlichem Helfen gibt es eine Ahnung davon.

Dann hat Gott unter uns schon sein Haus gebaut

Wenn das Brot, das wir teilen, als Rose blüht / und das Wort, das wir sprechen, als Lied erklingt, / dann hat Gott unter uns schon sein Haus gebaut, / dann wohnt er schon in unserer Welt. / Ja, dann schauen wir heut schon sein Angesicht / in der Liebe, die alles umfängt, / in der Liebe, die alles umfängt.

Wenn das Leid jedes Armen uns Christus zeigt, / und die Not, die wir lindern, zur Freude wird, / dann hat Gott unter uns schon sein Haus gebaut, …

Wenn der Trost, den wir geben, uns weiter trägt, / und der Schmerz, den wir teilen, zur Hoffnung wird, / dann hat Gott unter uns schon sein Haus gebaut, …

(EG-HN 632, Text: Claus-Peter März 1981/1985)

Das Helfen wird in diesem Lied einerseits ausgeweitet über praktisches Behandeln hinaus, und es wird andererseits verknüpft mit dem Erleben von Gemeinschaft. Beim Helfen geschieht „unter uns“ etwas und „in unserer Welt“. Aus Wort wird Lied, aus Leiden Freude, aus geteiltem Schmerz Hoffnung – eine „Liebe, die alles umfängt“.

3.5 Der unwahrscheinliche Helfer und das Milieu der Mobilen

Die Erzählung vom Barmherzigen Samariter (Lk 10,25ff) ist eine Erzählung über einen unwahrscheinlichen Helfer. Zu erwarten gewesen wäre, dass diejenigen, die doch das Helfen predigen und sich einem gottgefälligen Leben verschrieben haben, dem Überfallenen Hilfe leisten. Doch der Priester und der Levit gehen vorbei. Ihnen sind andere Pflichten der Frömmigkeit wichtiger geworden. Sie sind von aktuellen anderen Aufgaben so eingenommen, dass sie sich nicht stören lassen. Ihnen – die sie sich Höherem widmen – ist die Niedrigkeit und das Risiko zu groß, das man eingeht beim helfenden Kontakt mit so ganz anderen. Nicht so der Samariter. Nicht so der, der als ungläubig gilt, der zu einer anderen Welt und Kultur gehört, der angesichts seiner fehlenden, seiner falschen Frömmigkeit von den Frommen verachtet wird. Dem macht es nichts aus, sich über Grenzen von Zugehörigkeiten hinwegzusetzen, der hört auf sein Gewissen und hilft.

Unter den Milieus scheint aus kirchlicher Sicht das Milieu der *Mobilen* nicht nur besonders kirchenfern zu sein. Es gilt auch als weniger altruistisch motiviert und deshalb als besonders hilfefern. Bei empirischen Umfragen konnte zwar nur ein leichtes Überwiegen der altruistischen Motive festgestellt werden (vgl. die Aussagen zum Ehrenamt in Band 1, III.5.2), dennoch ist der Eindruck verbreitet, von den Mitgliedern dieses meist kirchenfernen Milieus wäre diakonisch nichts zu erwarten. Die Samaritererzählung lässt sich so lesen, dass sie lehrt, sich von solchen Automatismen zu verabschieden. Ein sich außerhalb der eigenen religiösen Gemeinschaft befindender sehr kompetenter Helfer mit einem feinen Gespür für Not wird hier vor Augen gestellt. Und er, ausgerechnet er, ist zum Vorbild geworden, zum Synonym für christliche Hilfebereitschaft.

Die Ausgangsfrage, auf die die Erzählung antworten will, war: „Wer ist denn mein Nächster?“ (V. 29) Also die Frage: „Wem alles“ muss ich helfen? Wem soll ich mich zuwenden? Und mit der Erzählung wird die Frage nun auf den Kopf (oder auf die Füße) gestellt: „Wer, denkst du, unter den dreien war für den Hilfsbedürftigen der Nächste?“ (vgl. V. 36). Der Samariter natürlich, der der die helfende Beziehung hergestellt hat. Und Jesu Kommentar: „So gehe hin und tue des gleichen!“ (V. 37)

Damit regt diese Erzählung, wenn sie in die Frage nach dem Helfen bei den Milieus eingebracht wird, ebenfalls zu einer Umkehrung der Blickrichtung an. Auch die, die doch so weit entfernt zu sein scheinen von den Hilfetraditionen des Christentums, bei denen wir die stärkste Selbstbezogenheit und die geringste Orientierung an einer Norm des Helfens vermuten, auch sie helfen, und zwar gar nicht so schlecht, vielmehr ganz kompetent, und das durchaus da, wo wohlmöglich die anderen Milieus sich lieber abwenden und etablierte kirchliche Hilfeorganisationen wenig Verständnis dafür haben. Und denen, die Hilfe brauchen, ist es in ihrer Hilfsbedürftigkeit egal, aus welcher Tradition, in welcher organisatorischen Einbindung und mit welchen Motiven ihnen geholfen wird. Für sie ist auch der angeblich unwahrscheinliche Helfer der nächste.

3.6 „Aus der Tiefe rufe ich“ und das Milieu der Zurückgezogenen

Fremd geworden

Gott, hilf mir! Denn das Wasser geht mir bis an die Kehle.

Ich versinke in tiefem Schlamm, wo kein Grund ist;

ich bin in tiefe Wasser geraten, und die Flut will mich ersäufen.

[…] Die mich ohne Grund hassen, sind mehr, als ich Haare auf dem Haupt habe.

Die mir zu Unrecht feind sind und mich verderben wollen, sind mächtig.

[…] Gott, du kennst meine Torheit, und meine Schuld ist dir nicht verborgen.

[…] Ich bin fremd geworden meinen Brüdern und unbekannt den Kindern meiner Mutter; […]

Erhöre mich, Herr, denn deine Güte ist tröstlich; wende dich zu mir nach deiner großen Barmherzigkeit und verbirg dein Angesicht nicht vor deinem Knechte, denn mir ist angst; erhöre mich eilends. (Ps 69,2–9.17f)

Einsamkeit macht hilflos. Es fehlt das Netzwerk der kleinen Unterstützungen und Ermutigungen des Alltags. Es fehlen die Mitglieder der Familie, die dann eintreten, wenn ganz die große Katastrophe im eigenen Leben sich ereignen sollte. Hilflosigkeit macht einsam. Wer sich nicht zu helfen weiß, kann das Netz der sozialen Kontakte nicht mehr knüpfen, fühlt sich ganz allein. Denen, die nach dem Modell des Milieus der Zurückgezogenen leben, ist diese Perspektive besonders vertraut. Der soziale Zusammenhang ist gelockert. Die meisten um einen herum erscheinen als Fremde und gelten eher als bedrohlich; und zu vielen derjenigen, die einem einst nahe waren, haben Konflikte den Weg versperrt. In den Worten eines anderen Psalms (Ps 88,18f): „Sie umgeben mich täglich wie Fluten und umringen mich allzumal. Meine Freunde und Nächsten hast du mir entfremdet, und meine Verwandten hältst du fern von mir.“ Es ist ein Ruf aus der Tiefe nach Hilfe, ein Ruf, bei dem das Vertrauen in die anderen verlorengegangen ist und man sich als verfolgt erlebt.

Die Zurückgezogenen sind nicht völlig vereinsamt. Aber ihre Kontakte reduzieren sich auf ein enges Netzwerk ganz weniger vertrauter Personen. Wenn dann diese auch nicht weiterhelfen können, dann stehen sie allein da. In dieser Einsamkeit und der Entfremdung von der weiteren Umwelt sind ihnen die Psalmen wie aus dem Herzen gesprochen. Aber die biblischen Hilferufe bringen dann auch noch mehr ein. Sie wenden sich an eine Instanz, an Gott, sie rufen ihn an. Damit wird das Schweigen zum Klagen. Und das heißt, die Worte öffnen den Blick: Da ist ein möglicher Helfer. Und: Es sollte nicht so sein, wie es ist. An Gottes Zuwendung, an seine Güte und Barmherzigkeit kann appelliert werden. Ja, auf sie kann man bauen. Und da wird es auch möglich, sich selbst realistischer zu sehen, inklusive dessen, was einem nicht gelungenen ist, die „Torheit“ und die “Schuld“. Diese Instanz in ihrer Güte wird es richtig bewerten.

Hilfe setzt an bei der Zuwendung: Dass da eine/r ist und hört. Von helfenden Menschen wird das erwartet, wenn das Misstrauen in sie überwunden ist. Die helfenden Menschen müssten herausgenommen sein aus den Interessen und den zwischenmenschlichen Kämpfen. Vielleicht ist dies ganz besonders gut möglich, wenn durchscheint, dass sie nicht im eigenen Interesse da sind und helfen, sondern aus der Erfahrung, auf die in den

Psalmen gehofft wird: Dass Gott der letzte Helfer ist. Und da, da ist dann doch eine Chance auf einen Ausblick zu neuer Zusammengehörigkeit von Menschen, die sich in der Dankbarkeit für die Hilfe zu bilden beginnt. Wenigstens findet sich so etwas in der Sprache der Psalmen formuliert und könnte so ein Bild von solchen Möglichkeiten andeuten. Da schließt das Lob die einzelnen Hilfesuchenden zusammen. Die größere Welt wird wieder als positive Schöpfung erfahren und es öffnet sich der Blick auf eine Zukunft. Da findet sich statt Versinken in der Tiefe ein bewohnbarer Ort. Lebenswertes Leben wird geteilt mit denen, die es als nächste Generation weiterleben sollen. Die letzten Verse des Ps 69 lauten:

Die Gott suchen, denen wird das Herz aufleben

Ich will den Namen Gottes loben mit einem Lied und will ihn hoch ehren mit Dank.

Das wird dem Herrn besser gefallen als ein Stier, der Hörner und Klauen hat.

Die Elenden sehen es und freuen sich, und die Gott suchen, denen wird das Herz aufleben.

Denn der Herr hört die Armen und verachtet seine Gefangenen nicht.

Es lobe ihn Himmel und Erde, die Meere mit allem, was sich darin regt.

Denn Gott wird Zion helfen und die Städte Judas bauen, dass man dort wohne und sie besitze.

Und die Kinder seiner Knechte werden sie erben, und die seinen Namen lieben, werden darin leben.“ (Ps 69,31–37)

4. Diakonische Spiritualitäten

Die Milieuperspektive deckte auf, in wie unterschiedlicher Weise sich christliches Helfen ausdrückt und sich auf die biblischen Traditionen beziehen kann. Dass Glauben und Helfen zusammengehören, ist zentraler Teil der biblischen Botschaft und des Selbstverständnisses des Christentums. Wie sie genau zusammengehören, dazu finden sich durchaus verschiedene Modelle. Denn Glauben und Helfen sind nicht identisch.

Im Folgenden soll anhand dieser klassischen Frage nach dem Verhältnis von Glaube und Liebe deutlich gemacht werden, welche Profile diakonischer Spiritualität, wie sie den Milieus naheliegt, sich ergeben. Diese Profile bergen auch jeweilige Gefahren in sich. Wird nur das Profil immer stärker ausgearbeitet, kann sich eine Dynamik ergeben, die sich immer stärker vom gemeinsamen Christlichen entfernt.

Profil 1: „Wenn ich nur dich habe …" und die Grenze zur mystischen Religion

Menschen aus Milieus, in denen höher Gebildete besonders stark vertreten sind, tun sich vergleichsweise leicht damit, die grundsätzliche Zusammengehörigkeit von Glauben und Helfen zu erkennen. Ebenso liegt es ihnen nahe, das Geistige als das Höhere gegenüber dem Praktischen zu werten. Darauf jedenfalls könnten sich viele Menschen aus dem Milieu der *Hochkulturellen* und der *Kritischen* einigen. Die Gotteserkenntnis zu pflegen liegt den traditionsbewussten Hochkulturellen dabei besonders nahe, während die die Kritischen typischerweise den Akzent deutlich auf die Selbsterkenntnis legen. In solcher Perspektive bietet sich an, die offenen Fragen beim Helfen in eine solche diakonische Spiritualität hin zu überführen, in der die Gottes- und die Selbstbeziehung kultiviert wird. Diakonische Spiritualität wird zu einer Bildungs- und Selbstreflexionsaufgabe. Auf das richtige Bewusstsein kommt es an. Der Glaube gibt dem Helfen seine reflexive Tiefe, seine Hierarchisierung der Werte und eine Begrenzung der Bedeutung des Handelns.
Diese Vorordnung des Geistigen kann dann auch so weit gesteigert werden, dass das soziale Handeln ganz unwichtig wird. Wenn in einer mystischen Religiosität die Verbindung zwischen Selbst und Gott das Einzige von Belang wird, dann geht es nicht mehr darum, soziale Notlagen zu verändern – sie sind einem höchstens ein Bild für den Glauben – und empfohlen werden kann letztlich nur, sich den Notlagen durch Vergeistigung zu entziehen. Diese

Option verweigert sich dann dem Handeln und Leben in Beziehung zu anderen Menschen in Not.

Profil 2: „An ihren Früchten sollt ihr sie erkennen“ und die Grenze zur Sozialtechnik

Die *Bodenständigen* und die *Geselligen* haben typischerweise einen pragmatischeren Umgang mit der Wirklichkeit. Sie sind sich darin einig, dass es sich gehört, in Beziehung zu anderen zu leben, und dass dies maßgeblich einschließt, sich gegenüber anderen richtig und gut zu verhalten. So liegt es ihnen nahe, die Auffassung zu vertreten: Letztlich ist die Tat, genauer ihr Effekt, als das Höhere zu werten, ist der Beweis der Gutheit des Glaubens. Diakonische Spiritualität in dieser Perspektive misst sich daran, wie sie das helfende Handeln samt seinen ethischen Dilemmata optimieren kann. Glaube und Nächstenliebe zielen ja beide auf Menschenfreundlichkeit.

Diese Pragmatik kann aber auch so gesteigert werden, dass das Helfen überhaupt als eine technisch handhabbare Dienstleistung erscheint, die gewissermaßen unter Absehung der Personen und ihrer Motive und Werte umzusetzen sei. Dann gelingt der Rückbezug auf Verstehensprozesse und der Zugang zu Individuen nicht mehr.

Profil 3: Diakonische Vorbilder und die Grenze zum Personenkult

Individuen machen Eindruck. An ihnen wird die Verbindung von Glaube und Nächstenliebe anschaulich. Der Barmherzige Samariter, die Diakonissen, Friedrich Wilhelm von Bodelschwingh, Albert Schweitzer, Mutter Theresa usw. – die diakonischen Heiligen scheinen das zu haben, was in der eigenen Biografie nicht so recht gelingen will. So kann man sich von ihnen ermutigen lassen. Wo diakonische Gruppen oder Organisationen auf solche großen Gründerfiguren zurückgehen und solche Biographien sich unter den Helfenden finden (man vgl. Aufzeichnungen von Diakonissen oder Interviews mit ihnen), ist es hilfreich, diese im

Gedächtnis zu halten. Identifikation mit Vorbildern ist auch heutzutage angebracht. Sie können mit ihrem Charisma Begeisterung auslösen. Diakonische Spiritualität hat sehr wohl etwas mit individueller „Gutheit" von vorbildlichen Menschen zu tun, ihrem Talent und Charakter. Sie führen vor, was eine einzelne Person anstoßen kann, wie sie mit ihren Stärken und Schwächen in einer günstigen Situation oder auch ganz gegen den Trend der Zeit einen Unterschied ausmachte, wie sie ihren Glauben damals praktisch umsetzte. Von ihnen kann man anschaulich lernen.

Allerdings sollte eine solche Identifikation nicht die Form der Totalidentifikation annehmen. Es besteht die Gefahr einer Art von Heiligenverehrung, einer Bewunderung, die das Menschliche an diesen Personifikationen helfenden Handelns ausblendet, die auch bei ihnen vorhandenen Ambivalenzen nicht wahrhaben will. Das zeigt an, dass ein Mechanismus eingesetzt hat, der nun alle Idealvorstellungen woanders hin projiziert und so gerade vom Eigenen wegführt. Die diakonischen Stars sind dann so groß, dass daraus für das so ganz andere eigene Leben nichts mehr abzuleiten wäre. An sie kommt man sowieso nicht heran. Das Bestreben, die Größe jener Person zu bewahren, behindert dann eigenes Wachstum. Es hindert auch solche Organisationen, in denen Gründerkult betrieben wird, daran, bei Entscheidungen neue Wege zu gehen. Die Grenze ist da erreicht, wo die hochgelobte diakonische Person die Aufmerksamkeit von der Gegenwart vor Ort abzieht, wo sie wichtiger wird als das eigene diakonische Handeln. Da ist dann der kritische und produktive Unterschied, den der Glaube zwischen Gott und Mensch macht, verlorengegangen und Menschen werden vergöttert.

5. Ertrag

Den einzelnen Milieus liegen bestimmte biblische Szenen vom Helfen, bestimmte Hilfetraditionen, wie sie sich in Liedversen ausdrücken, und bestimmte Profile der Spiritualität unterschiedlich nahe oder fern. Sie haben je eigene Schwächen und Stärken. Ein Glück, wenn christliches helfendes Handeln und ebenso das Nachdenken darüber nicht nur von einem Milieu dominiert sind, sondern man sich gegenseitig kritisch und förderlich wahrnimmt.

Worin liegt der Ertrag für eine Theologie des helfenden Handelns? Stillschweigend erwies es sich in der vorgelegten Darstellung als angemessen, in dreierlei Weise die Aufgabe einer Theologie des helfenden Handelns anzugehen. Es zeigten sich mehrere Aufgaben der Kommunikation des Evangeliums heute. Diese seien nun noch einmal abschließend eigens hervorgehoben.

1. Eine Theologie helfenden Handelns soll zeigen, wie die biblische Botschaft von Gottesliebe und Nächstenliebe bezogen auf das Helfen die einzelnen Milieus betrifft. Es gibt keine milieuneutrale diakonische Spiritualität. Biblische Motive und die Art und Weise, Gottesliebe und Nächstenliebe aufeinander zu beziehen, treffen die Milieus je anders – und sie fordern sie auch je anders heraus.

2. Eine Theologie des helfenden Handelns soll beachten, wie die Milieus jeweils ihre eigene Lebensperspektive in eine theologische Interpretation der biblischen Worte und kirchlichen Traditionen einbringen und deren Deutung profilieren können. Die diakonische Spiritualität kann viel von den Vorlieben der verschiedenen Milieus lernen. Dieser Punkt sei an dieser Stelle für die Milieus der Mobilen und der Zurückgezogenen noch einmal betont, gerade weil diese als kirchen- und hilfefern gelten: Wenn Gott als die letzte oder gar einzige Instanz für Hilfe erscheint (*Zurückgezogene*) und wenn die kirchenfernen unwahrscheinlichen Helfer als genauso naher Nächster sich herausstellen (*Mobile*), so verändert das die Perspektive derer, die dabei waren, eine Milieubotschaft für die Milieus zu formulieren. Das, was die Milieus einbringen, bedeutet für die, die die Botschaft gerade formulieren wollen, eine Erweiterung ihres Horizonts. Die Einsamkeit des Psalmisten und die Unwahrscheinlichkeit des Samariters machen deutlich: Zur Theologie des Helfens gehört zentral die Einsicht in den Respekt vor der Würde derer, die Hilfe suchen, wie derer, die auf ihre Weise und in ihrer Milieuakzentuierung wie -beschränkung helfen. Sie sind Gott zum Ebenbild geschaffen. Auch in ihnen begegnet Christus.

3. Eine Theologie helfenden Handelns soll herausarbeiten, wie die biblischen Aussagen zum Helfen milieubedingte Beschränktheiten

übersteigen und so zu einem gemeinsamen Lernprozess der an der Kommunikation des Evangeliums Beteiligten verhelfen. Es ergibt sich ein zusammenstimmendes Profil christlichen Helfens, und es gibt auch Grenzen diakonischer Spiritualität. Um beides zu verantworten, ist gerade der Bezug darauf hilfreich, wie die biblischen Texte eine Fülle bieten und im Kanon aufeinander querverweisen. Die Einheit der christlichen Spiritualität liegt im gemeinsamen Bezug darauf, sich den biblischen Texten vom Helfen mit einem Vertrauen in deren Zeigekraft auszusetzen.

Weiterführende Literatur

Ralf Hoburg (Hg.), Theologie der helfenden Berufe, Stuttgart 2008.

Klaus-Dieter Kottnik/Eberhard Hauschildt (Hg.), Diakoniefibel. Grundwissen für alle, die mit Diakonie zu tun haben, Rheinbach/Gütersloh 2008.

Beate Hofmann/Martin Schibilsky (Hg.), Spiritualität in der Diakonie. Anstöße zur Erneuerung christlicher Kernkompetenz, Stuttgart 2001.

Autorinnen und Autoren

Ellen Eidt, Jg. 1962, Diakoniewissenschaftlerin M.A., Diakonin, leitet die Projektgeschäftsstelle „Diakonat – neu gedacht, neu gelebt“ der Evangelischen Landeskirche in Württemberg, Stuttgart.

Eberhard Hauschildt, Jg. 1958, Prof. Dr. theol., Professor für Praktische Theologie an der Universität Bonn mit den Schwerpunkten Seelsorge, Diakonie, Kirchentheorie.

Eike Kohler, Jg. 1966, Dr. theol., Praktischer Theologe und ordinierter Pfarrer, Wissenschaftlicher Mitarbeiter und Referent für Studien- und Prüfungsangelegenheiten an der Evangelisch-Theologischen Fakultät der Universität Bonn.

Rüdiger Maschwitz, Jg. 1952, Landespfarrer in der Arbeitsstelle Kirche mit Kindern im Haus Gottesdienst und Kirchenmusik der Evangelischen Kirche im Rheinland und Diplom-Pädagoge mit den Schwerpunkten Religionspädagogik, geistliches Leben der Kinder und Gottesdienste mit Kindern, Wuppertal.

Reinhold Ostermann, Jg. 1954, Dipl. Sozialpädagoge und Organisationsentwickler, Referent für Konzeptionsentwicklung im Amt für Jugendarbeit der Evangelischen Kirche in Bayern, Nürnberg.

Claudia Schulz, Jg. 1968, Prof. Dr. phil., Religionswissenschaftlerin, Soziologin und Theologin, Professorin für Soziale Arbeit und Diakoniewissenschaft an der Evangelischen Hochschule Ludwigsburg.

Beate Sträter, Jg. 1961, Dr.rer.soc., Theologin und Politikwissenschaftlerin, war Geschäftsführerin der Ökumenischen BAG „Asyl in der Kirche“ und Pastorin für die Begegnung mit Muslimen, jetzt tätig als Schulreferentin des Evangelischen Schulreferats in Bonn.

Ilse Wehrmann, Jg. 1950, Dr. phil., Diplom-Sozialpädagogin und Erzieherin, Sachverständige für Frühpädagogik, bis 2007 Geschäftsführerin des Landesverbandes Evangelischer Tageseinrichtungen für Kinder in Bremen, heute freie Beraterin für den Aufbau betriebsnaher Krippen für verschiedene deutsche Großunternehmen.

Linda Weicker, Jg. 1964, M.A., Sprach- und Kommunikationswissenschaftlerin, berät bundesweit Firmen, Institutionen, Bildungseinrichtungen sowie Einzelpersonen in Krisen- und Konfliktsituationen und führt Trainings, Seminare und Fortbildungen zum Themenfeld Kommunikation/Konflikte/Strategien durch.

Übersicht: Sechs Milieus evangelischer Kirchenmitglieder

Milieu (Anteil Kirchenmitglieder)	**Alter (besondere Geschlechterverteilung)**	**Bildung/ Berufsstatus**	**Wichtig im Leben**	**Freizeit und Musik**
Die Hochkulturellen (13%)	ab Mitte 50, Durchschnitt bei 63 Jahren (2/3 Frauen)	eher hoch	für andere da sein, Leben in gleichmäßigen Bahnen, gesellschaftliches Ansehen, gehobener Lebensstandard	klassische Musik, Theater, Literatur
Die Bodenständigen (16%)	ab Ende 50, Durchschnitt bei 65 Jahren (2/3 Frauen)	eher niedrig	für andere da sein, Leben in gleichmäßigen Bahnen, Sparsamkeit, naturverbundene Lebensweise	Geselligkeit, Nachbarschaftskontakte, Volksmusik
Die Mobilen (22%)	14–40, selten älter, Durchschnitt 29 Jahre	eher höher	Lebensgenuss, gutes, attraktives Aussehen, Unabhängigkeit	Rock- und Popmusik, Kino, Disko, Computer, Aktivsport, stark unterdurchschnittliche Nachbarschaftskontakte
Die Kritischen (14%)	breit gestreut von 25 bis 65, Durchschnitt 44 Jahre (2/3 Frauen)	eher hoch	Engagement für andere, Reflexion, Lebensgenuss	Breiter Musikgeschmack: Klassik, Rock- und Pop, keine Volksmusik, Theater, Kino, Aktivsport, Bücher, Weiterbildung, Kunst und Musik
Die Geselligen (18%)	30–50 Jahre, Durchschnitt Anfang 43 Jahre (Männer überrepräsentiert)	durchschnittlich oder höher	Lebensgenuss, Leben in gleichmäßigen Bahnen, Familie	Kontakte mit Nachbarn/Freunden/Familie, Do-it-yourself, Gartenarbeit, Aktivsport, Kino, Rock- und Popmusik
Die Zurückgezogenen (16%)	40 Jahre, breite Streuung, Durchschnitt 53 Jahre	gering	Leben in gleichmäßigen Bahnen, Lebensgenuss, Sparsamkeit	Interesse an Volksmusik, Distanz zu Hoch- und Jugendkultur und geselligem Freizeitverhalten, wenige Nachbarschaftskontakte